Herstellung: Libri Books on Demand

**Originalausgabe
copyright beim Autor
Printed in Germany
ISBN 3-00-005703-X**

Buch
Sarah und Lars Petersen heiraten im Mai 1995 und wünschen sich nichts sehnlicher als Kinder. Bald stellt sich heraus, daß sie keine eigenen Kinder bekommen können, weil beim Ehemann eine Zeugungsunfähigkeit vorliegt.
Sie nehmen nach mehreren fehlgeschlagenen Versuchen der künstlichen Befruchtung Kontakt zum Jugendamt auf. Zuvor soll ihnen ein seelisch hochgradig gestörtes Brüderpaar im Alter von vier und sechs Jahren von anderer Stelle vermittelt werden, die sie schweren Herzens, aber nach reiflicher Überlegung, ablehnen.
Im März 1999 bekommen sie endlich ein Pflegekind: Sinan André. Er ist 3 Wochen alt. Eine Problemgeburt. Zunächst ist die Dauer seines Aufenthalts und die Gefahr einer Behinderung unklar. Seine leibliche Mutter verstirbt. Sinan André kann für immer bei ihnen bleiben. Sarah und Lars Petersen geben dem kleinen Jungen die Liebe, Nähe und Sicherheit, die er dringend zum Überleben braucht.
Seit der Aufnahme des Kindes schreibt Lars Petersen für seinen Pflegesohn. Motiviert hat ihn, diese turbulente und interessante Zeit festzuhalten, auch für Sinan André, wenn er später Fragen nach seiner persönlichen Lebensgeschichte stellt. Es soll ihm nichts verschwiegen werden.
Entstanden ist ein Tagebuch eines begeisterten Pflegevaters. Mit großer Hingabe und Leidenschaft verfolgt und beschreibt Lars Petersen die Entwicklung des Kindes und gibt dabei Auskunft über die amtlichen Instanzen und die Betreuung durch das Jugendamt.
Es ist die lebensnahe Geschichte einer kleinen Familie, die auf ungewöhnliche Weise zusammengewachsen ist und zugleich ein Plädoyer für Kinder.

Autor
Lars Petersen wurde 1966 in Bremen geboren. Früh entdeckte er seine Liebe zum Schreiben. Nach dem Besuch der Fachschule für Sozialpädagogik Stade arbeitet er seit 1987 als Erzieher. Lars Petersen lebt mit seiner Familie im Rheinland.

Anmerkung
Den kleinen Helden dieses Buchs haben wir kennengelernt, als er André hieß. Später, als sein Verbleib bei uns klar war, haben wir ihm den Namen Sinan André gegeben. Der Name Sinan ist arabisch-türkischen Ursprungs.
Oft wird er auch Sinan Canim André oder Sinan Canim genannt. *Canim* ist kein weiterer Name. Es ist ein Kosewort für unseren Sohn. Canim entstammt der türkischen Sprache. Es bedeutet: *meine Seele*.
Geschildert werden in diesem Buch nur wahre Geschehnisse und Erfahrungen. Allerdings wurden Namen und Ortsangaben im Interesse des allgemeines Schutzes komplett geändert.

Meiner Frau und meinem Sohn gewidmet. In Liebe.

Lars Petersen

Dies ist die lange Geschichte von Sinan André.
Bevor ich sie erzählen kann, muß ich von Marcel und Tobias berichten, denn es gibt eine, wenn auch nur kleine, Schnittstelle im Leben dieser drei Kinder. Eine Schnittstelle über den Kontakt zu Sarah und mir.

Montag, 1. März

Marcel ist gerade vier Jahre alt geworden, Tobias wird Ende April sechs Jahre alt. Sie sind Brüder, Kinder eines verantwortungslosen Vaters, der nach seiner Flucht aus der JVA bereits einige Zeit abgängig ist und einer alkoholkranken Mutter, die noch nicht einmal ihr eigenes Leben regeln kann. Das Jugendamt Witzkirchen hat uns Marcel und Tobias zur Aufnahme als Pflegekinder angeboten. Noch kennen wir die beiden nicht. Es heißt, sie würden Liebe und Geborgenheit ebenso benötigen wie klare, durchschaubare Regeln und Grenzen; eben Menschen, die sie lieben, egal wieviel Unsinn sie angestellt haben.
Seit ein paar Tagen sind wir in Besitz eines Fotos, das die beiden sitzend auf einem Spielteppich im Kinderheim zeigt. Das Foto steht bei uns ständig auf dem Wohnzimmertisch, damit wir es häufig genug in die Hand nehmen und ansehen können. Darauf zu sehen sind zwei kleine Jungen mit blonden Haaren. Marcel hält ein Kuscheltier unter dem Arm fest, Tobias ist halb verdeckt durch einen anderen Spielkameraden. Beide Jungen sehen nett aus, wie ganz normale, gewöhnliche Kinder, eben wie Kinder in diesem Alter aussehen. Tobias lächelt verschmitzt auf dem Bild. Marcel schaut sehr ernst in die Kamera, wirkt betrübt mit einem sehnsuchtsvollen Blick. Seit fast einem Jahr sind die zwei bereits im Heim.
Noch kennen wir sie nicht. Erst am Mittwoch nächster Woche werden wir sie im Kinderheim kennenlernen. Voller Ungeduld, wie es meine Art ist, erwarte ich diesen Tag. Ich kann es kaum noch abwarten. Endlich sind wir kurz davor, daß unser Wunsch von einer eigenen Familie erfüllt wird.
Ich merke bereits jetzt, wie häufig ich an die Kinder denke. Es tut mir fast weh, sie noch im Heim zu wissen. Auch wenn ich Marcel und Tobias noch nicht kenne, sind meine Gedanken jeden Tag bei ihnen. Ich stehe morgens mit ihnen auf und gehe abends mit ihnen zu Bett. Aber auch bei alltäglichen Dingen, wie dem Einkauf oder dem Bummel über einen Trödelmarkt, denke ich an sie.
Mittwoch nächster Woche wird ein sehr spannender Tag. Zum ersten Mal werden wir die Kinder treffen, von denen wir noch gar nicht so viel wissen, außer, daß sie eine enge Bindung zueinander und Lust auf neue Eltern haben. Zunächst werden wir uns im Jugendamt einfinden und später mit der Mitarbeiterin des Pflegekinderdienstes in das Heim fahren. In meiner Phantasie wird mir vor Aufregung das Herz bis zum Hals schlagen. Mittwoch wird ein spannender und einschneidender Tag werden.

Organisiert ist alles so weit, wie es organisiert sein kann. Das Zimmer ist fertig, aber natürlich noch nicht ausgestattet; Sarah hat gekündigt und arbeitet zum letzten Mal einen Tag, bevor wir Marcel und Tobias kennenlernen; das Familienauto ist gekauft. Sarah wird diejenige sein, die alle Tage mit den Jungen verbringen wird. Ich gefalle mir schon jetzt in meiner Rolle als Ernährer der Familie.
Die Vorfreude auf die Kinder ist unglaublich groß. Es ist die Lust am gemeinsamen Leben mit Kindern, die Lust an der Verantwortung und der Erziehung. Momentan können wir es uns wahrscheinlich noch gar nicht vorstellen, wir sehr sich unser Leben durch und mit den Kindern verändern wird. Klar erscheint lediglich, daß es eine komplette Umstellung werden wird.
Wir sind uns noch nicht ganz klar darüber, in welchem Tempo die Anbahnung mit den Kindern verlaufen wird und hoffen, daß wir dieses Tempo von uns aus beeinflussen können.
Gemeinsam treten Sarah und ich jetzt in eine der spannendsten Phasen unseres Lebens ein. Die Vorfreude ist unglaublich groß.

Mittwoch, 3. März

Von den Ursprungseltern unserer zukünftigen Pflegesöhne Marcel und Tobias wissen wir nicht viel. Was wir wissen, hat uns das Jugendamt mitgeteilt. Der Erzeuger, Jahrgang 1962, hat scheinbar nie eine Rolle im Leben der Jungen gespielt. Die leibliche Mutter, Jahrgang 1973, hat viele Probleme mit sich selbst. Alkohol und Drogen spielen dabei eine große Rolle. Es heißt, sie habe selbst bereits wegen des Verstoßes gegen das Betäubungsmittelgesetz im Gefängnis gesessen, sei abhängig vom Alkohol und habe Tobias einmal im betrunkenen Zustand auf dem Weihnachtsmarkt in Witzkirchen alleine stehenlassen. Zumindest die Androhung von Selbstmord sei ebenfalls vorgekommen. Uns wurde berichtet, daß die Mutter einen Freund habe, der sie schlagen würde. Klar scheint zu sein, daß Marcel und Tobias gesehen haben, daß ihre Mutter geschlagen wurde. Unklar ist jedoch, ob die Kinder selbst geschlagen worden sind.
In der frühen Kindheit von Marcel und Tobias sollen sie normal mit Essen und Trinken, frischen Windeln etc. versorgt worden sein. Gerade die Unterversorgung in diesem Bereich scheint eine "*Garantie*" für besonders deutliche Verhaltensauffälligkeiten zu sein. Mit Spannung ist es für uns zu erwarten, ob diese Information stimmt.
Marcel und Tobias befinden sich seit etwa einem Jahr im Kinderheim. Bis Dezember haben Besuche durch die Mutter und die Oma stattgefunden. Seither hatten sie keinen Besuch mehr. Frau Sülzmeyer, die für uns zuständige Sozialarbeiterin des Jugendamtes, hat die Kinder vor ihrem Urlaub im Heim aufgesucht und etwas Zeit mit ihnen verbracht. Beide, so sagte sie mir am Telefon, habe sie gefragt, ob sie sich vorstellen könnten, neue Eltern zu bekommen. Für Marcel soll es keine

schwierige Frage gewesen sein. Angeblich, so wie ich es verstanden habe, hat er keine intensive Beziehung zu seiner Mutter. Tobias habe geäußert, daß er doch eine Mutter habe. Auch Wut auf seine Ursprungsmutter soll er ausgesprochen haben.
Marcel muß in der nächsten Zeit untersucht werden. Es soll geklärt werden, ob der Junge neurologisch gesund ist, denn es ist möglich, daß er eine Schädigung durch den Alkoholkonsum der Mutter davongetragen hat. Auf dem Foto sieht Marcel völlig normal aus, aber selbst wenn er etwas minderbegabt sein sollte, können wir damit sicher leben. Frau Sülzmeyer machte den Hintergrund dieser Untersuchung daran fest, daß Marcel beispielsweise keine Farben benennen könne. Das kann nicht alles sein, denn wenn ich mir die Kinder bei mir im Kindergarten ansehe, gibt es viele, die selbst noch mit fünf Jahren Probleme haben, Farben stabil zu erkennen. Gut ist eine neurologische Untersuchung aber in jedem Fall.
Erfahren möchte ich im nächsten Gespräch mit dem Jugendamt noch, auf wessen Anstrengung hin die Kinder im Heim untergebracht wurden.
Tobias wird am 30. April sechs Jahre alt. Normalerweise müßte er in diesem Jahr in die Schule. Die Einschulungstests der Grundschulen finden in diesen Tagen statt. Doch wie Marcel soll er sozial auffällig sein. Vom Intelligenzniveau wäre er wohl zum Schulbesuch befähigt, aber vom sozialen Hintergrund her nicht.
So sind uns die beiden auch beim ersten Gespräch vorgestellt worden: sozial auffällig. Was immer das heißt. Erläutert wurde uns, daß es mit ihnen ein guter Umgang wäre, wenn sich ein fester Bezugspartner mit ihnen befaßt. Auffällig würden sie werden, wenn sie sich in einer größeren Gruppe unterordnen müßten, wie zum Beispiel in einer Kindergruppe oder Schulklasse.
Was muß es für diese beiden Kinder für eine Umstellung sein, wenn sie uns kennenlernen, verstehen, daß wir ihre neuen Eltern sind und schließlich irgendwann zu uns umziehen. Es muß eine riesiger Einschnitt in das Leben dieser Kinder sein, die so ganz andere Vorerfahrungen gemacht haben. Bei uns werden sie einfach durch die Natur der Sache auf ganz andere, völlig veränderte Grundlagen treffen, was Lebensregeln, das Umgehen miteinander, die soziale Struktur, die Einbettung in eine funktionierende Großfamilie, die Lebensbejahung etc. betrifft. Die innere Verwirrung der Jungen muß enorm sein.
Ich kann mir vorstellen, daß sie sehr kritisch sein werden, denn es wird ihnen nichts anderes übrigbleiben, als uns zunächst immer mit ihrer Ursprungsfamilie zu vergleichen. Es bleibt ihnen gar nichts anderes übrig, zu vermuten, daß alle Erwachsenen gleich sind, weil sie die Art ihrer Eltern bzw. ihrer Mutter als normal erlebt haben. Bestimmt werden sie uns extrem austesten.
Es heißt, daß Marcel und Tobias eine besonders ausgeprägte Beziehung zueinander haben. Sie würden sich als Brüder bewußt zugehörig sehen. Wacht der eine auf, wird der andere geweckt. Hat der eine etwas angestellt und ist eine Konfrontation mit einem Erwachsenen zu befürchten, stellt der andere auch etwas an, um den anderen aus der Situation zu retten.

Sarah und ich haben uns vorgenommen, daß ich mir, wenn die Kinder zu uns kommen, wenigstens einige Tage freinehme, damit wir als neue Familie am Anfang möglichst viel Zeit miteinander verbringen können. Der Alltag wird früh genug kommen. Auch für Sarah wird es wichtig sein, in der neuen, veränderten Situation nicht gleich auf sich allein gestellt zu sein.
Gestern abend haben wir wieder einmal darüber gesprochen, wie sehr sich jetzt alles verändern wird. Es werden nicht nur auf einmal Kindersachen in der Wohnung herumliegen oder die doppelte Menge Wäsche zu waschen sein. Es werden einfach zwei Menschen mehr in der Wohnung sein, mehr Leben wird bei uns herrschen, mehr Unruhe auch, wir werden als neue Eltern ebenso über den Schlaf der Kinder zu wachen haben, unser Schlafverhalten wird sich bestimmt ändern, ein ganz anderer Lebensrhythmus wird einkehren bzw. sich zunächst bewähren müssen. Bestimmt stehen die Kinder nachts auch mal am Bett, weil ihnen etwas fehlt, wir werden die Nächte an ihrem Bett verbringen, wenn sie krank sind und irgendwann, wenn genug Vertrauen vorhanden ist, werden sie auch zu uns in Bett gekuschelt kommen.
Sarah hat ein Stück weit auch Angst vor der neuen Verantwortung, bei mir überwiegt die Freude darüber, daß die Tage ausgefüllter und die Nächte kürzer sein werden. Wahrscheinlich ist es typisch Mann, aber für mich gibt es nichts, was mir Angst macht vor dem Leben mit den Kindern. Was soll schon passieren?
Mit Spannung erwarten wir den Tag, an dem wir Marcel und Tobias kennenlernen können und hoffen sehr, daß es uns gut gelingt, wenn wir die Kinder das erste Mal sehen. Momentan haben wir noch keine Vorstellung davon, wie es nach dem ersten Treffen weitergehen wird. Ich kann mir vorstellen, daß die beiden noch vor Tobias Geburtstag zu uns umziehen. Mit Sicherheit kommt es bei der Anbahnung auf uns an, auf das Maß der Zeit, das wir uns nehmen, um die Kinder schrittweise an uns heranzuführen.
Wir stellen uns vor, daß wir die Kontakte in Absprache mit dem Kinderheim nach und nach ausbauen. Nach einigen Besuchen im Heim kann es zu Unternehmungen außerhalb der Einrichtung kommen, eine Verlängerung der Besuchszeiten, auch mit Ausflügen zu uns, einer Übernachtung, einem gemeinsamen Wochenende, immer in Anlehnung an das gemeinsame Tempo bzw. an das Tempo, das uns die Kinder vorgeben werden.
Natürlich können wir uns damit auch täuschen, wie wir uns ebenso getäuscht haben, als es um das Kennenlernen der Kinder ging. Gedacht hatten wir uns zunächst immer, daß wir das erste Mal die Kinder anonym sehen würden, durch eine Spiegelscheibe beispielsweise und nicht direkt, wie es jetzt ablaufen wird. Möglicherweise werden für uns noch andere Überraschungen bereitgehalten.
Wir haben nach unserem Empfinden eine lange Geschichte hinter uns. Abgesehen von den ganzen Aktionen der mißlungenen Versuche mit der künstlichen Befruchtung sind wir jetzt schon seit dem 1. Mai letzten Jahres in der Vorbereitung und mit der Auseinandersetzung um die Aufnahme eines Pflegekindes beschäftigt.

Mir kommt es so vor, als hätten wir eine Unmenge Fragebögen ausgefüllt. Wir hatten eine Vielzahl von Kontakten zu Einrichtungen und Behörden aufgebaut und mußten uns natürlich auch einer Begutachtung durch das für uns zuständige Jugendamt Lehringen unterziehen. Mit dem Jugendamt hatten wir zwischen September und Januar drei intensive Gespräche, die natürlich sehr persönliche Ebenen hatten.

Das Jugendamt Witzkirchen hat scheinbar einen größeren Bedarf bzw. hat sehr viel schneller mit einer Belegungsmöglichkeit reagiert als andere Stellen. Die Lehringer hätten, wie sie gesagt haben, auch gerne mit uns kooperiert, aber kein Kind, das in unser vorgegebenes Schema gepaßt hätte. Überall, in sämtlichen Fragebögen und Gesprächen haben wir angegeben, daß wir ein Vorschulkind aufnehmen möchten bzw. ein Kind, so jung wie möglich, bis maximal fünfeinhalb Jahre.

Wir mußten angeben, welche Kinder wir uns vorstellen können aufzunehmen. Nach Krankheiten, Behinderungen, Beeinträchtigungen, Vorerfahrungen usw. der Kinder wurden Fragen gestellt. Dabei wurde auch danach gefragt, ob wir uns vorstellen können, Kinder von Straftätern, Alkoholkranken, Drogenkranken, Schwachsinnigen, Behinderten oder Kinder aus Inzestbeziehungen ein neues Zuhause zu bieten. Einen Prototyp für ein Kind, das wir niemals aufnehmen würden oder einen Prototyp für ein Kind, das wir sofort aufnehmen würden, konnten wir nie aufzeigen. Es blieb eigentlich nur übrig, daß wir angegeben haben, daß es bei allen Dingen auf das Ausmaß ankommt

Auch für die Aufnahme von Geschwisterkindern, gerne ausländischer Herkunft, hatten wir uns eingetragen. Die Vermittlung von Geschwistern scheint schwierig zu sein, die meisten potentiellen Pflegeeltern wollen scheinbar nur ein Kind aufnehmen. Aus diesen Vorgaben sind jetzt Marcel und Tobias entstanden, für die zunächst in Witzkirchen nach Pflegeeltern gesucht wurde. Als sich dort keinerlei Chance ergab, wurde der Suchradius erweitert und wir kamen ins Spiel.

In den nächsten beiden Jahren werden wir von Frau Sülzmeyer aus Witzkirchen betreut. Anschließend fällt die Zuständigkeit automatisch an das Lehringer Jugendamt.

Wegen der sehr klaren Zukunftsperspektive wurden uns anfangs weibliche Geschwister aus Witzkirchen angeboten aufzunehmen. Bei denen war es deutlich, daß eine Rückführung in die Ursprungsfamilie nicht mehr angestrebt werden kann. Allerdings paßten die Mädchen, zwei Achtjährige und eine Zehnjährige, gar nicht mehr in unsere Vorgaben. Das wären drei auf einen Streich gewesen, wobei es bei dem älteren Mädchen gar nicht klar war, ob sie aufgrund ihrer Vorerfahrungen überhaupt noch für die Vermittlung in eine Pflegefamilie geeignet war. Trotz aller Tragik, die bei diesen Mädchen vorhanden ist, haben wir uns gegen sie entschieden, weil sie einfach viel zu weit von unserer Wunschvorstellung entfernt waren.

Sehr gut in unsere Wunschvorstellung passen jetzt Marcel und Tobias, deren Zukunftsperspektive zwar noch ungeklärt ist, aber durch die nachvollziehbaren Dinge unserem Bild entsprechen.
Nach der Aufnahme von Marcel und Tobias bei uns wird es etwas Lauferei mit Ämtern und Behörden geben, der Vermieter, die Versicherungsgesellschaft etc. muß informiert werden.
Die Einrichtung des Kinderzimmers steht ebenfalls noch aus. Vielleicht ist es möglich, einen Teil der Ausstattung gemeinsam mit den Jungen auszusuchen. Das wäre schon toll und täte ihnen bestimmt gut, wenn wir sie einbeziehen könnten.

Freitag, 5. März

Es trennen uns nur noch wenige Tage von dem Moment, an dem wir Marcel und Tobias kennenlernen werden. Bei mir überwiegt bis jetzt die Ungeduld. Stelle ich mir die Situation am Mittwoch jedoch vor, glaube ich, daß die innere Aufregung wesentlich größer sein wird. Natürlich gehen wir als Erwachsene mit einem anderen Hintergrund, wesentlich rationaler, an eine solche Situation heran und ich frage mich in diesem Zusammenhang, wie aufregend es erst für die beiden Jungen sein muß, die nach unserem Kenntnisstand wissen werden, weshalb wir zu ihnen ins Heim kommen.
Ich glaube, das Herz wird mir bis zum Hals schlagen und bestimmt habe ich auch Angst, mich irgendwie falsch zu verhalten. Hoffentlich berührt mich der erste Kontakt zu den Kindern nicht zu sehr. Schließlich ist es nicht von der Hand zu weisen, daß wir vier uns noch nicht kennen, uns aber ein getrenntes, und eben auch gemeinsames Schicksal verbindet: Marcel und Tobias Situation, eine Mutter zu haben, die nicht in der Lage ist, sich um die zwei entsprechend zu kümmern und für ihre Erziehung zu sorgen; und Sarahs und meine Situation, daß wir keine eigenen Kinder haben können. Es ist ein gemeinsames Maß an Traurigkeit und ein gemeinsames Maß an Freude daran. Ein Ziel muß es sicher sein, zusammen eine Möglichkeit des Umgehens damit zu finden.
Gerade in den letzten Tagen ziehe ich unweigerlich Vergleiche zu meiner beruflichen Situation als Leiter einer Tageseinrichtung für Kinder. Da gibt es schon einige Kinder, die zu mir eine ganz besonders intensive Beziehung haben und ich zu ihnen. Ich spüre, daß die Kinder mich mögen und es ist ein gutes Gefühl. Es ist für mich deutlich, daß sich einige Kinder bei mir einige Dinge wie Nähe, Gefühl, Auseinandersetzung, Streß usw. holen, weil sie damit bei ihrem eigenen Vater nicht ankommen können oder dürfen. Bei manchen gibt es auch gar keinen Vater. Über die Zeit seit meiner Arbeitsaufnahme haben sich diese Beziehungen entwickelt und die intensivsten Beziehungen bestehen auch zu den Kindern, die mich von Beginn an kennen.

Auch bei uns in der Kindertagesstätte ist es für mich ein täglicher Drahtseilakt, wie ich ihn mir ähnlich und potenzierter mit Marcel und Tobias vorstelle. Ich möchte auf der einen Seite, daß sich die Kinder an die von mir vorgegebenen Regeln und Grenzen auf der Grundlage gegenseitigen Respekts halten und auf der anderen Seite möchte ich, daß die Kinder und ich ganz viel Spaß miteinander haben können. Ich weiß, daß beides zusammen möglich ist. Es schließt sich nicht gegenseitig aus. Vielmehr ist es für mich die Grundlage meiner Arbeit und manchmal glaube ich sogar, daß ich dadurch, daß es mir bisher immer gelungen ist, beide Seiten miteinander zu verbinden, mein Verhältnis zu den Kindern enger ist im Vergleich zu der Art der Beziehungen, die meine Kolleginnen zu den Kindern haben. Dabei spielt es sicherlich auch eine nicht unwesentliche Rolle, daß ich der einzige Mann in der Kindertagesstätte bin und es für die Kinder schon relativ ungewöhnlich ist, daß sich ein Mann, den die meisten vom Rollenbild her eher traditionell kennen, mit ihnen acht Stunden täglich befaßt.
Mit Marcel und Tobias stelle ich es mir ähnlich vor. Und schließlich sind es gerade diese beiden Bereiche, die uns vorrangig vom Jugendamt beschrieben worden sind. Ich möchte, daß die Kinder mich (und Sarah selbstverständlich) respektieren und ich möchte mit ihnen Spaß haben können und ihnen ein positives Lebensgefühl vermitteln.
Kein genaues Bild kann ich mir im Moment davon machen, wie stark der anfängliche Machtkampf und das Austesten von Grenzen, das unbewußte Hinterfragen, der Kinder uns gegenüber sein wird. Immerhin haben sie mit anderen Erwachsenen ganz andere, wesentlich negativere, Erfahrungen machen müssen. Wie lang der Weg sein wird, bis Marcel und Tobias spüren werden, daß wir uns ganz anders verhalten, wird eine spannende Frage sein und bleiben.
Oft habe ich unser zukünftiges Familienbild im Kopf: Marcel und Tobias und Sarah und Lars. Vor meinem inneren Auge sehe ich dieses Bild voller Fröhlichkeit, in schönen und klaren Farben, und im Sonnenschein. Vielleicht etwas kitschig und wie der Werbewelt der Vorzeigefamilie entsprungen, aber eben doch relativ nah an meinem Wunschbild. Ich möchte ganz viel Zeit als Ehemann und Vater mit meiner neuen Familie verbringen und ich freue mich, trotz der Vorahnungen, mit Sarah durch die Aufnahme der Jungen viel Streß zu haben, auf unsere neue Situation.
Erst wenn die Kinder bei uns sind und eine relative Normalität eingekehrt ist, werde ich verstehen können, was es heißt, Vater zu sein bzw. Vaterrolle zu übernehmen. Bereits jetzt weiß ich, daß ich stolz sein werde, Vater für Marcel und Tobias, diese beiden kleinen Jungen, sein zu können. Es ist wie es ist und wie Sarah und ich es immer wieder in diesen unzähligen Gesprächen mit Jugendämtern und Einrichtungen beschrieben haben: in mir bzw. in uns ist eine ganz große Erziehungslust, eine unwahrscheinliche Lust, Verantwortung für Kinder zu übernehmen. Von Beginn an war es für Sarah und mich völlig unmöglich, uns ein Leben ohne Kinder vorzustellen.

Ich kann mir gut vorstellen, daß mich meine neue Situation beruflich ebenfalls verändern wird, denn ein Erzieher mit eigenen Kindern wird die Elternseite immer wesentlich besser verstehen können als ein Erzieher ohne eigene Kinder. Außerdem glaube ich, daß sich dadurch auch noch etwas in den Köpfen der Eltern bei uns in der Kindertagesstätte verändern wird, wenn sie davon wissen, daß ich Vater von zwei Kindern bin. Vielleicht werden auch die Erwartungen dadurch größer. Durch meine Arbeit und meinen intensiven Kontakt zu den Eltern der Kinder aus der Kindertagesstätte sehe ich dem jedoch gelassen entgegen.
Anders sein wird es zunächst durch die selbstverständliche Neugier der Eltern. Bisher habe ich eisern geschwiegen. Nur meine Kolleginnen und die wichtigsten Leute unseres Trägers wissen, was bei Sarah und mir abläuft. Sobald es jedoch konkret wird mit Marcel und Tobias, werde ich es zunächst den Kindern bei uns erzählen, einfach, um ihnen meine Freude mitzuteilen und sie daran Anteil nehmen zu lassen, was mich gerade beschäftigt. Wahrscheinlich wird es sich über die Kinder wie ein Lauffeuer zu den Eltern herumsprechen. Die Erfahrung hat gezeigt, daß Klarheit und Offenheit, wenn sie denn angebracht sind, besonders weit führen. An manchen Kindern und Eltern, davon bin ich ebenso überzeugt, wird dies alles auch vorbeigehen, weil sie es einfach gar nicht wahrnehmen oder sich dafür gar nicht interessieren.
Sarah und ich müssen uns manchmal ganz schön zügeln. Zu gern würden wir schon Sachen für Marcel und Tobias kaufen. Sachen für das Zimmer, zum Anziehen oder zum Spielen. In der Anzeigenzeitung schauen wir in der letzten Zeit zum Beispiel immer wieder nach Lego für die Kinder. Bisher konnten wir uns dabei zurückhalten, aber die Verlockung ist ganz schön groß. Aber wir wissen auch nicht, was Marcel und Tobias überhaupt haben und mit zu uns mitbringen werden. Lediglich zwei Bettdecken hat Sarah heute bereits aus Schwölln mitgebracht.
Die nächste Zeit wird für uns nicht nur viel Neuigkeiten und Veränderungen bringen, sondern genauso intensiv, interessant und spannend werden. Wenn ich mit Sarah spreche, steht die Vorfreude immer im Vordergrund und die generelle Frage, wie es überhaupt sein wird, wie es sich anfühlen wird, wenn wir beide nicht mehr alleine sind. Oft überstürzen sich die Gedanken dabei in unseren Köpfen. Wie gesagt, richtig vorstellen können wir es uns (noch) nicht. Ich glaube, daß wir uns nach dem langen Weg, der hinter uns liegt, auch noch nicht vorstellen können, daß wir jetzt endlich Glück haben und immer Kinder um uns haben werden. Noch ist es ein unfaßbares Glück, vielleicht auch gepaart mit der typischen elterlichen Angst etwas falsch machen zu können, weil es im Leben mit Kindern so vieles zu bedenken gibt.
Ich bin fest davon überzeugt, daß wir das Zusammenleben mit den Kindern sehr gut schaffen können, wenn wir beide weiterhin wie bisher miteinander umgehen, miteinander reden und so ehrlich zueinander sind. Und es gibt nichts, was uns von dieser gemeinsamen Ebene abbringen sollte.

Sarah hat nur noch zwei Arbeitstage vor sich. Montag und Dienstag. Der Dienstag wird für sie hauptsächlich zum Abschiednehmen von den Kindern, Mitarbeiterinnen und Eltern aus ihrem Kindergarten da sein. Wenn sie am Dienstag aus Schwölln kommt, wird es ihr letzter Arbeitstag gewesen sein. Die großen, einschneidenden Veränderungen nehmen ihrem Lauf.

Dienstag, 9. März

Morgen ist der große Tag. Morgen werden Sarah und ich Marcel und Tobias kennenlernen. Die Ereignisse werfen bereits ihre Schatten voraus, denn heute hat Sarah ihren letzten Arbeitstag, der wohl nur noch mit Abschiedfeiern begangen wird. Morgen treten wir in eine neue Phase unseres gemeinsamen Lebens ein.
Ausgerechnet heute muß ich krank sein. Schon seit einigen Tagen schwelt in mir eine Grippe. Gestern kam Fieber hinzu.
Deshalb bin ich auch noch nicht zur Arbeit gefahren, aber heute Mittag werde ich fahren, weil heute nachmittag zwei Elterngespräche sind, an denen ich teilnehmen muß.
Viel wichtiger ist es mir aber, daß ich morgen wieder einigermaßen auf den Beinen bin. Im Moment gäbe es nichts Schlimmeres, als den Termin morgen absagen zu müssen. So weit werde ich es auf gar keinen Fall kommen lassen. Natürlich geht nicht, was nicht geht, aber ich werde alles dafür tun, daß wir morgen nach Witzkirchen fahren können.
Vor einer guten halben Stunde habe ich noch mit Frau Sülzmeyer, der für uns dort zuständigen Sozialarbeiterin, telefoniert. Es war nur noch die Kleinigkeit zu klären, ob wir auch morgen mit der Bahn fahren und von ihr im Auto mit ins Heim genommen werden können. Das scheint aber kein Problem zu sein und ist wirklich ratsam, weil der morgendliche Autobahnverkehr auf dem Weg von Lehringen nach Witzkirchen sehr schlimm sein muß. Das Kinderheim liegt aber wohl in nur kurzer Entfernung zum Jugendamt und im gleichen Stadtteil.
Bei dieser Gelegenheit habe ich danach gefragt, wie grundsätzlich die Anbahnung zwischen den Kindern und uns abläuft. Immerhin hätte es gut sein können, daß z. B. ein Raster abgearbeitet wird, das aus Erfahrung entstanden ist. So scheint es aber nicht zu laufen. Vielmehr soll in einem gemeinsamen Gespräch ein individueller Weg des Kennenlernens bis zum Umzug besprochen werden. Also kommt es zum Glück doch auf das gemeinsame Tempo von den Kindern und uns an. Sie sagte, daß wir mit den Kindern die Hauptpersonen sind und ein persönlicher Weg gesucht werden wird. Spricht sie von Marcel und Tobias, spricht sie immer von den *Zwergen*.
Am vergangenen Samstag habe ich meine Schwester angerufen. Sie wußte noch von gar nichts. Der letzte Kontakt war Anfang diesen Jahres. Im vergangenen Herbst hatten wir uns nach vielen Jahren das erste Mal wiedergesehen. Entfernt

berühren unsere Bemühungen, Pflegekinder aufzunehmen, auch die Geschichte von meiner Schwester Maria und mir. Als 1981 meine Mutter starb, hatte sie mich in ihre Familie aufgenommen. Maria hat ganz gerührt und sehr positiv reagiert, als ich ihr erzählt habe, daß Sarah und ich jetzt wahrscheinlich zwei Pflegekinder bei uns aufnehmen. Ich habe zwar nicht mit einer ablehnenden Haltung gerechnet, aber daß ihre Reaktion darauf derart positiv ausfällt, hätte ich nicht gedacht. Sie wollte ganz viel darüber wissen, wie die Aufnahme von Pflegekindern abläuft und woher die Kinder kommen. Durch die geographische Entfernung zwischen meiner Schwester und ihrer Familie und uns werden wir sicher nicht besonders viel Kontakt haben, den haben wir jetzt nicht und werden ihn auch nicht nach der Aufnahme der Kinder haben, aber es ist ein gutes Gefühl für mich, daß Maria es gut findet und positiv eingestellt ist.

In den letzten Tagen haben Sarah und ich immer wieder festgestellt, daß es für uns gar nicht möglich ist, eine Vorstellung davon zu bekommen, wie es im gemeinsamen Leben mit den Kindern sein wird.

In einer Nacht, in der ich nicht besonders gut schlafen konnte, sind mir noch viele Fragen eingefallen, die wir im Jugendamt und im Kinderheim stellen müssen. Und es hat sich herausgestellt, daß meine Fragen auch Sarahs Fragen sind. Auf einmal müssen wir uns zwangsläufig über so viele Dinge Gedanken machen, Dinge, die in einem Leben ohne Kinder gar keine Rolle spielen, aber eben auch durch die Aufnahme von zwei Kindern wichtig und gewichtig werden.

So fragen wir uns, ob der Einschulungstest für Tobias bereits stattgefunden hat und wie wohl das Ergebnis aussieht. Wir fänden es nicht schlecht, wenn Tobias noch ein Jahr vom Schulbesuch freigestellt werden könnte, wegen der Eingewöhnung bei uns und aufgrund seiner sozialen Auffälligkeiten.

Über die wirtschaftlichen Hintergründe wissen wir kaum etwas konkret. Nur ganz allgemein ist uns bekannt, daß wir für die beiden Jungen Pflegegeld bekommen werden. Ob wir die Jungen auf meiner Lohnsteuerkarte eintragen lassen können bzw. Kindergeld bekommen werden, ist uns auch nicht bekannt. Geklärt werden muß mit dem Jugendamt ebenfalls noch, wieviel Geld uns zur Verfügung gestellt wird, um das Zimmer der Kinder einzurichten.

Ein Termin zu einem gemeinsamen Hilfeplangespräch muß festgelegt werden, zu dem sich alle am Leben der Kinder Beteiligten treffen werden und wir bei dieser Gelegenheit auch die leibliche Mutter von Marcel und Tobias kennenlernen können, wenn sie denn zu dem Termin überhaupt erscheint. Nachfragen möchte ich auf jeden Fall, auf welchem Hintergrund die Kinder ins Heim gekommen sind, sind sie der Mutter weggenommen worden oder hat sie vielleicht selbst um Hilfe bei der Erziehung gebeten? Noch wissen wir auch nicht, welche Einstellung die Mutter zu Pflegeeltern für ihre Kinder hat, wie es überhaupt um ihr Interesse an den Kindern bestellt ist. Immerhin haben seit Dezember keine Besuchskontakte mehr stattgefunden.

Die Informations- und Beratungsmöglichkeit durch das Jugendamt und das Kinderheim ist für uns überaus wichtig. Ich bin sehr gespannt darauf, was es für Menschen sind, die sich bisher um Marcel und Tobias gekümmert haben. Gerne möchte ich Beratung und Ratschläge von ihnen, ob es beispielsweise ratsam ist, den geplanten Sommerurlaub auf Ischia mit den Kinder gemeinsam zu machen, welche konkreten Verhaltensauffälligkeiten bei ihnen vorliegen, wie und wann wir sie in unsere Gesamtfamilie einbeziehen sollten oder könnten, ob es ratsam ist, sie in einem gemeinsamen Zimmer oder in zwei getrennten unterzubringen, welches Männerbild sie haben, wie es um die heilpädagogischen Maßnahmen und Marcels neurologische Untersuchung bestellt ist.

Gerne möchten wir auch wissen, wie der Heimalltag für die Kinder aussah, welche Interessen sie haben, ob sie Kindergartenerfahrungen haben, wie ihr Schlafverhalten aussieht, daß Eß- und Trinkverhalten, ob es wichtige Rituale gibt, wie das Nähe- und Distanzverhalten gegenüber den Erziehern und anderen Menschen aussah, ob es aggressives oder autoaggressives Verhalten gab, wie sie mit Sachwerten umgehen und in welchem Maße sie seelisch und körperlich belastbar sind. Fragen über Fragen. Viele bisher für uns unbekannte Dinge gewinnen eine neue, manchmal ungeheuer große Bedeutung.

Bei aller Unsicherheit, die natürlich in uns ist, diese wohl typische elterliche Angst, etwas falsch machen zu können, überwiegt für mich momentan neben der Aufregung, weil wir Marcel und Tobias morgen das erste Mal sehen werden, die Vorfreude und die Lust an der neuen Verantwortung. Es ist ein unbeschreiblich intensives Gefühl und manchmal habe ich den Eindruck, als könnte ich die Vielzahl der sich in meinem Kopf befindlichen Gedanken und die Vielzahl der sich in meinem Herzen ausbreitenden Gefühle gar nicht fassen. Wann steht man auch sonst schon vor einer derartigen Herausforderung?

Samstag, 27. März

Alles ist ganz anders gekommen als wir dachten. Noch immer ist es unglaublich, denn inzwischen lebt André bei uns.

Der Termin mit dem Jugendamt und dem Kinderheim in Witzkirchen war unbeschreiblich anstrengend, zumal ich mit hohem Fieber zu tun hatte und an der Schwelle zur Lungenentzündung stand. Aber um den Termin nicht ausfallen lassen zu müssen, hatte ich mich vorher mit Tabletten vollgepumpt. Mein gesundheitlicher Absturz kam dann ganz kurz nach dem Termin, der über vier Stunden Zeit in Anspruch nahm, und eine nachhaltige Wirkung auf uns hatte. Anschließend verließen wir voller Eindrücke und innerlich völlig gerädert das Kinderheim.

Es beschlich uns eine große Angst. Eine Angst vor einem gemeinsamen Leben mit gerade diesen beiden Kindern.

Zunächst hatten wir uns um 9.00 Uhr bei Frau Sülzmeyer im Jugendamt eingefunden. Viel gab es nicht mehr zu besprechen. Allerdings hörten wir an dieser Stelle zum ersten Mal etwas über die Art und die Höhe des Pflegegeldes, das wir bei einer Aufnahme der Kinder bei uns bekommen würden. DM 1200,- pro Kind Pflegegeld und zusätzlich DM 300,- pro Kind Aufwandszuschuß wurden uns in Aussicht gestellt. Zusammen mit Kindergeld wären wir also auf ca. DM 3.500,- gekommen. Die Höhe der finanziellen Zuwendung hat mich ziemlich beeindruckt.
Im Anschluß an das Gespräch fuhren wir gemeinsam mit der Sozialarbeiterin ins Kinderheim. Schon auf der Fahrt dorthin hatte sie uns von der Einrichtung als kein besonders schönes Kinderheim berichtet. Sie gab an, daß es sich dabei um ein katholisches Heim, geleitet und geführt von Nonnen eines spanischen Ordens, handeln würde, ganz im klassischen Sinne.
So war es dann auch. Ein riesiger Komplex, die Stadt überragend durch die Lage auf einem großen, mächtigen Hügel mit steiler Straße für die Anfahrt. Neben dem zu erwartenden Kreuz im Eingangsbereich fiel mir besonders der weitläufige und kostbar aussehende Terrazzofußboden in der Halle auf.
Mit Sr. Magda, der stellvertretenden Heimleiterin, ging es in einem engen Fahrstuhl einige Etagen höher. Vor Marcel und Tobias Gruppe angekommen, mußte erst einmal der passende Schlüssel für die Eingangstür gefunden werden.
Wir wurden durch die Gruppe in ein Wohnzimmer geführt, ein richtiges Vorzeigewohnzimmer, mit Couchgarnitur, dunkler Schrankwand, Fernseher und Videorecorder. Echter Witzkirchener Barock, aber trotz allem wohl noch der angenehmste Raum auf der ganzen Gruppe, denn die Räume der Kinder und der lange, große Flur standen dazu im echten Gegensatz. Alles wirkte so kalt, unfreundlich, dunkel und gar nicht kindgerecht. In Marcels Zimmer wurde es später noch besonders deutlich. Es gab darin eigentlich nichts schönes zu sehen, es gab keine Atmosphäre von Gemütlichkeit, sondern nur unfreundliche Zweckmäßigkeit. Selbst die Tapete, vor Zeiten anscheinend von Kinderhand beschädigt, war eine Zumutung. Überall war es außerdem richtig kalt, eben nicht nur atmosphärisch, sondern auch die Raumtemparatur war niedrig.
Dazu paßte es auch, daß man mit uns trotz klarer Absprache von Seiten des Jugendamtes erst am Nachmittag gerechnet hatte.
Zu dem Gespräch im Wohnzimmer wurde eine junge Erzieherin gebeten, vielleicht zwanzig Jahre alt und Berufsanfängerin. Manuela war ihr Name. Im ersten Teil des Gesprächs erzählten Sr. Magda und Manuela über das, was sie von den Jungen wußten. Dabei wurde sehr deutlich, wie ungeklärt die ganze Situation mit der Mutter ist, und wie sehr die Kinder noch innerlich mit ihrer Mutter verbunden sind. Trotzdem sie schon ein Jahr in dem Heim sind, besteht noch ein sehr festes Band und es wurde uns von Fluchtplänen der Kinder erzählt.
Bei allem, was wir von den Verhaltensweisen und Verhaltensauffälligkeiten der Jungen zu hören kriegten, stellt sich für mich gerade jetzt, nach dem ich sie erlebt habe, die Frage, ob nicht vieles davon hätte kompensiert und aufgefangen werden

können, wenn auf dieser Gruppe nicht anders gearbeitet würde und es eine andere Atmosphäre gegeben hätte.
Weil man mit uns erst wesentlich später gerechnet hatte, war Tobias an diesem Tag wie üblich in den Kindergarten gebracht worden, wurde aber während unseres Gesprächs vorzeitig abgeholt, denn es war abgesprochen, daß wir nach dem Gespräch eine Art von Kontaktaufnahme stattfinden lassen sollten. Den Kindern waren wir als zufällige Besucher angekündigt worden und nicht als mögliche neue Eltern. Diese Legende hat sich dann später sehr bewährt.
Irgendwie haben wir es tatsächlich geschafft, eine Spielsituation mit Marcel und Tobias zu schaffen und konnten im Verlauf von neunzig Minuten einen intensiven Eindruck davon bekommen, wie es um diese beiden Kinder bestellt ist.
Tobias, ganz der Ältere, gab sich gelassen und war ziemlich schnell bereit, mit uns ein Tischspiel zu spielen. Das war jedoch zunächst gar nicht so einfach zu realisieren, denn alle Spiele im Regal auf dem Flur waren entweder beschädigt oder unvollständig. Es gelang uns aber schließlich doch, ein Spiel zu finden, das spielbar war.
Marcel war grenzenlos. Es dauerte gar nicht lange und ich hatte den Jungen bei mir auf dem Schoß sitzen. Er verhielt sich kraftvoll, warf sich immer wieder vor und zurück, so daß ich ihn wirklich kräftig halten mußte, damit er sich nicht verletzte. In die Spielsituation mit Tobias mischte er sich immer wieder ein. Irgendwann fegte er das ganze Spiel vom Tisch, bedrohte uns mit seinem Keks und spukte Sarah an. Es war insgesamt eine sehr unbefriedigende Situation mit den Jungen, wobei sie nicht gerade den Eindruck machten, als verhielten sie sich für ihre Maßstäbe ungewöhnlich.
Wirklich hart fand ich, daß Tobias im wahrsten Sinne des Wortes mehrere Male die Wände hochging. Er stütze sich mit den Händen am Tisch ab, streckte die Beine nach hinten und stieg mit seinen Straßenschuhen die Wand hoch.
Als es Mittagessen geben sollte, verabschiedeten wir uns. Marcel blieb unbeeindruckt und Tobias brachte uns zur Tür, die von innen nicht verschlossen war. Zum Abschied drückte uns der kleine Junge an sich und fragte uns, ob wir noch einmal zu Besuch kommen würden. Echt hart. Die Antwort ließen wir offen.
Als wir gegen 16.00 Uhr zuhause ankamen, waren wir ganz erschlagen. Bei mir kam das Fieber und der enorme Husten durch und uns beiden war ganz flau bei der Perspektive, gerade die zwei Jungen bei uns aufzunehmen, die wir kurz zuvor kennengelernt hatten. Wir kamen wirklich schweren Herzens und unter Tränen zu der Entscheidung, sie nicht aufzunehmen. Natürlich hatten wir deshalb ein schlechtes Gewissen, aber heute bin ich über diese ehrliche Entscheidung wirklich glücklich. Glücklich darüber, daß wir uns und unsere eigenen Gefühle so ernst genommen haben. Ansonsten wäre alles völlig in die Hose gegangen. Dabei haben wir uns auch davon getragen gefühlt, daß uns stets - auch vom Witzkirchener Jugendamt - gesagt wurde, daß wir gerade auf solche Gefühle bei uns Rücksicht nehmen und ehrlich genug sein sollen. Ebenfalls gesagt wurde uns, daß wir nicht

denken dürften, daß wir von der Stelle kein anderes Kind mehr angeboten bekommen würden, wenn wir diese Kinder ablehnen würden.
Einen Tag später rief wie verabredet Frau Sülzmeyer an, um sich danach zu erkundigen, wie der Erstkontakt verlaufen ist. Am Abend zuvor hatten wir uns überlegt, die gemachten Angaben zu modifizieren, das Alter herabzusetzen und vielleicht vom Gedanken an Geschwisterkinder Abstand zu nehmen, weil wir uns damit falsch eingeschätzt, möglicherweise übernommen hatten.
Sarah sprach mit Frau Sülzmeyer, doch zu den erneuerten Angaben kam sie gar nicht mehr. Die Sozialarbeiterin wirkte, als sie unsere ablehnende Entscheidung gehört hatte, enttäuscht. Ob sie menschlich oder beruflich enttäuscht war, wissen wir nicht. Seither haben wir nichts mehr von ihr gehört.
An diesem Donnerstag habe ich im Jugendamt Lehringen Thomas Wolf angerufen, um ihn vom neuesten Stand der Dinge zu berichten. Für uns war es wichtig, mit ihm in Kontakt zu bleiben, alleine schon von der eigentlichen Zuständigkeit des Jugendamtes her und natürlich auch, weil wir durch die Kontakte mit ihm und Frau Jürgens einen wesentlich tieferen, ehrlicheren und persönlicheren Eindruck hatten. Ich hinterließ ihm eine kurze Nachricht auf dem Anrufbeantworter.
Einen Tag später rief er zurück und wie immer war es ein sehr gutes Gespräch. Thomas Wolf bekräftigte unsere Entscheidung gegen die Aufnahme der Witzkirchener Jungen und stellte die Wertigkeit der inneren Übereinstimmung in den Vordergrund. Gegen Ende des Telefonats fragte ich ihn, ob von seiner Seite aktuell etwas anstehen würde. Durch die Entscheidung gegen Marcel und Tobias war bei uns auch Frust eingetreten, trotz aller Klarheit, daß wir nicht für das Glück dieser Kinder verantwortlich sind. Wir sahen unsere Wünsche von einer Familie in weite Ferne gerückt.
Thomas Wolf hielt sich bedeckt. Er deutete an, daß es aktuell etwas geben könnte, sagte aber auch, daß er noch Zeit bräuchte, um sich näher mit dem Fall zu beschäftigen.
Bereits am folgenden Montag rief er zurück. Und damit wurde die große Wende in unserem Leben eingeläutet. Im Anschluß an dieses Telefongespräch, daß er mit Sarah führte, überschlugen sich fast die Ereignisse und wir konnten emotional nur mit Mühe folgen.
Er bat Sarah und mich für den nächsten Tag um neun Uhr zu sich ins Büro. Lediglich seine Andeutung, daß es sich um ein Neugeborenes handeln würde, löste bei uns Tränen der Rührung aus. Wir waren so gespannt, was passieren würde, daß wir zunächst gar keinen klaren Gedanken fassen konnten.
Pünktlich, wie es unsere Art ist, fanden wir uns einen Tag später im Jugendamt Lehringen ein.
Dort wurde uns zum ersten Mal von André erzählt, einem in der 34. Woche der Schwangerschaft geborenen Babys. Und es wurde uns davon erzählt, daß Andrés Mutter im künstlichen Koma im Sterben liegen würde. Thomas Wolf bot uns an, daß wir uns einen Tag später abends im Klinikum treffen könnten, um mit der

zuständigen Ärztin die näheren Dinge zu besprechen, denn besonders viel wußte auch das Jugendamt bis zu diesem Zeitpunkt nicht. Es war ihnen lediglich bekannt, daß André am 20. Februar als Frühgeburt zur Welt gekommen war und sein Schicksal aufgrund der Erkrankung seiner Mutter mehr als unklar war. Gewußt hat Thomas Wolf, daß das Baby beim Geburtsvorgang eine leichte Sauerstoffunterversorgung erlitten haben soll, was für erhebliche Schäden verantwortlich sein kann. Das Gespräch löste einiges bei uns aus. Außerdem mußten wir darüber nachdenken, ob wir es uns vorstellen könnten, ein Baby kennenzulernen und die Verantwortung zu übernehmen, wobei zwar die Perspektiven der Mutter überaus schlecht, aber auch unklar sind. Im Klartext heißt daß, was würde es mit uns machen, falls die Mutter doch wieder völlig gesund werden würde und sich selbst um ihr Kind kümmern könnte.

Trotz dieser Fragezeichen stand es für uns schnell fest, daß wir uns die Sache an sich vorstellen können und bei der Rückmeldung am nächsten Morgen wunderte sich Thomas Wolf darüber kein bißchen. Er hatte es bereits geahnt.

Freitag, 30. April

Um 1.30 Uhr in der Nacht des 27. April 1999 ist Beate Loeser verstorben, die leibliche Mutter unseres Pflegesohnes André. Nach neun Wochen im künstlichen Koma hat sie nach Angaben der Großmutter, Oma Schmidt, einfach aufgehört zu atmen. Oma Schmidt sagte, ihre Tochter sei ganz friedlich eingeschlafen.
Fast vier Wochen liegen zwischen der letzten und der heutigen Eintragung, eine intensive Zeit in der viel geschehen ist, es viel zu erleben und zu fühlen gab.
Seit dem 25. März lebt André jetzt bei uns. Bevor wir ihn zu uns holen konnten, haben wir ihn mehrmals täglich im Klinikum Sangerath, auf der Station für Frühgeborene, der K 11, besucht, dort gelernt, wie man ihn füttert, badet, wäscht und wickelt. Schnell wuchs uns dieser kleine Kerl ans Herz.
8 Tage lang blieb André noch im Klinikum, bis wir ihn zu uns nach Hause geholt haben bzw. wir ihn nach Hause holen konnten. 8 Tage, die auch schon sehr intensiv und arbeitsreich waren, denn innerhalb dieser Zeit hatten wir die komplette Ausrüstung für ihn und die Einrichtung für das Kinderzimmer zu besorgen. Im Familien-, Freundes- und Bekanntenkreis löste die Nachricht darüber, daß wir ein Baby aufnehmen werden, eine riesige Welle der Freude und der Hilfsbereitschaft aus. Dennoch gab es für uns eine unendliche Lauferei, die nur mit der entsprechenden logistischen Vorgehensweise erledigt werden konnte.
Wir brauchten ein Kinderbett, eine Wickelkommode, einen Schrank, einen Kinderwagen, Flaschenwärmer, Bettdecke, einfach alles, worauf sich ein Paar, das auf natürlichem Weg zu Eltern wird, neun Monate lang mit Bedacht vorbereiten kann. Einen Tag waren wir tatsächlich von morgens um 8.00 Uhr bis 1.00 Uhr in der Nacht für André aktiv. Zwischendurch hätten wir im Stehen einschlafen kön-

nen. Gleichzeitig waren wir aber von einer derartigen Energie gepackt, daß wir gar nicht an ein längeres Innehalten denken konnten. Letztlich haben wir alles pünktlich bis zum Abholtag geschafft. Die Dinge, die wir an dem Tag noch nicht hatten, waren nicht so wichtig und konnten in der ersten Zeit danach beschafft werden.

Man kann es sich vorher theoretisch ausrechnen, daß es eine große Umstellung sein wird, wenn ein Baby kommt, aber man kann es sich nicht in der tatsächlichen Wirklichkeit vorstellen, wie es dann in der Realität ist. Und die Intensität unseres eigenen Lebensgefühls hat nicht nachgelassen, seit wir André kennen. Er hat unser Leben von Grund auf verändert und in dem Maße bereichert und verschönert, wie wir es uns vorher theoretisch nicht ausdenken konnten.

Im Hintergrund schwang immer das tragische Schicksal von Frau Loeser mit, das uns menschlich tief berührt hat. Wir haben sie nie gesehen oder kennengelernt. Was wir wissen, haben wir durch Oma Schmidt erfahren und bisher ist es noch nicht sehr viel.

Neben der menschlichen Betroffenheit schwang irgendwo auch immer die latente *Gefahr* mit, daß wir André vielleicht eines Tages wieder abgeben müssen, denn immerhin ist er der Sohn von Frau Loeser. Manchmal hatte ich das Gefühl, daß ich mich es gar nicht traue, diesen Gedanken besonders weit zu denken. Auch wenn wir in die abgebende Situation mit der Zeit hineingewachsen wären, war die Vorstellung - ganz subjektiv auf uns bezogen - ziemlich schlimm, denn André hat auf dem Hintergrund der Geschichte von Sarah und mir und in Bezug auf unsere Träume und Wünsche unser Herz wirklich im Sturm erobert.

In dieser Auseinandersetzung wurde es für uns immer deutlicher, daß wir für André alles tun wollen - egal, wie lange er uns braucht. Doch so richtig in die Zukunft zu planen, haben wir uns so manches Mal gar nicht getraut. Deutlich wurde es an Kleinigkeiten, z. B. bei Kinderkleidung, die wir irgendwo gesehen haben und die ihm noch längst nicht passen, ihm aber später gut stehen würde. Oder auch, als ich die Holzeisenbahn gesehen hatte und so gerne gekauft hätte, mit der er erst sehr viel später spielen würde. In unserer Unsicherheit durch die unklare Situation haben wir solche Dinge dann lieber nicht gekauft.

Erst jetzt, in der Nachbetrachtung, ist es sehr deutlich spürbar, welche große Befürchtung wir gehabt haben, André eines Tages wieder abgeben zu müssen. Frau Loeser hätten wir gewünscht, daß sie wieder gesund wird - das ist keine Frage -, wichtig ist immer gewesen, wie es um den kleinen Jungen steht und was für ihn notwendig und möglich ist.

Thomas Wolf vom Jugendamt hat öfter davon gesprochen, daß André ein Recht auf gesunde Eltern und auf eine positive Zukunft hat. Wenn man das bedenkt, kommt für uns Klarheit in diese Geschichte, denn mitunter hatten wir schon etwas makabere Gefühle.

Selbstverständlich kann erst jetzt Ruhe und familiäre Normalität eintreten.

Wir haben vor, ihm von Anfang an seine Geschichte zugänglich zu machen, deshalb möchte ich auch dieses Tagebuch mit Intensität für ihn schreiben, deshalb gehen wir drei am kommenden Montag auch zur Beerdigung der Mutter, deshalb wünschen wir uns viel Kontakt zu Oma Schmidt, möchten wir Geschichten von Beate Loeser hören, ein Foto bekommen und den zehnjährigen Bruder von André - Fabian Loeser - kennenlernen. Wir werden alles dafür tun, daß wir André seine Geschichte erzählen können, wenn es soweit ist.
Nachdem André zu uns gekommen ist, konnte ich wenigstens ein paar Tage frei nehmen. Es war nicht lange, aber immerhin ein gemeinsamer Anfang zu dritt.
Als André am zweiten Tag bei uns tüchtiges Bauchweh bekam, die babytypischen Koliken, waren wir sehr verunsichert. Ich habe an dem Abend sogar noch auf der K 11 angerufen, um zu fragen, was wir für ihn in einer solchen Situation tun können. Es ist in diesem Zusammenhang auch erstaunlich, wie instinktiv man mit Babys umgeht, wie einfallsreich man wird und wie schnell dann auch Routine eintritt. Bislang ist uns - bzw. in der Hauptsache Sarah, die für ihn zuhause geblieben ist und natürlich die meiste Zeit mit ihm verbringt und das meiste für ihn tut - alles ganz gut gelungen.
In den ersten Tagen war wirklich gut zu beobachten, wie sehr André Nähe, Zuneigung und Zärtlichkeit nachholen mußte. Im Krankenhaus hatte er immerhin vier Wochen alleine verbracht. Es war klar, daß er einiges kompensieren mußte. Toll zu sehen war es ebenso, wie schnell er dann den Kontakt und die Herzensbeziehung zu uns aufgenommen hat. Thomas Wolf und Petra Jürgens haben dabei den Satz "Das Kind hat angedockt" geprägt.
Unsere Großfamilie hat ihn ganz schnell sehen wollen, kamen zu Besuch und haben ihn sofort in Herz geschlossen. Er wurde bei aller Unsicherheit als neues Familienmitglied begrüßt. Alle lieben ihn, als wäre er unser eigener Sohn, aber ganz besonders rührend verhalten sich nach wie vor Sarahs Eltern. Bisher ist kaum ein Tag vergangen, an dem sie nicht angerufen haben oder zu Besuch gekommen sind. Selbst nach sechs Enkelkindern haben sie ihren Spaß und ihre Freude an Kindern nicht verloren und das macht uns sehr glücklich.
Anläßlich des 70. Geburtstages von Frieda und des 72. Geburtstages von Anton haben wir gerade am letzten Wochenende eine kleine Familienreise nach Bollendorf/ Eifel unternommen. Es war unglaublich schön zu erleben, wie nahe alle André stehen.
Nach der Überwindung unserer anfänglichen Unsicherheiten sind wir bisher jeden Tag mit André draußen gewesen und haben angefangen, ihn überall mithinzunehmen.
Auch bei Sarah und bei mir im Kindergarten war er bereits. Dort war er von den Kindern, den Kolleginnen und den Eltern mit Neugierde erwartet worden. Auch beschenkt worden sind wir von dieser Seite. Als der Kindergartenfotograf bei mir in der Einrichtung vor zwei Wochen war, haben wir ebenfalls die Chance genutzt und bei aller Vorsichtigkeit ein Foto unserer neuen Kleinfamilie machen lassen.

Sarah ist mittlerweile dauermüde, weil sie in der Hauptsache für André da ist. Ohne Rücksicht auf die Uhrzeit möchte der Junge alle vier Stunden versorgt werden und hat auch am Tage häufig viel Lust auf Schmusen und Körperkontakt. Ich bin von Sarah völlig begeistert, wie gut sie den Alltag mit André meistert. Wichtig ist für uns, daß er im Mittelpunkt steht. Wenn dadurch etwas im Haushalt liegen bleibt, bleibt es eben liegen. So ist es in Ordnung.
Mir fällt es häufig - sehr häufig - schwer, morgens zur Arbeit zu fahren. Mit meinen Gedanken bin ich oft bei den beiden. Ein Stück weit beneide ich Sarah auch wegen der Menge der Nähe, die sie mit André hat. Ich hätte gerne mehr Zeit mit ihm als nur am Abend oder am Wochenende. Vielleicht ist es ja eine Sache der Gewöhnung, aber bisher sehne ich mich immer nach Hause. Doch an der Situation wird sich so schnell nichts ändern können, außer wir gewinnen im Lotto oder ich habe endlich einmal einen durchschlagenden Erfolg mit meiner Romanschriftstellerei.
Meinen Geburtstag habe ich auch noch nie so intensiv erlebt wie in diesem Jahr. Tatsächlich habe ich - ansonsten gar kein großen Feiertyp - meinen Geburtstag drei Tage lang gefeiert. Einen Tag im Kindergarten, einen Tag mit Freunden und einen Tag mit der Familie. Alles ist neu durch André.
Sarah war bisher zwei Mal mit André beim Kinderarzt. Und es macht mich so glücklich, denn es ist alles mit ihm in Ordnung. Weil wir keine Babywaage haben waren wir sehr gespannt, wieviel André zugenommen hatte, als der erste Arzttermin anstand. In der kurzen Zeit hat er von 2600 auf 3200 Gramm zugenommen. Seit jetziges Gewicht kennen wir nicht genau, schätzen es aber auch über 4000 Gramm. Es macht uns so glücklich, daß André so schön zunimmt. Für uns ist es ein Zeichen, daß er uns annimmt. Größer geworden ist er ebenfalls.
Ich habe gemerkt, wie ich durch das Leben mit André den Menschen um mich herum gegenüber noch freundlicher geworden bin, daß ich noch mehr Einfühlungsvermögen für die Belange der Kinder und im Umgang mit den Eltern in meiner Einrichtung entwickelt habe. Es ist ganz schön klasse, was so ein kleiner Kerl auslöst.
Andrés Verbleib bei uns ist nun geklärt. Durch das Schicksal seiner leiblichen Mutter wird aus seiner Situation als Pflegekindes die eines Adoptionskindes. Früher oder später werden wir ihn adoptieren. Wir möchten ihm diese familiäre Perspektive geben. Ohne Einschränkung. Dann wird er auch unseren Nachnamen bekommen und es wird mich mit Stolz erfüllen.
Seinen Vornamen werden wir verändern bzw. ergänzen. Immerhin ist der Name André noch von der Mutter gegeben worden. Unser Anliegen ist es, ihm auch von uns einen Namen zu geben. Deshalb wird er in der nächsten Woche vom Jugendamt, das die Vormundschaft über ihn führt, als *Sinan André* beim Einwohnermeldeamt angemeldet werden.

Ich glaube, in der Zeit des ungeklärten Zustands der leiblichen Mutter hatte ich eine Blockade und konnte gar nicht mehr Tagebuch schreiben. Vielleicht habe ich mich nicht mehr getraut. Jetzt geht es wieder. Und das ist gut so.
Vom Tod der Beate Loeser habe ich erfahren, als ich im Kindergarten war. Thomas Wolf hatte bei Sarah angerufen und sie mich bei der Arbeit. Es hat mich tief berührt, daß ein Mensch auf diese Weise versterben kann, aber das Krankheitsbild war zu komplex.
Noch bevor ich abends zuhause war, hatte Sarah André vom Tod seiner Mutter erzählt. Ich habe es abends auch noch einmal mit meinen Worten getan:

"Es tut mir leid, lieber André, deine Mutter, die Frau,
die dich in ihrem Bauch getragen
und dich zur Welt gebracht hat,
ist gestorben.
Sie ist nicht mehr da.
Das ist wirklich traurig und schade für dich.
Aber du kannst beruhigt sein, denn wir werden und wollen immer für dich da sein,
dir wie einem eigenen Sohn alles geben, was wir geben können und dir helfen,
groß zu werden.
Mach dir keine Sorgen,
du kannst für immer bei uns bleiben.
Du kannst beruhigt sein und zur Ruhe kommen, mein schönes Baby. Mach dir
keine Sorgen. Alles ist gut."

An dem Abend des Tages, an dem wir vom Tod der Frau Loeser erfuhren, haben wir unsere Familie informiert und ich habe später Oma Schmidt angerufen, um ihr unser Beileid auszusprechen und um zu fragen, ob es für sie in Ordnung ist, wenn wir am Montag zur Beisetzung auf dem Flöhbuscher Friedhof, auch mit André, kommen. Sie hatte nichts dagegen und fand es sogar gut.
Zukünftig werde ich in diesem Tagebuch nur noch den Namen *Sinan André* verwenden, den Namen, mit dem wir unseren Sohn schon länger angesprochen haben und den er bald auch offiziell tragen wird.
Sinan André hat oft Lust auf Nähe und Körperkontakt, auf Schmusen. Es ist ein schönes Gefühl, daß er uns beiden so sehr vertraut. Diese positive Grundlage wollen wir ihm von Herzen gerne geben.
Es gibt schon jetzt einige schöne Kosenamen für ihn: Canim - meine Seele, kücük tavsan - kleiner Hase, mein schönes Babylein, Süßer usw.
Damit Sarah wenigstens etwas Schlaf nachholen kann, haben wir uns darauf geeinigt, daß ich ihr wenigstens eine Nacht pro Woche, die Nacht von Freitag auf Samstag, abnehmen werde. Heute ist die Premiere. Die erste Fütter- und Wikkelaktion war bereits von 23.45 Uhr bis 0.30 Uhr und es hat alles gut geklappt. Gerade habe ich nach ihm geschaut. Jetzt ist es 2.38 Uhr. Er schläft tief, schnarcht

dabei ein bißchen und wird sich so gegen 4.00 Uhr wohl das nächste Mal melden.
Die Zeit bis jetzt konnte ich sehr gut nutzen, um zu schreiben. Gleich gehe ich ins
Bett und hoffe, daß es nachher ebenso gut funktioniert wie vorhin.

Samstag, 1. Mai

Heute war ein schöner Tag. Der 1. Mai, arbeitgeberfreundlich auf einem Samstag,
vermittelte ein wirkliches Feiertagsgefühl.
Die Nacht habe ich mit Sinan André gut gemeistert. Nach dem Ende der gestrigen Eintragungen bin ich ins Bett gegangen und habe noch etwas gelesen. Pünktlich um kurz nach 4.00 Uhr meldete sich unser Sohn erneut. Um 4.45 Uhr war ich schließlich im Bett und natürlich total müde und habe es überhört, als er sich zur nächsten Mahlzeit meldete. Sarah hat ihn dann wieder übernommen.
Nach Elternfrühstück, Schmusen und Zeitungslektüre haben wir zu dritt Badespaß mit Sinan André veranstaltet. Daran hat er immer ausgesprochene Freude. Gerade, wenn man ihn so nackt sieht, kann man sehen, wie schön er gewachsen ist und zugenommen hat.
Abends haben wir ihn auf der für ihn neugeschaffenen Fläche im Wohnzimmer vermessen. Er ist heute vor 10 Wochen zur Welt gekommen, ist jetzt 54 cm groß und hat einen Kopfumfang von 38 cm.
Nach dem Badespaß, eincremen und schmusen sind wir bei schönstem Sonnenwetter (25° C) in die Stadt spaziert, haben nach der Abfahrtzeit des Busses für Montag für den Weg zum Friedhof geschaut und sind über die Kölner Straße, die Bahnbrücke und die Werkstättenstraße pünktlich zu seiner nächsten Mahlzeit wieder zuhause gewesen. Anschließend haben Sarah und ich uns ein wirklich leckeres Essen gemacht, später noch zu dritt auf dem Balkon gesessen, geredet, gelesen, getanzt und uns über unser Glück zu dritt gefreut.
Oma und Opa Bieke fliegen morgen früh für vierzehn Tage nach Gran Canaria. Sie haben sich abends telefonisch verabschiedet und freuen sich schon jetzt auf das Wiedersehen mit ihrem jüngsten (*Quasi-*) Enkelkind. Es ist wirklich toll zu erleben, wie schnell und wie selbstverständlich die beiden Sinan André in ihr Herz geschlossen haben.

Sonntag, 2. Mai

Das gute Wetter hat sich auch heute fortgesetzt. Es herrschte schönster Sonnenschein und es war angenehm warm. Gleich nach unserem Frühstück sind wir zu dritt über die Werkstättenstraße zum Trödelmarkt am Erzeugergroßmarkt gegangen.

Kaum war Sinan André bei Sarah ins Tragetuch hineingeglitten, schlief er wie üblich ein. Diese intensive Nähe mag er sehr gern und kommt besonders gut zur Ruhe.
Auf dem Markt haben wir ein paar Kleinigkeiten gekauft, eine bequeme Jogginghose und ein Buch vom *kleinen Vampir* für unseren Sohn und drei Lampen.
Es waren weniger die Dinge, die wir gekauft haben, als mehr die ganze sommerliche Atmosphäre, die uns gutgetan hat. Es war wie im Urlaub.
Wieder zuhause wurde unser kleiner Hase verköstigt, haben wir zeitweise mit Sinan André, zeitweise ohne ihn, auf dem Balkon in der Sonne gesessen.
Später hat Sinan André einige Wellen Bauchweh bekommen, die zwar schnell wieder vorüber gingen, ihm aber schwer zu schaffen gemacht haben. Es war ziemlich heftig. Dabei liefen ein paar Tränen von ihm und von mir, weil ich es kaum ertragen kann, wenn unser schöner Sohn derart leidet. Aber Sarah - ganz die erfahrene und kompetente Mutter - konnte die Bauchwehwellen erfolgreich vertreiben.
Abends waren wir bei der schwangeren Silke anläßlich ihres Geburtstages eingeladen. Wie wohl jedes Baby läßt sich auch unseres das Fahren im Auto gern gefallen. Mit Babybonus wurde er auch bei Silke von den anderen Leuten bewundert. Ich war dabei ganz von innerem Stolz erfüllt, daß wir einen so schönen und gesellschaftsfähigen Sohn haben.
Morgen ist die Beerdigung von Frau Loeser. Sarah hat bereits vor dem Wochenende einen Strauß weiße Nelken besorgt. Da sich Oma Schmidt nicht mehr gemeldet hat, gehen wir davon aus, daß die Beisetzung wie besprochen um 11.00 Uhr stattfinden wird.
Sarah und Sinan André werden mit dem Bus nach Flöhbusch kommen, ich zwischendurch von der Arbeit - morgen haben wir die Kindertagesstätte wegen eines Team-Tages geschlossen -, um zu dritt an der Beerdigung teilnehmen zu können.
Wir finden unsere Teilnahme sehr wichtig. Besonders auch, um Sinan André später davon erzählen zu können, daß er bei der Beerdigung seiner leiblichen Mutter war und davon, wie es dort gewesen ist. Gespannt bin ich besonders auf Fabian, den wir dort morgen zum ersten Mal treffen und sehen werden.
Ob es morgen für uns ein schweren Weg zu gehen sein wird, kann ich noch gar nicht sagen.
Sarah hat Sinan André heute abend davon erzählt, was wir morgen machen werden. Natürlich kann er solche Dinge nicht bewußt wahrnehmen, aber immerhin liegt die Gestaltung des Umgangs in unseren Händen und gehört ganz einfach zu den für uns normalen Abläufen und persönlichen Notwendigkeiten, wie wir mit ihm umgehen.
Von Anfang an soll Sinan André über seine besondere Geschichte informiert sein.

Montag, 3. Mai

Die Beerdigung der Mutter unseres Sohnes wurde ein schwerer Gang für uns.
Wie verabredet haben wir uns heute kurz vor 11.00 Uhr am Haupteingang des Flöhbuscher Friedhofs getroffen. Sarah trug Sinan André im Tragetuch vor ihrem Bauch. Außer uns drei haben sechzehn weitere Personen an der Beisetzung teilgenommen.
In der Aussegnungshalle stand vorne der Sarg, von vielen Bäumchen umgeben und mit Blumen geschmückt. Drei Kränze lagen davor: von den Eltern und Fabian, von den Freunden aus der *Sportklause* und von dem Bruder und seiner Familie, deren Vornamen auf dem Trauerband standen.
Zunächst saßen wir in der dritten Reihe, gleich hinter Fabian, der von dem Bruder und der Schwägerin von Frau Loeser in die Mitte genommen worden war. Ganz vorne saßen Frau (Oma) Schmidt und ihr Mann. In der Reihe neben uns ein Mann, der wahrscheinlich der frühere Freund ist. Von ihm heißt es, daß Fabian guten Kontakt zu ihm hätte. Die übrigen Personen waren uns unbekannt bzw. wir konnten die direkte Verbindung nicht herstellen. Vermutlich waren es Freunde und Bekannte.
Die schwere und getragene Musik der Orgel spielte vor dem Beginn der Trauerfeier. Zusätzlich geplagt von Bauchwehwellen konnte Sinan André die Situation nicht ertragen, begann zu weinen und Sarah und er verließen für einige Zeit die Halle. Es ist leicht, in seiner Reaktion ein Symbol der Unerträglichkeit für Sinan André zu sehen. Der Gedanke liegt nahe, ohne zu viel interpretieren zu wollen.
Vor Beginn der Ansprache des Pastors setzen sich Sarah und Sinan André auf die Bank neben den Eingang, ich setzte mich wenig später zu ihnen.
Der Pastor begrüßte die nahen Angehörigen mit Handschlag, begrüßte die Kinder Fabian und André namentlich und uns als Pflegeeltern. Er sprach davon, wie deutlich im Sterben von Frau Loeser Tod und Leben beieinander liegen, *denn sie mußte sterben, als sie André das Leben geschenkt hat.* Er sprach davon, daß sie eine gute Mutter und ein guter Mensch gewesen ist.
Der Pastor hob hervor, daß es Menschen gibt, die sich jetzt der Kinder angenommen haben und daß es gut ist, daß sich um sie gekümmert wird.
Bald schon begann Sinan André erneut zu weinen und Sarah verließ mit ihm nochmals die Halle. Im christlichen Ritus stellte der Pastor die Verbindung zu Jesus Christus her, der selbst nur 33 Jahre alt geworden ist, und machte Frau Loeser in der Anrufung Mut, ohne Angst vor den Schöpfer zu treten, weil sie sich aus ihrem Leben nichts vorzuwerfen hat. Anschließend betete er das *Vater Unser*.
Vor der Halle sprach der Pastor Sarah an und sagte, daß er es gut findet, daß wir uns um Kleinen kümmern und es seiner Meinung nach wichtig ist, wenn wir den Kontakt zu den Großeltern aufrechterhalten.

Sechs ältere Männer trugen den Sarg nach draußen und stellten ihn auf den rollbaren Friedhofswagen, der die kleine Gruppe dann anführte. Wir drei gingen am Ende der Reihe.
Am offenen, mit einer großen grünen Matte ausgeschlagenen, Grab sprach der Pastor einige rituelle Worte, nachdem der Sarg vom Wagen gehoben und auf die Bohlen gestellt worden war. Bald wurde der Sarg in das Grab hinabgelassen, die Sargträger warfen ihre weißen Handschuhe nach, der Pastor sprach noch einmal das *Vater Unser* und hielt das Kreuz über das Grab. Dann trat er zur Seite.
Nacheinander traten die Angehörigen und Freunde an das Grab, hielten einen Augenblick inne, warfen Blumen in das Grab und verabschiedeten sich. Wir waren die letzten.
An die Angehörigen gewandt, drückten wir ihnen unser Beileid aus. Oma Schmidt bedankte sich bei uns, daß wir gekommen waren.
Fabian, dem mein besonderes Mitleid gilt, weil ich so gut nachvollziehen kann, wie es um ihn steht, trat an Sinan André heran und streichelte seinem kleinen Bruder sanft über den Kopf. Ein Bild, das mir sehr zu Herzen ging.
Um 11.40 Uhr befanden wir uns auf dem Rückweg Richtung Parkplatz und brachten ihn hauptsächlich schweigend hinter uns.
Ganz unabhängig von uns und unserer Geschichte, war es ein wirklich schwerer Gang an diesem Tag. Die ganze Tragik der Geschichte der Mutter und der Kinder wurde sehr traurig deutlich.

Mittwoch, 5. Mai

Gestern und heute hatte ich nur wenig Zeit für Sinan André. Gestern habe ich bis spät am Abend im Kindergarten gearbeitet und als ich heute früher nach Hause kam, also zur normalen Uhrzeit gegen 16.30 Uhr, schlief der Junge.
Er schläft auch jetzt wieder (21.40 Uhr). Am Nachmittag haben wir einen durch den einsetzenden Regen mißglückten Versuch unternommen, in Pattberg durch die Stadt zu bummeln, den Sinan André ebenfalls nur in schlafender Anwesenheit erlebt hat.
Der leider einzige intensivere Kontakt zwischen ihm und mir entstand dann pünktlich zum Abendessen, als die bösen Bauchwehwellen wiederkamen. Sarah und ich haben in einzelnen Etappen essen müssen, damit immer einer von uns für ihn da sein konnte.
Durch den vergleichsweise selteneren Kontakt reagiert unser Sohn nicht abgeneigter auf mich. Es ist nur, daß ich so gerne wesentlich mehr Zeit mit ihm und Sarah verbringen möchte, als mir möglich ist.
Ich habe es schon mal geschrieben: ich beneide Sarah ein Stück weit um die Menge an Zeit und Nähe, die sie mit Sinan André hat und auch während der Arbeit

bin ich mit meinen Gedanken oft zuhause. Leider ist es momentan nicht anders möglich, als auf diese Weise.
Sinan André ist da, er ist bei uns und inzwischen ist alles gut so, wie es ist. Es ist wie es ist und ich liebe ihn auf eine ganz unbeschreiblich intensive Art und Weise. Auch wenn er nicht unser eigenes Kind ist, gibt es bereits jetzt ein ganz starkes Band zwischen Sarah, Sinan André und mir.

Donnerstag, 6. Mai

Es ist schön gewesen, daß ich am heutigen Abend, als ich endlich von der Arbeit zurück war, Sinan André im Wachzustand antreffen und viel Nähe mit ihm erleben konnte.
Ich erfreue mich so sehr an unserem Schatz; wenn ich ihn sehe und berühre, ist mein Herz angefüllt und ich kann mich vor Freude und Entzücken kaum halten.
Schön ist es zu spüren, wie sehr Sinan André die wenige Zeit der Nähe und Zärtlichkeit mit mir ebenso intensiv genießt, wie die vielen Stunden Nähe und Zärtlichkeit, die er über den ganzen Tag mit Sarah hat.
Sarah steht wahrscheinlich am Beginn einer Erkältung. Das tut mir wirklich leid, wundert mich auf der anderen Seite aber auch nicht sonderlich, denn sie gibt ihre ganze Energie für Sinan André, die er im Moment noch immer in ganz besonders starkem Maße braucht und selbstverständlich bekommt.
Es war ein schöner Abend. Nach viel seelischer und körperlicher Nähe, Flasche und frischer Windel ließ sich Sinan André sehr gut zum Schlafen in sein Bett legen. Er machte einen sehr zufriedenen Eindruck und seine Laune verschlechterte sich auch nicht, als er noch eine Weile wach war. Er war heute ein wirklich zufriedenes Kind.

Freitag, 7. Mai

Endlich Wochenende. Hinter mir liegt eine anstrengende Woche und ich freue mich auf die freien Tage mit Sarah und Sinan André.
Wie so oft, wenn ich von der Arbeit nach Hause komme, lag Sinan André bei Sarah auf dem Bauch und genoß die Nähe und Zuwendung. Es ist öfter der Fall, daß seine kleine Babywelt völlig in Ordnung ist, er aber dennoch Unzufriedenheit zeigt. Dann geht es Sinan André sehr offensichtlich darum, daß er wieder auf den Arm genommen werden möchte, die Nähe wiederhergestellt sehen will und es gar keinen anderen Grund gibt, denn nehmen wir ihn wieder hoch, ist die Meckerei gleich vorbei. Es ist einleuchtend, daß der Junge auf dem Hintergrund seiner Geschichte ein großes Nachholbedürfnis hat, viel Nähe, Zuneigung und Liebe

braucht. Und wir geben ihm alles gern, auch wenn es manchmal in für uns unpassenden Momenten ist, beispielsweise, wenn wir gerade zu Abend essen wollen.
Verblüffend, oder verblüffend gut, vielleicht aber bereits einfach Erziehung ist Sinan Andrés nächtliches Schlafverhalten. Tagsüber gelingt es kaum, daß er nach dem Füttern und der frischen Windel zufrieden hingelegt werden kann. Nachts jedoch klappt es geradezu hervorragend. Besonders heute - es ist wieder meine Nacht - spüre ich es selbst wieder ganz deutlich: auch wenn er noch wach ist nach der Fütterung und Pflege, noch mit großen Augen im Bett liegt und der zu erwartende satte Schlaf noch nicht über ihn gekommen ist, akzeptiert er es ohne Schwierigkeiten. Außerdem ist er bei Tagesanbruch, wenn es gegen 6.00 Uhr richtig hell in seinem Zimmer geworden ist, wirklich wach und möchte beschäftigt werden.
Heute abend haben Sarah und ich lange auf dem Balkon gesessen, uns wie im Urlaub gefühlt und viel geredet, was uns leider unter der Woche nicht in dem Maße gelingt. Das zentrale Thema war für uns natürlich unser Sohn.
Wir beide haben durch unsere Lebenssituation eine ganz unterschiedliche Realität mit ihm. Ich bin der typische Feierabend- und Wochenendvater und besonders zufrieden bin ich noch immer nicht damit. Viel lieber wäre ich zuhause und würde dadurch sehr viel mehr von Sinan André und Sarah mitbekommen. Zuhause könnte ich Sarah mehr Unterstützung in allen Bereichen geben, als es jetzt der Fall ist. Ich hoffe sehr, daß meine neueste schriftstellerische Arbeit "*Der Tröster*" endlich mal zu einem Erfolg führt. Damit wäre ein großes Ziel erreicht.

Samstag, 8. Mai

Wie immer: da sehnt man so lange das Wochenende herbei und kaum ist es erreicht, verfliegt die Zeit wie im Fluge. Jedenfalls ging es mir mit dem heutigen Tag so.
Die Nacht haben Sinan André und ich gut gemeistert, obwohl Sarah mich zur Versorgungszeit um 5.00 Uhr doch noch anstoßen mußte. Anschließend sah es unser Sohn in seiner gewohnten Weise nicht ein, noch sehr viel Zeit alleine in seinem Bett zu verbringen. Gegen 6.00 Uhr, wenn die Vögel in der Frühe besonders laut zu hören sind, wurde es ihm langweilig und in unüberhörbarer Weise gab er seinen Unmut über das Alleinsein Ausdruck.
Ziemlich schnell hat mich Sinan André rumgekriegt und ich habe ihn zu uns ins Bett geholt. Auch wenn wir wissen, daß sich der Junge daran gar nicht erst gewöhnen soll, habe ich es eigentlich ganz gerne, die Nähe auf diese Weise zu spüren, wenn er zwischen uns liegt. Außerdem ist es natürlich bequem, denn es bedeutet auch, daß ich derart früh am Morgen nicht aufstehen muß, um ihn zu unterhalten.
Sinan André kam es heute morgen nicht auf besondere Unterhaltung an. Es hat ihm scheinbar gefallen, bei uns im Bett zu sein, quasi die Besucherritze zu belegen.

Er blieb die meiste Zeit ruhig, kein Geschrei setzte bis auf eine Ausnahme ein, nur ein ausführliches Probieren seiner Stimmbänder durch das Erzählen ausführlicher Babygeschichten war vernehmbar. Er genoß sichtlich die Bettwärme und unser Schmusen.
Vormittags waren wir zum Einkaufen in Miesdorf. Nachmittags gab es *Badespaß mit Babylein*, wie wir es nennen. Sinan André hat es wirklich besonders gern, gebadet zu werden. Er ist dann im wahrsten Sinne des Wortes in seinem Element. Vorher hat sich Sarah richtig Zeit gelassen mit ihm, damit er im beheizten Raum mal wieder nackt daliegen und strampeln konnte, sie hat ihn lange am ganzen Körper gestreichelt und beschmust und ihm hat es gefallen. Dabei haben wir wieder einmal ein paar schöne Aufnahmen von unserem Schatz gemacht.
Heute ist Sinan André seit 11 Wochen auf dieser Welt, die in Europa seit etwa 6 Wochen Krieg gegen Serbien und für die Kosovaren führt. Ich bin für die Gewalt gegen Serbien und seinen Führer Milosevic, aber ab und zu gerate ich ins Wanken. Besonders an einem Tag wie heute, an dem bekannt wurde, daß die Nato die chinesische Botschaft in Belgrad zerbombt hat und vier Chinesen dabei starben. Sicher, es wird immer und irgendwo ständig Krieg geführt, aber so nahe vor der eigenen Haustür ist es bedrohlicher als z. B. im fernen Irak. In der neuen Situation der Verantwortung für Sinan André wird mir angesichts der möglichen und unabsehbaren Gefahren manchmal ganz mulmig.
Mit seinen 11 Wochen hat Sinan André einen guten Appetit. Weil bei uns der Eindruck aufkam, daß er nicht mehr richtig satt wurde, meßbar an der erheblichen Verkürzung seiner Schlafphasen, hat Sarah die Flaschendosis von 130 ml auf 170 ml für Babys ab dem vierten Monat erhöht. Das hat bislang den Erfolg gehabt, daß er nicht wie gewöhnlich nach vier Stunden wieder vor Hunger aufgewacht ist, sondern jetzt bis in die siebte Stunde schläft. Mal schauen, ob das auch Konsequenzen auf seine Wachphasen hat. Wenn es zur Normalität werden sollte, wäre endlich wieder mehr nächtlicher Schlaf, vor allem für Sarah, möglich.
Ich bin nach wie vor überglücklich über unser Leben mit Sinan André. Ein Dasein ohne ihn kann ich mir überhaupt nicht mehr vorstellen. Er gehört jetzt ganz und gar zu uns und ist aus unserer kleinen Familie nicht mehr wegzudenken. Er ist ein von uns erwünschtes und willkommenes Kind, dem wir alles möglich machen wollen, was machbar ist.
Alles, was geplant und gemacht wird, steht mit ihm in einem engen Zusammenhang, z. B. auch die Veränderung unseres Urlaubszieles von Ischia nach Wobbenbüll an der Nordsee im Sommer.
Beruflich steht selbstverständlich ebenfalls alles mit ihm bzw. mit der Familie im Zusammenhang. Im Grunde geht es mir als Leiter der Kindertagesstätte in Wollrath nicht schlecht. Ich werde akzeptiert und respektiert. Nach den fast zwei Jahren, die ich dort bin, merke ich, wieviel ich mir inzwischen aufgebaut habe. Hauptsächlich sind es die Kontakte zu den Kindern und zu den Erwachsenen, mit denen ich jeden Tag zu tun habe. Dennoch denke ich an Wechsel bzw. an Verbes-

serung. Verbesserung würde beruflich für mich bedeuten: einen Arbeitsplatz näher an Pattberg zu finden, mehr Verantwortung durch die Leitungsübernahme in einer größeren Einrichtung, Freistellung, mehr Gehalt bzw. einen möglichen Bewährungsaufstieg. Deshalb habe ich mich in der vergangenen Woche in Bergbach vorgestellt und werde mich jetzt in Schwölln in einer großen Einrichtung bewerben. Vielleicht gibt es nichts, aber ich möchte für mich und meine Familie die Möglichkeiten, die sich bieten, nutzen.

Sarah mußte unseren kleinen Sohn gerade tatsächlich wecken. Er hat sieben Stunden am Stück geschlafen. Ich glaube, das ist bisheriger Rekord. Wir sind noch skeptisch, aber es wäre ganz schon klasse, wenn es jetzt wieder derartig lange dauert, bis er sich am Morgen das nächste Mal meldet.

Gerade beim Wickeln war seine Stimmung ausgezeichnet und während ich ihm auf ritualisierte Weise eine gute Nacht gewünscht habe, war er dem Schlaf wieder sehr nahe.

Am Ende vergangener Woche gab es noch etwas neue Verwirrung um die Namensgebung. Das Jugendamt als vom Vormundschaftsgericht eingesetzter Vormund kann unseren Sohn erst anmelden, wenn die Sterbeurkunde der Mutter vorliegt. Also ist das bisher noch nicht möglich gewesen. Bislang ist er als: *Loeser, männlich* angemeldet. Eigentlich hatten wir uns mit Thomas Wolf bereits auf die Namensgebung *Sinan André* geeinigt. Den Namen *Sinan* von uns, den Namen *André* von seiner Mutter. An Donnerstag rief mich Thomas Wolf im Kindergarten an, weil er sich überlegt hatte, ob es nicht besser wäre, den Jungen als *André Sinan* eintragen zu lassen, denn immerhin ist der Name *André* die Willensbekundung der Mutter gewesen. Allerdings war der Vorschlag von Wolf, den Namen *André* als ersten zu nennen, *Sinan* allerdings als Rufnamen unterstreichen zu lassen, für uns nicht zufriedenstellend. Thomas Wolf' Ansinnen macht die ganze Sache für uns unlogisch, denn auf diese Weise würde *André* in dieser Form unter den Tisch fallen. Außerdem finden wir, daß der Name *André Sinan Petersen*, wie der Junge eines Tages heißen wird, weniger gut klingt, als *Sinan André Petersen*. Nächste Woche wollen wir in jedem Fall eine Entscheidung haben, denn es muß langsam klar sein, welcher Name gegeben wird, damit festgelegt ist, an welchen Namen sich unser Sohn gewöhnen muß. Erst war er für alle nur *André*. Jetzt haben wir ihn bereits nach der eigentlichen Einigung schon immer mit *Sinan André* angesprochen. Ein weiteres Hin und Her darf es nach unserer Ansicht auch für unseren kleinen Schatz nicht mehr geben. Er muß wissen, wer er ist.

Sonntag, 9. Mai

Auf den Tag genau vor vier Jahren haben Sarah und ich geheiratet. Es ist schön, daß wir uns unsere Liebe auf diese Weise bezeugt haben. Hätte mir früher jemand erzählt, daß ich jemals heiraten und andauernd glücklich sein werde, hätte ich es

nicht geglaubt. Geglaubt hätte ich nicht, daß es möglich sein kann. Mit Sarah ist es möglich.
Unser Tag begann früh. Die erhofften längeren Schlafphasen unseres Schatzes sind nicht eingetreten. Sehr früh hatte er keine Lust mehr aufs Bett, allerdings wohl auch wieder einmal unter diesen miesen Bauchwehwellen zu leiden. Er schrie den frühen Morgen an. Es gelang erst einigermaßen ihn zu beruhigen, als ich aufstand und mit ihm ein bißchen durch die Wohnung tanzte.
Es war mir allerdings noch viel zu früh, ab 7.45 Uhr aufzubleiben. Eine Stunde Schlaf war mir dann doch noch gegönnt.
Nachmittags wollten wir ins Restaurant. Sinan André hatte kürzere Schlafphasen und zwischendurch wieder seine Unzufriedenheiten wegen des Bauchwehs.
Nach etwas Streß und Unentschlossenheit sind wir in der *Olive* in Augetal gelandet. Auch dort war unser Sohn noch sehr leidhaft. So schlimm war das Bauchweh lange nicht mehr und eigentlich nur mit der Zeit am Anfang bei uns vergleichbar. Das Essen verlief entsprechend unruhig.
Wieder zuhause ergab es sich, daß ich unseren Schatz auf dem Arm trug, er die innere Ruhe hatte und mal nicht von Bauchweh geplagt wurde.
Erst haben wir uns ganz lange angeschaut und ich habe ihm sanft das Gesicht gestreichelt. Daraus entstand es, daß mich Sinan André immer wieder in der Reaktion auf mich richtiggehend angestrahlt hat. Richtig lange und kräftig gelächelt hat er mit breitem und offenem Mund, einem Lächeln fast von einem Ohr bis zum anderen, mit seinem verführerischen Grübchen und Strahlen aus der Tiefe seiner kleinen Babyseele.
Damit hat er bei mir natürlich vollen Erfolg, absolutes Entzücken und Tränen der Rührung ausgelöst. Wir konnten gar nicht voneinander lassen, so intensiv war diese Situation.
Anschließend, wie jetzt noch immer, war ich so begeistert, daß ich fast glaube, daß sich unsere Beziehung dadurch intensiviert hat. Es war ein so schöner Moment, daß mir das Herz vor Liebe zu ihm überschwappte.
Sinan André ist nicht nur ein erwünschtes Kind, er ist ein von Herzen geliebtes Kind. Und auf dem Hintergrund seiner Ursprungsgeschichte neige ich sogar zu der Behauptung, daß er ein von Gott geliebtes Kind ist. Was hat dieser kleine Kerl für ein großes Glück gehabt. Und wir natürlich auch.
Es ist eine wirklich gute und gesunde Basis für ein schönes und erfülltes Familienleben, daß uns alle bereichern kann und ebenso hilft, schwierige Phasen zu überstehen.
Später, als wir ihn ins Bett brachten, hielt seine eigene innere Zufriedenheit an und er konnte es gut ertragen, noch etwas warten zu müssen, bis der Schlaf endlich über ihn kam, während Sarah und ich bei Kerzenschein auf dem Balkon saßen.

Dienstag, 11. Mai

Gestern und heute war mir nicht besonders wohl. Es kommt mir inzwischen vor, als würde ich wieder einmal etwas ausbrüten. Ich brauche häufig nur den Namen einer Erkrankung aus der Entfernung zu hören, um sie zu bekommen. Ich habe heftige Magenschmerzen.
Besonders unangenehm ist daran, daß ich es mich gar nicht traue, Sinan André näher zu kommen. Damit ich ihn nicht anstecke, halte ich Distanz und es fällt mir sehr schwer. Zu gerne würde ich unseren kleinen Sohn wie gewohnt auf den Arm nehmen und beschmusen.
Die Lächel-Aktion vom Wochenende hat ihm scheinbar gut gefallen. Seither probiert er oftmals das Lächeln aus und es scheint fast, als hätte Sinan André die Freundlichkeit für sich entdeckt. Es ist sehr schön, diese Entwicklung mitzuerleben und geht natürlich mitten ins Herz.
Gestaunt habe ich gestern, wie ausdauernd und selbständig Sinan André seinen kleinen Kopf aufrecht halten kann, ohne gestützt werden zu müssen.
Thomas Wolf vom Jugendamt Lehringen hat mich heute erneut im Kindergarten angerufen. Jetzt steht es endlich fest: der Junge wird Sinan André heißen. Wolf sagt, daß ihm nicht klar war, daß wir den Namen André als Rufnamen erhalten wollen (!). Deshalb hatte er diesen eigenartigen Vorschlag gemacht. Jetzt ist es gut so, wie es ist. Sinan André weiß jetzt dauerhaft, wer er ist.
Wir haben heute den Antrag auf Kindergeld gestellt und morgen wird Sarah für mich zum Meldeamt gehen, damit Sinan André auf meiner Lohnsteuerkarte eingetragen werden kann.
Natürlich geht es dabei in erster Linie um Geld für das Kind. Für mich steckt darin aber auch die Symbolik, daß die Aufnahme des Jungen in unsere Familie offiziell ist. Und das macht mich glücklich. Der ganzen Welt möchte ich davon erzählen.
Das Jugendamt wird jetzt in Absprache mit uns versuchen, den biologischen Vater von Sinan André herauszufinden. Es ist ein Mann bekannt, von dem es nach Angaben von Oma Schmidt vermutet wird, daß er der Erzeuger ist.
Sarah und mir ist es relativ egal, wer der Vater ist. Inzwischen ist Sinan André zu unserem Sohn geworden. Allerdings kann und wird es eines Tages für den Jungen wichtig werden zu wissen, von wem er abstammt. Ich möchte ihn nicht in die Situation bringen, daß er sich dann erst selbst auf die Suche machen muß, sondern daß wir gleich von Beginn an einen Namen, ein Gesicht, vielleicht eine Adresse und ein Foto haben und daß sich Sinan André damit auseinandersetzen kann.
Ich habe zu Thomas Wolf gesagt, daß ich kein Interesse an neuerlicher Unruhe für unseren Sohn und uns habe. Aber darauf wird es nicht hinauslaufen. Wichtig ist dabei, daß Sinan André weiß, von wem er abstammt. Wenn der vermutete Mann der Vater ist, ist nach Kenntnis des Jugendamtes auch nicht mit Unruhe zu rechnen. Und das muß und soll auch so bleiben.

Mittwoch, 12. Mai

Voller Stolz habe ich heute zu Beginn des Kindergartenrats von Sinan André erzählt. Und die Leute waren angetan davon, daß der Junge jetzt dauerhaft bei uns bleiben kann und wir eine gemeinsame Perspektive haben. Der Kindergartenrat ist immer eine gute Bühne für kurze persönliche Dinge, damit sich unter den Eltern nichts zu Gerüchten verzerrt. Ansonsten ist mir die Arbeit heute nicht leichtgefallen, weil ich gesundheitlich nicht ganz auf der Höhe war, mir aber niemand die für den heutigen Tag wichtige Arbeit abnehmen konnte.
Sinan André habe ich heute gut gelaunt erlebt. Er ist ein wirklich geselliges Kind, das aber im Wachzustand schnell unsere Anwesenheit vermißt, wenn wir gerade mal nicht bei ihm im Zimmer sind. Darüber kann er eine kleine Krise kriegen, die sich aber sofort wieder legt, wenn einer von uns zu ihm zurückkehrt.
Auch seinen Spaß am Lächeln hat er beibehalten.
Es ist schon erstaunlich, wie schnell sich der Junge verändert. Besonders fällt es uns auf, wenn wir Fotos aus der Anfangszeit ansehen und mit seinem heutigen Aussehen vergleichen. Es ist wie ein Wunder zuzusehen, wie Sinan André wächst und gedeiht und auf unsere Pflege und Zuwendung reagiert. Es freut uns unendlich. Wir haben mal hochgerechnet, daß er pro Woche ca. 1 cm wächst. Das ist ein ganz schönes Tempo.
Schon lange wirkt er nicht mehr wie am Anfang. Damals, als wir ihn im Krankenhaus kennengelernt haben, sah er aus, wie ein kleiner, aus dem Nest gefallener Vogel. Jetzt ist er ein kräftiger kleiner Kerl geworden, der bereits viel nachgeholt hat. Für ein Baby, das sechs Wochen zu früh zur Welt kam, hat er sich wirklich gut entwickelt. Babys, die zum richtigen Zeitpunkt geboren werden, hinkt er natürlich noch etwas hinterher, aber es gibt keinen Grund zur Klage. Er ist voll im Level. Immerhin machen wir alles für ihn möglich, was machbar ist. Sinan André ist zum geliebten Mittelpunkt unseres Lebens geworden und ich bin der festen Überzeugung, daß er es bei uns sehr gut hat.

Donnerstag, 13. Mai

Es liegt ein langes Wochenende vor mir. Endlich einmal ein paar freie Tage, die ich mit meiner kleinen Familie verbringen kann.
Zum ersten Mal habe ich mich heute wieder getraut, Sinan André etwas näher zu kommen. Die Grippe oder was auch immer noch nicht ausbrechen wollte, ist zwar nicht ganz verschwunden, verringert sich aber zusehends.
Wie war es schön, unserem schönen kleinen Sohn wieder näher zu sein als in den vergangenen Tagen. Auch wenn es mir schwerfällt, habe ich ihn heute noch nicht wieder beküßt. Aber die bekannte, und immer wieder neue Nähe war wieder un-

glaublich toll. Und Sinan André genießt es selbst so sehr, daß es mich sehr glücklich macht.
Den Tag heute haben wir zu dritt genossen, dabei gar nicht viel unternommen, außer einmal in die Stadt und zurück zu gehen. Sarah ist leider immer noch dauermüde, ein Zustand, der sich so schnell wohl auch nicht verändern wird. Zwischendurch war unser kleiner Hase immer wieder von Attacken der bösen Bauchwehwellen geplagt und kam am Abend gar nicht richtig in den Schlaf. Dafür schläft er jetzt um so tiefer und hat seine erste Schlafphase bereits um fast zwei Stunden überschritten. Gleich wird er sich bestimmt melden.
Abgesehen davon, daß er manchmal auch wegen des Bauchwehs nicht in den Schlaf kommt, ist er ein unglaublich waches und aufmerksames Kind, dem kaum etwas entgeht. Ist er guter Laune, kann man wirklich alles mit ihm machen, was Spaß macht. Das ist toll und Sinan André ist für jeden Kontakt mehr als dankbar. Dabei ist spürbar, welche Freude der kleine Kerl am Leben hat. Weil er ein so tolles Baby ist und auch auf dem Hintergrund seiner eigenen Familiengeschichte freut es uns um so mehr. Und ein zäher Junge ist er ebenfalls. Sonst hätte er es gar nicht so weit gebracht.
Wegen des langen Wochenendes habe ich ein halbe Nachtschicht mehr von Sarah übernommen, damit sie etwas mehr Schlaf bekommt. Bei ihrem bisherigen Mangel an Schlaf bezweifle ich allerdings, daß es ihr besonders viel bringen wird.
Fast wäre mein langes freies Wochenende noch gekippt, es gibt einen Engpaß bei der Arbeit, aber zum Glück war es noch zu retten. Das hätte mir wirklich gerade noch gefehlt. Ich freue mich über jede Minute, jede Stunde, die ich mit Sarah und Sinan André verbringen kann. Es ist schön, ein ganz tolles Gefühl, jetzt Ehemann *und* Vater zu sein.
Seit Sinan André bei uns ist, hat sich unser Blick für Kinder geschärft. Das haben wir heute festgestellt, als wir in der Stadt im Eiskaffee saßen. Wir sehen die anderen Kinder an, fragen uns, wie alt sie sind, fragen uns, wie Sinan André in dem Alter sein wird, was sich dann verändert haben wird, wie er sich entwickeln wird. Wir achten einfach mehr darauf, wie die Kinder, die man so auf der Straße sieht, sind.
Ich glaube, es wird bald einmal Zeit, daß sich Oma Schmidt bei uns meldet. Es ist schon lange her, daß sich Enkel und Großmutter gesehen haben und Oma Schmidt hat selbst schon gesagt, daß die Beziehung durch die Distanz nachgelassen hat. Wir wollen auf gar keinen Fall, daß die Beziehung abgebrochen wird. Es ist wahrscheinlich ganz gut, noch etwas abzuwarten und uns dann einmal bei Oma Schmidt in Erinnerung zu bringen. Immerhin geht es dabei nicht alleine um den Kontakt zur Oma, sondern eben auch um den Kontakt zu Sinan Andrés Bruder Fabian. Gerade auch diesen Kontakt halten wir für sehr wichtig. Sollte sich Oma Schmidt von sich aus nicht melden, ist es vielleicht nicht schlecht, wenn wir einmal mit Frau Grabert vom ASD telefonieren. Vielleicht braucht die Oma einfach einen Anstoß von außen, um in die Gänge zu kommen.

Kurz vor 1.00 Uhr, sieben Stunden nach seiner letzten Mahlzeit, hat sich Sinan Canim tatsächlich gemeldet.
Ganz ohne Geschrei seinerseits nutzte ich die Gelegenheit, um ihn zu versorgen. Es klappte ganz vorzüglich. Es ist klasse zu erleben, wie der Junge mich ohne Schwierigkeiten machen läßt, obwohl ich ihn vergleichsweise selten versorge.
Zum Dank hat er mich, nach der Mahlzeit kurz knackewach, als er auf der Wikkelkommode lag, längere Zeit angelächelt und seinen Spaß mit mir gemacht. Anschließend hat er sich, wie es seit längerem üblich ist, ohne Probleme ins Bett legen lassen.
Ich bin so glücklich, daß er auf mich ebenso positiv reagiert wie auf Sarah und so stolz, einen derart tollen Sohn zu haben. Sinan André hat aus mir einen glücklicheren Menschen gemacht und ich wünsche mir, daß er es mit mir genauso erlebt.
Gerade lag er satt und sauber in seinem Bett, quasselte sich in seiner Babysprache in den Schlaf und gab dazu noch sichtlich zufriedene Töne von sich. Mittlerweile schnarcht er sanft vor sich hin. Mal sehen, wann er sich nun das nächste Mal meldet.

Freitag, 14. Mai

Sinan André liegt lächelnd in seinem Bett. Es geht ihm gut und die nächtliche Versorgung ist angenehm verlaufen, angenehm für ihn und für mich.
Den heutigen, gemeinsamen freien Tag haben wir zum Einkaufen genutzt. In Miesdorf und in Flöhbusch waren wir zu dritt.
Sarah und Sinan André hatten sich nachmittags gemeinsam schlafen gelegt. Ich habe einige Male heimlich durch den Türspalt geschaut. Es sah sehr schnuckelig aus, wie die zwei unter einer Decke lagen, beide in der gleichen Schlafposition. Es sah einfach entspannt und zärtlich aus. Eine ganze Zeit haben die beiden geschlafen.
Im Laufe des Nachmittags haben wir es endlich geschafft, die Vorhangstange im Kinderzimmer anzubringen und mußten anschließend noch etwas herumräumen. Sinan André hat sich davon nicht negativ beeindruckt gezeigt, aber es ist ja bereits bekannt, daß er Action um sich herum nicht abgeneigt ist.
Abends haben wir wieder einmal *Badespaß mit Babylein* veranstaltet. Sinan André hatte vorher lange Zeit, sich nackt zu bewegen und zu strampeln und Sarah hat sich sehr liebevoll um ihn gekümmert, ihn massiert und gestreichelt. Das mag er unheimlich gern und gedankt hat er es Sarah mit viel guter Laune und vergnüglichem Quieken. Das Baden war wie gewohnt sehr angenehm und schön.
Frisch gebadet hat er noch eine ganze Weile bei uns im Wohnzimmer verbracht. Mal war er bei Sarah, mal bei mir auf dem Arm oder auf dem Schoß und gemeinsam haben wir unseren Spaß gemacht. Der kleine Kerl hat sich dabei offensicht-

lich sehr wohl gefühlt. Diese familiäre Ruhe tut ihm und uns gut. Wir genießen alles Gemeinsame sehr.
Geschlafen hat er in der Nacht bis gegen 2.00 Uhr. Wieder einmal ohne Geschrei seinerseits verlief die Versorgung. Es war aber auch kein Wunder, denn kaum hatte er die Augen auf, war schon die Milchflasche fertig. Er hatte also gar keine Zeit, sich vor Hunger aufzuregen.
Heute abend hat unser Junge mehrere kurze Male ein Gesicht gezogen, während er in der Wippe lag, daß es uns so vorkam, als würde er es gezielt einsetzen. Er wirkte wie gewollt traurig und schaute Sarah dabei so durchdringend an, wie um damit einen Zweck zu verfolgen. Welchen Zweck konnten wir allerdings nicht erkennen.
Sarah und ich haben heute festgestellt, daß es uns unabhängig voneinander manchmal unwirklich vorkommt, daß wir jetzt ein Baby haben, Eltern eines Kindes sind. Vielleicht liegt es daran, daß wir kaum Zeit hatten, uns innerlich auf diese große Veränderung einzustellen. Immerhin können sich andere Leute neun Monate lang darauf vorbereiten. Möglicherweise liegt es aber auch daran, daß wir unser großes Glück, das wir mit Sinan André haben, noch gar nicht richtig fassen können.
Manchmal erscheint es uns unglaublich, daß Sinan Canim bei uns ist, für immer bei uns bleiben wird, und wir dadurch die reale Chance haben, alles von Beginn an mit ihm zu erleben.
Mit unserem Sohn ist das Leben so intensiv und schön, auch in der Zukunftsperspektive, wie wir es uns so lange Zeit gewünscht haben. Durch die Klarheit der Lebenssituation können wir mit Gelassenheit in die Zukunft sehen und alles auf uns zukommen lassen. Und das ist ein unbeschreiblich angenehmes und beruhigendes Gefühl.
Jetzt in der Nacht hatten Sinan André und ich wieder unseren gemeinsamen Spaß im Umgang miteinander. Wir haben uns aneinander erfreut und viel gelacht. Ich kann mein großes Glück wirklich noch gar nicht fassen.

Samstag, 15. Mai

Dieser Tag ist wieder schnell vergangen. So ist es immer. Die freien Tage vergehen in Windeseile, die Arbeitstage ziehen sich meistens ins Unermeßliche hin.
Den Vormittag haben wir fast komplett gemeinsam verschlafen. Sinan André hat stundenlang die Ruhe mit uns zusammen im Bett genossen. Es war richtig entspannend für uns alle. Sinan André war vergnügt und guter Laune.
Viel Zeit blieb nicht mehr bis wir nach Millich zu Sarahs Schwester und ihrer Familie aufgebrochen sind. Volker hatte heute Geburtstag. Normalerweise schläft der kleine Hase gleich ein, wenn er im Auto sitzt. Heute war es anders. Ziemlich lange war er wach und aufmerksam und hat sich die neuaufgehängte Spieluhr in Form eines dicken Schmetterlings angesehen.

In Millich bei Jablonkas war er wieder der Star der Familie, der bewunderte kleine Prinz. Zwischendurch war er wieder von Bauchwehwellen geplagt, zeigte sich aber wie gewohnt von seiner besten Seite.
Wie gesagt, Sinan André ist immer der Mittelpunkt bei den Zusammenkünften der Familie, aber es ist schon ein Stück weit normaler geworden. Er gehört jetzt bereits ganz normal in diese Familie, wird zwar als Jüngster besonders beachtet, aber es ist mehr Natürlichkeit eingetreten. Das gefällt mir gut, denn es beinhaltet auch, daß mehr Ruhe herrscht.
In Millich haben wir die Fotos von der Bollendorf-Tour an die Familie verteilt und ich hatte den Eindruck, daß alle von den Aufnahmen angetan waren. Moritz und ich wollen uns demnächst treffen, um weitere gestellte Quatschfotos zu machen. Dafür ist er wirklich der geeignete Darsteller und hat selbst einen Riesenspaß daran.
Kurz nach 21.00 Uhr waren wir wieder zurück zu Hause, reich beschenkt mit Babybüchern, einem Stehaufmännchen und einer Videocassette. Volker hatte gefilmt, als Jablonkas uns wenige Tage nachdem wir Sinan André aus dem Krankenhaus geholt, und kurz nach meinem Geburtstag besucht hatten. Auch in Bollendorf hatte er Aufnahmen gemacht.
Auf dem Videofilm ist unser schöner Sohn noch ganz klein im Vergleich zu heute und wirkt tatsächlich wie ein aus dem Nest gefallenes Vögelchen. Superwinzigklein sieht er aus. Es ist schön, ein solches Zeitdokument zu besitzen. Daran wird er später bestimmt selbst Spaß haben.
Immer noch träume ich von einer Arbeit, die ich zuhause erledigen kann. Aber das bleibt wohl Fiktion. Zusätzlich zu meiner Arbeit im Kindergarten könnte ich mir aber auch vorstellen, eine Kneipe zu führen, eine Kneipe mit Stil und Ambiente. Vielleicht eine Art Literatur-Café. Dann wäre ich natürlich noch weniger zuhause, aber das Geld würde, wenn das Konzept aufgeht, noch mehr stimmen als jetzt.
Im Übrigen bin ich überrascht, daß es uns im Moment finanziell so gut geht. Wir haben zwar unter dem Strich weniger Geld zur Verfügung als in der Zeit als Sarah ebenfalls arbeiten ging, aber die Veränderung ist kaum spürbar. Manchmal frage ich mich, woher momentan das ganze Geld kommt. Es macht Spaß, Geld aufs Sparbuch zu packen und es macht auch Spaß, wenn wir uns mal gemeinsam etwas leisten können. Immerhin will der Sommerurlaub in Wobbenbüll an der Nordsee bezahlt werden. Ansonsten prassen wir schließlich nicht mit dem Geld herum und drehen im Alltag auch nicht jede Mark um. Wir kaufen uns in der Hauptsache alle Dinge, die uns gefallen.
Morgen holen wir Frieda und Anton zusammen mit Sinan André vom Flughafen in Düsseldorf ab. Es ist Flughafen-Premiere für unser Baby. Der Urlaub auf Gran Canaria ist vorbei. Bestimmt freuen sich die beiden, Sinan André wiederzusehen. In den vierzehn Tagen ihrer Abwesenheit hat er sich bestimmt verändert. Als die zwei jetzt vierzehn Tage lang im Urlaub waren, fiel die Ruhe durch ihre Abwesen-

heit richtig auf. Frieda und Anton sind derart begeistert von ihrem jüngsten Enkel und so vernarrt in ihn und vielleicht auch angetan von Sarahs neuen Lebenssituation als Mutter und Hausfrau, daß sie sich sonst fast jeden Tag bei uns melden bzw. vorbeikommen. Meistens waren sie da, wenn ich gearbeitet habe. Immer mit dem Anspruch, mich nicht stören zu wollen. Dabei ist es gar nicht oft der Fall, daß ich mich von ihnen gestört fühle. Beide haben Sinan André ins Herz geschlossen.
Sinan André hat am Abend lange geschlafen. Ich habe Sarah eine weitere halbe Nachtschicht abgenommen, so daß sie, wenn alles klappt, endlich einmal zumindest sechs Stunden am Stück schlafen kann. Bei dem Maß an Schlafentzug, den Sarah erlebt, seit unser Kleiner bei uns ist, kann man bei einer solchen Stundenzahl schon von einem Zeitrekord sprechen. Ich gönne es ihr den Schlaf von Herzen.
Pünktlich wie die Maurer (zumindest die von früher) hat sich unser Schatz eben um kurz nach 3.00 Uhr gemeldet. Es verlief wie bisher problemlos und herzlich mit uns beiden. Jetzt liegt er wieder vergnügt und frisch im Bett und freut sich des Lebens. Sogar die Windel hatte er bei mir nach längerer Zeit wieder einmal voll. Als Gewohnheitskind hatte er zumeist zu anderen Zeiten Stuhlgang. Ich neige zu der Ansicht, daß sich Sinan André das Wickeln besonders gut gefallen läßt, wenn ich vorher Spaß mit ihm mache und er gute Laune hat. Früher (früher ist gut...) hat er oft einen Riesenspektakel gemacht, wenn es ans Wickeln ging, denn er gehört wohl zu den Kindern, die das Anziehen nicht besonders gern mögen, aber ein Lächeln auf den Lippen seines und meines Gesichts wirkt oft Wunder dabei. Und er nimmt es gerne an, zeigt sich kooperativ und schläft anschließend ebenso gut ein, auch wenn er meist noch etwas warten muß, bis das Land der Babyträume ihn wieder aufnimmt.
Eine tatsächliche Krise könnte ich allerdings kriegen, wenn Sinan André anfängt zu husten. Ich glaube zumeist, daß er sich verschluckt hat. Wahrscheinlich kann ich es gar nicht unterscheiden, wenn er krankheitsbedingt husten würde. Das haben wir (Gott sei Dank...) noch nicht mit ihm erlebt. Sehr wundern würde es mich aber nicht, wenn er in der nächsten Zeit krank werden würde, denn ich habe bestimmt Bazillen von mir gegeben. Ein wenig Angst und Unsicherheit verspüre ich schon, wenn ich daran denke, was uns noch an Erkrankungen bevorsteht.
Leise, gutgelaunte Geräusche sind jetzt noch immer aus dem Kinderzimmer zu hören. Sinan André schläft noch nicht.
Er liegt wach in seinem Bett. Gerade habe ich ihm die Spieluhr angestellt, einen langen Moment gestreichelt und er war ganz ruhig und sanft.
Es ist wirklich wahr: eine Wohnung wird erst zu einem Zuhause, wenn ein Kind da ist und mit seinen Geräuschen und Tönen erfüllt.

Sonntag, 16. Mai

Unser schöner Sohn hat uns heute wieder einen angenehmen Tag bereitet. Und wir ihm auch. Am Vormittag hielt er es allerdings nicht so lange im Bett aus, wie es sonst schon mal der Fall war und wir es vielleicht gerne gehabt hätten. Aber seine Laune war einfach hervorragend.
Die Zeit bis zum Start zum Flughafen, um Frieda und Anton abzuholen, verging sehr schnell. Sinan André war lange wach. Selbst im Auto und im Flughafengebäude schlief er nicht.
Richtig programmgemäß begrüßte er Frieda mit einem intensiven und herzerweichenden Lächeln. Da hat sie sich natürlich gefreut. Durch den Abstand von zwei Wochen fiel es Frieda und Anton im besonderen Maße auf, wie sehr unser Schatz gewachsen ist und zugelegt hat. Beide waren hocherfreut über sein gezieltes Lächeln, auch wenn Anton nicht gleich so freudig begrüßt wurde wie Frieda. Damit hat Sinan André ihn aber später zuhause noch glücklich gemacht, als Anton ihn zu sich auf den Arm genommen hatte.
Im Flughafen war Sinan André sehr aufmerksam und neugierig. Immerhin war es seine Premiere dort und es gab sehr viel zu sehen. Ich glaube, es hat ihm gefallen, was er dort gesehen hat. Allerdings habe ich die drangvolle Enge, den Menschenauflauf, nicht sehr genossen. Aber Babys mögen eine andere Wahrnehmung als Erwachsene haben.
Auch auf der Rückfahrt über die Autobahn hat der kleine Kerl kein Auge zugemacht. Ganz wach, gut gelaunt und aufmerksam saß er in seinem Sitz.
So schön seine lange Wachphase und seine gute Laune auch war, ist es mit Sicherheit sehr anstrengend für ihn gewesen. Das Ergebnis war schließlich, daß er abends zuhause gar nicht einschlafen konnte und unzufrieden wurde, eine kurze Schreiphase hatte.
Wenn auch sein Schreien, wie es in jeder guten Familie zur unmöglichsten Zeit eintritt, haben wir insgesamt aber wirklich wenig Grund, uns darüber zu beklagen. Sinan André schreit wirklich wenig, und wenn, dann liegt die Lösung seines jeweiligen Problems zumeist sehr nahe und das Problem kann beseitigt werden. Wir tun alles, damit sich dieses tolle Baby wohlfühlen kann.
Mit Sinan Canim ist es wie mit einer Sache, die auf Gegenseitigkeit beruht. Wir geben für ihn unser Bestes und er *belohnt* uns mit seiner Anwesenheit, seiner Nähe und mit seiner *Dankbarkeit*, die sich darin äußert, wie sehr er uns zu mögen scheint, wie gut er auf uns reagiert und wie gut er sich bei uns entwickelt. Es mag vermessen klingen, aber ich glaube, Sinan André hat mit uns eine wirklich gute Partie gemacht. Und wir natürlich mit ihm. Es ist ein großes Glück, das wir zu dritt erleben.
Ich habe es schon einmal geschrieben, aber es ist jeden Tag wieder gültig: ich kann mir ein Leben ohne ihn überhaupt nicht mehr vorstellen.

Morgen hat uns alle der Alltag wieder. Die freien Tage sind vorbei und ich leide unter dem Blues, der mich nach mehr als einem freien Wochenende leicht packt. Wie gerne würde ich viel mehr Zeit mit Sarah und Sinan André verbringen, als mir möglich ist. Der nächste Lichtblick ist aber schon mit dem bevorstehenden Pfingstwochenende in Sicht. So gibt es immer wieder einen Rettungsanker. Bis zu unseren Ferien ist es auch nicht mehr lange hin. Dieses Schuljahr endet so früh und weil sich die Betriebsferien meiner Kindertagesstätte an den Schulferien orientieren, dauert es nicht mehr lange, bis ich vier Wochen mit meiner Familie verbringen kann.
Sinan André kam so spät in den Schlaf, daß er jetzt - kurz nach Mitternacht - immer noch schläft. Die Milch ist längst vorbereitet, aber im Moment rührt sich im Kinderzimmer noch nichts, abgesehen von einem kurzen, aber falschen Alarm vorhin. Gleich werde ich mal nach ihm sehen...

Freitag, 21. Mai

Die Schönheit der vergangenen Tage lag in ihrer Normalität. Sinan André geht es gut, freut sich seines Lebens und entwickelt sich munter weiter.
Seine Bewegungen scheinen etwas koordinierter zu verlaufen, seinen Spaß am Lächeln und seine Quassellust haben sich erhalten und erweitert, seine Neugierde ist ungebrochen. Es ist ein großes Glück, die Entwicklung unseres Sohnes von Anfang an und intensiv zu erleben.
Zwischendurch hatten wir den Eindruck, als würden die Zähne bereits, wenn auch nur in den Kiefer, einschießen, denn kleinere Unzufriedenheiten und vermehrter Speichelfluß und die Lust, sich dauernd etwas in den Mund zu stecken, gab es in den letzten Tagen bei Sinan André verstärkt zu beobachten.
Frieda und Anton sind gut aus dem Urlaub zurückgekommen und hatten wieder Freude daran, ihr jüngstes Enkelkind zu sehen und einen Teil ihrer Zeit mit ihm und Sarah zu verbringen. Gestern haben sie uns damit überrascht, was sie schon alles für Sinan André in der letzten Zeit eingekauft haben. Er hat einen festen Platz in ihren Herzen gefunden und ich glaube, sie denken sehr oft an ihn. Wahrscheinlich öfter, als ich es mir vorstellen kann.
Morgen verbringen Sinan André und ich den Tag zusammen. Sarah trifft sich mit ihrer Schwester in Neuss. Ich bin wirklich gespannt, wie es werden wird. Ein bißchen aufgeregt bin ich ebenfalls, aber in erster Linie freue ich mich auf einen gemeinsamen Tag.
Das Pfingstwochenende liegt jetzt vor uns. Es gibt für mich zwar noch einiges für die Arbeit zu tun, aber einen Tag länger mit meiner Familie verbringen zu können, ist immer toll.
Gestern habe ich, inzwischen völlig unerwartet, die Stellenzusage für die Übernahme der freigestellten Leitung der neuen AWO-Kindertagesstätte in Dollgen

bekommen. Das hat mich überrascht und echt von den Socken geholt. Damit hatte ich nicht mehr gerechnet. Eigentlich hatte ich mich gedanklich mehr auf die Quäker eingestellt, bei denen ich am Mittwoch zum Gespräch war. Im Übrigen haben die sich heute auch gemeldet und mitgeteilt, daß ich deren erste Wahl gewesen und im nächsten Schritt jetzt in den Personalausschuß gebeten worden wäre. Das ist ein wirklich tolles Gefühl, daß ich in beiden Gesprächen die Leute von mir und meinem Konzept überzeugen konnte. Allerdings ist die Leitung der AWO-Einrichtung für mich geeigneter, weil ich bereits vor der Inbetriebnahme viele wichtige Dinge entscheidend beeinflussen kann, wie die Auswahl der Mitarbeiter, die Konzeption, die Einrichtung der Tagesstätte etc.
In Wollrath zu kündigen bzw. um einen Auflösungsvertrag zum 15.6. zu bitten, ist mir nicht leichtgefallen. Zuvor hatte die AWO per Boten die schriftliche Stellenzusage bei Sarah abgegeben. Nach dem momentanen Stand der Dinge werden die Worringer auch meinen Weggang zum 15.6. akzeptieren. Allerdings erwarte ich morgen noch einen Anruf von Frau Sonnenberg.
Meine Kündigung hat insgesamt weitreichende Konsequenzen für die Kindertagesstätte in Wollrath und es ist mir sehr bewußt, daß ich damit auch vieles aufgebe, was ich mir in den fast zwei Jahren, gerade in Bezug auf die vielen Kontakte, aufgebaut habe. Dennoch ist meine Entscheidung, soweit ich es jetzt beurteilen kann, richtig. Dieser *Karrieresprung* in Dollgen ist für mich eine riesige Chance, um beruflich weiterzukommen. Besonders die freigestellte Leitung bedeutet für mich, daß ich endlich so arbeiten kann, wie ich es mir schon lange gewünscht habe. Endlich mehr Zeit für die Dinge, die mir wichtig sind.
Im Team und bei Frau Sonnenberg hat meine Kündigung von heute Mittag viel Betroffenheit und Bestürzung ausgelöst. Alle waren berührt, ich ebenfalls.
Noch wissen die Kinder und die Eltern nichts davon. Das wird für mich selbst auch noch ein schwerer Schritt werden, weil ich mein Herz so sehr für sie alle geöffnet habe. Um die Kinder tut es mir noch am meisten leid.

Samstag, 22. Mai

Wir haben den Tag gut gemeistert. Sarah und Susanne waren gemeinsam einkaufen, Sinan André und ich hatten *Jungstag*.
Nach der üblichen morgendlichen Unruhe ab 7.00 Uhr hat Sinan André noch bis 10.00 Uhr geschlafen, ich war ab 9.00 Uhr auf, Volker Sonnenberg rief an, um mit mir über meine Kündigung und die Reaktionen und Ideen des Presbyteriums zu sprechen, ich habe Hausarbeiten erledigen können und mich später, als der Kleine wach und angezogen war, sogar ohne Probleme der Zeitungslektüre widmen können. Sinan Renè war die ganze Zeit bis mittags über wach, vielleicht etwas erstaunt, daß immer ich derjenige war, der sich um ihn gekümmert hat, und hatte,

wie so oft, richtig gute Laune. Ich habe die Zeit mit ihm auch genossen, mir die Zeit für ihn genommen und zusammen hatten wir viel Spaß.
Mittags habe ich sein Verhalten falsch eingeschätzt, gedacht, er hätte schon Hunger und ihm das Fläschchen angeboten. Damit habe ich mich jedoch völlig verschätzt. Es ging ihm nicht ums Essen und er reagierte wie tatsächlich beleidigt. Als er dann später doch gegessen hatte, haben wir anschließend einen Spaziergang gemacht und sind gerade noch rechtzeitig vor einem großen Regenschauer zurück gewesen.
Auf dem Sofa liegend und sitzend haben wir zwei noch eine längere Zeit geschmust und sind darüber kuschelig eingeschlafen. Sarah kam gegen 17.00 Uhr zurück und mir ist, als wäre die Zeit sehr schnell vergangen.
Sinan André entwickelt sich weiterhin sehr gut. Inzwischen macht er ausgiebige Zungen- und Lippenspiele und hat entdeckt, daß er zwei Hände hat, die zusammengehören. Es macht wirklich Spaß, unserem Schatz dabei zuzusehen, wie er sich Schritt für Schritt weiterentwickelt und welche Freude er selbst dabei hat.
Wenn ich richtig Zeit für unseren schönen Sohn habe, ist es echt klasse, denn dann können wir auch ausgelassen Spaß machen, wenn es ans Wickeln geht. Es sind unheimlich nahe Situationen mit dem Kleinen. Und oft genug lacht, gluckst und quasselt er dabei.
Es hat sich alles wunderbar gefügt, wir sind zu einer richtigen kleinen Familie zusammengewachsen. Wir freuen uns schon jetzt im Frühjahr auf das erste gemeinsame Weihnachtsfest, das uns bestimmt sehr zu Herzen gehen wird und auf seinen 1. Geburtstag nächstes Jahr im Februar.
Es gibt ein derart starkes Familiengefühl, daß Sarah und ich gestern zum ersten Mal davon gesprochen haben, wie schön es wäre, wenn Sinan Canim in nicht allzu ferner Zukunft eine Schwester oder einen Bruder bekommen würde. Das wäre echt toll.
Unser erklärter Wunsch war es immer, mehr als ein Kind zu haben, gerne drei wie Sarahs Geschwister. Natürlich ist in der nächsten Zeit nicht damit zu rechnen, daß uns ein weiteres Kind vermittelt wird und es schon gar kein Kind geben kann, das zu uns paßt, weil es in jedem Fall jünger sein muß als unser Kleiner. Aber der Gedanke ist da, wir haben nicht mehr diesen großen, inneren Druck wie in der Zeit vor Sinan André und können uns vorstellen, vielleicht im nächsten Jahr um eine Vermittlung zu bitten, die dann gerne etwas dauern kann. Auf jeden Fall soll er nicht als einziges Kind bei uns aufwachsen.

Montag, 24. Mai

Hinter uns liegt ein schönes, ein ruhiges Wochenende. Wenn ich auch am Sonntag einige Stunden der freien Zeit in die Arbeit des Kindergartens investieren

mußte, hatten wir erneut ein paar Tage für uns und konnten zu dritt unser Familienglück und -gefühl genießen.
Es ist richtig auffällig, was für ein neugieriger und vor allem aufmerksamer Beobachter Sinan André geworden ist. Interessiert ihn etwas, schaut er es sich ganz lange und in aller Ausführlichkeit an, bis er es mit seinen Blicken vollständig erforscht hat. Und wir lassen ihm die Zeit, die er dafür braucht.
Während der Mahlzeiten auf dem Wohnzimmersofa interessiert er sich besonders für die drei kleinen Kuscheltiere, die auf der Lehne sitzen und die er immer dann sehr gut sehen kann, wenn wir ihn nach dem Flaschenmahlzeit hochnehmen, damit er hoffentlich erfolgreich ein Bäuerchen von sich geben kann.
Völlig intensiv schaut er sich die Tierchen an und nimmt inzwischen Kontakt zu ihnen auf. Es liegt nahe zu vermuten, daß ihm die Farben und Formen gefallen. Er lächelt sie an und quasselt mit ihnen. Wieder ein weiterer Fortschritt unseres Sohnes.
Ungebrochen ist nach wie vor seine Kontakt- und Nähelust - bzw. sein Kontaktbedürfnis zu uns. Manchmal gibt es nichts, was ihn unzufrieden macht, nur einfach der Umstand, daß er gerade mal nicht bei uns auf dem Arm ist. Nehmen wir ihn hoch, ist die Krise auch schon beseitigt. Gerne geben wir ihm natürlich die Nähe und die Zärtlichkeit, die er mit uns teilen möchte. Hin und wieder denken wir jedoch auch, wie leicht er uns doch um den Finger wickeln und seine Interessen uns gegenüber durchsetzen kann.
Ich glaube, gerade auch in diesem Umstand, der Akzeptanz seiner Bedürfnisse, wird u. a. auch die Ausbildung eines eigenen, selbstbewußten Charakters gelegt. Manche Dinge kann er bereits jetzt bestimmen und beeinflussen. Und wir machen keine Dinge mit ihm, die er nicht möchte.
Selbstverständlich kriegt er eine neue Windel, wenn es an der Zeit ist oder eine Jacke an, wenn wir nach draußen gehen, auch wenn er davon nicht begeistert ist und noch manchmal mit angedeutetem Weinen reagiert. Aber andere Dinge, daß wir ihm zum Beispiel beim Schmusen nicht näher kommen, als er es selbst möchte oder seine Sattheit akzeptieren, wenn wir auch denken, daß es wäre sinnvoll, daß er das ganze Fläschchen leert, akzeptieren wir und lassen ihm gerne seinen Willen.
Gut erscheint mir in diesem Zusammenhang, daß Sinan André gut zu durchschauen ist. Manchmal wirkt er einfach nur beleidigt, ist es aber scheinbar gar nicht, sondern hat lediglich ein Ziel im Kopf, das er erreichen möchte.
Seine Stimme hat sich inzwischen weiter ausgeprägt. Wenn er richtig loslegt, während Sarah und ich uns unterhalten, ist kein Wort mehr zu verstehen. Sinan André kann, wenn er will, alles übertönen.
Ebenso ist er auffällig gewachsen. Wenn ich ihm noch vor einiger Zeit meine Daumen in seine beiden kleinen Hände legte, hatte er noch Mühe, sie ganz zu umschließen. Inzwischen umfaßt er sie vollständig.
Morgen will ich Thomas Wolf vom Jugendamt anrufen. Es gibt einige Dinge, die ich mit ihm besprechen möchte. Zum Beispiel will ich hören, ob wir eine Ge-

burtsurkunde von Sinan André bekommen können, ob er den Fehler bei der Überweisung bzw. Zuteilung des Pflegegeldes regulieren konnte.
Wichtig ist auch noch, mit ihm zu besprechen, wie es mit Sinan Andrés Oma und Fabian weitergehen soll, denn von sich aus scheint sich die Großmutter nicht melden zu wollen oder zu können.
Ganz toll ist es, wenn ich mich mit Sarah über unseren schönen kleinen Sohn unterhalte, wenn wir uns über unsere Erfahrungen mit ihm, unsere Eindrücke, Vermutungen austauschen und unsere gemeinsame Freude an ihm teilen.
Ich freue mich jetzt schon wieder auf meinen morgigen Feierabend, wenn ich endlich wieder bei meiner Familie sein kann.
Sinan André ist unser absoluter Mittelpunkt geworden. Ich glaube, er ist zur richtigen Zeit zu uns gekommen. Alles paßte so gut und manchmal denke ich, es sollte alles einfach so sein, wie es war. Für Sinan Andrés Aufnahme bei uns waren einige Grundvoraussetzungen notwendig, die bei uns einfach gegeben waren, aber in der damaligen Situation nicht selbstverständlich gewesen sind. Bewußt oder unbewußt haben wir einiges dafür getan, daß er zu uns kommen konnte.

Sonntag, 30. Mai

Eine erlebnisreiche Woche liegt hinter mir. Erlebnisreich, weil sich seit meiner Kündigung in Wollrath die Zeit intensiviert hat.
Sinan André hat eine gute Woche seit meiner letzten Eintragung erlebt. Man kann wirklich ohne Übertreibung sagen, daß er sich gut, normal und manchmal in ganzen Schritten entwickelt. Und es fällt mir als *Feierabendvater* eben ganz besonders stark auf, wenn sich etwas verändert.
Geblieben ist nach wie vor seine Freundlichkeit, sein Spaß am Lächeln, Quasseln und am Leben allgemein.
Gesteigert hat sich seine Art, die Welt um sich herum wahrzunehmen und zu beobachten. Er ist so aufmerksam und kaum etwas entgeht ihm. Auch nichts emotionales.
Vermehrt hat sich sein Umgang mit den Dingen. Der Stehaufclown ist zu seinem Spaßobjekt geworden, mit dem er sich gerne - auch längere Zeit - auf der Tagesdecke im Wohnzimmer vergnügt. Auch die Rassel hält er jetzt länger in der Hand, schüttelt sie und kann sie sich bereits erfolgreich gegen den Kopf schlagen.
Verlängert hat sich ganz erheblich seine nächtliche Schlafphase. Er hat es tatsächlich schon einmal auf elf Stunden gebracht. Das ist ein großer Fortschritt, vor allem auch für Sarah, die dadurch endlich etwas mehr Schlaf bekommen konnte.
Wenn wir auch wissen, daß wir einen gesunden Sohn haben, ist es toll und beruhigend zu sehen, daß er solche sichtbaren Entwicklungsfortschritte macht.
Er ist ein aufgewecktes, neugieriges und lernlustiges Kind.

Sinan André paßt wirklich gut zu uns, wir haben ein tiefes Familienband mit ihm knüpfen können, und manchmal ist mir, als wäre er wirklich unser ganz eigener Sohn. Es wird immer schwerer für mich, mich an die Zeit, bevor er zu uns kam, zu erinnern. Sinan Canim hat unser Leben auf eine sehr intensive, zauberhafte Art verändert.
Am Samstag, als ich den ganzen Tag wegen des Sommerfestes im Kindergarten arbeiten mußte, waren Sarah und Sinan André bei Jablonkas und Brüggemanns in Millich. Abends nach dem Fest, das mir einen schönen Abschied bereitet hat, habe ich die beiden abgeholt. Ganz geschafft, aber sehr stolz bin ich nach Millich zu meiner Familie gefahren.
Es war jetzt das zweite Mal, daß Sinan André bei der Familie war. Auch dieses Mal hat es sich für mich wieder bestätigt, daß sich die Gesamtfamilie es sich gar nicht mehr ohne ihn vorstellen kann - weder die Kinder noch die Erwachsenen. Das macht wirklich glücklich.

Donnerstag, 3. Juni

Unser Sohn entwickelt sich unwahrscheinlich positiv. Mir als klassischem Feierabendvater kommt es im Moment wieder einmal so vor, als hätte jemand bloß auf einen Knopf gedrückt und die nächste Entwicklungsstufe ausgelöst. Im Grunde weiß ich, daß wir, vor allem natürlich Sarah, alles dafür getan haben und tun, daß sich Sinan André gut entwickeln kann.
Manchmal habe ich das Gefühl, daß ich aus dem Staunen über die rasante Entwicklung eines Babys und insbesondere eben über die unseres tollen Sohnes gar nicht herauskomme. Ganz schnell stellen sich immer auch die nächsten Schritte bereits ein.
Gestern und heute ist mir aufgefallen, wie weiterhin gesteigert die Lebensfreude und die Fähigkeit zur Wahrnehmung bei Sinan Canim ausgeprägt ist. Er setzt sein Lächeln selbständig ein, probiert seine Wirkung auf uns aus und steckt uns mit seiner Fröhlichkeit regelrecht an. Er ist auch empfindlicher geworden. Pustet man ihm vorsichtig über die Haare oder macht man einfach lustigen Quatsch mit ihm, freut er sich ganz königlich.
In der vergangenen Nacht hatte ich wieder das Vergnügen mit ihm. Es war wirklich ein Vergnügen und ich mußte mich richtig zügeln, nicht zu viel Spaß und Quatsch mit ihm zu machen, ihn nicht zu oft zum Lachen und Glucksen zu bringen. Ansonsten wäre er vielleicht nicht mehr so leicht in den Schlaf gekommen und es wäre auf meine Verantwortung gegangen, ihn aus dem Rhythmus gebracht zu haben. Das Leben mit Sinan André macht sehr viel Spaß und ist eine Freude !
Übermorgen wird er 15 Wochen alt. Besonders stolz bin ich nach wie vor, daß er noch kein einziges Mal krank gewesen ist. Sicher wäre eine Erkrankung als Reaktion kein Wunder gewesen, als wir ihn damals aus dem Krankenhaus geholt

haben. Nichts geschah. Aber auch in der ganzen Zeit, seit er bei uns ist, hat sich keinerlei Erkrankungsmöglichkeit gezeigt. Vielleicht sind wir deshalb ganz besonders wachsam, wenn er mal einen kleinen Huster von sich gibt, aus dem aber noch nie mehr geworden ist und wahrscheinlich immer nur im Verschlucken begründet war. Sinan André ist wirklich ein ganz zäher kleiner Kerl.
Wir - d. h. Sarah in der Hauptsache - haben aber auch immer etwas dafür getan, damit er kein besonders anfälliges Kind wird. Stets war und ist für die richtige Bekleidung, die Zudecke in der richtigen Dicke und die üblichen Schutzmaßnahmen gesorgt. Dennoch finde ich es nicht selbstverständlich, daß er ein derart gesundes Kind ist. Es hätte auch anders kommen können.
Aufgrund des heutigen Feiertages hatten wir als kleine Familie wieder einmal mehr Zeit miteinander und die zumindest für das gegenseitige Streicheln unserer Seelen gut genutzt.
Alles ist gut so, wie es ist. Ein wunderbares Leben.

Sonntag, 20. Juni

Eine Menge Zeit ist seit der letzten Eintragung vergangen. Dies hat in der Hauptsache damit zu tun, daß wir die Handwerker zum Einbau einer neuen Heizung in unserer Wohnung haben und der Computer eine ganze Weile nicht zugänglich war.
Allerdings waren auch Sarah und Sinan André schon einige Male durch die Handwerker aus der Wohnung vertrieben worden, wenn deren Arbeit zu laut oder zu staubig wurde. Beide haben sich dann zu Sarahs Eltern geflüchtet, die sich sehr gefreut haben, Tochter und Enkelkind so oft zu sehen.
Unser Leben ist wie gewohnt intensiv und in vollen Zügen weiterhin verlaufen.
Am 15. Juni habe ich die neue Leitungsstelle bei der AWO angetreten und bin damit insgesamt gar nicht so zufrieden, weil alles so durcheinander zu sein scheint. Außerdem habe ich gemerkt, was ich in Wollrath alles Gute aufgegeben habe. Ich hoffe, es entwickelt sich noch zum Besten.
Sarah, Sinan Canim und ich waren über ein langes Wochenende von Freitag bis Montag in Benseriel an der Nordseeküste. Weil unser Urlaub nicht wie geplant stattfinden kann, wollten wir wenigstens mal kurz ausspannen.
Es hat uns drei sehr gut gefallen, alles hat gut geklappt und das Reisen mit unserem Sohn ist eine Freude. Mit ihm waren wir auch das erste Mal gemeinsam auf Langeoog, der Insel auf der alles begann und auf der wir damals das erste Mal von einem Sohn gesprochen haben, der den Namen Sinan tragen soll. Es hatte also eine sehr tiefe emotionale Bedeutung.
Unser kleiner Schatz hat zwar die meiste Zeit, die wir auf der Insel verbracht haben, verschlafen, aber jetzt ist er immerhin schon einmal dort gewesen und wir können ihm später davon erzählen und Fotos zeigen.

Das ziemlich extreme Reizklima an der Küste hat er gut vertragen und nicht nachträglich darauf reagiert. Seine Zähigkeit hält an.
Momentan kämpft er damit, sich in die Baulage drehen zu wollen. Noch gelingt es ihm nicht, aber er versucht es mit Energie und starkem Willen immer wieder. Dabei wird er richtig ungeduldig, nöckelig und schimpft vor sich hin. So wie es aussieht, kann es ihm jeden Tag gelingen. Lange braucht er dafür bestimmt nicht mehr und er ist damit voll im vorbeschriebenen Entwicklungslevel.
Ganz besonders freue ich mich immer wieder über seine gute Laune. Sinan Canim ist so ein freundliches Kind, das so gerne lacht, Spaß macht und die Aktivität dafür selbst in die Hand nimmt und nicht darauf wartet, bis einer von uns ihn amüsiert. Wenn wir es tun, was natürlich auch oft genug vorkommt, steigt er voll und ganz darauf ein und kann sich manchmal vor Amüsement kaum noch einkriegen. Die gleiche gute Laune zeigt er auch den anderen Menschen, der er regelmäßig sieht, wie Oma und Opa oder Jablonkas. Sinan André hat den Bogen raus, wie er die Leute für sich gewinnen kann. Er erobert jedes Herz.
Zweimal kam es bereits vor, daß ich morgens zu ihm ins Zimmer ging, um mich von ihm zu verabschieden, weil ich zur Arbeit mußte. Sinan schlief noch, öffnete aber die Augen, als ich ihn ansprach und ihm auf die Wange küßte. Sofort lächelte er mich an. Es hätte nur noch gefehlt, daß er mir zum Abschied zuwinkt. So kann der Tag wirklich nur gut für mich werden, wenn ich mich mühevoll aus dem warmen Bett gequält hatte.
Jeder Tag mit Sinan Canim André ist neu, toll und oft von einer unbeschreiblichen Nähe geprägt, die er selbst sehr genießt und auch steuert. Allerdings betrauere ich noch immer jeden Tag, fast jede Stunde, die ich nicht mit ihm und Sarah erleben kann, weil ich arbeiten muß.
Ohne Sinan Canim hatten Sarah und ich schon ein schönes Leben. Aber mit ihm ist es noch tausendmal schöner und intensiver geworden. Wir können uns das Leben ohne ihn gar nicht mehr vorstellen und jeden Tag wird er ein Stück weit mehr zu unserem eigenen Sohn. Manchmal glaube ich zu fühlen, daß wir genau so einen wie ihn haben wollten.

Samstag, 26. Juni

Wochenende. Endlich wieder einmal Zeit, um Tagebuch zu schreiben. Manchmal habe ich die Befürchtung, daß ich zu wenig schreiben kann, weil ich die notwendige Zeit nicht habe.
Seit gestern ist es soweit und soll heute hier dokumentiert werden: Am Freitag, den 25. Juni 1999, um 17.40 Uhr, hat sich unser Sohn Sinan André das erste Mal völlig selbständig von der Rücken- in die Bauchlage gedreht. Besonders heute hatte er einen derartigen Spaß an seinem neuesten Fortschritt, daß er seine Drehung zur Dauerübung gemacht hat. Ständig hat er die Rolle gemacht, völlig un-

spektakulär und ohne großes Getöse. Das Getöse setzte erst ein, als er sich selbst und seine Kräfte zu überschätzen schien, und keine Energien für weitere Rollen mehr hatte. Dann wurde er unzufrieden und es wirkte, als wollte er nicht einsehen, daß schlafen und ausruhen auch mal wieder wichtig sein könnte.
In der Woche kriege ich selbst sehr wenig von Sinan Canim mit. Die Zeit, die wir zusammen haben, ist einfach zu gering und ich selbst bin leider oft zu geschafft und müde, um mich so intensiv mit ihm zu beschäftigen, wie ich es gerne tun würde. Die Wochenenden sind natürlich von einer wesentlich größeren Nähe geprägt und manchmal habe ich den Eindruck, als würde der Junge dann auch um einiges besser auf mich reagieren.
Durch den Umstand, daß wir die Handwerker noch immer im Haus haben und sich Sarah und Sinan André oft im Asyl bei meinen Schwiegereltern befinden, sieht und erlebt unser Sohn Oma und Opa in der Woche sehr viel mehr als mich. So ist leider die Realität.
Heute hatte ich den Eindruck, daß es uns allen wieder einmal sehr gut getan hat, den Tag miteinander zu verbringen und zur Ruhe zu kommen. Besonders wichtig ist es - wie ich finde - für unseren tollen Sohn.
Wenn die Handwerker irgendwann endlich das Feld geräumt haben, werden wir erst richtig die Wohnung sauber machen müssen. Überall hat sich der dreckige Staub der Arbeit verteilt.
Schade ist nach wie vor, daß unser Urlaub gestrichen ist, weil ich die neue Arbeit angenommen habe. Ich sehne mich sehr nach ganz viel Zeit mit meiner kleinen Familie. Noch immer fällt es mir sehr schwer, wenn ich morgens für den ganzen Tag die beiden verlassen muß und weiß, daß ich sie lange Zeit nicht sehen werde; ich manchmal einiges verpasse, was ich gerne miterleben würde. So lebt es sich leider als Vater und Hauptemährer der Familie oftmals mehr schlecht als recht. Mein Kollege Peter sagt, daß es ihm selbst immer noch so geht und sein Sohn ist schon 18 Monate alt. Das sind ja Aussichten.
So kann ich nur freie Zeiten wie jetzt am Wochenende in vollen Zügen genießen und für meine Familie und mich versuchen, die Zeiten so angenehm wie möglich zu machen. Wenn ich mich hin und wieder zu Sinan Canim auf die Babydecke im Wohnzimmer lege, ihn ansehe und berühre, er vielleicht mit meinen Händen spielt, kann ich mein und unser Glück noch immer nicht ganz fassen. Blickt mir Sinan mit seinen schönen Augen tief in meine Seele, als wollte er sagen: "*Du kannst dir gar nicht vorstellen, wie glücklich ich bei euch bin und wir sehr ich Mama und dich liebe. Mach dir keine Sorgen, Papa, ich liebe und brauche dich ebenso sehr, auch wenn du nicht immer zuhause sein kannst* ", bin ich unbeschreiblich gerührt. In solchen Momenten gibt es für mich nur uns drei.
Bereits seit einiger Zeit ist Sinan Canim André dabei, mit seinen Händen die Welt um sich herum zu erkunden. Er begreift die Sachen, die ihn interessieren, ein- oder beidhändig. Außerdem versteht er es hervorragend, sich selbst zu beruhigen. Steht ihm der Nuckel mal nicht zur Verfügung, steckt er sich mindestens zwei

seiner kleinen Fingerchen in den Mund und läßt es sich damit gutgehen. Seine kleinen, aber wichtigen Entwicklungsschritte freuen uns sehr, beruhigen uns und machen uns glücklich. Sinan Canim war in unseren Augen schon immer ein toller kleiner Junge. Aber er wird immer toller.

Donnerstag, 1. Juli

Neue Perspektiven haben sich für uns ergeben. Gestern hat die Schule der Deutschen Botschaft Ankara angerufen und auf meine kurze schriftliche Anfrage reagiert und tatsächlich ihr Interesse an einer Beschäftigung als Erzieher deutlich gemacht. Ich selbst war gar nicht zuhause. Sarah hat den Anruf aus Ankara entgegengenommen und mir davon erzählt, als ich nach Feierabend nach Hause kam. Wir sind beide von den sich jetzt eröffnenden Möglichkeiten und Chancen ganz beeindruckt. Einfach unglaublich, was daraus jetzt entstehen kann.
In meiner gewohnten Ungeduld könnte ich sofort nach Ankara zum Vorstellungsgespräch fliegen. Vielleicht wird unser Sohn später im Kindergarten doch nicht der einzige Junge sein, der den Vornamen Sinan trägt.
Von Sinan Canim André gibt es wieder einmal nur eine fortschreitend gute Entwicklung zu berichten. Weiterhin sind wir sehr glücklich und zufrieden mit ihm, daß es manchmal das Fassungsvermögen in unseren Köpfen und Herzen übersteigt. Toll für ihn und mich ist, daß ich morgens nicht so unangenehm früh anfangen muß zu arbeiten und die Zeit nutzen kann, um wenigstens noch kurz mit ihm zu spielen.
Abends hat es sich in den letzten Tagen eingespielt, daß er von mir das Abendfläschchen bekommt. Es ist gut für meine Beziehung zu unserem Sohn, wenn aus dieser begonnenen Gewohnheit eine wertvolle Tradition wird.
Ansonsten fühle ich mich oft noch schlecht, wenn ich morgens zur Arbeit muß und Sinan Canim den ganzen Tag über nicht sehen kann. Inzwischen reagiere ich sehr eifersüchtig, vor allem auf meinen Schwiegervater, weil er unseren Sohn häufiger sieht und sich mehr mit ihm beschäftigen kann als ich. Das ist kein gutes Gefühl. Aber es ist einfach da. Wegdrücken kann ich es nicht. Und mein Schwiegervater meint es überhaupt nicht böse.
Er und meine Schwiegermutter sind wirklich die besten Großeltern, die wir uns für unseren süßen, kleinen Sohn wünschen können. Ihre liebevolle Hingebung zu ihm ist nicht gottgegeben und für Sinan André insgesamt und auch natürlich auf dem Hintergrund seiner besonderen Geschichte sehr wertvoll und bereichert ihn von Beginn an.
Ich hoffe sehr, daß Frieda und Anton noch ganz lange da sind, damit die Beziehung und die Liebe, die zwischen ihnen besteht, noch über Jahre wachsen kann.

Wirklich klasse ist es zu hören, wenn Anton davon erzählt, welche Pläne er mit Sinan André hat, z. B. daß er mit seinem kleinen Enkel an der Hand Ausflüge und Spaziergänge machen will, wenn unser Sohn laufen kann.
Gespürt habe ich auch gerade in den letzten Wochen, daß ich mich durch Sinan André verändert habe bzw. welchen guten Einfluß er auf mich und meine Gesamtstimmung hat. Früher hätte ich mich sicher sehr viel mehr hängen lassen, wenn ich mich bei der Arbeit nicht wohlgefühlt habe. Jetzt gelingt es mir - und daran hat unser Sohn mit Sicherheit sehr großen Anteil -, daß ich die Arbeit und das Privatleben wesentlich besser gerade in meinem Befinden voneinander trennen kann.
Wir glauben daran, daß sich ein so junges Kind den Gegebenheiten gut anpassen kann und diese Erfahrung machen wir schließlich auch mit Sinan Canim. Natürlich war es ein großer Vorteil, daß er so früh zu uns gekommen ist. Wir glauben ebenfalls daran, daß es ihm so gut bei uns geht, weil wir uns so intensiv auf ihn einlassen.
Ich habe schon einmal geschrieben, daß er genau der Sohn ist, den ich mir immer gewünscht habe und er wird es jeden Tag, jede Woche, immer mehr. Ich finde es zwar irgendwie unglaublich, aber es kommt mir manchmal so vor, als könnte er selbst von seinem Aussehen her unser ganz eigener Sohn sein. Ich frage mich wirklich, ob es Verblendung, Phantasie, Anpassung oder einfach nur grenzenlose Liebe ist, die es mich so empfinden läßt.
Sinan Canim André wird beinahe jeden Tag kräftiger, stabiler und wir sind gemeinsam gut in das Handling unseres Babys hineingewachsen.
Seit er die *Welle* geschafft hat, verging kein Tag, an dem er seine freiwilligen Übungen nicht weitergeführt und mit einer unglaublichen Energie verfolgt hätte. Ich glaube, es dauert nicht lange und wir können unser gesamtes Mobiliar an die Seite rücken, weil der Junge sich turbinenähnlich durch die gesamte Wohnung rollt.
Wir drei sind wirklich schon gut zusammengewachsen und zu einer richtigen Familie geworden. Es war eine gemeinsame Entwicklung und ich glaube auch, daß man Sinans Anteil daran nicht unterschätzen darf.
Sein nächtliches Schlafverhalten ist relativ verträglich geworden. Vielleicht ist es aber auch bloß die Gewohnheit, denn eigentlich wird Sarah noch oft genug aus dem Bett getrieben. Für mich gibt es morgens kaum etwas schöneres, als die Augen aufzumachen, weil ich durch Babyquasseln und -bewegungen geweckt worden bin und dabei dann in das strahlend lächelnde, schöne Gesicht unseres Sohnes schaue, der mich selbst mit einer tiefen Intensität ansieht.
Das Leben mit Sinan Canim André ist unglaublich bereichernd und er küßt weiterhin unsere Seelen in einem gar nicht in Worte zu fassenden Maße.

Samstag, 3. Juli

Sinan Canim André ist ein Geschenk Gottes. Heute ist wieder einmal *Papa-Nacht* und gerade habe ich unseren Sohn mit einem Fläschchen und einer frischen Windel versorgt.
In diesen Nächten möchte ich immer alles besonders gut machen und habe ganz schnell reagiert, als ich die bekannten und liebgewonnenen Geräusche aus dem Kinderzimmer vernommen habe. Sinan Canim brauchte nicht lange auf mich zu warten. Sein Fläschchen hat er dann auch mehr oder weniger im Halbschlaf, dafür aber komplette 200 ml, zu sich genommen. Richtig wach wurde er dabei mal wieder nicht.
Sein Schlaf setzte sich auf der Wickelkommode fort, allerdings wurde er auch kurz wach. Diese kurze Zeit, es waren vielleicht zwei oder drei Minuten, hat er mich mit einem unglaublich strahlendem Lächeln begrüßt. Ohne Schwierigkeiten ließ er sich anschließend wieder in sein Bett legen und setzte gleich seinen friedlichen Babyschlaf fort. Allein durch sein Lächeln fühle ich mich wieder einmal unglaublich belohnt.
Sehr viel besser geworden ist es für mich bei der AWO noch immer nicht. Glücklicherweise konnte ich es aber durchsetzen, daß ich zumindest in der kommenden Woche Urlaub nehmen kann. Diese Zeit möchte ich sehr bewußt für das Zusammensein mit meiner Familie und zur Erfüllung meiner unbefriedigten Sehnsüchte in Bezug auf meine Beziehung zu unserem Sohn nutzen.
Es ist wirklich spürbar, daß Sinan André an den Wochenenden, wenn ich über eine längere Zeit zuhause bin, intensiver auf mich reagiert, als in der Arbeitswoche, wenn wir uns seltener sehen.
Als Sarah und ich heute zu Abend aßen, hatte ich unseren Sohn neben mir in seiner Wippe. Immer wieder gab er zwar laute, aber keine unzufriedenen Laute von sich. Wie selbstverständlich habe ich natürlich darauf reagiert und mich ihm zugewandt. Tatsächlich jedesmal lächelte er mich mit der ganzen Breite seines schönen kleinen Gesichtes an, wenn er sein durchschaubares Ziel erreicht hatte. Sinan André hat wirklich einen unglaublichen Spaß an seinen kleinen sozialen Spielchen.
Sarah und ich haben heute Abend wieder einmal länger darüber gesprochen, welches große Glück wir mit Sinan Canim haben. Mitunter ist es noch immer unglaublich. Schon öfter habe ich davon gesprochen, wie sehr er schon zu unserem Kind geworden ist.
Deutlich wurde uns noch einmal, wie sehr es dabei von den Begleitumständen abhängig ist. Dadurch, daß Sinan Canim keine Eltern mehr hat, nur noch eine Oma, die momentan aber mit ganz anderen Problemen beschäftigt ist, haben wir auch keine Auseinandersetzung mit der Ursprungsfamilie, wie es im *Normalfall* und in unserer Vorstellung bei der Aufnahme eines Pflegekindes gewesen wäre.
Natürlich würden wir uns den Kontakt zu seiner leiblichen Oma und besonders

auch zu seinem großen Bruder Fabian wünschen, aber das hat dabei noch einmal eine andere Qualität.
Alle Chancen und jede Verantwortung, was aus Sinan André wird und wie er wird, liegt völlig in unseren Händen. Es gibt niemanden, der an ihm zerrt.
Ich glaube zwar an kein ausgleichendes Schicksal bzw. ich weiß überhaupt nicht, wie es sich konkret in der Lebensrealität umsetzen läßt, aber durch unseren Sohn kann man dennoch daran glauben. Wie sehr haben Sarah und ich auf ein Kind gehofft, es uns gewünscht, wenigstens einmal die Entwicklung eines Kindes von Beginn an mitzubekommen, wie sehr haben wir getrauert, als keine eigenen Kinder kommen wollten. Wie sehr haben wir gelitten, waren wir verzweifelt und haben wir geweint, wenn es wieder nicht geklappt hatte. Sinan Canim kann nichts dafür und dagegen tun - er ist wie er ist - aber er erfüllt dadurch, daß er ist wie er ist, so viele unserer Wünsche. Es ist wie ein großes menschliches Puzzle. Wir drei passen unglaublich gut zusammen.
Selbst bei der Namensgebung konnten wir unseren favorisierten Namen einbringen und auch dieser Wunsch ist uns erfüllt worden. Natürlich hätten wir auch jeden anderen Namen eines Kindes akzeptiert, aber es ist schon sehr toll, daß wir dem Jungen den von uns ausgesuchten Namen Sinan geben konnten. Dieser Name stand bereits auf Langeoog fest. Und jetzt haben wir einen Sohn, der den Namen Sinan trägt.
Ich bin sehr gespannt und neugierig auf jeden weiteren Entwicklungsschritt, den unser Sohn macht. Momentan ist er ganz intensiv damit beschäftigt, die Welle zu üben, den Wechsel von der Rücken- in die Bauchlage und zurück. Nach wie vor ist seine Energie dafür ungebremst.
Selbst die Drehung in die Bauchlage und die Zurückdrehung in die Rückenlage gelingen ihm inzwischen, wenn auch die Zurückdrehung noch nicht ganz selbständig. Manchmal hat es den Anschein, als würde er seine Drehungen am liebsten mit Anlauf und Aufschrei dabei üben. Sinan Canim André ist wirklich in Ordnung und macht der gesamten Familie sehr viel Freude.
Auch Frieda und Anton sind nach wie vor ganz hingerissen von ihm. In bekannter Babymanier hat er die beiden schon lange um den Finger gewickelt. Besonders Anton trägt seine Liebe zu Sinan André offen auf dem Herzen. Manchmal drängelt er sich vor Frieda regelrecht vor, wenn es darum geht, unseren Sohn zu halten und mit ihm Spaß zu machen.
Am Montag fliegen Frieda und Anton wieder einmal in den Urlaub. Diesmal geht es nach Fuerteventura. Anton wußte gar nicht, wohin er mit sich und seiner Liebe zu Sinan Canim sollte, als wir uns verabschiedeten und der Kleine gerade schlief. Ich glaube, es ist Anton richtig schwergefallen, sich nicht richtig von seinem jüngsten Enkel verabschieden zu können.
Es würde mich nicht wundern, wenn sich Frieda und Anton morgen trotz der heutigen Verabschiedung noch einmal bei uns sehen lassen würden.

51

Zumindest von Anton weiß ich es, daß es ihm schwerfällt, wenn er Sinan Canim mal einen Tag nicht sieht.
Viele Männer sagen, daß sie mit Kindern erst etwas anfangen können, wenn die Kinder laufen oder sprechen können. Jedenfalls habe ich solche Sätze schon öfter gehört. Ich kann es selbst gar nicht verstehen, denn für mich als Vater ist es eine unglaublich schöne und intensive Erfahrung, wenn ich mich mit unserem kleinen Sohn beschäftige und für ihn da bin, auch wenn ich manchmal auch merke, daß ich im Umgang mit ihm gar nicht so geübt bin wie Sarah.
Aber dennoch: es ist für mich ganz toll, wenn ich mit Sinan Canim zusammen bin, es ihm so oft und so viel wie möglich angenehm machen kann, ihm meine Liebe und Zärtlichkeit zeige und dabei selbst so viel zurückbekomme, was meine Seele unbeschreiblich streichelt. Ich könnte gar nicht anders, als mich von Beginn an völlig auf ein Kind einzulassen, mit allen Gefühlen und Gedanken, die dazugehören. Schließlich will ich mich - wollen Sarah und ich uns - mit Sinan André weiterentwickeln.
Und daß man mit einem so kleinen Kind nicht spielen kann, stimmt einfach nicht.
In jedem Fall ist Sinan Canim für uns das Maß der Dinge geworden, an ihm werden wir alles, was kommen wird, messen und von ihm abhängig machen.
Das Zusammenleben mit einem Kind schärft die Sinne, macht empfindsam für das Leben allgemein und bringt einem auf die Basis der eigenen Gefühle. Auch löst es - zumindest geht es mir so - noch ein weiteres Mal eine Auseinandersetzung mit der eigenen Kindheitsgeschichte aus. Vieles - u. a. die eigene Erziehung und Prägung - wird aus diesem Blickwinkel aufgearbeitet. Alles geschieht automatisch und zwangsläufig und mit einer enormen Intensität. Vielleicht ist das ein Grund, weshalb viele Menschen im Leben mit Kindern scheitern, manche von ihnen auch unglaublich schreckliche Dinge tun, weil sie mit den aufkommenden Auseinandersetzungen nicht umgehen können bzw. es nicht gelernt haben, damit umzugehen.
Ich finde alles, was in unserem gemeinsamen Leben geschieht, sehr aufregend und spannend. Ich kann sehr viel geben und bekomme selbst sehr viel. Es vergeht kein Tag, an dem ich unser Glück richtig fassen kann und mein Herz vor Glück und Zufriedenheit nicht beinahe überschäumt.
Es ist toll, Vater zu sein und es ist unbeschreiblich schön, sein Kind zu lieben. Sinan Canim ist ein Kind, das die Liebe voller Lust in sich aufsaugt und - wie ich glaube - bei der Liebe, die Sarah und ich für ihn empfinden und ihm geben, besonders gut gedeiht.

Dienstag, 6. Juli

Ich genieße die wenigen Tage, die ich Urlaub bekommen habe. Allerdings ist mir, als würde mir die Zeit wie Sand zwischen den Fingern hindurchrieseln, die Zeit, die ich so gerne mit meiner Familie verbringe. Jeder Tag zählt. Jeden Tag merke ich, wie sehr sich meine Liebe und meine Beziehung zu Sinan André steigert und intensiviert.
Endlich ist etwas mehr Ruhe eingekehrt; die Handwerker sind zwar noch im Haus, haben die Arbeiten in unserer Wohnung jedoch weitgehend beendet. Die neue Heizung läuft, sie kann in Betrieb genommen werden. Lediglich der Maurer hat noch zu tun. Vorbei ist die Zeit der Vertreibung aus der eigenen Wohnung. Und das tut uns allen gut.
Sinan Canim ist ein Kind, das selbst den frühen Morgen gutgelaunt und mit einem Lächeln begrüßt. Über den Tag verteilt legt er immer wieder Schlafpausen ein, wird aber wacher und aufmerksamer. Beinahe täglich kann man an ihm Veränderungen feststellen.
Heute waren wir zwei für einige Zeit alleine, Sarah war in der Stadt, und wir hatten uns gemeinsam - Sinan Canim auf seiner Babydecke, ich auf dem Sofa - schlafen gelegt. Allerdings währte unsere Ruhe nicht sehr lange. Unsanft wurden wir irgendwann vom Telefon geweckt. Es war ein völlig unnötiger Anruf, aber mit dem gemeinsamen Schlaf war es vorbei.
Der Junge wollte beschäftigt werden. Mit der Rassel in den Vereinsfarben von Galatasaray Istanbul und seinem neuen Winnie-Puh-Ball haben wir eine ganze Zeit gespielt.
Sinan André hat die Rassel entdeckt. Ganz lange und mit richtiger Handhabung hat er die Rassel gehalten, sie sich angeschaut - zum Glück ohne sie sich vor den Kopf zu knallen - und geschüttelt. Mit Sinan Canim Ball zu spielen war auch gut. Er saß in seiner Wippe und hat mit Ausdauer, über die ich wirklich gestaunt habe, den Ball vor seinem Bauch bewegt. Ein wunderbares beidhändiges Spiel, das ihm hilft, die kleinen Hände zu öffnen, die er noch oft zur Faust formt. In seiner gewohnt fröhlichen Art hat unser schöner Sohn mit mir gespielt und dabei seinen Spaß gehabt und mit mir gemacht.
Später, als Sarah anrief, haben wir sie gemeinsam aus der Stadt abgeholt. Es folgte eine Premiere, denn zum ersten Mal hatten ich Sinan Canim in seinem Kindersitz vorne neben mir auf der Beifahrerseite. Es war gut und hat mir die Angst genommen, daß ein gemeinsames Fahren, wenn Sarah nicht dabei ist, unmöglich sein könnte. Richtig schön war es.
Natürlich ist es logisch, aber dennoch bemerkenswert, daß die Intensität der Beziehung und des Miteinander eine Stärkere ist, wenn ich mit Sinan Canim alleine bin. In solchen Momenten, von denen es noch nicht viele gab - ich kann sie an einer Hand abzählen - ist das Einlassen aufeinander viel deutlicher und ich kann selbstverständlich auch kein Stück Verantwortung dabei an Sarah abgeben. Ich

genieße solche Momente sehr, wenn ich auch Unsicherheiten habe, und der Beziehung zwischen Vater und Sohn kann es nur förderlich sein. Sinan André ist der Bestimmer und ich lasse mich ganz auf ihn ein.
Nach der langen Zeit des ungewollten Verzichts auf ein Baby sind es sehr schöne Gefühle, wenn Sarah und ich unsere Gedanken um Sinan André jetzt miteinander teilen und auch unsere Beziehung hat sich nach meiner Wahrnehmung durch unseren Sohn weiter intensiviert. Herausragend ist dabei für uns die Schönheit des Zustands, wenn wir unser Glück, unsere Zufriedenheit und unsere Begeisterung über unser Leben und über die Verantwortung für Sinan Canim André teilen. Oft sind es Kleinigkeiten, die er macht, wie er sich bewegt, wie er gerade reagiert, auf die wir uns gegenseitig aufmerksam machen. Wir teilen unseren Spaß am Leben mit unserem Sohn.
Sinan André ist noch immer völlig ausdauernd mit seinen *Wellenbewegungen* beschäftigt, die dann auch Unzufriedenheiten bei ihm hervorrufen können, wenn ihm mal etwas nicht so gelingt, wie er es gern hätte. Dann schimpft er wie ein kleiner Rohrspatz.
Seine bevorzugte Liegeposition war, mit der natürlich wir angefangen haben durch die Art, wie wir ihn von Anfang an hingelegt haben, bisher immer die Rückenlage. In dieser Zeit, in der er jetzt ständig in Bewegung ist und sich über die Seite auf den Bauch dreht, verändert sich jetzt auch seine Liegeposition, wenigstens zeitweise. Dennoch liegt er nun öfter - auch ganz ruhig - auf der Seite und hat in dieser Lage auch schon geschlafen. Jetzt liegt er beispielsweise ebenfalls in dieser Position in seinem Bett. Allerdings haben wir eine solche Drehung im Schlaf bei Sinan André noch nicht beobachtet. Zur Sicherheit werden wir jetzt die Kuscheltiere aus seinem unmittelbaren Gesichtskreis entfernen, einfach um sicher zu sein, daß er sich nicht versehentlich drauflegt.
Oft kommt es mir so vor, als würden Sarah, Sinan André und ich durch jeden Tag der kommt und vergeht, noch mehr zusammenwachsen. Es ist oft überwältigend, daß eine solche Intimität immer noch steigerbar ist. Aber schließlich bedeutet es doch, wie gerne jeder von uns lebt und wie familientauglich wir drei sind.

Mittwoch, 7. Juli

Vor einigen Tagen haben Sarah und ich darüber gesprochen, wie groß unsere gedankliche Distanz ist zu der Zeit, als wir Sinan André kennengelernt und dann jeden Tag im Krankenhaus besucht haben, wenngleich die reale zeitliche Distanz wirklich nicht besonders groß ist.
Weit entfernt ist es für uns, wie wir jedesmal durch die Schleuse gehen, die Kittel anziehen und unsere Hände desinfizieren mußten, wenn wir die Kinderstation betreten wollten. Die Bilder habe ich noch deutlich vor meinem inneren Auge, aber insgesamt sind die Situationen weit weg. Vielleicht liegt es daran, daß das

Leben mit Sinan Canim sehr vielseitig und erlebnisreich und die Beziehung zu ihm so stark geworden ist.
Nie in meinem Leben werde ich den Augenblick vergessen, als mir unser Sohn von der Krankenschwester zum ersten Mal in den Arm gelegt wurde. Ich dachte, ich würde vor Aufregung ohnmächtig werden. Sinan André war winzig und warm, schlief und verhielt sich ganz ruhig. In diesem Moment hat sich mein Herz für ihn geweitet. Ganz hilflos und ohne Schutz war er.
Vermutlich ist er noch heute ein Kleiner, aber im Vergleich zu damals kommt er mir jetzt ungeheuer groß vor. Irgendwie ist es unvorstellbar, wie klein Sinan Canim einmal gewesen ist.
Damals gab er nur ganz zarte Piepslaute von sich. Wie ein kleiner Vogel. Heute kann er richtig Gas geben und mit seiner kräftigen Stimme alles übertönen.
Es ist toll zu sehen, wie ein Kind heranwächst und ich bin wirklich froh, daß Sarah und ich dieses große Glück haben, die Erfahrungen machen zu können. Bei solchen Gedanken komme ich meinem persönlichen Gottesglauben auf eine lebenbezogene Art wieder sehr nahe.
Ganz vorsichtig habe ich ihm damals im Krankenhaus über den kleinen Kopf und über seinen Rücken gestreichelt. Ich wußte gar nicht, wie mir geschah. Eine unwahrscheinliche Zartheit und Bedürftigkeit nach Liebe, Nähe und Zärtlichkeit strahlte er aus, aber es ist auch kein Wunder gewesen, denn damals war er noch alleine auf der Welt und hatte niemanden, der sich mit allen Konsequenzen um ihn kümmern konnte oder wollte. Ein hartes Schicksal.
Irgendwann einmal später, als wir zu Besuch auf der Station waren, und ich ihn auf dem Arm hatte, Sinan André wieder ganz ruhig die neue Nähe genoß und ich ihn streichelte, kam zufällig eine der Schwestern hinzu, war ganz erfreut über das Bild und sagte, daß diese Nähe genau das ist, was er braucht. Ich kann mir gut vorstellen, daß es den Krankenschwestern bestimmt nicht leicht gefallen ist, ihn in seiner einsamen Situation zu sehen.
So wie alles gekommen ist, ist es gut. Sinan Canim André war elternlos, wir waren kinderlos. Alles hat sich auf wunderbare Art und Weise zusammengefügt. Aus unseren zunächst unabhängigen Schicksalen ist eine kleine Familie geworden. Es hat wohl so sein sollen und es gibt mir Trost für sein Schicksal, daß wir damals für ihn gleich bereit sein konnten. Es ist wie eine Fügung, daß unsere Lebenslinien zusammenwachsen konnten und zusammengewachsen sind.
Es tut gut, dieses Tagebuch zu schreiben. Es hilft für den Moment, hilft zu reflektieren und es ist, wie ich glaube, gerade für die Zukunft ein großer Schatz. Für uns und auch besonders für Sinan Canim. Auf diese Weise hat er eines Tages die Chance, den Beginn seines Lebens nachzuvollziehen.

Donnerstag, 8. Juli

Sinan Canim André und ich waren heute Vormittag im Kindergarten in Wollrath. Da es ihm gefällt, im Mittelpunkt des Geschehens zu stehen, war er bei dem Besuch ausgesprochen guter Laune, derart umringt und interessiert bestaunt zu werden von den Kindern, die ich alle so gut kenne.
Sie sind auch wirklich alle sehr behutsam mit ihm umgegangen. Für mich war es nach vier Wochen der erste Besuch und ich habe gemerkt, daß sich mein Herz inzwischen von dem Kindergarten verabschiedet hat. Sinan André hatte seinen Spaß und schließlich gebe ich auch sehr gerne mit ihm an.
Um 17.30 Uhr hatten wir einen Kinderarzttermin bei Dr. Jörnhausen. Zum ersten Mal hatte ich Zeit, Sarah und unseren Sohn zu einem Arzttermin zu begleiten. Es hat mir gefallen, mit welcher Hingabe und Freundlichkeit der Arzt die Untersuchung bei Sinan Canim durchgeführt hat.
Nach dem Termin bin ich jetzt ganz beruhigt. Ich habe es selbst von dem Arzt gehört, daß unser Sohn gesund und in Ordnung ist. Es löst bei mir so etwas wie rührende Beruhigung aus. Gerade auf dem Hintergrund der schweren Geburt hat Dr. Jörnhausen ein besonderes Auge auf Sinan André. Und das ist gut so.
Schnuffelchen hat Dr. Jörnhausen unseren kleinen Schatz heute mehrmals genannt.
Es sind lediglich ein paar krankengymnastische Korrekturen in der Körperhaltung unseres Kleinen notwendig bzw. ratsam. Wenn das alles ist.
Es tat gut zu hören, daß der Sauerstoffmangel beim Geburtsvorgang Sinan Canim nicht beeinträchtigt hat. Darauf bezogen sich ganz am Anfang unserer gemeinsamen Geschichte die Sorgen um ihn.
Nackt und ausgeliefert lag Sinan André auf der Liege beim Doktor, zeigte sich von seiner gewohnt guten Seite, strahlte Dr. Jörnhausen an, wie er es gerne tut, wenn sich jemand mit Hingabe mit ihm beschäftigt. Sinan André ließ sich ganz auf die Behandlung des Arztes ein.
Die Folgeimpfung, die heute gemacht wurde, ließ Sinan André, ohne mit der Wimper zu zucken, über sich ergehen.
Nach der ersten Impfung war die Reaktion unseres Sohnes schon ziemlich extrem gewesen. Es war gerade die Nacht, in der ich wegen der Übernachtung der Schulkinder im Kindergarten nicht zuhause sein konnte. Sarah hatte über lange Stunden wirklich erhebliche Mühen, Sinan Canim zu beruhigen, weil er so sehr schrie. Heute gab es glücklicherweise keine heftige Reaktion.
Nach der Untersuchung bin ich ganz von Glück und Stolz erfüllt. Es hat etwas Befreiendes an sich, den Arzt gehört zu haben, denn es läßt sich nicht leugnen, daß trotz allem einige Restzweifel tief in mir waren über den Gesundheitszustand unseres Kindes. Man kann sich schließlich nicht sicher sein, auch wenn wir selbst die Entwicklung Sinan Andrés positiv und mit großer Freude sehen. Aber wie

leicht wären wir auch von unserer Liebe zu ihm geblendet. Es ist gut zu wissen, daß wir uns nicht getäuscht haben.
Sarah wird mit Sinan Canim zur Krankengymnastik gehen. Auch die Teilnahme am Babyschwimmen und -turnen hat sie bereits anvisiert. Alles Dinge, die unserem Sohn helfen und Spaß bereiten werden. Davon bin ich fest überzeugt.
Es ist gut zu wissen, daß Sinan Canim kein Sorgenkind mehr ist.
Er ist ein Kind, das sehr interessiert auf Reize reagiert. Der Ball, die Rassel und der Clown sind inzwischen zu festen Spielzeugen geworden. Und es liegt an uns, was wir unserem Sohn in welchem Maße anbieten, um seine Entwicklung zu fördern. Das Greifen beispielsweise hat sich wirklich verbessert. Das haben Sarah und ich bereits selbst gemerkt und auch bei der Übung in der Praxis hat Sinan Canim heute nicht enttäuscht.
Unser Klangspiel, das neben der Balkontür hängt, hat eine sehr beruhigende Wirkung auf ihn. Wenn er aufgeregt ist, weint oder schreit, kann er sich durch die Töne und die Beobachtung der sich bewegenden Klangstäbe gut beruhigen. Immerhin eine trostgebende Ersatzhandlung, die keinen Suchtcharakter beinhaltet.
Es ist unglaublich, wieviel Macht und Verantwortung in den Händen der Eltern liegt. Alles nimmt bei ihnen seinen Anfang, wird durch sie erlernt und weitergegeben. Es ist kein Wunder, daß Kinder nicht in Ordnung sind, wenn sie schräge oder verantwortungslose Vorbilder haben.
Gerade meine Erfahrungen und Erlebnisse jetzt als Vater von Sinan Canim lassen mich andere Kinder und ihre Macken noch besser verstehen. Theoretisch war es mir natürlich aus der Zeit vor unserem Sohn auch bekannt, aber wie manche anderen Dinge hat selbst dieses Wissen eine neue Qualität bekommen. Allerdings besorgt mich mein nun auch praktisch erfahrenes Wissen als Vater um manche Kinder, die ich kenne, nur noch mehr. Es ist nichts daran, was mich beruhigen könnte.
Heute habe ich wieder den nächtlichen Spätdienst übernommen. Gleich wird Sinan André mit Sicherheit nach seinem nächsten Fläschchen verlangen. Ich freue mich schon jetzt darauf, daß ich ihm gleich etwas Gutes tun und mich um ihn kümmern kann.
Meine eigene wichtige Rolle als Vater war mir von Anfang an sehr bewußt. Allerdings wird sie mir von Tag zu Tag, von Woche zu Woche, noch immer viel bewußter. Wie wichtig ist es doch, daß mich Sinan Canim von Beginn an als verantwortlicher, liebender Mann erlebt, der sich mit Freude und Spaß auf ihn einläßt.
Meine neue Rolle als Vater berührt auch meine Geschichte, die ich mit meinem eigenen Vater habe. Leider ist da nicht viel. Mein Vater starb kurz nach meinem 1. Geburtstag. Von der Seite gibt es also keine väterliche Orientierung für mich. Weder positiv noch negativ.
Mein Vater war vor seinem Tod längere Zeit krank und bettlägerig. Ich habe noch die Erzählung meiner Mutter im Ohr, wie sie mir davon erzählt hat, daß sie mich

oftmals zu meinem Vater ins Bett gelegt hat. Es ist alles schon so lange her, gewinnt aber durch meine eigene Vaterrolle wieder an Aktualität. Die Nähe zu mir soll ihn in seiner Krankheit sehr getröstet haben. Vorstellen konnte ich mir das schon immer. Heute kann ich es verstehen und nachvollziehen.
Wie erwartet, hatte mich Sinan André eben zu sich gerufen. Es verlief wieder einmal mit der so typischen Nähe und Herzenswärme zwischen uns. Ich versorge unseren Sohn so gerne, rede und spaße mit ihm dabei, zwar ruhig, habe aber manchmal die Befürchtung, daß er gar nicht wieder einschlafen möchte. Spätestens beim Wickeln ist er immer sehr wach, aber auch heute ließ er sich ohne Schwierigkeiten zurück ins Bett legen.

Sonntag, 11. Juli

Heute geht meine Urlaubswoche dem Ende entgegen. Morgen muß ich wieder arbeiten und ich habe den Blues. Es frustriert mich, weil ich nicht mehr bei meiner Familie sein kann und weil ich wieder zu der ungeliebten Arbeit zurück muß. Und das muß ausgerechnet mir passieren, wobei ich doch ansonsten sehr gerne arbeite.
Der Sommer hat zu seiner Form gefunden. Es ist unglaublich sonniges Wetter, fast schon zu warm. Eigentlich wollten wir heute nachmittag in den Tierpark Plauschenberg, aber ich finde, daß es für ein so kleines Kind wie Sinan André zu heiß. Ganz abgesehen davon, daß es mir selbst auch zu heiß ist. An solchen Tagen wie heute lobe ich mir unsere kühle Wohnung im Erdgeschoß. In unserer alten, kleinen Wohnung wäre es bei einem solchen Wetter nicht auszuhalten gewesen.
Gestern waren wir drei bei Tina in Düsseldorf. Sinan Canim hat sich wieder von seiner guten Seite gezeigt, wenn es diesmal auch mehr beobachtet hat, wo er ist und wer sich da mit ihm beschäftigt. Natürlich brach irgendwann auch mit Tina das Eis, aber es war anders als sonst. Der Junge wird einfach kritischer. Und das ist gut so.
Heute ist Sinan André etwas unruhiger als sonst an manchen Tagen. Einen besonderen Grund scheint es nicht zu geben. Aber schließlich haben Sarah und ich gelernt, daß jede kleine Krise eigentlich ein Grund zur Freude ist, weil sie einen nächsten Entwicklungsschritt einläutet. Aber das ist leichter gesagt als getan bzw. in diesem Fall erlebt.
Sinan Canim hat heute eine selten zu beobachtende, sehr gesteigerte Energie an den Tag gelegt. Den ganzen Tag über hat er nur sehr wenig geschlafen. Es ging so weit, daß Sarah mit Sinan André im Kinderwagen noch eine große Spazierrunde durch Quellingen gedreht hat. Erst ungewöhnlich spät kam unser Sohn in seinen Nachtschlaf, schlief dafür aber immerhin bis 2.30 Uhr.

Montag, 12. Juli

Für mich ist es ein ganz tolles Gefühl, wenn ich nach der Arbeit nach Hause komme und Frau und Kind bei guter Laune vorfinde. Dann macht mein Herz Luftsprünge.
Sinan André begrüßte mich heute wieder mit seinem süßesten Lächeln und hingebungsvoller, interessierter Neugierde.
Er schaut sich immer alles sehr genau an, beobachtet Gesichtsausdrücke, reagiert entsprechend selbst darauf, reagiert auf Stimm- und Stimmungslagen, und sieht sich alles genau an, was es an uns Erwachsenen nur zu sehen gibt.
Sinan Canim ist ein wirklich neugieriger Beobachter, der alle Informationen und Eindrücke wie ein kleiner Schwamm in sich aufsaugt. Und seine Neugierde macht mich ebenso froh und glücklich wie viele andere Dinge auch, die ihn betreffen. Es ist schon irre, wie sehr man sein Kind lieben kann. Nur kommt es darauf an, wie ich glaube, wie sehr man an den Wichtigkeiten des jungen Lebens des Kindes teilnimmt und sein eigenes Herz dafür öffnet.
Es mag vermessen klingen, aber ich glaube, daß Sarah und ich wirklich gute Eltern für Sinan Canim André sind, so wie wir ihm zugeneigt sind und was wir alles mit und für ihn unternehmen. Dieses Bewußtsein und dieses Selbstbewußtsein finde ich sehr schön.

Mittwoch, 14. Juli

Es ist mir nicht bekannt, ob es typisch ist für Babys, daß sie so ausgesprochen guter Laune sind, wie Sinan André. Natürlich hat er auch seine kritischen Momente, aber seine fröhlichen, entspannten und glücklichen Phasen überwiegen erheblich und nehmen die meiste Zeit des Tages ein. Es ist unglaublich schön, den Jungen lächelnd zu sehen. Er ist dabei auf uns konzentriert, kann sich aber auch selbst eigene Geschichten erzählen, die ihn erheitern.
Gestern war Sarah mit Sinan Canim bei der Krankengymnastin. Jetzt müssen wir jeden Tag viermal kleine Übungen mit unserem Sohn machen. Richtige Übungen sind es eigentlich nicht, sondern mehr eine Provokation durch etwas Druck, damit die leichte Krümmung in der Wirbelsäule von Sinan Canim verschwindet. Sarah hat diese Provokationen heute diszipliniert durchgeführt und es sieht fast schon so aus, als würde es etwas bringen.
Die tollste Neuigkeit des heutigen Tages ist allerdings, daß unser kleiner Sohn seinen ersten Zahn bekommt. Unglaublich!
Im vorderen Unterkiefer ist er wirklich schon zu sehen. Unglaublich finde ich es auch, weil Sinan André noch so jung ist. Durchschnittlich ab dem 6. Lebensmonat stellt sich der erste Zahn ein. Und Sinan Canim ist noch nicht einmal fünf Monate alt. Wie ein kleiner Überflieger. Als könnte er es nicht abwarten, sich zu

entwickeln, obwohl er doch durch die Beruhigung in seinem Leben alle Zeit der Welt hätte.
Vorausgegangen war ein ungehemmter Speichelfluß, der schon dafür sprach, daß sich Zähne einstellen würden, aber wirklich geglaubt hatten wir es noch nicht, auch weil es deshalb schon öfter falschen Alarm gegeben hatte.
Früher hielt ich es für ein übertriebenes Märchen, wenn ich begeisterte Eltern reden gehört habe, aber heute, nachdem Sarah Sinan Andrés ersten Zahn gesehen und ertastet hatte, habe ich vor Freude darüber wirklich Tränen der Rührung und des Glücks in den Augen gehabt. Unser kleiner Schatz kriegt Zähne!
Sinan Canim ist echt in Ordnung.
Unsere elterliche Freude und unser Spaß am Leben mit Sinan Canim steigert sich immer weiter. Wieder und wieder sagen wir uns, daß wir ein riesengroßen Glück mit ihm haben. Vielleicht ist es ungerecht, aber in unserer Vorstellung wäre es wahrscheinlich mit Marcel und Tobias aus Witzkirchen nicht so positiv verlaufen. Natürlich liegt es auch daran, daß Sinan André so jung war, als er zu uns kam, aber sehr viel liegt auch an ihm selbst, an seinem ganzen Wesen und an den Möglichkeiten, auf diese Weise zu einer richtigen Familie zu werden, eben weil er bei seinem Einzug bei uns so jung war. Unter diesem Umständen können Sarah und ich in jedem Fall unsere elterlichen und erzieherischen Bedürfnisse und Wünsche sehr gut ausleben.
Sinan Canim André in unserer Familie zu haben, macht uns glücklich. Wir wären ja schon mit einem weniger wachen, fröhlichen und schnellen Kind zufrieden gewesen, aber dadurch, daß es so ist, wie es ist, macht es Sarah und mich noch glücklicher.
Seit Sinan Canim bei uns ist, fliegt oft ein Engel durch das Zimmer.

Sonntag, 25. Juli

Wir haben den Horror hinter uns gelassen. Nach einigen Tagen Zwangspause habe ich wieder Zeit für das Tagebuch und traue mich endlich, die schreckliche Geschichte, die wir erlebt haben, aufzuschreiben.
Am vergangenen Wochenende fing Sinan André an zu kränkeln. Er mochte nicht mehr so gerne essen, weinte dabei und war insgesamt sehr schlechter Laune. Sarah und ich bezogen seinen Zustand auf die Tatsache, daß unserem kleinen Sohn Zähne kommen. Zu dem ersten Zahn, der sich am Unterkiefer gezeigt hatte, ist ein weiterer hinzugekommen. Schließlich heißt es überall, daß es sein kann, daß Kinder, die Zähne kriegen, nicht gut gelaunt sind. Kann man sich auch vorstellen und nachvollziehen.
Sogar unsere geplante Fahrt zu Susanne, um mit ihr in den Geburtstag hineinzufeiern, haben wir sausen lassen.

Später am Abend, es ging schon gegen Mitternacht, übergab sich Sinan Canim und wir sind in unserer Sorge um ihn nach einem Telefonat mit dem ärztlichen Notdienst, nach Sangerath in die Ambulanz der Kinderklinik gefahren. Weil Sinan Canim aber keine anderen Symptome zeigte, kein Fieber, keinen Durchfall hatte und sich bei der Untersuchung durch den diensthabenden Arzt auch sehr lebendig verhielt, bezog auch der seinen Zustand auf die Zähne, verschrieb Kinder-Paracetamol-Zäpfchen und eine Tinktur als lokale Betäubung für den Unterkiefer. In der folgenden Nacht wachte Sinan André häufig weinend auf, alle zehn bis fünfzehn Minuten meldete er sich und war nur schwer zu beruhigen. Er tat uns so leid.
Ich bin morgens zur Arbeit gefahren und mit Sarah hatte ich abgesprochen, daß sie mit unserem Sohn zum Arzt gehen würde, wenn sich seine Befindlichkeit nicht verändert. Zunächst hatte er sich aber beruhigt.
Später rief mich Sarah bei der Arbeit an, weil sich Sinan Canim übergeben hatte. Mittags wollte sie dann beim Kinderarzt sein. Ich konnte es gerade noch schaffen, die zwei dort zu treffen.
Dr. Jörnhausen stellte im kleinen Blutbild Entzündungswerte fest. Ihm gefiel unser Kind nicht besonders gut und verschrieb Zäpfchen gegen die Übelkeit. Allerdings wollte er Sinan Canim drei Stunden später ein weiteres Mal sehen.
Um 15.00 Uhr waren wir wieder in der Kinderarztpraxis. Der Arzt war immer noch nicht mit Sinan Andrés Eindruck zufrieden, hatte noch eine Urinprobe erbeten, darin aber nichts feststellen können. Er bat uns, am nächsten Morgen erneut in die Praxis zu kommen und dem Jungen gesüßten Tee in kleinen Mengen über den Tag verteilt einzuflößen. Er bot uns an, daß wir ihn bis 18.00 Uhr immer noch in der Praxis erreichen können, wenn wir seine Hilfe noch einmal brauchen sollten.
Mit einem kleinen Plastiklöffel haben wir unserem Schatz Tee gegeben. Damit haben wir den ganzen Nachmittag verbracht, aber Sinan Canim übergab sich immer wieder. Und er wurde immer apathischer.
Gegen 18.00 Uhr lag Sinan Canim vor uns auf der Wickelkommode im Kinderzimmer. Wir wollten ihm gerade ein Zäpfchen geben, um seinen Zustand zu verbessern. Kaum war das Zäpfchen in seinem kleinen Po verschwunden, gab Sinan Canim zwei Fontänen spritzenden, schwarzen Stuhlgang von sich. Unglaublich. So etwas hatte ich noch nie zuvor gesehen. Unser Sohn sah uns mit riesig groß aufgerissenen Augen an, reagierte aber nicht weiter. Trotz mehrmaliger, schon sehr verzweifelter Versuche, war der Kinderarzt nicht mehr erreichbar. Es war kurz nach 18.00 Uhr.
Wir haben nicht mehr abgewartet und sind gleich ein zweites Mal in die Ambulanz der Kinderklinik gefahren Diesmal kamen wir aber nicht mehr so glimpflich davon. Dieser Montag, der 19. Juli 1999, wurde schlimmer, als wir es uns jemals vorgestellt hätten.

In der Ambulanz wurde Sinan André diesmal von einer Ärztin untersucht, Frau Dr. Schmalenberg, wie wir später erfuhren, und unsere kleine heile Welt begann zu zerbröseln, als von einer Aufnahme unseres Süßen gesprochen wurde. Die Ärztin tastete Sinan Canims kleinen Bauch aufmerksam ab, schien auch etwas zu spüren und sprach von dem Eindruck, eine Walze zu fühlen. Schließlich wurde ein Sonogramm gemacht.
Dr. Schmalenberg telefonierte mit dem Oberarzt, Dr. Kappe, wie wir auch erst später wahrgenommen haben, der kam und bestätigte den Verdacht.
Unser süßer, kleiner Sohn, unser Sinan Canim André, litt unter einer Darmverstülpung, einer *Darminvagination*, wie es heißt.
Dr. Kappe war es, der uns sagte, daß Sinan Canim operiert werden müßte, um den Darm aus der Verstülpung zu befreien. Eine andere Möglichkeit würde es nicht geben. Und: die Operation müßte sofort durchgeführt werden.
Es ist unglaublich, was in einem solchen Moment in einem vorgeht. Der Blick, die Gefühle und Gedanken, einfach alles fokussiert sich nur noch auf diese Situation, eine Wahrnehmung für die Umgebung, für das, was sonst noch ist und einmal war, gibt es nicht mehr.
Anschließend ging alles sehr schnell. Auf der Kinderstation K 10, auf der sich Sinan Canim im Moment noch immer befindet, wurde unser Sohn für die Operation vorbereitet. Ich weiß gar nicht mehr, wie wir aus die Ambulanz auf die Station gekommen sind. Vermutlich hatte meine Wahrnehmung im Schockzustand einfach ausgesetzt. Ich weiß nur noch, daß unglaublich viele Schwestern und Ärzte um uns herum waren, Ärzte immer wieder mit uns sprachen, und ich zwei Unterschriften für die Einwilligung zur Operation gegeben habe.
Durch das unterirdische Gängesystem fuhren wir Sinan André im Kinderbett zusammen mit einer Kinderkrankenschwester in das Hauptgebäude und mußten ihn dort um 21.00 Uhr abgeben.
Es war unglaublich schlimm, als sich die OP-Türen vor uns schlossen und wir nichts mehr für unseren kleinen Jungen tun konnten.
Der Schock, die Angst und die Verzweiflung waren nicht nur einfache Gefühle. Alles bestand aus einem körperlich ganz extremen Schmerz.
Ich hatte wirklich Angst, daß wir unseren tollen kleinen Sohn nicht mehr wieder zurückbekommen würden. Ich wußte, ich würde selbst sterben, wenn ihm etwas passiert wäre. Es war ein völlig extremer Zustand.
Was wäre es auch gewesen, wenn Sinan Canim wirklich etwas passiert, er gestorben wäre. Man darf diese Gedanken gar nicht weiterdenken. Er ist ein so großes Geschenk für uns gewesen und ist es immer noch und es ist unvorstellbar, wenn unser Glück nur von so kurzer Dauer gewesen sein sollte.
Nach dem Verlassen des Gebäudes sind Sarah und ich wirklich ziellos durch den Klinikpark gelaufen, saßen eine Weile auf einer Bank, standen wieder auf, mußten regelrecht den Rückweg zum Haupteingang suchen. Sarah rief ihre Schwester an.

Schließlich gingen wir zurück auf die Kinderstation. Die quälende Warterei war wirklich sehr schlimm.
Bis 22.45 Uhr mußten wir warten, bis wir unseren Sohn endlich wieder zurückbekamen. Die Operation war gut verlaufen. Die Verstülpung konnte gelöst und es mußte nichts entnommen werden. Unsere Erleichterung war riesig.
Erst in den folgenden Tagen nach dem Eingriff habe ich so richtig registriert und realisiert, wie schlimm es um unseren Schatz gestanden hatte. Das liegt an meiner zurückgekehrten Wahrnehmung und auch daran, daß wir mehr und mehr von den Schwestern und Ärzten erfahren. Es ist auch unbeschreiblich schön zu erleben, wie sehr sich alle in der Klinik Beteiligten jetzt freuen, daß die Sache glimpflich verlaufen ist und sich Sinan André jetzt erholen kann. Tatsächlich hatte es auf Messers Schneide gestanden.
In seinem apathischen Zustand und in der ersten Zeit nach der Operation war Sinan Canim gar nicht mehr wiederzuerkennen. Er war gar nicht mehr das Kind, das wir kannten.
Jetzt ist er glücklicherweise wieder wie früher, hat seine Fröhlichkeit, seine Lustigkeit und seinen Spaß wiedergefunden. Jetzt können wir ihn wiedererkennen. Endlich ist er jetzt wieder unser schönes, zärtliches, sanftes und aufmerksames Kind.
Sarah blieb gleich in der ersten Nacht bei Sinan Canim in der Klinik. Ich war gegen Mitternacht zuhause. Kaum hatte ich die Wohnung betreten, als Anton anrief. Ursprünglich war geplant, daß wir Sarahs Eltern vom Flughafen abholen wollten. Aber in dem Moment, als ihre Maschine landete, wurde unser Sohn aus dem OP gefahren.
Frieda und Anton waren unglaublich geschockt. Das erste Mal telefonierten sie mit mir noch vom Flughafen aus und riefen in der Nacht gegen 1.00 Uhr zurück, nachdem sie mit dem letzten Zug nach Pattberg gefahren waren, um dann die ganze schlimme Geschichte zu erfahren.
Am Dienstag, dem Tag nach der Operation, dachten wir, es wäre alles überstanden. Ich bin abends nach Hause gefahren. Sinan André war so weit stabil, wie man sich ein fünf Monate altes Baby nach einem solchen Eingriff vorstellt.
Sarah rief mich erst am nächsten Morgen an. Es war furchtbar, sie derart weinend am Telefon zu hören. In der Nacht hatte es eine schwere Krise in Sinan Canims Gesundheitszustand gegeben. Sein Fieber war erheblich gestiegen und er hatte vor Schmerzen geschrien. Es war so extrem, daß die Ärzte in der Nacht überlegt hatten, unseren kleinen Sohn ein zweites Mal zu operieren, allerdings ohne vorher genau zu wissen, was sie machen könnten und wonach sie in seinem Bauch hätten suchen sollen.
Als ich morgens gegen 9.00 Uhr in die Klinik kam, sagte mir Dr. Kappe, daß sie immer noch einen zweiten Eingriff für möglich und wahrscheinlich halten würden.
Im weiteren Verlauf des Tages stabilisierte sich Sinan Andrés Zustand. Nach der Erfahrung der vorherigen Nacht wurde es uns vom Pflegepersonal ausnahmsweise

erlaubt, daß Sarah und ich gemeinsam über Nacht bei Sinan Canim bleiben konnten.
In der Nacht stabilisierte sich sein Gesundheitszustand weiterhin. Wir konnten alle tatsächlich zwischen 1.00 Uhr und 6.00 Uhr schlafen.
Nach dieser schweren Krise geht es jetzt steil bergauf. Jeder Tag hat bisher gute Nachrichten gebracht. Auch die Entzündungswerte sind erheblich gefallen. Momentan bekommt Sinan Canim noch Antibiotika über den Tropf verabreicht und wird nachts an die Herzfrequenzüberwachung angeschlossen.
Die Magensonde sollte gestern von den Schwestern gezogen werden, aber unser Sohn hat die Sache selbst in die Hand genommen und sich des ungeliebten Schlauchs entledigt.
Jetzt ist es nur noch wichtig, daß wir unseren Schatz bei Laune halten, denn nach den Tagen des Schmerzes und der inneren Tiefs hat er bereits seinen Kinikkollaps erreicht. Er hat wirklich viel gelitten durch die Erkrankung und durch die Untersuchungen der Ärzte.
Nun wird seine Ernährung langsam wieder gesteigert. Zunächst bekam er eine Glucosemischung, dann Reisschleim. Jetzt kriegt er eine Mischung davon in Kombination mit anderer Heilnahrung, damit sich sein Darm wieder langsam an die bekannte Nahrung gewöhnen kann.
Hinter Sinan Canim André, Sarah und mir liegt eine wirklich unglaublich harte Erfahrung. Ich glaube, dieses Erlebnis hat uns drei noch mehr zusammengeschweißt, obwohl ich vorher nicht geglaubt hatte, daß dies überhaupt möglich gewesen wäre.
Von unserer Familie, von Tina und von Thomas Wolf haben wir eine sehr starke Anteilnahme erfahren. Alle waren sehr traurig und betroffen und besonders muß ich wieder Opa Anton erwähnen. Ihn hat es - so glaube ich - besonders heftig berührt und traurig gemacht, daß es Sinan Canim so schlecht ging. Zumindest hat er seine Traurigkeit besonders stark zum Ausdruck gebracht. Um so größer ist jetzt seine Freude darüber, daß sich unser kleiner Sohn so gut erholt.
Sinan André nimmt auf der K 10, der Säuglingsstation, eine besondere Rolle ein. Damals lag er, als seine eigentliche Mutter ins künstliche Koma versetzt worden war, auf der K 11, der Nachbarstation. Durch die ungewöhnliche Härte im Schicksal von Frau Loeser und des zunächst elternlosen Babys, an dem viele Leute im Krankenhaus Anteil genommen hatten, ist Sinan Canim bekannt. Inzwischen haben sich viele von der K 11 in unserem Zimmer sehen lassen, um nach dem Jungen zu sehen. Alle, wirklich alle Menschen um uns herum, teilen unsere Freude und unser Glück, daß alles so glimpflich verlaufen ist.
Von Entlassung wurde bereits auch schon gesprochen. Wenn alles weiterhin so positiv verläuft, geht es Mitte bis Ende nächster Woche nach Hause. So schnell. Ich hatte gedacht, daß es länger dauern würde.
Zwischenzeitlich hatte ich fast nicht mehr geglaubt, daß Sinan Canim tatsächlich ein so zähes Kind ist, wie ich immer geglaubt habe. Nach dem er aber diese zweite

große Krise so gut überstanden hat und weiterhin mit großen Schritten gesundet, bin ich davon wieder überzeugt.
Wir empfinden sehr viel Dankbarkeit für die ärztliche und pflegerische Hilfe, die wir in der Kinderklinik bekommen haben und fühlen uns dort sehr gut verstanden und aufgehoben. Unserer Dankbarkeit wollen wir am Tag der Entlassung Ausdruck geben. Im Moment suchen wir noch nach einem geeigneten Geschenk für die ärztlichen und pflegerischen Mitarbeiter.
Sarah ist unwahrscheinlich toll. Bisher hat sie fast jede Nacht und alle Tage in der Klinik verbracht. Die Kraft, die sie zeigt und aufbringt, scheint grenzenlos. Sie ist die beste, tollste Mutter, die ich mir für Sinan Canim André vorstellen kann.
Einen Tag nach der Operation hatte ich mit der Geschäftsstelle der AWO telefoniert. Ohne Zögern wurde mir Urlaub eingeräumt. Morgen will ich versuchen, zwei oder drei weitere Tage zu bekommen. Dann kann ich Sarah zumindest noch eine Nacht in der Klinik abnehmen. Sie ist strapaziert genug und selbst nach der Entlassung geht es für sie hier bei uns zuhause ohne Pause weiter.
Jetzt freue ich mich sehr darauf, Sarah und Sinan Canim André morgen Vormittag wiederzusehen.

Mittwoch, 28. Juli (Sarah erzählt, wie es war)

Es war eine furchtbare Nacht. Als Lars abends nach Hause fuhr, ging es Sinan André schon wieder richtig gut.
Um 22.30 Uhr jedoch wachte er weinend auf. Zuerst lag die Vermutung nahe, daß er bereits Hunger habe, da er sehr hektisch an seinem Schnuller saugte. Vermutlich tat er es aber bloß aus Verzweiflung.
Das Herzfrequenzüberwachungsgerät schlug Alarm. Sinan André hatte immer wieder eine Herzfrequenz von über 230 Schläge pro Minute, was schon ziemlich beunruhigend war. Die diensthabende Ärztin Frau Dr. Schmalenberg wurde geholt. Sinan schrie und schrie und reagierte ziemlich heftig auf das Abtasten seines Bauches. Frau Schmalenberg gab ihm Schmerzmittel über die Infusion. Sinan bekam eine Dosis, reagierte weiterhin auf das Bauchabtasten, also gab es noch eine Dosis hinterher. So ging es.... ich weiß nicht mehr wie oft. Jedenfalls pumpte sie Sinan André nach und nach eine ganze Menge Schmerzmittel in seinen kleinen Körper.
Er lag völlig bedusselt in seinem Bettchen: blaß, die Augen klein und ins Leere gerichtet, den Mund halb geöffnet; sein Atem ging schwer und schnell, die Herzfrequenz war nach wie vor sehr hoch, doch seine Schmerzen verschwanden nicht. Frau Dr. Schmalenberg ließ das Ultraschallgerät ans Bett kommen - mit dem entsprechenden Personal -, doch es war nichts besonderes zu erkennen. Also Röntgen. Das Gerät wurde mit den zuständigen Mitarbeitern auf den Stationsflur ge-

holt, weil das Zimmer für das Gerät zu klein war. Wieder war nichts besonderes zu erkennen. Blut wurde abgenommen.
Der Bereitschaftschirurg wurde angerufen. Er kam und gemeinsam mit ihm wurde weiter gerätselt.
An die genaue Reihenfolge der diversen Untersuchungen kann ich mich nicht mehr erinnern, da alles wie in einem Film an mir vorbeizog. Ich stand am Bettchen, streichelte Sinan den Kopf und versuchte, nicht die Arbeit der vielen Ärzte und Schwestern zu behindern, die wie ich im Lichtkegel um Sinans Bett herum wirbelten. Dieser Lichtkegel im ansonsten dunklen Krankenhaus, die Hektik der ratlos wirkenden Fachkräfte im ansonsten so ruhigen Krankenhaus, wirkte befremdlich und wie aus einer anderen Welt.
Schließlich holte man Rat bei einem weiteren Chirurgen: Operieren oder nicht ? Um 4.00 Uhr in der Nacht war die Entscheidung gefallen: erst einmal würde nicht operiert werden. Zunächst sollte der Morgen abgewartet werden. Mir fiel ein Stein vom Herzen.
Es wurde wieder ruhiger im Zimmer, Sinan selbst auch. Frau Dr. Schmalenberg machte sich mittlerweile auch Gedanken, wie ich alles verkrafte und *verordnete* mir Ruhe. Ich sollte versuchen zu schlafen, was ich auch tat, doch es blieben nicht mehr viele Stunden und an richtigen Schlaf war natürlich nicht zu denken. Nur ein wenig Dösen war mir möglich.
Es war eine wirklich furchtbare Nacht, eine Nacht, in der ich ernsthaft um Sinans Leben bangen mußte.

Mittwoch, 28. Juli

Heute war unser großer Tag: Sinan André wurde aus der Kinderklinik entlassen. Gegen 17.00 Uhr war es endlich soweit. Nach der erfolgten neurologischen Untersuchung und dem Abschlußgespräch mit der netten Frau Dr. Schmalenberg konnten wir gehen.
Große Dankbarkeit empfinden wir gegenüber dem ärztlichen und pflegerischen Team der Station K 10. Dieses Team hat uns unseren kleinen Schatz, den größten Schatz, den wir haben, zurückgegeben. Die ganze Zeit über haben wir uns sehr gut und professionell betreut gefühlt. Es waren auch menschlich sehr positive Erfahrungen für uns. Unsere Dankbarkeit haben wir bei der Verabschiedung deutlich zum Ausdruck gebracht und sind selbst auch als nette Patienten gelobt worden.
Wieder zuhause, sah sich Sinan Canim mit großen Augen in seiner bekannten Umgebung um, nahm sicher vieles neu wahr. Ganz erstaunt und dabei entspannt wirkte er auf mich.
Toll, daß wir diese böse Geschichte derart gut und mit einem trotz aller Dramatik raschen Verlauf hinter uns gebracht haben. Jetzt können wir gemeinsam - und in

erster Linie Sinan Canim und Sarah - wieder zur gewohnten familiären Ruhe zurückkehren.
Es ist ein sehr angenehmes Bewußtsein, die beiden wieder zuhause zu haben. Jetzt kann wieder Normalität eintreten.
Besonders hat es mich für Sinan Canim gefreut, daß die neurologische Untersuchung, der eigentliche sogenannten Risikoambulanztermin, auf dem Hintergrund seiner schwierigen Geburt so gut verlaufen ist.
Wir hätten den Termin in diesen Tagen sowieso in der Klinik gehabt. Durch den zwangsläufigen Aufenthalt wurde die Untersuchung am letzten Tag durchgeführt.
Der Arzt, der Sinan Canim neurologisch untersucht hat, war mit unserem Sohn sehr zufrieden. Es gab gute Noten.
Jetzt schläft unser toller Sohn zufrieden in seinem eigenen Kinderbett, liegt in seiner momentan favorisierten Position auf dem Bauch und selbst das ist, wie ich glaube, ein gutes Zeichen dafür, daß ihm sein kleiner Bauch nicht mehr schmerzt.
Wir können endlich wieder glücklich sein.

Freitag, 30. Juli

Sinan Canim André schläft jetzt seine zweite Runde der Nacht nach seinem letzten Fläschchen. Auf Anraten der Ärzte der Kinderklinik liegt er wieder in einem Nest, das ihn in seiner Haltung unterstützen soll. Sarah hat es ihm ganz liebevoll vorbereitet.
Sehr lange sind die schrecklichen Ereignisse noch nicht her, aber bereits heute ist zum Glück bereits wieder Normalität spürbar.
Manchmal kommt es mir so vor, als wäre alles nur ein furchtbarer Traum gewesen. Ich glaube, daß die Normalität einfach ebenso schnell wieder erreicht werden konnte wie die Wiederherstellung von Sinan Canims Gesundheit, weil es in der unbewußten Beeinflussung eines Babys liegt. Die Entwicklung und die Bedürfnisse der Alltäglichkeit eines Säuglings bringen die Normalität mit Tempo zurück. Und ich bin davon begeistert, daß es so ist.
Ich messe das Maß der Normalität natürlich in erster Linie an unserem kleinen Jungen. Und er hat zu seiner Fröhlichkeit, seinem Lächeln, das alle bezaubert, und zu seinem Spaß und zu seiner Lust am Leben zurückgefunden. Das ist für Sarah und mich das größte Maß der Dinge und das Barometer unseres persönlichen und familiären Glücks.
Von Beginn an hatten wir große Freude an diesem tollen, süßen Kind. Nach dieser derart positiv überstandenen großen Krise spüre ich bei uns beiden, daß wir uns sogar noch mehr an Sinan Canim André erfreuen. Daß sich diese Freude ebenso wie die Liebe zu ihm überhaupt noch steigen ließ, ist schon mehr als phänomenal.
Geblieben ist momentan noch die besondere Wachsamkeit und ein Stück weit Unsicherheit bei Sarah und mir. Kritisch betrachten wir sein Trink- und Schlaf-

verhalten, beobachten kritisch die Farbgebung seines Stuhlgangs und sind schon etwas mehr als vor dem Vorfall um seine Befindlichkeit besorgt.
Trotz dieser bisher noch verbliebenen Wachsamkeit und Unsicherheit ist es nicht mit einer allgemeinen Besorgnis zu vergleichen. Wir haben auch nicht vor, unseren Schatz in *Watte zu packen* und möglicherweise überzubehüten. Zumindest theoretisch bestünde eine solche Gefahr nach dieser heftigen Erfahrung, die wir machen mußten. Daß es nicht so ist, kann ich lediglich an meinen eigenen Gefühlen, Reaktionen und Handlungen beurteilen. Bisher konnte ich bei Sarah und mir keine Anzeichen der Gefahr einer Überbehütung ausmachen. Und daß ist gut so.
Sinan Andrés Entwicklung und Erziehung täte es mit Sicherheit nicht besonders gut. Bei allen Besonderheiten, die es in seinem jungen Leben sowieso schon gibt, soll er doch annähernd so aufwachsen, wie jedes andere Kind auch. Der Beginn seines Lebens und die Geschichte der Entstehung unserer Familie wird immer eine Besonderheit bleiben, aber diese Besonderheit soll bei aller Tragik, die natürlich damit verbunden ist, positiv bleiben.
Nach der Operation klang Sinan Canims Stimme ganz heiser. Dies mag an der Magensonde gelegen haben und auch an der Intubierung während des Eingriffs. Noch immer klingt seine Stimme etwas anders als zuvor.
Wenn auch die *Invagination* insgesamt wohl relativ unerforscht zu sein scheint, ist aber der Grund dafür bei unserem Schatz klar. Bei der Operation hatten die Ärzte einen erheblichen angeschwollenen Lymphknoten entdeckt, der die Darmteile auf diese gefährliche Art zusammengeschoben haben könnte bzw. dafür verantwortlich war, daß es zu dieser unsäglichen Verstülpung kam. Ungewöhnlich in Sinan Andrés Fall ist, auch wenn dies für uns nicht wichtig ist, das junge Alter unseres Kindes, denn es heißt, daß es eigentlich Kinder im Alter zwischen einem und drei Jahren betrifft.
Als Dr. Geige, der Chirurg, gegen Ende unseres Aufenthaltes in der Kinderklinik zu uns kam, erfuhren wir wie durch Zufall, daß Sinan Canim bei der *Gelegenheit* der OP gleich der Blinddarm entfernt wurde. Mal eben so nebenbei. Natürlich ist es nicht wirklich wichtig, aber dennoch nicht unwichtig, es überhaupt zu wissen.

Samstag, 31. Juli

Zu der Rückkehr zur Normalität gehört es wie selbstverständlich, daß es Tage gibt, die ich alleine mit Sinan Canim André verbringe. Es kommt nicht besonders häufig vor und wenn, dann sind es Tage, an denen sich Sarah mit ihrer Schwester Susanne trifft.
Heute war wieder Jungstag.
Sarah weckte mich damit, daß sie mir unseren Sohn ins Bett legte und sagte, daß sie mir ein besonders gut gelauntes Kind bringen würde.

Unser tatsächlich gutgelaunter Schatz war noch etwas müde und schlief bei mir noch eine gute Stunde. Mir kam das selbst sehr entgegen.
Sinan Canim hat mich den ganzen Tag auf Trab gehalten. Eine richtige Pause oder das Verfolgen eigener Interessen gab es für mich nicht, war mir einfach nicht erlaubt. Rauchen oder Essen war nur sehr bedingt möglich. Mit einer enormen Energie hat er den Tagesablauf bestimmt und ich habe es gerne mit mir machen lassen.
Vormittags war es dennoch sehr gemütlich. Gemeinsamen saßen wir auf dem Balkon, genossen den Sommer, machten Spaß und quatschten miteinander und ich konnte nebenbei die Zeitung lesen.
Mittags waren wir kurz in der Stadt. Wie üblich liebte es unser Sohn auch heute zu schlafen, während er durch die Weltgeschichte gerollt wurde. Wie ebenfalls üblich, verschlief er die gesamte Aktion, merkte nicht einmal, daß ich im Eiscafé einen Kaffee trank.
Ansonsten verlief es alles nach Sinan Canims Bedürfnissen und Wünschen. Dabei hatten wir viel Spaß und Quatsch gemacht.
Besonders toll war es, daß wir zusammen nach dem Nachmittagsfläschchen für eine knappe Stunde auf dem Sofa einschliefen, ganz eng aneinander gekuschelt.
An solchen seltenen Tagen kann ich für mich nichts beginnen, unser Sohn belegt mich mit Beschlag und ich lasse mich wirklich gerne von ihm vereinnahmen. Viel Spaß, Nähe und Zärtlichkeit haben wir zusammen erlebt. Das ging so weit, daß Sinan André nach Sarahs Rückkehr zuerst gar keine Augen für sie hatte. Natürlich dauerte dieser Umstand überhaupt nicht lange. Aber so leicht ist ein kleines Kind beeinflußbar.
Abends haben wir Sinan Canims Pflaster von seinem Bauch entfernt. Die Operationsstelle braucht nicht mehr verklebt werden. Die Stelle ist eine dünne, feine Narbe, etwa fünf Zentimeter lang und sieht wirklich aus, als wäre sie mit besonders viel Bedacht und mit Liebe genäht worden. Später wird man sicher nicht mehr viel davon sehen.
Trotz der Auszehrung, die unser Sohn während seiner Erkrankung erlitten hatte, wiegt er momentan ca. 6400 Gramm. Damit liegt er genau im Durchschnitt und es beträgt mehr als das Dreifache seines Geburtsgewichts.
Sein Stuhlgang hat noch nicht wieder die gewohnte Farbe und Konsistenz erreicht. Aber immerhin kriegt er noch die Heilnahrung. Es wird sicher eine Weile brauchen, bis in seiner Verdauung wieder Normalität herrscht. Dafür muß er wahrscheinlich erst wieder auf seine Milchnahrung umgestellt sein.
Thomas Wolf vom Jugendamt hat sich gleich für kommenden Montag angemeldet. Er hat die Krise flankiert und war für mich in der Zeit ein wichtiger Ansprechpartner. Jetzt hat er das Bedürfnis, den gesundeten Sinan André zu sehen. Schade nur, daß ich wegen der Arbeit nichts von seinem Besuch mitbekommen werde.

Sarah und ich haben schon einmal vermutet, daß Sinan André von der Heilnahrung bei seinem wiedererlangten Gesundheitszustand nicht mehr im gewohnten Maß satt wird. Gerade hatte er sich bereits nach drei statt nach vier Stunden gemeldet und tatsächlich die kompletten 200 ml getrunken. Uns ist es empfohlen worden, die Ernährung schrittweise umzustellen.
Sinan Canims Trinkverhalten finde ich höchst interessant. Wenn er Hunger hat, ist er kaum zu bremsen. Er dreht auf, schreit ganz enorm und ist erst beruhigt, wenn er den Schnuller des Fläschchens und den Nahrungsfluß im Mund spürt. Oft trinkt er dann erst sehr gierig und es wirkt, als müßte er zunächst ein Grundgefühl der Sattheit erreichen. Anschließend kann er ruhiger weitertrinken. Sinan André macht es sehr deutlich, wenn er erst einmal Zeit braucht, um zu schlucken. In solchen Augenblicken setzt er selbst die Flasche ab. Entweder dreht er den Kopf weg oder er nimmt die Hand und schiebt die Flasche selbständig aus seinem Mund heraus.
Wenn Sinan Canim satt ist und sich, wenn es auch selten der Fall ist, noch Milch im Fläschchen befindet, nimmt er noch ein bißchen zu sich, wenn man es ihm ein weiteres Mal anbietet. Aber er saugt nur ein- oder zweimal daran und mag wirklich nicht mehr. Ich finde es gut, wenn der Junge seine Grenzen kennt und daß wir es respektieren. Sein kleiner Mund verschließt sich dann völlig, wird ganz breit und erinnert uns immer wieder an Mickey Maus. Häufiger schläft er beim Trinken auch ein.
Manchmal kommt es vor, daß Sinan André nach dem Genuß des Fläschchens weint. Manchmal denke ich, daß er traurig ist, weil nichts mehr zu trinken da ist. Aber meistens ist es nur sein Bedürfnis nach einem Bäuerchen, das dann zumeist auch nicht lange auf sich warten läßt. Momentan riechen seine Babyrülpser nach Banane, einem Zusatz in der Heilnahrung.
Anschließend läßt sich unser kleiner Sohn nach wie vor ohne Schwierigkeiten zurück ins Bett legen. Ich wünsche ihm dann eine gute Nacht, küsse ihn und ziehe an der Schur seiner Spieluhr. Oft erzählt er noch ein bißchen oder probiert mit seinem Speichel Geräusche aus. Lange dauert es nie, bis er wieder in den Schlaf kommt.

Sonntag, 1. August

Unser schöner, kleiner Sohn schläft tief und fest. Nach einem angenehmen Familientag sind jetzt die vorrangigen Geräusche die der Ruhe und die meines Klapperns auf der Tastatur. In der Küche rauscht das Gerät zum Sterilisieren der Fläschchen leise vor sich hin.
Heute abend hat Sarah Sinan Canim André das erste Milchfläschchen nach der Operation angeboten. Ohne Schwierigkeiten hat er es zu sich genommen. Sinan André hat es genossen, als wäre nie etwas gewesen.

Nach unserer Vorstellung muß die Milch sättigender sein als die Heilnahrung. Der Genuß hatte zur Folge, daß Sinan Canim nicht wie gewohnt knapp vier Stunden schlief, sondern an die sechs Stunden. Es muß ihn also mehr befriedigt haben als die bloße Heilnahrung, die natürlich dennoch weiterhin den Hauptbestandteil seiner Ernährung ausmachen wird. Wie üblich ist er nach dem Genuß des nächtlichen Fläschchens wieder eingeschlafen.

Wir merken, daß die Erfahrungen, die wir durch Sinan Andrés Erkrankung machen mußten, Konsequenzen für unsere Sicherheit haben. Kaum quält er sich einen Babypups heraus, weint vielleicht dabei, weil der Erfolg ausbleibt und nimmt die verabreichte Nahrung in einem kleinen Teil den Weg rückwärts, ohne daß er sich irgendwie übergeben würde, sind wir unsicherer als vor der Erkrankung. Wahrscheinlich ist es auch kein Wunder, daß es so ist. Aber angenehme Gefühle sind es wirklich nicht.

Bisher hat sich keine Verschlechterung bei unserem Schatz eingestellt, er gesundet weiterhin, ist wie sonst auch, quasselt, quatscht, macht die Drehung und seinen fröhlichen Spaß. Inzwischen entdeckt er sogar, daß ganz andere Geräusche zu machen möglich sind. Außerdem ist es ihm mittlerweile gelungen, mit den Händen an die Füße zu gelangen. Auch beginnt Sinan André langsam damit, sich über die linke Schulter vom Rücken- in die Bauchlage zu drehen.

Also kein Grund zu Beunruhigung. Vermutlich gehört es zur Verarbeitung der ganzen Geschichte hinzu. Immerhin mußten wir wirklich schreckliche Erfahrungen machen und harte Gefühle erleben.

Spürbar ist für uns, daß uns diese Erfahrungen noch immer tief in den Knochen sitzen. Die körperliche Erschöpfung ist kaum überwunden. Heute haben wir aktiv nichts weiter unternommen. Abgesehen von der Hitze, die weiterhin das Wetter beherrscht, waren wir wirklich träge und faul. Statt etwas zu unternehmen, haben wir den Tag zuhause verbracht und, wie es oft der Fall ist, uns ausdauernd mit Sinan Canim beschäftigt bzw. ihn den Tag durch den Verlauf seiner Bedürfnisse bestimmen lassen. Unseren Seelen hat es sicher gutgetan, daß wir uns in Ruhe nur mit uns beschäftigt haben.

Montag, 2. August

Thomas Wolf war heute wie angekündigt bei uns. Eineinhalb Stunden war er da. Dienstlich konnte ich es so einrichten, daß ich die meiste Zeit seines Besuchs mitbekommen konnte.

Es war ein ganz normales Gespräch und diente nach meiner Empfindung der Aufrechterhaltung des Kontakts. Nach Sinan Canim Andrés Erkrankung hatte er sich von der Genesung des Jungen überzeugen wollen.

Sein letzter Besuch liegt schon eine Weile zurück und Thomas Wolf war erstaunt, wie groß Sinan André in der Zwischenzeit geworden ist. So ist es eben mit kleinen Kindern.

Ein wichtiger Punkt im Inhalt des Gesprächs war, daß wir darüber gesprochen haben, daß wir vor einem Notar in Lehringen eine Willenserklärung über den Wunsch zur Adoption unseres Kindes abgeben werden.

Thomas Wolf wird den Vorgang für uns auf den Weg bringen. Für uns bedeutet es ein weiteres Mal die Beibringung der unterschiedlichen Unterlagen.

Etwas besorgt waren Sarah und ich wieder einmal auf dem Hintergrund der Erfahrungen mit Sinan Canims Erkrankung, als er abends nicht mehr so gut einschlafen konnte, nachdem er aus dem Schlaf aufgeschreckt war. Er weinte und wirkte unzufrieden. Schnell gingen bei uns die Alarmsignale an.

Wir müssen versuchen, uns nicht so schnell beunruhigen zu lassen, denn es stellte sich heraus, daß es tatsächlich um nichts anderes ging, als um den Schlaf. Im Moment lassen wir uns noch zu schnell beeindrucken.

Abends redeten Sarah und ich eine ganze Zeit über den langen Weg, den wir bis zur Aufnahme von Sinan André zurückgelegt haben und über die schlimmen Erfahrungen, die wir mit den Versuchen der künstlichen Befruchtung hinter uns bringen mußten.

Deutlich ist für uns, daß Sinan Canim uns durch seine Anwesenheit und die selbstverständlich ungesteuerte Befriedigung unserer Bedürfnisse und Wünsche als Eltern geholfen hat, die damaligen Erfahrungen, die uns in der Vergeblichkeit immer wieder niedergerissen haben, ein großes Stück weit zu kompensieren. Zu kompensieren deshalb, weil er die natürliche Bedürftigkeit eines Babys hat und weil er eben so ist wie er ist. Wir finden, daß er ein ganz toller Junge ist, mit viel innerer Zufriedenheit und Ausgeglichenheit. Bereits einige Leute haben uns diesen Seelenzustand unseres Jungen bestätigt. Thomas Wolf fiel er heute auch auf.

Für ein Wunder halten wir es nicht, denn Sinan André ist ein Kind, das das Leben liebt und weil wir viel dafür tun, daß es ihm im besonderen Maße gut geht und er sich in seinem eigenen Tempo gut entwickeln kann. Das ist nichts künstlich aufgesetztes, sondern entwickelte sich bei uns automatisch aus unserer Zuwendung und durch die Liebe zu ihm.

Es macht mich zusätzlich zu allem anderen stolz und glücklich, ein zufriedenes Kind zu haben, daß sich bei uns deutlich sichtbar wohlfühlt. Wir geben ihm, was wir geben können und das macht Spaß trotz oder gerade wegen der Intensität, mit der Sinan Canim uns braucht bzw. der Intensität, mit der Sarah und ich uns auf ihn einlassen. Sinan Canim André ist unser geliebter Sohn.

Dienstag, 17. August

Vieles hat sich seit der letzten Eintragung ins Babytagebuch getan.
Sinan Canim André erfreut sich bester Gesundheit. Es ist nichts mehr von den schrecklichen Dingen vom Juli übriggeblieben, außer einer zarten Narbe. Auch der letzte Teil des Fadens, der sich selbst auflöst, ist verschwunden.
Ohne Probleme macht Sinan Canim jetzt seine Welle von der Rücken- in die Bauchlage und zurück. Seine Haltung, wenn er in der Bauchlage den Kopf hebt, hat sich deutlich verbessert und wie gewohnt zeigt unser süßer Sohn dabei einen unglaublichen Spaß an seiner eigenen Weiterentwicklung und eine ebenso unglaubliche Energie.
Es liegt die Vermutung nahe, daß die Krankengymnastik, zu der Sarah mit Sinan André regelmäßig geht und kontinuierlich zuhause betreibt, erkennbare Früchte trägt.
Am Sonntag konnten wir Sinan Canim das erste Mal nach der Operation komplett baden. Zunächst erschien es ihm irgendwie fremd, aber schnell konnte er sich wieder erinnern, wie schön der Badespaß für ihn immer gewesen ist.
Seit Anfang dieser Woche bekommt er einige Löffelchen aus dem Glas zusätzlich zu seiner gewohnten Nahrung. Es ist ganz schön spannend mitzuerleben, wenn eines zum anderen kommt und welche Entwicklung alles nimmt. Als erste kleine zusätzliche Mahlzeit hat Sinan Canim Karotten bekommen und es schmeckt ihm sichtlich gut. Ansonsten würde die Fütterung, sein Öffnen des Mundes und sein Schluckverhalten nicht so gut verlaufen. Seine Mahlzeiten können langsam verändert und gesteigert werden und unser kleiner Sohn kann in der Ernährung umgestellt werden, damit er auf den Geschmack für andere Dinge kommt.
Nach wie vor ist Sinan Canim André unser geliebtes Kind. Weiterhin küßt er unsere Seelen auf eine unnachahmlich herzliche Art. Es ist wie ein Geschenk, seine gesamte Entwicklung Schritt für Schritt miterleben zu können.
Sinan André selbst ist noch aufmerksamer, wachsamer geworden und neugieriger auf seine Umwelt. Und ich könnte zerschmelzen, wenn er mich mit seinen schönen großen blauen Augen, eingerahmt von ganz dunklen, langen Wimpern, ansieht. Wenn er mich dann auch noch anlächelt, macht mein Herz einen Sprung und es ist um mich geschehen.
Sinan Canim weiß inzwischen, welche Personen zu ihm gehören. Er hat es gelernt zu unterscheiden. Er lächelt zwar immer noch gerne andere Menschen an, die sich ihm positiv zuwenden, aber so einfach wie sonst ist er nicht mehr zu kriegen. Es ist deutlich, daß er sich die Partner für seine sozialen Spielchen auswählt.
Vergangenen Samstag waren wir nachmittags auf dem Sommerfest der Pflegeeltern des Jugendamtes Lehringen. Viel Kontakt zu anderen Leuten hatten wir dort insgesamt nicht, aber die Leute, mit denen wir sprachen, waren von Sinan André sehr angetan.

Es ist klar, daß wir unseren Sohn für ganz besonders toll und süß halten, wie es wohl alle anderen Eltern ebenso tun, aber irgendwie ist es ein angenehmes Gefühl, wenn fremde Leute spontan Sympathie für unser Kind empfinden bzw. zum Ausdruck bringen. Sarah wird in der Stadt oft von fremden Menschen auf Sinan Canim angesprochen.
Verglichen mit einem zehn Monate alten Mädchen, das wir auf dem Pflegelternfest gesehen haben, ist unser Sohn wirklich sehr gut entwickelt. Und das gibt uns, ohne Liebe zu Sinan Canim gesagt, wieder einmal ein sehr gutes Gefühl für unseren Jungen.
Nach dem Sommerfest waren wir von Biekes nach Millich eingeladen. Ohne Schwierigkeiten ließ sich Sinan André abends bei Paula im Zimmer ins Bett legen und schlief trotz der Lautstärke im Haus ungewöhnlich gut und lange.
Sarah ist es auf wunderbare Weise gelungen, Sinan Canims Einschlafverhalten bei uns zuhause zu verbessern. In der ersten Zeit nach dem Krankenhausaufenthalt gelang es nicht mehr, Sinan Canim im Bett zum Einschlafen zu bewegen. Er konnte nur noch auf Sarahs Arm einschlafen. Seit einigen Tagen ist diese Phase durch Konsequenz und gesteigertem Ritual überstanden. Heute abend gelang es ganz besonders gut und er ist ohne große Schwierigkeiten eingeschlafen. Es wäre zu wünschen, daß es keine Ausnahme war. Allerdings war bereits in den vergangenen Tagen die Umgewöhnung absehbar.
Ich glaube, daß sich auch unsere Überempfindlichkeit durch die Erfahrungen mit der Darminvagination erheblich verringert hat. Wir sind nicht mehr gleich so betroffen und verunsichert, wenn unser Schatz mal einen schrägen Ton von sich gibt oder unzufrieden wirkt.
Sinan Andrés beiden süßen kleinen Zähne sind inzwischen weiter gewachsen und Sarah hat damit begonnen, ihn durch eine Babyzahnbürste an das Zähneputzen zu gewöhnen.
Nach wie vor sabbert Sinan Canim wie ein Weltmeister (es ist unglaublich, wieviel Speichel aus einem Baby herausfließen kann) und ich glaube, daß die nächsten Zähne nicht mehr lange auf sich warten lassen werden.
Ich habe keinen direkten Vergleich zu anderen Kindern in Sinan Andrés Alter, aber es kommt mir so vor, als würde sich unser Sohn nicht nur absolut positiv entwickeln, sondern oft große Entwicklungsschritte machen und, wenn ihm etwas nicht so gelingt, wie er es gerne möchte, ungeduldig mit sich selbst wird. Eben wie ein kleiner Überflieger.
Es ist ein sehr schönes Gefühl, daß mit Sinan Canim André alles so läuft und wir drei gemeinsam so gut zusammengewachsen sind, daß uns viele Dinge auffallend gut gelingen bzw. ohne größere Probleme erreichen lassen. Unser kleiner Sohn ist wirklich ein unglaublich großer Schatz.

Samstag, 11. September

Sinan Canim geht es richtig gut und er ist ein wirklich zufriedenes Kind. Er ist dabei, sich in deutlich erkennbaren Schritten weiterzuentwickeln. Bereits seit einiger Zeit bekommt er verschiedene Mahlzeiten über den Tag verteilt aus dem Gläschen, die Milchnahrung ist reduziert. Und Sinan André ist ein wirklich guter Esser, der Spaß an der neuen Gaumenfreude hat. Manchmal hat er gar keine Lust mehr auf das Fläschchen. Auch macht er mehr und mehr deutlich, daß er an unserem Essen teilhaben möchte. Brötchen, Zwieback und Kekse hat er schon mit Wonne genossen. Sinan Canim trinkt auch endlich mehr Tee, ist dabei aber anspruchsvoll: der Tee muß eine genaue Temperatur haben, ansonsten lehnt er ihn vehement ab.
Das Wohnzimmer hat er tagsüber mit Beschlag belegt. Er rollt und turnt sich von einer Seite auf die andere, wie gewohnt mit seiner für ihn so typischen Energie. Seit ein paar Tagen ist er in der Lage, seinen Körper vom Boden zu erheben, er kniet in schaukelnden Bewegungen auf allen Vieren. Dabei wippt und wippt er und hat einen unglaublichen Spaß dabei.
Es sieht total klasse aus, wie sich unser Sohn langsam in die Vorstufe zum Krabbeln begibt. Es dauert bestimmt nicht mehr lange und unser süßer Sohn wird seinen Aktionsradius erneut erweitert haben.
Inzwischen ist kaum noch etwas vor ihm sicher. Was sich in seiner Nähe befindet und erreichbar ist, wird erreicht und untersucht. Dabei steckt sich der kleine Forscher schon mal Blätter einer Pflanze oder einen Fussel von unserem neuen Teppich in den Mund.
Vor einiger Zeit war Sinan Andrés Oma Klara Schmidt-Osten bei uns zu Besuch. Lange genug hatten wir darauf gewartet. Es verlief wirklich ganz gut. Wie sie sagte, sieht sie ihre verstorbene Tochter gar nicht in Sinan Canim. Das erleichtert ihr vielleicht der Umgang mit ihm.
Der Besuch war wirklich interessant, denn bisher hatten wir zum Beispiel gar nicht gewußt, daß Beate Loeser Abitur (mit einem Durchschnitt von 2,7, wie die Oma sagt) gemacht und begonnen hatte, in Schwölln Englisch zu studieren. Zu Beginn des Studiums brach die manische Depression bei Frau Loeser durch, als sie sich in Beziehungskonflikten befand.
Wir haben verabredet, daß wir das nächste Mal zur Oma zu Besuch kommen werden. Sinans Bruder Fabian war jetzt nicht mit dabei.

Mittwoch, 15. September

Unser Sohn hatte heute seine U 5 - Untersuchung. Es ist alles in Ordnung. Dr. Jörnhausen hat gesagt, daß Sinan Canim André altersgemäß völlig normal ent-

wickelt ist. Es ist ein gutes Gefühl bestätigt zu bekommen, daß alles in Ordnung ist, auch wenn wir uns deshalb eigentlich keine Sorgen gemacht haben.
Die aktuellen Daten sind: Gewicht 7380 Gramm, Größe 65 cm und ein Kopfumfang von 44 cm.
Zur Vervollständigung der Geschehnisse gibt es noch zu sagen, daß Sinan André sich am 10. August vom Bauch auf den Rücken gerollt hat, seit dem 15. August vom Löffel ißt, und am 3. September seinen ersten Zwieback selbst gehalten und gegessen hat.
Sinan Canim hat einen ungeheuren Bewegungsdrang. Ständig ist er in Aktion. Die Babydecke auszubreiten macht eigentlich gar keinen Sinn mehr. Schon längst hat er das Wohnzimmer zu seinem Gebiet erklärt.
Selten, und wenn, dann nur für kurze Augenblicke, kann er bei einem von uns auf dem Sofa Ruhe bewahren. Zu gern ist er in Bewegung. Die allergrößte Freude kann man ihm damit machen, wenn man ihn unter den Armen hält und auf die Beine stellt. Daran hat er unglaublich viel Spaß, auch wenn die Krankengymnastin sicher nicht viel davon halten würde.
Oft begibt sich Sinan Canim in die Hockstellung und wippt fröhlich hin und her. Kleine Vorwärtsbewegungen gelingen ihm bereits, bald krabbelt er los und sein Aktionsradius erweitert sich dann ein weiteres Mal nicht unbeträchtlich. Selbst jetzt kommt er an jedes Ziel, das er erreichen möchte. Wenn es mit den Vorwärtsbewegungen nicht reicht, rollt er sich über die Seite.
Allerdings gerät er dabei natürlich auch an die Dinge, von denen er die Finger lassen sollte oder lassen muß. Im Moment greift er zu gerne an die Grünpflanzen, die wir vor dem Fenster auf dem Fußboden stehen haben. Zweimal ist es ihm gelungen, Blätter abzurupfen. Einmal hat er sie sich in den Mund gesteckt. Dadurch mußte er mit dem Wort *Nein* und der akustischen Steigerung dieses Wortes Bekanntschaft machen. Sehr lustig fand er es selbstverständlich nicht, dachte erst, wir würden scherzen, spürte jedoch die Konsequenz, weil wir ihm einen weiteren Zugriff nicht erlaubten und in eine andere Lage brachten.

Samstag, 18. September

Mindestens drei Zähne brechen im Moment bei Sinan Canim durch. Vermutlich befinden sich noch mehr in den Startlöchern. Sinans Befindlichkeit ist deshalb momentan nicht gerade die allerbeste, seine Empfindlichkeit hält sich aber in Grenzen. Kleine Jungs werden eben größer. Und seine Zahnbeschwerden erträgt er wirklich tapfer, auch wenn er dadurch einen etwas leichteren Schlaf hat, sich manchmal ganz kurz meldet, aber gleich weiterschläft, wenn wir zu ihm kommen. Manchmal ist es für Sarah und mich wirklich unglaublich, wie vergleichsweise klein unser Sohn war, als wir ihn kennenlernten und er zu uns kam.

Schritt für Schritt die Entwicklung zu erleben, ist wirklich ein Geschenk. Und Sinan Canims Lust an der Bewegung, der Action und daran, lustigen Quatsch zu machen, auch wenn es manches Mal sehr anstrengend ist.
Manchmal glaube ich, ich habe in der Zeit ohne Sinan noch gar nicht gewußt, was Leben wirklich bedeutet. Durch ihn ist alles viel aufregender, bunter und bewußter geworden und immer wieder gibt er mir Anlaß, über ihn und mich selbst nachzudenken.
Abends gehe ich mit Gedanken an ihn zu Bett und morgens stehe ich mit ihnen wieder auf. Ein Leben ohne unseren kleinen tollen Typen können wir uns gar nicht mehr vorstellen.
Am vergangenen Donnerstag war Sarah mit Sinan zum ersten Mal bei der Kindergruppe. Wie Sarah erzählt hat, war es gut und interessant für Sinan.
Vom Babyschwimmen hatte Sarah berichtet, daß Sinan Canim Spaß an der Beobachtung und im Umgang mit anderen Kindern hat. Gerade auf diesem Hintergrund haben wir ein weiteres Mal darüber gesprochen, daß Sinan André nicht als einziges Kind bei uns aufwachsen soll, daß wirklich noch das eine oder andere Kind den Weg zu uns finden sollte.
Für Sinan und seine Entwicklung wäre es gut und für ein anderes Kind könnte eine Aufnahme bei uns ebenfalls eine Chance bedeuten. Am kommenden Mittwoch habe ich eine Verabredung mit Thomas Wolf vom Jugendamt. Ich werde im Verlauf des Gesprächs dieses Thema anschneiden. Es wäre einfach schade und würde Sinan Canims um einige sonst mögliche Erfahrungen ärmer machen, wenn er Einzelkind bei uns bleiben würde.
Alles steigert sich bei Sinan André im Moment. Besonders fällt mir auf, wie sehr sich seine Wahrnehmung der Umwelt immer weiter steigert. Sein Blickfeld hat sich deutlich verbreitet und vertieft. Und in seiner Neugierde nimmt er alle Eindrücke und Informationen, die sich ihm bieten sehr begierig auf.

Sonntag, 19. September

Heute hatten wir wieder einen sehr schönen Tag. Aufgewacht bin ich davon, daß Sinan André neben mir im Bett seine üblichen Faxen veranstaltete, eine Rolle nach der anderen machte und sich dabei immer näher an mich herandrängelte, aber eigentlich gar keine große Lust mehr hatte, den frühen Morgen noch im Bett zu verbringen.
Zunächst waren wir erneut auf einem Trödelmarkt, wie wir es an Wochenenden gerne machen und im Anschluß daran zum ersten Mal mit Sinan im Tierpark Plauschberg, hier bei uns in Lehringen.
Natürlich macht es noch keinen Sinn, mit ihm die Vögel in den Käfigen zu betrachten, aber die Ziegen und das Pony hat er sich ganz interessiert angesehen.

Diese Tiere hatten es ihm angetan. Es ist schön, mit Sinan Canim jetzt solche Dinge zu unternehmen. Und er hat seinen Spaß daran.
Nach dem Tierpark waren wir gemeinsam in der Fußgängerzone. Dort gab es für Sinan im Eiscafé den inzwischen obligatorischen Keks, den er zum kleineren Teil ißt und zum größeren Teil wegwirft, wenn er etwas interessanteres auf dem Tisch entdeckt.
Bereits seit einiger Zeit hat Sinan seinen besonderen Spaß daran, wie wir andere Leute zu beobachten. Allerdings weitet er es aus und nimmt Kontakt mit Leuten auf, die an einem der Nachbartischen sitzen. In seiner freundlichen Art bekommt er sehr nette Reaktionen. Heute hat er ebenfalls wieder Kontakt zu fremden Menschen aufgebaut. Er ist schon ein kleiner Charmebolzen.
Wie bereits geschrieben, kann man ihm eine große Freude machen, wenn man ihn bei sich auf den Bauch oder auf den Schoß stellt. Dann steigert sich seine Laune immer ohne Ausnahme. Dabei kann er seine kleinen Unzufriedenheiten regelrecht vergessen. Heute hat Sinan zum ersten Mal damit begonnen, im Stehen auf meinem Bauch zu springen. Er geht richtig in die Hocke und springt mit ausgebreiteten Armen hoch. Das ganze Kind bestand nur noch aus Freude und Spaß.
Und gerade das ist es, was besonders toll mit unserem kleinen Sohn ist: er hat einen ungeheuren Spaß an kleinen Dingen. Oft hat es mit Bewegung zu tun oder mit immer neuen Geräuschen, die wir uns ausdenken und ihm vormachen.
Da er am Nachmittag gar nicht mehr geschlafen hatte, haben wir mit dem abendlichen Ritual etwas früher begonnen. Sinan hat seinen Brei gegessen und weil Sonntag ist, hat er anschließend gebadet. Dieses Mal hat er richtig selbständig in der Wanne gesessen und das Bad genossen. Sinan Canim braucht nur noch wenig gehalten werden und er nimmt das Spielzeug, das er von uns stets mit in die Wanne bekommt, immer deutlicher wahr und beschäftigt sich damit. Sonst war er in der Wanne ständig mehr oder weniger mit sich selbst am meisten beschäftigt.
Es geht mit Sinan Canim André seinen Weg und manchmal kommt es mir bereits jetzt schon so vor, als würde die Zeit seiner Entwicklung verfliegen. Ein solches Tempo legt er vor.

Montag, 20. September

Wenn wir Sinan Canim die Hände reichen, damit er sich aus der Position des Liegens in die Sitzposition selbst hochzieht, bringt es dieser kleine Typ tatsächlich fertig, sich nicht hinzusetzen, sondern ohne große Anstrengung hinzustellen. Bald müssen wir bestimmt die Matratze seines Bettes eine Etage tiefer einstellen.
Er überrascht uns immer wieder durch neue Dinge. Wir sind völlig begeistert.
Heute hat Sinan André einen ganz zufriedenen Tag erlebt. Ich glaube, seine Zahnbeschwerden können nicht besonders intensiv gewesen sein. An solchen Tagen wie heute kann er sich ganz wunderbar und über einen längeren Zeitraum

mit sich selbst und seinem Spielzeug bei uns im Wohnzimmer beschäftigen. Er ist dann ganz ausgeglichen und zeigt wirklich Ausdauer in seiner Beschäftigung. Ausdauer zeigt Sinan Canim in Bezug auf Spielzeug oder andere interessante Dinge, die er erreichen und berühren möchte. Berühren bedeutet: anschauen, mit den Händen begreifen und in den Mund nehmen. Wenn ihm das Ziel lohnenswert genug erscheint, erreicht er jedes Ziel.

Noch immer wippt er sich fröhlich durch die Gegend, stellt sich dabei schon öfters auf die Fußsohlen, wenn auch die Arme und der Kopf im Bodenkontakt bleiben. Erste Fortbewegungsschritte sind für Sinan Canim aber sehr gut mit dieser Methode zu bewältigen.

Lange kann es wirklich nicht mehr dauern, bis er sich flüssiger fortbewegt und sich wahrscheinlich bald an Sachen hochzieht. Es wäre kein Wunder bei dem Spaß, den er hat, wenn er sich hinstellen kann.

Er weiß immer einen von uns in seiner Nähe. Es kommt tatsächlich nur selten vor und wenn, dann ist es nur für ganz kurze Zeit, daß sich keiner von uns mit ihm im selben Zimmer aufhält. Alleingelassen muß er sich absolut nicht fühlen.

Allerdings weiß er bereits genau, wie er was von uns bekommt, wie er uns um den Finger wickeln kann. Dabei geht es ihm in erster Linie um sozialen und körperlichen Kontakt, auf den er ganz sicher nie lange warten muß, weil sich immer einer von uns die Zeit nimmt und für ihn da ist.

Geht es aber mal nicht in der Geschwindigkeit, die sich unser Sohn vorstellt, kann er in seiner Meinungsbekundung durch Schreien derartige Höhen und Tonfolgen produzieren, daß es in den Ohren schmerzt. Wären wir ihm nicht von Herzen so zugeneigt, wie wir es eben sind, wäre die Hinwendung eine bloße Selbstschutzmaßnahme, damit er mit dieser Art Geräuschen aufhört. Und meistens hört er damit nur auf, wenn wir ihn berühren, also ihn auf den Arm nehmen.

Mit Sinan Andrés Taufe geht es jetzt auch seinen geplanten Gang. Anfangs gab es Terminprobleme und wir hatten überlegt, ihn in Wollrath von meiner ehemaligen Arbeitgeberin taufen zu lassen. Terminprobleme gab es deshalb, weil in Wollrath nur einmal im Monat getauft wird und Opa Anton und Oma Frieda oft im Urlaub sind. Und eine Taufe unseres Sohnes ohne seine Großeltern ist nicht vorstellbar. Jetzt haben wir uns entschieden, daß er hier in Quellingen in der evangelischen Kirche von dem für uns zuständigen Pastor getauft wird.

Ich persönlich hätte es mir nicht vorstellen können, daß Sinan Canim katholisch getauft wird, weil meine Vorbehalte und Vorurteile gegenüber der katholischen Kirche sehr erheblich sind. Gut ist, daß Sarah in dieser Hinsicht tolerant ist. Ich vermute, daß es sonst bei der Taufe Probleme gegeben hätte.

Für uns ist es wichtig, daß unser Sohn getauft wird. Von mir kann ich sagen, daß ich ihn taufen lassen möchte, weil er nach meiner Ansicht und nach meinem Gefühl auf dem Hintergrund seiner Schicksalsgeschichte durch die Geburt und auch durch die schwere Erkrankung im Juli ganz klar ein von Gott geliebtes Kind

sein muß. Und das möchte ich durch das äußere Symbol der Taufe verdeutlichen. Ich wünsche ihm, daß er weiterhin mit dem Segen Gottes durch das Leben geht. Die Taufe wird am 28. November stattfinden. Das ist in diesem Jahr der 1. Advent. Darin liegt für mich eine zusätzliche symbolische Bedeutung, weil Advent Ankunft bedeutet...
Die Taufpaten für Sinan André stehen fest. Wir haben sie uns gut ausgesucht und sie möchten das Patenamt für unseren Sohn gerne übernehmen. Es werden Tina aus Düsseldorf sein und Sarahs eigenes Patenkind Imke. Gerade darin liegt ebenfalls eine tolle Symbolik. Es hat etwas davon, daß sich hier ein Stück besondere Nähe und Verantwortung fortsetzt. Von beiden glaube ich, daß sie sich immer Sinan André nahe fühlen und an einer guten Beziehung und Freundschaft Interesse haben werden.
Am Freitag wird Pastor Kock zum Taufgespräch zu uns kommen. Ich glaube, daß wir bei ihm mit unserem Sohn in guten Händen sind. Jedenfalls ist das mein Eindruck nach dem ersten kurzen Termin, den wir vor einiger Zeit mit ihm hatten. Er war auch der Pastor, der mich 1997 wieder in die evangelische Kirche aufgenommen hatte.
Jetzt fehlt nur noch die Erlaubnis des Vormundschaftsgerichts, daß wir Sinan Canim taufen lassen dürfen. Thomas Wolf vom Jugendamt hatte den Antrag Ende Juli für uns gestellt. Bis jetzt gab es noch keine Reaktion, aber bis November wird die Bürokratie sicher ihren Weg gefunden haben. So ist es eben: solange Sinan noch nicht adoptiert ist, dürfen wir nicht alleine über die Taufe entscheiden.

Dienstag, 22. September

Gestern war ich bei Thomas Wolf im Jugendamt. Wir haben viel über meine Arbeit gesprochen. Und es war gut, daß er mir diese Möglichkeit angeboten hatte. Natürlich ging es auch um Sinan André, auch wenn dieses Treffen nicht dafür gedacht war, und ich ohne Sarah nicht gerne alleine über den Fortgang der Adoption rede. Aber es läßt sich eben nicht voneinander trennen, wenn man sich sieht. Am 30. September haben wir einen Termin beim Notar, um dort unseren Wunsch der Adoption von Sinan Canim amtlich zu machen. Jetzt wird es konkret. Einige Unterlagen mußten wir in Vorbereitung auf den Notartermin dem Jugendamt vorlegen. Heute rief Thomas Wolf an und sagte, daß wir noch vom Kinderarzt eine Bescheinigung darüber benötigen, daß Sinan Canim in regelmäßiger ärztlicher Behandlung ist und es aus ärztlicher Sicht nichts gibt, was gegen eine Adoption spricht. Was dieser zweite Teil der erwarteten Bescheinigung soll bzw. bedeuten soll, ist uns unklar. Das hätte ich schon gerne noch einmal gewußt.
Wie lange sich das Verfahren hinziehen wird, bis die Adoption tatsächlich vollzogen werden kann, wissen wir nicht. Außerdem ist selbst dem Jugendamt nicht bekannt, wie weit es in dem Verfahren zur Anerkennung der Vaterschaft durch

Sinans biologischen Vater ist. Die Sache liegt beim Vormundschaftsgericht. Aber es drängt uns nichts wirklich.
Es gibt nichts, was die Angst schüren könnte, daß uns Sinan Canim wieder weggenommen wird. Da gibt es nichts. Nichtsdestotrotz hat man erst nach Abschluß des Verfahrens die hundertprozentige Sicherheit, daß alles in trockenen Tüchern ist.
Weitaus wichtiger ist mir in diesem Zusammenhang allerdings, daß unser Sohn endlich rechtlich zu unserem Sohn wird. Und, was ich emotional und symbolisch nicht unerheblich finde, auch unseren Nachnamen bekommt. Es ist das äußere Zeichen der Familienzugehörigkeit und ebenso, wie ich damals bei unserer Heirat Sarah meinen Namen gegeben habe, möchte ich ihn gerne mit Sinan teilen.
Im Jugendamt habe ich erfahren, daß Sinan Canims Akte zwischen dem Familiengericht und dem Vormundschaftsgericht derart intensiv hin und her zu gehen scheint, daß sie momentan nur unvollständig auffindbar ist. Es ist deshalb unangenehm, weil wir auf die Genehmigung für die Taufe warten.
Die Gelegenheit im Gespräch mit Thomas Wolf habe ich genutzt, um zu sagen, daß Sarah und ich gerne noch ein weiteres Kind aufnehmen würden. Bei einem Besuch von Thomas Wolf hatte ich eine solche Bemerkung fallengelassen, wollte es jetzt aber auch offiziell angesprochen haben.
Wie er eben ist, konnte er sich an diese Bemerkung selbstverständlich erinnern und wußte von unserem Wunsch. Klar ist dabei, daß es nicht heute und nicht morgen passieren wird. Klar ist für uns alle dabei ebenso, daß bei der Aufnahme eines weiteren Kindes Sinan das ältere Kind bleiben soll, damit er nicht in die Zwangslage gebracht wird, einem möglicherweise älteren Kind zu unterliegen. Sinan soll sich durch ein weiteres Kind um nichts beraubt fühlen.
Konkret heißt es für uns, daß wir ein zweites Kind zu uns nehmen, wenn Sinan zwischen einem oder zwei Jahren alt sein wird, wenn zu diesem Zeitpunkt ein Vermittlungsbedarf durch das Jugendamt besteht. Es war gut, unser Anliegen offiziell auf den Weg gebracht zu haben. Wir werden sehen, was geschieht.
Abends waren wir gemeinsam bei Anja und Christoph eingeladen. Es war eine verspätete Einladung zu einem Geburtstagsessen. Sinan Canim hat sich, wie es seine Art ist, von seiner besten Seite gezeigt, und gar nicht, wie er auch schon einige Male gebracht hat, gefremdelt. Die beiden bzw. gerade Anja ist sehr liebevoll auf Sinan eingegangen und war, wie es für sie nicht untypisch ist, um sein Wohlergehen über die Maßen besorgt.
Seit gestern haben wir Sinan Andrés Hochstuhl mit bei uns am Eßtisch im Wohnzimmer stehen. Unser süßer Sohn kann darin nicht ganz selbständig sitzen und muß noch etwas von Kissen gestützt werden, aber wir gehen davon aus, daß es eine gute Zeit ist, um das gemeinsame Essen zu ritualisieren. Allzu lange soll er nicht darin sitzen. Dabei hat er jetzt wieder viele neue Eindrücke zu verarbeiten, verhält sich auch ganz neugierig und hat seinen Spaß dabei. Es sieht wirklich superklasse

aus, wie Sinan mit am Tisch sitzt. Wir könnten vor elterlicher Liebe wieder einmal zerfließen.
Heute abend haben wir das erste Mal gemeinsam zu Abend gegessen. Sinan Canim hat in seinem Hochstuhl den Brei bekommen. Sehr viel neugieriger und gespannter ist er allerdings auf die vielen neuen Dinge, die sonst auf dem Tisch stehen und Gaumenfreude zu versprechen scheinen. Es macht wirklich den Eindruck, als würde er lieber die gleichen Sachen wie wir essen. Er bekam heute ein kleines Stückchen Brot, um es zu probieren, wie er eigentlich immer etwas von uns zum Probieren bekommt, wenn es sich verantworten läßt.
Heute in der Stadt hat er zum ersten Mal ein kleines Stück von Sarahs Lahmacun bekommen. Sinan genoß es sehr. Von richtigen Essen kann man dabei eigentlich nicht sprechen. Er steckt es sich zwar gezielt in den Mund, befeuchtet es intensivst, verliert aber irgendwann das Interesse daran.
Allerdings hat er noch nichts völlig abgelehnt. Ich glaube, es ist für ihn einfach wichtig, weil er neue Dinge gerne ausprobiert und von uns etwas abbekommen möchte. Wahrscheinlich ist die soziale Komponente dabei nicht zu unterschätzen. Und daran macht sich schließlich auch eine Beziehung unter anderem aus, indem man auch Essen miteinander teilt.
Sinans Oma Klara (wir dürfen sie jetzt so nennen, ich habe gefragt) hat heute erneut angerufen, nachdem sie uns gestern Abend nicht erreicht hatte. Es ist ihr wichtig, Sinan André und uns möglichst bald ein weiteres Mal zu sehen, zumal sie ja eine Einladung zu sich nach Hause ausgesprochen hatte. Außerdem kommt jetzt nach unserem Eindruck die Einsamkeit bei ihr auf. Die Aufregung hat sich gelegt, es gibt nichts mehr äußerlich zu organisieren. Darüber spricht sie auch. Wir werden sie in jedem Fall vor unserem Urlaub besuchen. Immerhin ist sie neben Fabian Sinans und unsere einzige Verbindung zu Beate Loeser. Und wir sind nach wie vor neugierig und interessiert, wie diese Frau gewesen ist.

Samstag, 25. September

Es gibt zwei Nachrichten. Eine gute und eine schlechte Nachricht.
Die gute, ganz wunderbare Nachricht ist, daß Sinan Canim seit dem 23. September krabbelt. Es sieht ganz klasse, unglaublich süß aus, wie er sich krabbelnd fortbewegt und es seither öfter tut. Natürlich war die erste Fortbewegung auf diese Weise noch etwas unbeholfen und tapsig, aber damit ist der nächste Entwicklungsschritt eingeläutet.
Die schlechte Nachricht ist, daß Sinan seinen ersten Schnupfen hat. Das erste *Schnüpfchen*, wie der Rheinländer sagen würde. Es tut mir im Herzen leid, wenn ich mit ansehen muß, wie unserem kleinen Schatz die Nase läuft und er nur schlecht Luft kriegt. Natürlich ist er in diesem für ihn unbekannten Zustand unzufriedener und braucht mehr zärtliche Nähe als sonst. In der Nacht schläft er

wesentlich unruhiger, weil er nicht frei atmen kann und die nächtlichen Milchfläschchen kann er nur mit atemtechnischer Akrobatik zu sich nehmen. Zunächst hatten wir es damit versucht, daß sein Zimmerfenster die ganze Nacht über aufblieb und ein feuchtes Handtuch mit Teebaumöl beträufelt über der Stuhllehne neben seinem Bett hing. Leider brachte es nicht den gewünschten Erfolg. Aus der Apotheke haben wir heute ein Mittel, bestehend aus ätherischen Ölen, besorgt, aber so schnell verbessert so etwas die Befindlichkeit natürlich nicht.
Jetzt in der Nacht leidet Sinan André besonders. Innerhalb von den wenigen Stunden seit seinem letzten Fläschchen war ich bestimmt schon vier oder fünf Mal bei ihm, um ihm dabei zu helfen, daß er von seinem unzufriedenen Weinen zurück in den Schlaf finden kann. Ganz tapfer kämpft sich unser toller Sohn durch die lange Nacht, immer wieder gestört durch die verstopfte Nase und durch die ungewohnten Geräusche, die er selbst produziert.
Natürlich ist dieser Schnupfen, gemessen an den Schmerzen, und der Gefahr, die die Darminvagination mit sich brachte, eine Kleinigkeit, aber leid tut es mir schon sehr, daß ich Sinan Canim seine Beschwerden nicht abnehmen kann.
Ich weiß nicht, ob man im Laufe der Zeit etwas cooler im Umgang mit den Krankheiten des eigenen Kindes wird, aber wünschen würde ich es mir. Froh bin ich wirklich, daß es lediglich Schnupfen ist, denn Fieber hat Sinan zum Glück nicht.
Sarah und ich hoffen, daß er den Schnupfen bis zu unserer Fahrt in den Urlaub in einer Woche hinter sich gebracht hat, damit wir alle drei gemeinsam unseren Aufenthalt in Nordstrand beschwerdefrei genießen können. Aber eine Woche ist eigentlich lang genug, um einen Schnupfen in den Griff zu bekommen.
Opa Anton und Oma Frieda sind jetzt in der dritten Woche ihres Aufenthaltes in Königstein in der Herzklinik. Wahrscheinlich werden sie am 2. Oktober entlassen. Es ist ausgerechnet der Tag, an dem wir in den Urlaub nach Nordstrand, der zweite Urlaub mit unserem Sohn an der Nordsee, fahren. Für Sinan Canim werden die fünf Wochen, die er seine Großeltern dann nicht gesehen haben wird, erneut eine Ewigkeit sein. So ist es eben mit derart reisefreudigen Großeltern. Opa Anton wird bei dem ersten Wiedersehen nach unserem Urlaub erneut lange Zeit auf ein Lächeln seines jüngsten Enkels hinarbeiten müssen und nicht aufgeben, bis Sinan endlich gewohnt positiv auf ihn reagiert hat.

Sonntag, 26. September

Sinan Canims Nacht verlief nicht besonders ruhig, es trat aber auch keine Verschlechterung ein. Und das ist gut so. Zum Glück hat er kein Fieber und auch keine Halsbeschwerden gekriegt. Er ißt mit der für ihn üblichen Freude und mit seinem neuen Spaß, weil er dabei im Hochstuhl sitzt. Wenn er beim Essen mehr

Nähe braucht und lieber wenigstens für die Dauer von ein paar Löffelchen auf dem Schoß sitzen will, macht er es deutlich. Angewöhnt haben wir uns bereits jetzt am Anfang, daß wir uns vor Beginn der Mahlzeit an den Händen halten und uns gemeinsam einen guten Appetit wünschen.
Die ätherischen Öle haben Sinan Canim gut geholfen. Um die Augen herum sieht Sinan ein bißchen mitgenommen aus und er hat tagsüber vielleicht etwas mehr geschlafen als sonst. Besonders an den Augen kann man seine Befindlichkeit ablesen.
Heute abend geht es ihm bedeutend besser. Er schläft viel ruhiger und schnorchelt auch nicht mehr so kräftig wie gestern. So ganz wieder hergestellt ist er noch nicht, aber klar auf dem Wege der Besserung.
Und am gemeinsamen Quatsch und Spaß hat Sinan Canim auch mit laufender Nase nicht die Freude verloren. Es ist unglaublich schön, wenn ich mit ihm Quatsch mache und er mir mit Lachen, einem weit aufgerissenem Mund und dem einmaligen Grübchen auf der linken Wange zeigt, daß ich damit genau seinen Geschmack getroffen habe. Wir passen alle drei unglaublich gut zusammen. Sarah und ich sind von unserem Glück mit unserem Süßen ganz beseelt.
An diesem Sonntag haben wir einen ganz normalen Familientag erlebt. Etwas besonderes haben wir nicht unternommen, außer daß wir bei der Stichwahlwahl zur Oberbürgermeisterwahl unsere Stimme abgegeben haben. Das Wetter hielt sich insgesamt in Grenzen, der Herbst hält deutlich Einzug. Zwar ist es nicht kalt, die Sonne läßt sich zwischendurch noch blicken, aber insgesamt stehen alle Zeichen auf Herbst. Sarah hat heute abend begonnen, für Sinan André einen Schal zu stricken.
Im weiteren Jahreslauf gibt es einige Überraschungen für unseren Sohn: der Herbst mit seiner ganz besonderen Atmosphäre, die kürzer werdenden Tage, viel Regen und dann schließlich Nikolaus, die ganze Vorweihnachtszeit und Weihnachten selbst.
Ich weiß, daß es für den kleinen, aufmerksamen Kerl sicher ganz aufregend werden wird, der mit Vorliebe alle Neuigkeiten, die seine Umwelt ihm bieten kann, begierig aufsaugt.
Ich freue mich auf alles, was wir gemeinsam mit Sinan Canim André erleben werden, aber vor allem auf die Vorweihnachtszeit und Weihnachten. Ich glaube, es wird mich gerade Heilig Abend zu Tränen rühren, daß wir dieses Weihnachtsfest zum ersten Mal mit unserem Kind erleben werden. Weihnachten fand ich als Fest schon immer toll, aber durch Sinan wird es eine ganz neue, tiefe Qualität bekommen. In meiner unglaublich großen Liebe zu ihm werde ich aufpassen müssen, ihn nicht über die Maßen mit Geschenken zu überhäufen. Ich hoffe, Sarah und meine eigene Vernunft werden mir dabei helfen.
Morgen nachmittag haben wir die Verabredung mit Sinans Oma Klara. Ich bin gespannt, wie sie mit ihrem Mann und Fabian lebt und wie es dort zugeht. Wieder einmal sehr gespannt bin ich auf Fabian. Oma Klara hat angekündigt, daß er im

Verlauf unseres Besuchs aus der Schule kommen wird und bereits gesagt hat, daß er uns drei unbedingt sehen möchte.
An Fabian denke ich oft in spezieller Art. Es ist kein Wunder, denn seine und meine Lebensgeschichte in Bezug auf den viel zu frühen Tod der Mutter ähneln sich doch sehr. Mal sehen, was es bei mir für Gefühle auslöst, wenn ich ihn in seiner Situation erlebe.
Nach Auskunft von Oma Klara hat Fabian bei ihr kein eigenes Zimmer, trotzdem sie mit ihrem Mann in einer Drei-Zimmer-Wohnung zur Miete wohnt. Sie hat irgendwann einmal am Telefon erzählt, daß ihr Mann das kleine Zimmer, das eigentliche Kinderzimmer, blockieren würde. So hat der Junge noch nicht einmal einen Raum für sich alleine. Vielleicht ist es auch aus diesem Grund, daß er sich so oft zu dem ehemaligen Freund seiner Mutter flüchtet, von der möglichen Wichtigkeit einer männlichen Orientierungsperson einmal abgesehen.
Sicher wird sich Oma Klara in Zeug gelegt haben für unseren Besuch. Bestimmt möchte sie einen guten Eindruck bei uns hinterlassen bei unserem Antrittsbesuch. Immer wieder fällt mir ihre Reaktion ein, als sie während ihres Besuchs bei uns Sinan Andrés Zimmer sah. Sie traute sich scheinbar nicht einmal nur einen Fuß in das Zimmer zu setzen, blieb im Türrahmen stehen und schien zu staunen. gesagt hat sie nur: „*Ganz schön nobel.*" Dabei ist das Zimmer, gemessen an unseren durchschnittlichen Maßstäben, ganz normal eingerichtet.
Aber wahrscheinlich mißt sie mit einem ganz anderen Maß, das wir noch nicht kennen und ist andere Umstände gewohnt. Es wundert dann nicht mehr, wenn man bedenkt, daß sie sich mit ihrem Mann scheinbar nie etwas leisten konnte oder wollte, weil sie ihre Tochter stets nach Kräften unterstützt hat.
Gut ist, daß sich Oma Klara jetzt endlich öfter meldet. Dem kontinuierlichen Kontakt steht scheinbar nichts mehr im Wege. Allerdings glauben wir zu wissen, daß die neue Einsamkeit im Leben von Oma Klara und das Bewußtsein, sich durch Fabians Aufnahme in ihren Haushalt einige ganz neue Probleme aufgehalst zu haben, viele neue Schwierigkeiten mit sich bringen. Für eine siebzigjährige Frau mit Herzproblemen und mit einem Mann, auf den sie allem Anschein nach nicht zählen kann, leistet sie wirklich eine ganze Menge.
Oft ist sie dankbar für jedes freundliche und verständnisvolle Wort. Sie ist uns sympathisch und Sinan, wie wir glauben, eine gute Oma, auch wenn nach meiner Vision nicht so viel Nähe zu dem Jungen entstehen wird, wie mit Sarahs Eltern.
Heute legte Sinan wieder sehr viel Wert auf intensivere Zuwendung von uns. Dabei weiß er ganz genau, wie er uns kriegt. Er weiß, welche Töne, welches Verhalten und welcher Gesichtsausdruck notwendig sind, damit wir uns ihm wieder ganz schnell zuwenden, wenn es mal unumgänglich war, daß wir uns abwenden mußten. Aber es ist mehr als in Ordnung, auch wenn der Junge lernen muß, für kurze Zeit alleine zu sein und zu spielen.
Wir geben trotz aller Anstrengung unserem Sohn alles, was wir geben können und haben nichts, was damit in Verbindung steht, für eine Sekunde bereut. Es ist un-

glaublich, wie sehr man ein Kind lieben kann, ohne sich und das Kind zu verbiegen. Für das Maß der Liebe zu Sinan Canim André gibt gar keine Worte mehr. Liebe ist eben unbeschreiblich.

Montag, 27. September

Wir befürchteten heute kurz, Sinan Canim würde Fieber bekommen, aber glücklicherweise hat es sich als Fehlalarm herausgestellt. Dafür kündigt sich bei mir gerade eine Erkältung durch anfängliche Halsschmerzen an. Unser Besuch bei Oma Klara, Fabian und Opa Robert konnte wie geplant stattfinden.
Gegen Mittag rief Thomas Wolf vom Jugendamt an. Sein Anliegen war, daß der Termin am Donnerstag beim Notar zunächst verschoben wird. Er möchte für uns nachprüfen, wie es sich mit der Rechtsnachfolge in Sachen der Vaterschaftsklage gegen Sinan Andrés biologischen Vater verhält.
Sollten wir automatisch die Rechtsnachfolge bei der Klage antreten müssen, wenn wir Sinan adoptieren, würde es unnötige Kosten verursachen. Vielleicht könnten wir aber als Adoptiveltern die Klage fallenlassen. Diesen Sachverhalt will er für uns klären. Ansonsten steht der Adoption nichts im Wege. Die Verschiebung des Termins und die Überprüfung der Angelegenheit ist für uns in Ordnung. Wir können uns vom Jugendamt wirklich gut beraten fühlen. Wir glauben, daß es mit der Adoption anschließend ziemlich schnell gehen kann.
Wie vermutet hatte sich Oma Klara ins Zeug gelegt, extra Kuchen vorbereitet und den Kaffeetisch im Wohnzimmer gedeckt.
Sie wohnt mit ihrem Mann und mit Fabian ganz oben, ich glaube es ist die vierte Etage, in dem Mehrfamilienhaus in Augetal. Es muß für Oma Klara ziemlich beschwerlich sein, wenn sie nach dem Einkaufen nach Hause zurückkommt.
Durch Sinans Mittagsschlaf waren wir etwas später in der Zeit, als wir geplant hatten. Sicherheitshalber hatte ich angerufen und Bescheid gegeben, daß wir mit Verspätung kommen würden.
Oma Klara öffnete uns die Wohnungstür mit einer neuen Frisur. Sie trägt die Haare jetzt kürzer und es sieht richtig flott aus.
Opa Robert war ebenfalls da, wurschtelte zunächst in der Küche herum, gesellte sich aber bald zu uns. Bereits im Flur fragte er seine Frau und sich selbst, ob Sinan André denn nicht wohl Ähnlichkeit mit Fabian haben würde.
Oma Klara nahm Sinan gleich auf den Arm und irgendwie war es nicht ohne Komik, als sie erzählte, sie hätte kurz vorher sicherheitshalber ein Stück Kuchen gegessen, weil sie sich gedacht habe, sie würde den Jungen eine ganze Zeit halten müssen.
Sinan Canim war zunächst skeptisch und fragte sich ganz eindeutig, wer denn diese Frau ist. Er verhielt sich schüchtern und zurückhaltend. Über den Opa hatten wir vorher von der Oma oft Dinge gehört, die ihn nicht gerade im besten

Licht erscheinen ließen. Egal, was daran der Wirklichkeit entspricht; auch er war seinem kleinen Enkel sehr freundlich und liebevoll zugeneigt. Man konnte es sehen und spüren. Und insgesamt war es eine nette Atmosphäre.
Als sehr angenehm empfanden wir es ebenfalls, als einige Zeit nach unserem Eintreffen, Fabian nach Hause kam. Ein freundlicher, untersetzter Junge mit einem hübschen Gesicht, der noch besser aussehen würde, wenn er etwas abspecken würde.
Fabian gab brav die Hand und war anfangs ein bißchen zurückhaltend, aber von seinem kleinen Halbbruder ganz angetan. Es war wirklich etwas fürs Herz, wie er mit Sinan umging. Einfach freundlich, sehr zugeneigt und mit Spaß am Umgang und an der Beobachtung unseres Schatzes. Es war total schön, die beiden Jungs zusammen zu erleben. Und die Ähnlichkeit zwischen den beiden ist nicht zu leugnen.
Sinan André wurde eine ganz lange Zeit von seiner Oma auf dem Schoß und auf dem Arm gehalten. Irgendwann erschien es mir sinnvoll, dem Kleinen etwas Bewegung zu verschaffen, nahm ihn der Oma ab und setzte ihn auf den Teppich. Durch das längere Festhalten war er bereits unter den Armen ganz verschwitzt. Wahrscheinlich eher von der Feuchtigkeit der großmütterlichen Hände.
Auf dem Teppich legte Sinan richtig los, war völlig gut gelaunt und zeigte sich zu unser aller Freude von seiner besten und niedlichsten Seite. Es dauerte nicht lange und Fabian lag neben Sinan Canim auf dem Teppich. Fabian berührte ihn immer wieder mit Spaß und spielte mit ihm. Ein schönes Bild.
Oma Klara hatte einige Dinge bereitgelegt, die wir für unseren Sohn mitnehmen sollten. Andere Dinge, die ebenfalls für Sinan sein sollten, holte sie herbei, als sie ihr wieder einfielen. Winterschuhe in Größe 23, ein Schlafstrampler, ein Oberhemd und eine Mütze gab es. Fabian holte eine weiche Rasselfigur herbei und die Oma einen kleinen Stofftiger, den Beate Loeser noch gekauft hatte.
Oma Klara hat uns drei Fotos geliehen, die wir uns gleich im Anschluß an den Besuch in der Stadt haben duplizieren lassen. Drei Fotos, die durchaus alle ihre eigene Wichtigkeit haben.
Das eine ist das allererste Foto von Sinan André aus dem Krankenhaus, wahrscheinlich von einer der Krankenschwestern mit einer Polaroid für die kranke Mutter aufgenommen. Das zweite Bild zeigt Beate Loeser am Tag ihrer Kommunion. Man kann, wie ich finde, eine Ähnlichkeit zu Fabian gut erkennen.
Das dritte Foto ist eine Portraitaufnahme von der Frau, die unserem schönen, süßen kleinen Sohn das Leben geschenkt hat und in deren Bauch er gewachsen ist und durch deren Schicksal wir zu einer Familie mit Sinan geworden sind. Wir haben vergessen zu fragen, wie alt dieses Bild ist. Es wird sicher schon einige Jahre, vielleicht zehn Jahre, alt sein.
Eine sympathische junge Frau ist auf dem Foto zu sehen und es ist gut, daß wir uns jetzt von Beate Loeser im wahrsten Sinne des Wortes ein Bild machen können. Bisher hatte zumindest ich überhaupt keine Vorstellung, wie sie ausgesehen haben

könnte. Wenn ich mir das Foto ansehe, fällt mir wieder die Ähnlichkeit der Augen auf, die Ähnlichkeit zu Fabians Augen. Für Sinan Canim kann gerade dieses Foto eines Tages eine wichtige Bedeutung bekommen.
Es war ein angenehmer und schöner Besuch. Ich habe nichts Unangenehmes erwartet, aber anschließend war ich ganz erleichtert darüber, wie positiv es verlaufen ist. Sarah und ich haben resümiert, daß es einem Besuch bei Verwandten ähnlich war, die man nicht oft sieht, wo es eine gewisse Distanz gibt, die man aber doch irgendwie mag.
Trotz ihres Alters und ihrer Schwerhörigkeit hat Oma Klara eine gute Wahrnehmung, wenn es wichtig ist. Gerade heute glaube ich es festgestellt zu haben. Ich glaube ebenfalls, daß sie Sarah und mich inzwischen mag und ich vermute, daß es viel mit unserer Offenheit und unserem Interesse zu tun hat.
Besonders gut gefallen hat mir Fabian. Daß er so nett und umgänglich ist, wie er eben bei diesem ersten Zusammentreffen gewirkt hat, hatte ich mir nicht vorgestellt. Meine Sympathie für den Jungen wundert mich bei der Ähnlichkeit unserer Muttergeschichte aber auch nicht sonderlich. Gerne würde ich mehr für diesen Jungen tun. Es hat zwei Ebenen: die Ähnlichkeit unserer Geschichten und weil er der Bruder unseres Sohnes ist. Mit Sicherheit hat Fabian durch seine Erfahrungen viele Ecken, Kanten, Verletzungen und Narben, die er natürlich bei solch einem ersten Besuch nicht zeigen würde, aber das macht ihn in meinen Augen nicht unsympathischer.
Sinans Opa Robert blieb die ganze Zeit bei uns im Wohnzimmer sitzen. Anfangs mußte er sich noch um die Bratkartoffeln in der Küche kümmern. Er wirkt längst nicht so wachsam, fit und aufmerksam wie Sarahs Vater, aber er ist nach seinen Möglichkeiten nach unserem ersten Eindruck ein netter Großvater. So richtig taute er mir gegenüber auf, als wir darüber sprachen, daß ich aus dem Norden stamme. Das fand er wohl irgendwie gut und löste scheinbar auch eigene Erinnerungen an seine Zeit als Soldat in Wilhelmshaven aus.
Bei der Verabschiedung habe ich Fabian dazu eingeladen, uns besuchen zu kommen, wenn er Lust hat. Ich bin gespannt, ob er die Einladung irgendwann annimmt.
Alles in allem war es ein sehr angenehmer Besuch bei den Großeltern, den wir uns vorher nicht so angenehm vorgestellt hatten. Ich vermute, Sarah und ich hatten unabhängig voneinander die Befürchtung, daß es irgendwie schwierig und anstrengend werden könnte.
Sinan Canim hatte sich bei dem Besuch richtig ausgetobt und es gab wieder einmal viele neue Eindrücke, die er aufsaugen konnte. Bei unserem anschließenden kurzen Gang durch die Stadt war er ganz ruhig, in sich gekehrt und schien wirklich mit offenen Augen zu träumen. Zuhause hat er gegessen und schlief schnell ein. Er war einfach geschafft. Für uns drei war es ein erlebnisreicher Tag.

Dienstag, 28. September

Die Zeit nach dem Besuch bei Oma Klara haben wir gestern nicht allein für einen kurzen Gang durch die Stadt genutzt. Wir haben beim Kinderarzt die Bescheinigung abgeholt, die wir für das Adoptionsverfahren vorlegen müssen.
Zunächst war uns der Hintergrund dieser Bescheinigung unklar, aber wie Sarah vermutet hatte, geht es darin tatsächlich um unsere Eignung, Sinan André zu adoptieren.
Dr. Jörnhausen hat geschrieben: *„Das Kind wird von den Pflegeeltern regelmäßig zu den erforderlichen Vorsorgen vorgestellt, die empfohlenen Impfungen wurden durchgeführt. Das Kind erscheint gepflegt und wird von den Eltern gut und fürsorglich betreut. Gegen eine Adoption durch die Pflegeeltern bestehen aus kinderärztlicher Sicht keine Einwände."*
Es ist gut, daß die Eignung für eine Adoption im Vorfeld zu allen Seiten überprüft wird, auch wenn es einem zunächst als ganz besonders bürokratisch erscheint, wenn man alle möglichen Unterlagen beibringen muß.
Gerechnet hatte ich damit, daß uns diese Bescheinigung durch den Kinderarzt zwischen zwanzig und dreißig Mark kosten würde. Von wegen: DM 4,56 habe ich dafür bezahlt.
Gestern haben wir zum ersten Mal den kompletten Namen von Sinans biologischem Vater erfahren. Bisher war uns nur der einprägsame Nachname bekannt. Er heißt Günther Strumpfe. Im Telefonbuch ist er nicht zu finden. Die Anschrift bleibt uns also zunächst unbekannt. Es wäre im Moment jedoch nicht mehr als eine Erwähnung der Vollständigkeit wegen. Aus keinem anderen Grund müssen wir seine Anschrift kennen.

Mittwoch, 29. September

Noch immer hat Sinan André etwas mit seinem Schnupfen zu kämpfen. Während seiner ersten Schlafphase am heutigen Abend ist er ein paar wenige Male aufgewacht und konnte nicht gleich wieder einschlafen wie sonst. Vermutlich liegt es daran, daß er durch die ungewohnte Verstopfung seiner Nase schlechter atmen konnte als sonst. Dafür hat er anschließend, nach dem er erneut ins Reich der Babyträume eingedrungen war, sehr gut geschlafen. Insgesamt steckt Sinan seinen ersten Schnupfen ganz gut weg.
Ein Schnupfen ist keine richtige Krankheit. Es ist eine Kleinigkeit, aber wie gerne würde ich unserem Jungen seine Beschwerden abnehmen, wenn es nur irgendwie ginge. So sehr fühle ich mit ihm und habe das Bedürfnis, ihn vor allen negativen Zuständen und Gefühlen zu schützen.

Natürlich geht es nicht und wäre, selbst wenn es ginge, auch nicht gut. Wir brauchen uns bei unserem kleinen tapferen Kerl keine Sorgen zu machen. Aber was wäre ich auch für ein Vater, wenn ich mit meinem Kind nicht mitleiden würde. In der Arbeit mit anderen Kindern geht man wie selbstverständlich wesentlich unberührter mit solchen und auch wesentlich drastischeren Dingen um, aber die persönliche Berührung beim eigenen Kind ist wesentlich erheblicher. Es ist wie es ist und daran geht kein Weg vorbei.
Wahrscheinlich wird das Reizklima der Nordsee, an der wir ab Samstag Urlaub machen, helfen, die kleine Nase von Sinan Canim vom Rotz zu befreien. Hoffentlich.
Heute war es ein ungemütlicher Tag. Ein richtiger Herbsttag. Es regnete wie aus Kübeln und manchmal hatte es den Anschein, als würde es gar nicht hell werden wollen. Es gab nur wenige Regenpausen und eine haben wir genutzt, um wenigstens kurz gemeinsam an die frische Luft zu kommen. Sinan hat es gutgetan. Und man kann sich schließlich nicht die ganze Herbst- und Wintersaison in der Wohnung verbarrikadieren. Es ist einfach eine Umstellung für uns. Die Regelmäßigkeit, zumindest einmal am Tag mit Sinan André nach draußen zu gehen, wollen wir beibehalten. An der Nordsee kommen jetzt im Oktober wahrscheinlich noch andere Extreme hinzu.
Wir freuen uns auf den ersten gemeinsamen längeren Urlaub mit Sinan. Es ist noch ungewohnt für uns, vierzehn Tage zu planen, was wir gerade für Sinan brauchen werden. Vermutlich werden wir viel zu viele Dinge mitnehmen wollen und lediglich die Grenzen der Transportmöglichkeit im Auto zwangsläufig akzeptieren müssen.
Vermutlich durch den Besuch bei Oma Klara sind bei mir seit Montag neuerliche Gedanken an meine Mutter ausgelöst worden. Es ist eine richtig tiefempfundene Traurigkeit, daß sie weder Sarah noch Sinan Canim durch ihren viel zu frühen Tod kennenlernen konnte. Ich weiß genau, daß sie die beiden ganz tief in ihr weites Herz geschlossen hätte. Im nächsten Jahr ist sie bereits zwanzig Jahre tot. Eine unglaublich lange Zeit ist es her. Und es ist eine unglaublich lange Zeit her, daß ich lernen mußte, ohne sie zu überleben und zu sein.
Manchmal träume ich mir meine Mutter am Tage herbei und habe die Vision, wie schön es wäre, wenn es sie noch gäbe. Dabei habe ich allerdings gar keine Vorstellung dazu, wie sie überhaupt noch in die heutige Zeit passen sollte. Sie wäre in diesem Jahr bereits 77 Jahre alt geworden.
Der frühe Tod meiner Mutter und auch der meines Vaters von 1967, er wäre in diesem Jahr 83 geworden, und auch die ganze Geschichte von Beate Loeser, Fabian und Sinan Canim, führt mir deutlich vor Augen, wie sehr man versuchen muß, als Vater und als Mutter auf sich selbst aufzupassen, in dem Rahmen und mit den Möglichkeiten, die gegeben sind.
Bei der Verantwortung, die man trägt, wenn man Kinder hat, darf man mit sich und seiner eigenen Gesundheit nicht schlampig umgehen. Sonst wiederholen sich

Geschichten auf unnötige Weise. Hätten sowohl meine Mutter wie auch Beate Loeser besser auf sich aufgepaßt bzw. hätten sie die Möglichkeit dazu gehabt, wären die Lebensgeschichten von vielen Menschen, die mit ihnen in Beziehung standen, ganz anders verlaufen.
So, wie die Lebensgeschichten aber verlaufen sind, kann man sie nur als Schicksal der Betroffenen und der Hinterbliebenen bezeichnen. Es ist der Verlauf der Dinge nach so frühen Verlusten.
Selbst wenn ich mir diese harten Einschnitte in meinem Leben oft wegwünschen möchte und manches gerne anderes erlebt und gehabt hätte, habe ich heute keinen Grund, mit meinem Leben unzufrieden zu sein. Mit meinem Schicksal muß ich nicht hadern. Sicher wären viele Dinge anders und vermutlich auch positiver, glatter verlaufen. Manche Narbe und manche Schwernis hätte es nicht gegeben. Heute kann ich damit umgehen. Ich weiß, was aus mir geworden ist und kann heute viele Erfahrungen schätzen, die ich sonst nicht gemacht hätte. Um Sinan mache ich mir in dieser Hinsicht keinerlei Sorgen. Für ihn sind wir seine Eltern und werden es immer bleiben, selbst wenn er mit dem Gedanken aufwachsen wird, daß ihm eine andere Frau das Leben geschenkt hat. Wenn man es weiterdenkt, haben wir ihm später durch die frühe Aufnahme bei uns das Leben gerettet.
Gedanken mache ich mir in diesem Zusammenhang um Sinans Bruder Fabian. Fabian steht noch so vieles bevor, vor dem es keinerlei Rettung gibt. Da muß er durch und das bedeutet, Verletzungen und Narben zu erleiden. Vielleicht denke ich deshalb so oft an ihn in seiner Situation, weil ich den unsinnigen Wunsch verspüre, diesen Jungen zu beschützen, wenn es auch nicht geht. Ich kann ihm das, was an Auseinandersetzung und Verarbeitung vor ihm liegt, nicht abnehmen. Dieser Gedanke wäre Quatsch. Aber möglicherweise gibt es im Verlauf des Kontakts kleine Möglichkeiten etwas für ihn zu tun, was ihm ganz uneigennützig auf seinem Weg durchs Chaos helfen könnte. Was er braucht, sind gute Menschen um ihn herum. Das kann er mit seinen knapp 11 Jahren noch nicht alleine steuern.

Donnerstag, 30. September

Sarah ist heute mit unserem Sohn erneut bei der Krankengymnastin Frau Wörner gewesen. Es war der vorerst letzte Termin bevor Sinan Canim selbständig das Gehen gelernt hat.
Wie wir es uns gedacht haben, hat sie Sinans Freude am gestützten Stehen negativ bewertet. Natürlich weiß sie nicht, welchen Spaß es ihm macht und wie oft wir ihm im Grunde diesen Spaß schon gestatten und ihn hinstellen.
Ansonsten ist Sinan Canim in seiner Entwicklung sehr früh dran. Eben ein echter Senkrechtstarter. Die Krankengymnastin hat sogar behauptet, daß Sinan bereits selbständig sitzen kann, was Sarah und ich bislang jedoch vermißt haben. Sie sagte, daß er es bestimmt könnte, ihm wahrscheinlich aber zu langweilig ist, weil

er seine Welt ja nicht sitzend und mit den Augen erobert, sondern aktiv mit Bewegung. Frau Wörner hat auch die Wahrscheinlichkeit benannt, daß Sinan André nach ihrer fachlichen Begutachtung sehr bald laufen lernen wird.
Einzig das selbständige Halten seines Kopfes während des Hinsetzens müssen wir etwas mit unserem Schatz trainieren.
Manchmal finde ich es einfach unglaublich und einfach wunderbar auf rührende Weise, wie gesund Sinan Canim ist. Und wie normal und zugleich temporeich er sich entwickelt.
Bei seiner Anfangsgeschichte ist dieses Glück für ihn und für uns nicht selbstverständlich. Kann es gar nicht sein. Es ist ein solch unfaßbar großes Glück, beinahe ein Wunder, daß man Gott dafür zu danken hat.
Gerade bei den schweren gesundheitlichen Problemen von Beate Loeser vor der Geburt des Jungen hätte es sicher niemanden gewundert, wenn Sinan André selbst Schäden davongetragen hätte. Besonders die Sauerstoffunterversorgung, bevor und als Sinan auf die Welt gebracht wurde, hätte ihn langfristig schädigen können.
Im Geburtsbericht des Klinikums über Sinan André steht: *„Frühgeburt in der 34. Schwangerschaftswoche, Einlieferung der Mutter mit Eklampsie bei Hellp-Syndrom, bewußtlos, Notsektion, Apgar 2/7/8, keine Atmung, Tonus sehr erniedrigt, rasche Stabilisierung unter Sauerstoffmaske, später abnehmende Unreife, kein Hinweis auf Hirnödem"* etc.
In dem gleichen Bericht steht über Beate Loeser: *„...seit der Aufnahme auf der Intensivstation, intubiert und beatmet, mit Hellp-Syndrom, Sepsis, Pneumonie, Nieren- und Leberversagen, nicht bei Bewußtsein"* etc.
Sinan muß wirklich ein von Gott geliebtes Kind sein, daß er aus diesen Ausgangsvoraussetzungen keinerlei Schäden davongetragen hat.
Nach dem Besuch in der Praxis habe ich Sinan Canim ausgesprochen gut gelaunt erlebt. Und es ist ihm tatsächlich gelungen, nach dem Mittagessen etwas zu schlafen. Völlig überraschend habe ich es geschafft, unseren Sohn für den Mittagsschlaf zu beruhigen. Damit hatte ich nicht gerechnet.
Gerade donnerstags ist der Mittagsschlaf für Sinan ganz besonders wichtig. Seit einigen Wochen geht Sarah mit ihm zu einer Kindergruppe. Wenn Sinan Canim zuvor nicht ausreichend geschlafen hat, ist er zu nichts zu gebrauchen. Dabei ist gerade der Kontakt für ihn zu anderen Kindern wichtig. Die letzten Male hatte unser süßer Sohn mehr mit sich selbst und seiner Übermüdung zu tun als mit den anderen Kindern.
Schlafen außerhalb der Nacht ist eine ansonsten sehr ungeliebte Angelegenheit für unseren kleinen Schatz. Manchmal kommt es uns so vor, als hätte er Angst, etwas zu verpassen. Sicher kann es das nicht sein, auch wenn er nach wie vor seine Umwelt mit großem Interesse in sich aufsaugt.
Freiwillig tut er sich einfach keine Ruhe an. Es ist schon eine Ewigkeit her, daß er im Wohnzimmer während des Spielens auf dem Teppich eingeschlafen ist. Damals war er allerdings noch längst nicht derart mobil, wie er es heute ist. Ständig ist er

aktiv. Wenn er im Laufe des Tages aber nicht mal einen kurzen Boxenstop einlegt, wird er ungenießbar, übellaunig und weinerlich.
Von den großen Schwierigkeiten mit dem Einschlafen im Anschluß an den Krankenhausaufenthalt im Juli, als er sich nur bei Sarah auf dem Arm in den Schlaf schreien konnte, ist nichts mehr übriggeblieben. Sarah hat viel dafür getan, daß er sich diesen Ausnahmezustand wieder abgewöhnen konnte. Dabei spielt die sehr ritualisierte abendliche Prozedur eine ungeheuer große Rolle.
Wird Sinan André jetzt ins Bett gelegt, dauert es nicht sehr lange, bis er zur Ruhe kommt und einschlafen kann.
Ich bin gespannt, wie die Kindergruppe heute für Sinan Canim und Sarah verlaufen ist. Hoffentlich hat ihm das Schläfchen am Mittag geholfen, den Nachmittag angenehm zu erleben. Nicht, daß die anderen Mütter in der Gruppe noch denken, Sinan André wäre ein weinerliches, quengeliges Kind.

Freitag, 1. Oktober

Aus der kinderlosen Zeit weiß ich noch, wie ich oft Mütter und Väter um ihren Nachwuchs beneidet habe, wenn ich sie die Kleinen im Einkaufswagen durch den Supermarkt schieben gesehen habe.
Versuchsweise haben wir Sinan Canim heute beim Wochenendeinkauf in den Kindersitz des Einkaufswagens gesetzt. Dabei haben wir nicht wirklich daran geglaubt, daß es geht und es ihm gelingt, darin sitzen zu können. Immerhin gehört dazu, daß ein Kind darin die Balance halten und sich selbst festhalten kann.
Aber es ist Sinan auf Anhieb ohne Schwierigkeiten gelungen. Er saß stabil und hielt sich selbst fest. Vermutlich ist es ein automatischer Reflex, um die Balance nicht zu verlieren.
Sarah und ich konnten uns vor Entzücken kaum halten. Unser süßer Sohn, der ja wirklich noch klein ist, saß wie selbstverständlich im Einkaufswagen.
Sinan selbst schien von der neuen Perspektive und der neugewonnenen Möglichkeit still beeindruckt, während wir vor Aufregung gar nicht von ihm lassen mochten. Es sah total klasse aus.
Schritt für Schritt geht es weiter und Sinan Canim André macht seinen Weg. Er ist gesund und völlig in Ordnung. Jeder neu erreichte Entwicklungsschritt bestätigt es immer wieder.

Sonntag, 17. Oktober

Zwei Wochen Urlaub auf Nordstrand liegen hinter uns. Gestern abend sind wir zurückgekommen und glücklich über unsere gut gelungene Rückkehr.

Der erste Familienurlaub war ein echtes Erlebnis und hatte durch Sinan Canim André und durch die Wahl des Urlaubsortes einen ganz anderen Charakter als die Urlaube, die Sarah und ich sonst gemacht haben.
Natürlich drehte sich alles um unseren tollen kleinen Sohn. Wenn dieser Urlaub auch nicht unseren sonstigen Gewohnheiten entsprach, so war er wichtig für die nochmalige Vertiefung unserer Beziehung. Vor allem habe ich gespürt, daß sich in den zwei Wochen an der Nordsee die Beziehung zwischen Sinan Canim und mir, eben die Vater-Sohn-Beziehung, verstärkt hat.
Hätten wir nicht nach einer Alternative bei dem Reiseveranstalter suchen müssen, weil wir unsere Reisen in der letzten Zeit so häufig storniert hatten, wären wir sicherlich nicht im Herbst an die Nordsee gefahren. Es war sicherlich nicht unser Traumziel. Aber mit Sinan Canim André ist jede Unternehmung etwas besonders. Nordstrand im Oktober heißt: Wind, Wind, Wind, insgesamt unbeständiges Wetter, wenig Trubel, kaum Einkaufsmöglichkeiten. Dabei kann ich als Norddeutscher der ganzen Sache wahrscheinlich noch mehr abgewinnen als Sarah.
Dennoch haben wir uns oft unter die wärmende südliche Sonne nach Gran Canaria oder in die Türkei geträumt. Davon hätten wir drei alles in allem sicher mehr gehabt und es hätte mehr unserem Stil entsprochen. Aber es war auch noch unsere Unerfahrenheit als Eltern. Jetzt wissen wir, daß wir mit Sinan sicher eine Reise mit dem Flugzeug in den Süden hätten unternehmen können. Jetzt würden wir es uns zutrauen, aber damals bei der Buchung waren wir einfach zu unsicher.
Urlaub mit einem kleinen Kind zu machen bedeutet, daß die täglichen Unternehmungen stark unter dem Einfluß der kindlichen Bedürfnisse stehen. Klar. Oft standen nur wenige zusammenhängende Stunden zur Verfügung, eingerahmt durch die Zeiten des Essens und des Schlafens. Meistens sind wir nicht vor der Mittagszeit aus der kleinen Ferienwohnung herausgekommen. So haben wir im Laufe der Ferienzeit Husum, Heide, Flensburg, Schleswig, Friedrichstadt, Tönning und den ehemaligen Wikingerort Haithabu gesehen.
Ausgedehnte Spaziergänge, die nicht unbedingt meine Sache sind, waren nicht oft möglich bei dem Wetter. Im Grunde hatten wir zwar noch sehr viel Glück mit dem Wetter, aber ungemütlich war es dennoch.
Als wir das erste Mal mit Sinan auf dem Deich an der Nordsee standen, fing er bitterlich an zu weinen. Der starke Wind hat ihm sicherlich angst gemacht. Es muß Sinan vorgekommen sein, als würde ihn der starke Wind daran hindern zu atmen. Erst nach einigen Tagen schien er sich daran gewöhnt zu haben. Dennoch sahen wir ihm an, wie er die Zähne aufeinanderbiß, ganz so, als würde er sich nicht die Blöße des Weinens geben wollen. Als Kind eines Norddeutschen wird er sich aber sicherlich an die friesischen Elemente gewöhnen müssen.
Als wir losfuhren, hatte Sinan noch mit den Überresten seiner kleinen Erkältung zu tun. An der Nordsee wurde er wieder ganz gesund und entwickelte durch das Reizklima einen noch besseren Appetit, als er ihn sowieso hat. Es war wirklich auffällig, wieviel Sinan gegessen und geschlafen hat. Geschlafen hat er zwar in der

Nacht nicht kontinuierlicher, was durchaus unser Wusch gewesen wäre, aber tagsüber. Sinan schlief häufiger mal ein, wenn auch nur sehr selten länger als die übliche halbe Stunde.
Kurz vor unserer Abfahrt hatte Sinan begonnen, sich krabbelnd durch unser Wohnzimmer fortzubewegen. In den vierzehn Tagen in Nordstrand hat er unglaubliche Fortschritte gemacht. Wie selbstverständlich legt er nun längere Strecken krabbelnd zurück. Außerdem hat er entdeckt, daß er sich an Dingen selbständig hochziehen kann. Unser Schatz hat entdeckt, welchen Spaß es macht und welche Lust es bereitet, sich aufzurichten. Und das tut er jetzt mit Wonne. Dabei sucht er sich Griffmöglichkeiten und zieht sich in die Hocke. Wenn sich die Gelegenheit bietet, zieht er sich auch höher.
Natürlich ist er dabei noch etwas unsicher und wackelig. Nicht gerade selten kommt es vor, daß er bei seinen Ausflügen in die Höhe das Gleichgewicht verliert und irgendwann nach hinten oder auf die Seite kippt. Obwohl wir sehr auf ihn aufpassen, passiert es auch ohne daß wir eingreifen können. Er rummst mit seinem kleinen Kopf auf den Fußboden, weint dann natürlich, läßt sich aber sehr schnell von uns beruhigen und trösten.
Dieses Geräusch, wenn sein kleiner Kopf auf den Boden schlägt, zerreißt mich immer wieder. Und bei seiner Energie und Lust am Fortkommen sucht er sich anschließend die nächste Möglichkeit, um sich irgendwo hochzuziehen. Es ist wirklich erstaunlich, wie sich Sinan Canim innerhalb dieser kurzen Zeit weiterentwickelt hat. Es macht uns sehr stolz.
Die lange Autostrecke zur und von der Nordsee, zusätzlich erschwert von den ferienüblichen Staus, hat Sinan ganz gut hinter sich gebracht. In jedem Fall hatte er oft bessere Laune als ich, wenn es wieder einmal nicht richtig vorwärtsging. Natürlich hatte er zwischendurch immer mal wieder eine Krise, wenn ihn das stundenlange Sitzen im Kinderautositz zu sehr langweilte, aber insgesamt hatten wir keinen Grund, uns über Sinan André zu beschweren.
Wenn die Krise zu heftig wurde, hat Sarah ihm mit unwahrscheinlicher Liebe und Ausdauer aus dem ihr eigenen, scheinbar unerschöpflichen Füllhorn ihrer Kinderliederkenntnisse vorgesungen. Oft war dadurch seine Laune wieder zu steigern. Ein wirklich pflegeleichter kleiner Junge.
Die Eingewöhnung am Ferienort verlief für unseren Sohn ohne Schwierigkeiten (wenn man mal von diesem starken Wind absieht) und schnell hatte er die neue Umgebung, auch die eigentlich ungewohnte Schlafumgebung in dem kleinen Kinderzimmer, akzeptiert.
Seine gewohnten Schlafkameraden, den blauen Freund, die Wommelmaus, Winnie-Puh, die Spieluhr mit dem Lied zur Nacht und die kleine Riege der namenlosen Kuscheltiere, die stets am Fußende liegen, hatten wir selbstverständlich mitgenommen.
Während des gesamten Urlaubs habe ich deutlich gespürt, wie sehr Sinan meine Seele immer noch und immer wieder auf eine ganz tiefe Art und Weise berührt

und wie eng meine eigene Befindlichkeit mit seiner zusammenhängt. Durch sein Dasein und natürlich auch durch sein eigenes Schicksal konfrontiert er mich nach wie vor mit meiner eigenen Lebensgeschichte, der Geschichte mit meiner Mutter und mit meinem Vater. Das geschieht ganz automatisch und diese Konfrontation ist unausweichlich, zwar nicht immer angenehm, aber emotional gut zu bewältigen, weil ich heute weiß, wer ich bin und wo ich hingehöre.
Was ist es mir doch für eine große Freude, wenn es unserem Sohn gutgeht, er sich wohlfühlt, spielt, quasselt, ich ihm nahe sein kann. Unsere Liebe zu ihm wird niemals enden. Da bin ich mir absolut sicher. Bei jeder Kleinigkeit ist viel Liebe dabei.
Oft habe ich im Urlaub gedacht, wie unglaublich es doch ist, wie sehr so ein kleiner Kerl wie Sinan die Energien von Sarah und mir abziehen kann und wie regenerierbar diese Energien anschließend wieder sind.
Es war schön zu beobachten, wenn er sich krabbelnd und strahlend durch die Wohnung bewegt hat. Auch den Bärenstand hat er für sich entdeckt. Er schaut sich die Welt auf diese Weise auch durch die Beine hindurch an.
Sinan Canim André hat es gelernt, seiner Freude auch sprachlichen Ausdruck zu geben. Oft gab es tägliche Sprachfavoriten. „Hetty, Hether, Hatita" gab es oft zu hören. Und er strahlte über das ganze süße Gesicht, wenn ihm einer von uns seine Lieblingsworte vorgesagt hat. Dann hat er zumeist gleich mit eingestimmt.
In einer der Inselkirchen Nordstrands hat Sinan außerdem entdeckt, daß in einem solchen Gebäude eine ganz andere Akustik herrscht. Immer wieder spielte er dort mit seiner Stimme und dem Klang im Gotteshaus.
Im Urlaub und schon seit einiger Zeit hier bei uns zuhause sitzt Sinan beim Essen im Hochstuhl. Er wirkt sehr glücklich und entspannt, weil er mit uns auf einer Höhe sitzen kann. In den Restaurants, die wir in Friesland aufsuchten, haben wir immer ganz voller Stolz nach einem Hochstuhl gefragt. Natürlich ißt er unser Essen noch nicht mit, aber immerhin ist er am Tisch mit dabei und knabbert eine Kleinigkeit von unseren Tellern.
Beim Italiener in Tönning hat er sich mit etwas Pizzateig vergnügt, kriegte allerdings das große Würgen und ich den absoluten Schweißausbruch. Sinan Canim hatte sich zuvor schon öfter verschluckt und was anderes war es auch dort nicht, aber meine Angst um ihn muß in diesem Augenblick größer gewesen sein als mein Vertrauen zu unserem Sohn, denn er schafft es eigentlich immer alleine, das zu groß geratene und geschluckte Stück Essen hochzuwürgen. Wie ein Wiederkäuer. Aber das weiß man ja vorher nicht.
Die gewohnten Bademöglichkeiten für Sinan Canim André hatten wir im Urlaub natürlich nicht. Aber wir können uns schließlich überall behelfen. Ich bin mit ihm zum Baden in die gefüllte Duschwanne gestiegen. Das ging auch ganz gut und hat Spaß gemacht.
Bis vor einiger Zeit hat sich Sinan im Kinderwagen oft ganz wild hin und her gedreht. Es wurde so extrem, daß wir schon Angst bekommen haben, er könnte

herausfallen. Auch dabei hat es jetzt eine neue Entwicklung genommen. Wir haben erlebt, daß sich Sinan jetzt sitzend völlig ruhig und entspannt durch die Gegend fahren läßt und wie ein kleiner Schwamm alles in sich aufsaugt, was um ihn herum in seiner Umgebung geschieht. Er ist dann ganz in diese Eindrücke versunken. Ganz emphatisch für seine Wahrnehmung.
Vorbei sind übrigens auch meine eifersüchtigen Gefühle auf die Beziehung von Sarah und Sinan. Ich habe gemerkt, daß ich eine ebenso gute und intensive Beziehung zu unserem kleinen Sohn habe. Das ist wahrscheinlich nie anders gewesen, aber ich habe vermutlich etwas länger gebraucht, um es zu verstehen.
Zu Schreiben war mir auch während unseres Urlaubs wichtig. Ein kleines Reisetagebuch habe ich geführt und darin die Unternehmungen und Gedanken aus der Zeit festgehalten. Unter dem 13.10. steht: *"Es macht Spaß, mit Sinan Canim unterwegs zu sein. Spaß macht es überhaupt, Sinan viel zu bieten, gerade auch Nähe, Zärtlichkeit und Albernheit, aber auch aktive Unternehmungen. Er genießt alles sehr und ich glaube wirklich, daß er ein ausgeglichenes, glückliches und zufriedenes Kind ist.*
Bei dem Pech, das wir vor Sinan Canim in Bezug auf eigene Kinder hatten, ist es heute fast unglaublich, welches Glück wir jetzt mit ihm erleben. Bei unserem damaligen Pech haben wir das heutige Glück mit diesem tollen Jungen wirklich verdient. Bei Sinans Pech am Anfang seines Lebens hat er engagierte, liebevolle Eltern, wie wir es sind, mehr als verdient. Es ist toll, mit ihm das Leben zu teilen und mit ihm neu zu entdecken."
Auf der Rückfahrt haben wir meine Schwester in Bremen besucht. Einige Tage zuvor hatte ich bei ihr angerufen und gesagt, daß wir gerne hereinschauen würden. Die Gelegenheit war günstig. Ein Jahr war es her, seit wir uns das letzte Mal gesehen hatten, das das erste Mal seit vielen Jahren war, nachdem wir es endlich geschafft hatten, die alten Konflikte zwischen uns zu überwinden, zu begraben bzw. ruhen zu lassen und uns gegenseitig zu verzeihen, was gewesen ist.
Immerhin: meine Schwester hatte Sinan Canim André noch nie gesehen. Durch unseren telefonischen Kontakt ist sie zwar immer informiert gewesen und sie kannte unseren Sohn von den Fotos, die ich ihr geschickt hatte.
Maria hat wirklich etwas für kleine Kinder übrig und es dauerte nicht lange, bis sie ihn auf den Arm nehmen wollte. Sinan Canim fand es allerdings erst nicht so prickelnd, von einer für ihn völlig fremden Person geherzt zu werden. Anfangs war er ganz verkrampft und fing an zu weinen. Er beruhigte sich nach der Rückkehr auf meinen Arm aber schnell und nach der Betrachtung meiner Schwester aus der Distanz ließ er es später auch zu, wenn sie ihn halten und gar nicht mehr loslassen wollte.
Trotz des leichten Fremdelns ist Sinan André ein sehr vertrauensvolles Kind, daß sich bei der richtigen Hinwendung zu ihm leicht um den Finger wickeln läßt. Wie es auch seine Art ist, fiel es ihm nicht schwer, meine Schwester ebenso um den Finger zu wickeln. Aber was braucht es schon dafür. Natürlich setzt er es nicht

bewußt ein, aber wer kann schon einem hübschen kleinen Jungen widerstehen, der sich von seiner besten Seite und dann noch ein Grübchen und die ersten sechs Zähne zeigt. Es war ein netter Besuch bei meiner Schwester und ich habe mich gefreut, daß sich die zwei endlich einmal gesehen haben.
Zur Taufe haben wir meine Schwester und ihre Familie eingeladen. Ich bin gespannt, ob sie es schaffen werden, am 28. November tatsächlich zu uns zu kommen, denn es ist mit einem immerhin nicht unbeträchtlichen Aufwand verbunden. Freuen würde ich mich sehr, wenn sie es schaffen zu kommen. Bei aller Freude habe ich nach dem Besuch festgestellt, wie groß die Unterschiede zwischen dem Leben sind, das ich mit meiner Familie führe und dem, das meine Schwester führt.
Am ersten Abend zuhause wurde es etwas später für Sinan als sonst. Nach dem Essen und dem Ritual zur Nacht war es nicht möglich, den kleinen Kerl einfach in sein Bett zu legen. Vielleicht war die Rückkehr und die Freude darüber zu groß. Sinan Canim kam nicht zur Ruhe. Als Sarah deshalb ein weiteres Mal zu ihm ins Zimmer ging, kniete er mit großen Augen am Fußende und hielt sich daran fest. Unglaublich.
Wir hatten nicht bedacht, daß die Höhe seiner Liegefläche bei der neugewonnenen Mobilität zu groß geworden ist. Wie leicht könnte er dabei aus dem Bett stürzen. Nicht auszudenken! In einer abendlichen Aktion mußten wir Umbauarbeiten an seinem Bett vornehmen, damit wir alle beruhigt schlafen konnten.
Heute, am ersten ganzen Tag zuhause, hat er durch seine Beweglichkeit die ganze Wohnung erkundet. Vorher hielt er sich nur im Wohnzimmer auf. Nun wird jedes Zimmer untersucht und erkundet. Als ich den allabendlichen Abwasch erledigen wollte, bog er wie selbstverständlich und ganz cool um die Ecke und erschien in der Küche. Sinan kam auf mich zugekrabbelt und umklammerte mein Bein, zunächst wie bei einer kindlichen Liebesbekundung, dann aber auch, um sich an mir hoch auf die Beine zu ziehen. Unwahrscheinlich süß. Ich habe ihn in meiner Begeisterung auf den Arm genommen und geküßt.
Opa Anton und Oma Frieda haben wir heute gleich besucht. Immerhin waren fünf Wochen vergangen, seit wir uns das letzte Mal gesehen hatten.
Fünf Wochen in Sinan Canims Leben sind schließlich eine ungeheuer lange Zeit. Zunächst war unser Sohn wie vermutet etwas ernst, skeptisch und es sah wirklich so aus, als würde er, als Anton ihn auf dem Arm hielt und nicht eher loslassen wollte, bis das erste Lächeln für ihn zurückgekehrt war, nachdenken. So nach dem Motto: *„Ich kenn dich. Und ich weiß, daß ich dich mag. Aber im Moment weiß ich nicht mehr genau, wer du bist."* Opa Anton mußte jedoch nicht lange warten, bis er wiedererkannt wurde. Sinan belohnte ihn mit seiner kindlichen Freundlichkeit sehr.
Natürlich haben die zwei gestaunt, welche Entwicklungsfortschritte Sinan Canim in der Zwischenzeit gemacht hat und sie hatten ihren Spaß daran. Sinan mußte

nicht gebeten werden. Nur zu gerne zeigte er seinen Großeltern, was er sich in den fünf Wochen angeeignet hatte.
Sinan Canim André wird am Mittwoch acht Monate alt. In der Zeit, seit er bei uns ist, ist er vollständig zu unserem eigenen Sohn und für Frieda und Anton zu ihrem eigenen Enkelsohn, ihrem siebten Enkelkind, geworden. Sie sind sehr glücklich darüber, daß er zu unserer Familie gehört. Er ist völlig in die Familie integriert.
Frieda sagte heute, daß man sehr weit zurückdenken müßte, um sich ins Gedächtnis zu rufen, daß Sinan eigentlich nicht unser eigenes Kind ist und auf welchem Wege er zu uns gekommen ist. Dafür liebe ich sie.

Montag, 18. Oktober

Gegen Mittag habe ich mit Thomas Wolf vom Jugendamt telefoniert. Leider liegen ihm noch keine Informationen darüber vor, ob wir automatisch die Rechtsnachfolge der Vaterschaftsklage gegen den biologischen Vater von Sinan Canim André durch die Adoption übernehmen müßten. Er vermutet jedoch, daß es eher nicht der Fall sein wird. Das läge in unserem Interesse.
Seit vielen Tagen spielt Sinan, wie ich bereits beschrieben habe, mit Lauten. Ständig kommen neue Silben und Worte aus ihm herausgesprudelt. Er hat eine sehr große Lust am Quasseln.
Heute hat er sich mit Kraft die Buchstaben *B* und *P* herausgepreßt. Immer wieder kam dabei *Baba* und *Papa* heraus und ich bin vor allergrößtem Entzücken dahingeschmolzen. Zwar bezweifle ich, daß Sinan mit Papa wirklich personenbezogen mich meint.
Allerdings ist mein Entzücken darüber so unwahrscheinlich groß, daß er schnell merken wird, daß ich mich angesprochen fühle, wenn er dieses Wort nur im Ansatz ausspricht.

Dienstag, 19. Oktober

In der vergangenen Nacht hat es sich erneut wiederholt, daß Sinan Canim länger geschlafen hat, als wir es sonst von ihm kennen.
Jeden Abend standen bisher drei mit Milchpulver vorbereitete Fläschchen für den nächtlichen Hunger zur Verfügung. Obwohl unser Schatz tagsüber gut ißt, plagt ihn auch in der Nacht der Kohldampf. Lange Zeit schlief er in solchen Zeitabständen, daß er die drei Fläschchen brauchte. Ohne diese drei Nachtflaschen ging es nicht. Jetzt bleibt eine davon ungenutzt stehen.
Jetzt ist es anders geworden und vielleicht weist es darauf hin, daß er diesen neuen Zustand auch in der Zukunft beibehalten wird. Sicherheit gibt es dafür natürlich

nicht. Es würde allerdings ebenso bedeuten, daß sich unsere eigenen nächtlichen Schlafzeiten, vor allem Sarahs, erhöhen würden.
Seit ein paar wenigen Nächten schläft Sinan André die erste Phase bis zwischen zwei und drei Uhr in der Nacht. Erst dann ist sein Hunger scheinbar so groß, daß er von diesem unangenehmen Gefühl wach wird. Nach dem Genuß des Fläschchens, das er zumeist mit geschlossenen Augen leert und erst zum Bäuerchen etwas öffnet, schläft er in der zweiten Phase bis gegen sechs Uhr. Das ist zwar eine schrecklich frühe Morgenstunde, aber immerhin ein Fortschritt. Wahrscheinlich können wir die Zeiten noch etwas nach hinten verschieben, wenn wir ihn später zu Bett bringen.
Momentan kriegt Sinan gegen 18.00 Uhr seinen Abendbrei und wird anschließend für das Bett vorbereitet. Oft hat er abends einen derart großen Hunger, daß er den Brei in großer Geschwindigkeit aufißt. Im Urlaub habe ich einmal die Zeit gemessen: Er hatte nur acht Minuten für das Abendessen gebraucht. Das war Turbozeit, aber über die Maßen lange braucht unser Sohn nie. Dafür ißt er einfach zu gern.
Nach dem Essen dauert die Pflegeprozedur und das Ritual zur Nacht etwa eine halbe bis dreiviertel Stunde, so daß Sinan Canim spätestens gegen 19.00 Uhr im Bett ist und in den meisten Fällen auch gleich einschläft.
Gemessen an der Expertenmeinung, die immer wieder in einschlägigen Babyliteratur zu lesen ist, schläft Sinan Canim bei einem Zeitaufkommen von 19.00 Uhr bis etwa 3.00 Uhr die Nacht durch. Schließlich ist das auch eine ganz gute, im Grunde ganz normale Durchschlafphase.
Mit großer Leidenschaft nimmt Sinans Beweglichkeit jeden Tag zu. Immer ist er in Bewegung, immer aus eigenem Antrieb und mit einer unwahrscheinlich großen Energie, allerdings fordert er auch manchmal Unterhaltung mit Bewegung und kleine Hilfestellungen von uns ein. Und diese Unterhaltung geben wir ihm gerne. Kein Zimmer ist mehr vor ihm sicher. Alles muß genau untersucht werden. Wir haben einen Anfang damit gemacht, die Dinge, an die er nicht gelangen sollte, aus seinem Dunstkreis zu entfernen.
Meine Schwester hatte uns gefragt, ob wir einen Laufstall für Sinan hätten. Für sie ist es eine Selbstverständlichkeit, ein Kind in ein solches Ding zu setzen. Für Sarah und mich wäre es allerdings undenkbar, unseren Schatz derartig einzugrenzen. Natürlich darf er längst nicht alles bei uns. Sinan ist ein Kind, daß mit klaren Strukturen und Grenzen aufwächst. Aber bei uns darf er sich überall ganz frei bewegen, auch wenn es für uns aufwendiger ist, weil wir dadurch mehr auf ihn acht geben müssen. Für uns käme ein Laufstall niemals in Betracht.
Längere Zeit habe ich mich gar nicht getraut, über meine Gedanken und innersten Befürchtungen zum plötzlichen Kindstod zu schreiben, diesem noch immer unerklärlichen, schrecklichen Phänomen, bei dem die Kinder einfach aufhören zu atmen. So sehr hatte es mich geängstigt.

Angst davor habe ich in der ersten Zeit häufig gehabt. Jetzt hat sie sich erheblich verringert, ist jedoch, wenn auch ganz weit hinten in meinem Herzen, immer noch vorhanden. Ganz verschwinden wird diese Angst wahrscheinlich erst, wenn Sinan Canim André seinen ersten Geburtstag gefeiert hat. Immerhin gilt das erste Lebensjahr als die kritische Phase für den plötzlichen Kindstod. Natürlich besteht diese Gefahr bei jedem Baby, einen Schutz, eine Impfung, gibt es nicht. Ganz am Anfang habe ich häufiger vor Sinans Bettchen gestanden und gehorcht, ob und wie seine Atmung verläuft.
In erster Linie war es die für mich typische Angst vor dem Verlust dieses kostbaren Kindes, wenn ich mal von der allgemeinen Gefahr absehe. Je älter Sinan wurde, desto seltener habe ich daran gedacht, daß so etwas passieren könnte. Vielleicht dadurch, daß wir unseren süßen Sohn für besonders zäh halten und seine Lust am Leben jeden Tag beobachten können, hat sich die Angst erheblich verringert.
Überhaupt muß mit Sicherheit der Verlust eines Kindes das Schlimmste sein, was einem Menschen im Erwachsenenalter passieren kann. So denke ich und ich kenne viele andere Menschen, die so denken und empfinden.
Die oft in den Medien publizierte Gleichgültigkeit und Verachtung von Kindern kann ich nicht verstehen.
Mittlerweile kann ich die ganzen Grausamkeiten, die täglich Kindern angetan und im Fernsehen breitgetreten werden, nicht mehr ertragen. Wie ich jedesmal gerührt bin, wenn irgendwo ein Kind geboren wird, und sei es auch nur in einem Film, ist kolossal. Ich bin sehr betroffen, wenn wieder gemeldet wird, daß ein Kind vermißt, mißhandelt, mißbraucht oder getötet wurde. Ich konnte es noch nie ertragen, aber seit Sinan Canim bei uns ist, noch viel weniger.
Wäre ich in der Familie davon betroffen, wüßte ich genau, was ich mit dem Täter machen würde. So habe ich lange Zeit vor Sinan nicht gedacht und gefühlt. Und durch die Ausbildung an der Fachschule für Sozialpädagogik, die mich mit Sicherheit erheblich beeinflußt hat, hielt ich mich für einen besonders friedfertigen Menschen. Heute weiß ich genau, daß ich es zwar immer noch bin, aber nicht mehr dieser Hinsicht überhaupt. Wäre ich betroffen, würde ich die Konsequenzen ziehen.

Mittwoch, 20. Oktober

Sinan Canim André ist heute 8 Monate alt geworden und er begeht seinen Tag auf seine unnachahmliche Art und Weise. Ständig versucht er, sich an Gegenständen in der ganzen Wohnung hochzuziehen.
Mittlerweile ist nichts mehr vor ihm sicher. Während seiner Aktionen bleibt es nicht mehr dabei, daß er sich lediglich nur auf die Knie hochzieht. Das ist längst bloß nur noch ein Zwischenschritt. Schnell steht er auf seinen kurzen Beinen.

Diese neugewonnene Mobilität macht ihn sehr glücklich. Dabei bewältigt er zaghaft und unsicher die ersten kleinen Schritte, was er schon länger macht, wenn wir ihn an den Händen halten.
Manchmal frage ich mich, was diesen kleinen Kerl derart antreibt, so schnell auf die Beine zu kommen und laufen zu lernen. Ich kann es mir eigentlich nur mit Sinans ausgesprochener Lust an Bewegung und am Leben erklären. Einen anderen Grund kann ich nicht sehen. Und natürlich können wir ihm seine Geschwindigkeit nicht nehmen. Die Geschwindigkeit bestimmt er selbstverständlich alleine.
In der vergangenen Nacht meldete sich Sinan Canim gegen 1.30 Uhr zur Nahrungsaufnahme. Nachmittags waren Frieda und Anton bei uns.
Nach dem Besuch, an dem er viel Spaß hatte, war Sinan ganz aufgedreht und später völlig abgekämpft. Gerötete Wangen hatte er und fühlte sich leicht fiebrig an, hatte aber lediglich 37,7 °C. Erhöhte Temperatur. Als er später eingeschlafen war, fühlte er sich im weiteren Verlauf der Nacht aber ganz normal temperiert an.
Weil ich wegen meiner Rückenprobleme seit einiger Zeit sehr aufpassen muß, hatte ich Sinan André schon länger nicht mehr in der Nacht die Flasche gegeben, zumal das Herausheben aus dem Bett für mich kaum zu bewältigen ist und ich dabei auf ihn und mich Rücksicht nehmen muß.
Vergangene Nacht habe ich ihn dennoch gefüttert, nachdem Sarah ihn herausgehoben hatte. Wie üblich nahm er die Milch mit geschlossenen Augen und gewohnter Saug- und Eßlust zu sich. Es muß ihm aber trotzdem ungewohnt vorgekommen sein, daß ich ihm die Flasche gab. Wie nebenbei tastete er mein Gesicht während der Mahlzeit mit den Fingern seiner kleinen Hand ab.
Erwähnenswert finde ich, daß er sich neben anderen Dingen für die Waschmaschine im besonderen Maße interessiert, die bei uns in der Küche steht und jetzt nach dem Urlaub häufig läuft. Wenn die Waschmaschine nicht läuft, interessiert sich Sinan Canim nur insofern für sie, als daß er sich an der Öffnung hochziehen kann. Läuft sie aber, ist er total daran interessiert und kann kaum den Blick davon lassen. Aber es ist oft so, als würde ihn der Anblick der sich drehenden Trommel irgendwann überfordern oder ängstigen, denn nach einiger Zeit fängt er inmitten der ansonsten fast meditativen Betrachtung an zu weinen.
Besonderen Spaß haben Sinan und ich, wenn wir beide auf dem Teppichboden im Wohnzimmer liegen. Ich lege mich gerne zu ihm, um ihm auf seiner Ebene nahe zu sein. Es dauert nie lange und unser toller Sohn kommt voller Vorfreude angekrabbelt, nutzt mich, um sich an mir aufzurichten und hochzuziehen. Dabei entsteht wirklich immer viel Nähe und Schmuserei, die wir beide sehr genießen. Er ist dabei zwar viel in Bewegung, ruht sich aber auch bei mir aus, lehnt seinen Kopf an meinen oder schaut mir einfach nur strahlend in die Augen. Es ist dann ein Gefühl, als würde ein Engel durch das Zimmer fliegen. So schön sind diese Momente.
Die ruhige Atmosphäre, die bei uns üblich ist und die wir Sinan Canim bieten können, tut ihm sichtlich gut. Bei uns in der Familie herrscht kaum Unruhe oder

Hektik. Das war bereits in der Zeit vor der Aufnahme unseres Sohnes so und hat sich nachher fortgesetzt. Der Fernseher läuft in Sinans Anwesenheit so gut wie nie. Nur manchmal, wenn ein besonderes Fußballspiel übertragen wird.
Selbst wenn Sarah und ich uns streiten, eben nicht nur auf die übliche ruhige Art irgendwelche Dinge miteinander besprechen, machen wir es nicht zu deutlich, wenn Sinan dabei ist. Dabei müssen wir uns nicht verbiegen. So weit sollte sich wirklich jeder Mensch disziplinieren können, weil Streit Kinder immer nur unnötig verunsichert.
Dennoch kriegt Sinan es deutlich mit, daß wir uns ausführlich unterhalten und auch zärtlich zueinander sind. Küssen wir uns, schaut er uns interessiert und mit neugierigen Augen an. Er beobachtet genau, wie wir miteinander umgehen und wer außer uns sollte ihm ein Vorbild dafür sein. Dabei ist es völlig unerheblich, daß Sinan André noch so jung ist. Wie alles andere um ihn herum, nimmt er den sozialen Umgang von uns und innerhalb der Gesamtfamilie wahr. Auch solche Dinge saugt er auf wie ein kleiner Schwamm.

Donnerstag, 21. Oktober

Sinan Canim André ist mir mehrere hunderttausend Gedanken und Ideen wert, mit denen ich mich, seit er bei uns ist, auseinanderzusetzen habe und beschäftigen kann. Es geschieht durch das intensive Leben mit ihm automatisch und ich tue es von Herzen gerne. Noch nie habe ich mich von den Auseinandersetzungen überfordert gefühlt und es ist mir noch nie zu viel geworden. Dafür ist mein Glück zu groß.
Sinan und das Leben mit ihm und Sarah ist meine große Leidenschaft. Die schreibende Reflexion der Erfahrungen und Beobachtungen, der Gefühle und Gedanken ebenso.
Dankbarkeit flammt immer wieder in mir auf, daß wir es bei der Unmöglichkeit, eigene Kinder zu bekommen, trotzdem miterleben können, wie sich ein Kind von Beginn an entwickelt. Gerade weil Sinan so jung war, als er zu uns kam, haben wir nicht mit den Schwierigkeiten zu kämpfen, die ein durch negative Erfahrungen vorgeschädigtes Kind mitgebracht hätte.
Sinan Canim ist unsere große Chance, ein Kind von Beginn an nach unserer Vorstellung, nach unserem Menschenbild, zu erziehen. Bei ihm haben wir es nicht mit den massiven Altlasten zu tun wie andere Pflege- und Adoptiveltern.
Natürlich hätten wir auch ein älteres Kind bei uns aufgenommen, wenn es zu uns gepaßt hätte. Marcel und Tobias aus Witzkirchen waren sicher eine ganze Spur zu sehr geschädigt für unsere Maßstäbe und wir hätten ihnen und uns keinerlei Gefallen getan, wenn es zu einer Aufnahme gekommen wäre.
Glücklicherweise haben wir uns damals nicht in die eigene Tasche gelogen und die Konsequenz der Ablehnung gezogen. Für mich ist die Entscheidung, Marcel

und Tobias nicht aufgenommen zu haben, immer noch ein deutliches Zeichen dafür, daß unser Kinderwunsch, so groß er auch war, noch keine übersteigerte Form angenommen hatte. Aber ein anderes, weniger verletztes Kind aufzunehmen, war schon nach unserer Vorstellung.
Sicher wäre uns dieses hypothetische Kind irgendwann ebenso ans Herz gewachsen wie Sinan André. Daran glaube ich mit Bestimmtheit, auch wenn wir es deutlich mit den Vorerfahrungen des Kindes zu tun bekommen hätten. Gefreut hätten wir uns auch bei diesem Kind über jeden Schritt, der in die übliche Entwicklungsfolge von Kindern gepaßt hätte. Gefreut hätten wir uns wahrscheinlich im gleichen Maße, wenn zu beobachten und spüren gewesen wäre, wie sich das Kind uns annähert und uns nach und nach als seine festen Bezugspersonen, seine neuen Eltern, akzeptiert.
Trotzdem gehe ich davon aus, daß zu irgendeinem Zeitpunkt der Gedanke aufgetaucht wäre, wie schade es ist, daß wir die erste Lebenszeit des Kindes nicht miterlebt haben. Nicht in erster Linie, um dem Kind die gemachten Vorerfahrungen zu nehmen, sondern aus dem egoistischen Grund, wenigstens einmal im Leben die Entwicklung von Beginn an verfolgen zu können.
Ich glaube, daß dieser Gedanke an das, was ich gedanklich eines Tages an familiärer Entwicklung vermißt hätte, bei einem weiteren Kind nach Sinan nicht mehr so deutlich auftreten wird.
Alles hypothetisch und es hat mehr mit mir selbst zu tun als mit einem Kind. Vermutlich gehört es in die lange Reihe der subjektiven Auseinandersetzungen, die auftreten müssen, wenn man nicht auf dem einfachsten Weg zu einem eigenen Kind kommen kann.
Über das Wochenende fahren Sinan, Sarah und ich zu einem Pflegeelternseminar des Jugendamtes. Nach Guppichteroth. Das ist tiefste bergische Provinz. Insgesamt werden wir acht Familien sein.
Ich bin wirklich gespannt darauf, wie es werden wird und darauf, welche Erfahrungen andere Pflegeeltern gemacht haben. Ich freue mich auf den Austausch mit den Erwachsenen und darauf, andere Pflegekinder zu sehen. Außerdem teile ich mich selbst ja auch ganz gerne sprachlich mit.
Weil Sarah und ich mit Sinan Canim noch nicht sehr lange dabei sind, hatten wir bisher noch keinen Kontakt zu anderen Pflegeeltern, außer das geringe Maß beim Sommerfest des Jugendamtes. Aber das kann nicht mitgerechnet werden.
Vermutlich werden wir uns von anderen Eltern dadurch unterscheiden, daß wir Sinan so früh bekommen haben und uns nicht mit einer schlimmen Vorgeschichte in Bezug auf Mißhandlung, Mißbrauch oder eine andere Art von Gewalt an Kindern auseinandersetzen müssen.
Sinans Herkunftsgeschichte ist schon tragisch genug, unterscheidet sich aber bestimmt von den Problemen der anderen. Und wir haben mit Oma Klara und ihrer kleinen Familie auch sehr viel Glück gehabt. Der Kontakt zur Ursprungsfamilie kann immerhin sehr hart und belastet, auch belastend, sein.

Mit Sinan Canim André haben wir wirklich das große Los gezogen. Immer wieder ist es deutlich spürbar, auch wenn er seine eigene dramatische Geschichte mitbringt, die wir auf gar keinen Fall unter den Teppich kehren wollen und werden. Im Gegenteil: es ist zwar nicht täglich Thema bei uns, aber Gespräche unter uns und innerhalb der Familie oder mit Freunden über das Schicksal von Beate Loeser und Sinan finden immer wieder statt.
Jetzt kann ich persönlich solche Gespräche ertragen. Damals, als seine Mutter im Sterben lag, habe ich Gespräche über ihren Zustand und Sinans Perspektive in seiner Anwesenheit abgelehnt. Ich bin in dieser Sache etwas extremer gewesen als Sarah, weil ich es wichtig fand, daß Sinan damals, als er noch nur André hieß, vor den damit verbundenen negativen Gefühlen und Stimmungen geschützt wurde. Nicht vor der Geschichte an sich.
Natürlich hätte er die gesprochenen Sätze nicht verstehen und in keine erwachsene Logik bringen können. Aber ich glaube daran, daß selbst die jüngsten Kinder Antennen dafür haben, was Gefühle und Stimmungen betrifft. Untersuchungen dazu bestätigen meine Annahme. Sicher gibt es auch andere, die es bestreiten würden.
Ich gehe davon aus, daß das Seminar gut werden kann, eben des Austauschs wegen und wegen der Konfrontation mit den Schwierigkeiten anderer Eltern, weil Sarah und ich in greifbarer Zukunft immerhin ein weiteres Kind aufnehmen wollen und wir dabei überhaupt nicht davon ausgehen können, daß wir nochmals ein so junges Kind vermittelt bekommen. Die Wahrscheinlichkeit ist sehr gering. Aber jetzt muß unser purer erwachsener Egoismus nicht mehr bedient werden.
Sinan Canim Andrés Erziehung liegt uns sehr am Herzen. Wir wollen, daß er durch uns klare Strukturen und Grenzen erlebt und zu einem für diese Gesellschaft reifen Menschen heranwächst. Dazu gehört es, daß wir diejenigen sind, die den Rahmen und das Maß der Erziehung vorgeben und in der Hand behalten.
Seit ein paar Tagen hat es unser kleiner süßer Schatz drauf, unüberhörbar deutlich jammernd durch die Wohnung zu ziehen, wenn wir uns einmal nicht mit ihm beschäftigen. Er trifft dabei genau die Tonlage, durch die wir sehr schnell ein schlechtes Gewissen bekommen. Sinan kennt uns gut und weiß, was bei uns zieht. Natürlich können wir nicht mit uns spielen lassen.
Wenn Sinan nichts anderes betrübt als der momentane Augenblick, in dem er gerade mal nicht unsere Aufmerksamkeit kriegt, muß er es lernen, eine solche Situation zu ertragen. Aber das sagt sich natürlich leicht. Kaum jemand kann es ertragen, wenn das eigene Kind klagend jammert oder wimmert. Und wir schon gar nicht.
Bei aller Lust auf das Leben mit ihm dürfen gerade wir Liebe und Aufmerksamkeit nicht mit Überbehütung und Verhätscheln verwechseln. Die Vorstellung ist ziemlich schrecklich, wie sich Sinan entwickeln würde, wenn wir ihm ständig die Hand vor den Hintern halten würden. Wir würden unseren eigenen Erziehungsansprüchen und Wertvorstellungen nicht gerecht werden.

Ich gehe davon aus, daß es uns nicht passiert, wir solange nicht in die Elternfalle tappen, wie wir es uns immer wieder vor Augen führen und es uns bewußt bleibt, daß es Sinan nicht schadet, daß er solche, für ihn zunächst subjektiv negativen, Erfahrungen macht. Es geht einfach kein Weg daran vorbei. So schwer es uns fällt. Da muß unser Süßer durch.
Durch das Leben mit Sinan Canim und die eigenen Erziehungserfahrungen kann ich viele Schwierigkeiten, über die ich als Erzieher und Leiter von Kindertagesstätten häufig nur den Kopf schütteln konnte, wesentlich besser verstehen. Früher war ich einigermaßen entsetzt, verständnislos und verzweifelt über die mangelnden Konsequenzen mancher Eltern der Kindergartenkinder.
Durch die eigenen Erfahrungen heißt es nicht, daß ich die gleichen Fehler machen muß, aber ich kann die Gefahr, daß man diese Fehler macht, wesentlich besser nachvollziehen. Dabei ist es dann ziemlich egal und wiegt in der Waagschale der Erziehung keinen Deut mehr, wenn man eine pädagogische Ausbildung hat. Aber diese Erfahrung muß man erst einmal machen.
Würden hauptsächlich MitarbeiterInnen in Kindergärten arbeiten, die selbst Kinder haben, wäre mit Sicherheit der Graben zwischen Eltern und pädagogischem Personal nicht so groß, wie er häufig ist.
Apropos Kindergarten: es liegt zwar noch in ferner Zukunft, aber Sinan soll mit drei Jahren natürlich in den Kindergarten gehen. Dabei mache ich mir heute keinerlei Gedanken um ihn. Ich kann zwar nicht einschätzen, wie es sein wird, wenn es soweit ist, aber wenn sich der Charakter, den unser Sohn jetzt zeigt, weiter verdeutlicht, gibt es keinen Grund zur Sorge.
Wirklich gespannt bin ich darauf, wie diese Erfahrung, auf der anderen Seite, der Elternseite, zu stehen für Sarah und mich sein wird. Zunächst einmal freuen wir uns darauf. Aber ob gerade ich mich in dem Maße zurückhalten kann bei der Beurteilung mancher Dinge, wage ich in Zweifel zu ziehen. Dafür ist dieser ganze Bereich für mich vermutlich zu sehr mit meiner eigenen Leidenschaft besetzt. Mal sehen, wie es wird, wenn es soweit ist. Gespannt bin ich sehr darauf. Bereits heute sehe ich mich im Elternrat mitarbeiten.
Es stand in der Zeitung: Das Kind von Michael Jackson erleidet immer wieder gesundheitliche Kollapse, weil es von seinem abgedrehten Vater vor sämtlichen Einflüssen ferngehalten wird, die nur im Ansatz krank machen könnten. Das Kind hat durch diese Behandlung keine eigenen Abwehrmechanismen mehr und bricht deshalb bei der geringsten Kleinigkeit zusammen. Kein Wunder, wenn man in einem sterilen Raum gehalten wird.
So geht es bei uns nicht zu. Wir haben einen sauberen Haushalt. Vielleicht würde eine gestandene Hausfrau der älteren Generation die Hände über dem Kopf zusammenschlagen, wenn sie zu uns käme, um unserer Wohnung einem Check zu unterziehen. Wir leben in unserer 95 qm großen Wohnung in einem guten Mittelmaß.

Und Kinder, die noch hauptsächlich auf dem Teppichboden unterwegs sind, kann man selbstverständlich nicht davor schützen, daß sie ausgerechnet das Staubkorn oder das Haar finden, daß man beim Staubsaugen übersehen hat. Grundsätzliche Sauberkeit ist wichtig. Gerade mit einem kleinen Kind. Bevor man seinen Staubflocken Namen geben kann, ist es ein weiter Weg. Aber übertreiben muß man es mit der Hygiene natürlich nicht.
Im Sommer haben wir im Wohnzimmer einen neuen Teppichboden verlegt. Der alte Teppich, der noch vom Vormieter stammte, hatte längst ausgedient und als Sinan Canim anfing, seine Mobilität zu erweitern, schien uns ein neuer Teppich sinnvoll. Und es hat sich gelohnt, weil Sinan viel Mundkontakt mit dem Fußboden hat.
In der Frage, wie Sarah und ich mit der Sauberkeit des Teppichbodens umgehen, sind wir uns einig, daß regelmäßig gesaugt werden muß. Wir begehen die Wohnung zumeist nur mit Hausschuhen. Uneinig sind wir uns allerdings in der Frage, ob Besucher bei uns ebenfalls die Schuhe ausziehen müssen.
Wenn es allein nach mir ginge, würde ich es favorisieren, daß bereits bei Eintritt in die Wohnung die Straßenschuhe ausgezogen werden. Die islamische Methode finde ich besonders gut. Schließlich besteht die Welt außerhalb der Wohnung auf der Straße aus Schmutz. Draußen liegt so viel Dreck und Unrat herum, den ich nicht in unsere Wohnung hineingetragen wissen möchte.
Bevor Sinan Canim zu uns kam, war ich in dieser Hinsicht ziemlich gelassen, aber seit er bei uns ist, ist es mir sehr wichtig geworden. Bisher habe ich die Leute, die zu uns kamen, gebeten (man könnte auch sagen: aufgefordert!), die Straßenschuhe im Wohnzimmer auszuziehen. Ich finde es im Grunde völlig selbstverständlich und sehe es als eine Form der Rücksichtnahme Sinan gegenüber.
Allerdings sind Sarah und ich uns über diese Handhabung uneinig. Sie findet es nicht so schlimm, wenn Besucher unsere Wohnung mit Straßenschuhen betreten. Darüber müssen wir uns unbedingt auseinandersetzen und zu einer möglichst guten Einigung kommen. Wie ein Kompromiß in dieser Hinsicht aussehen kann, weiß ich nicht. Noch nicht. Ich hoffe einfach auf eine gute Lösung.
Allerdings kenne ich meine Sturheiten gut. Sogar bei Sinans Taufe Ende November würde ich es gerne sehen, wenn die Gäste, besonders auch die Kinder unserer Familie, die zwischendurch sicher durch den nahegelegenen Wald toben werden, die Schuhe ausziehen. Ich meine allerdings zu wissen, daß ich Sarah damit gar nicht erst zu kommen brauche.
Es ist schon bemerkenswert: Sinan Canim André könnte, wenn man es nach dem Aussehen beurteilt, unser ganz eigenes, selbst gezeugtes und zur Welt gebrachtes Kind sein. Menschen, die nicht wissen, daß Sinan ein angenommenes Kind ist, kämen mit Sicherheit nie darauf, daß er nicht unser leibliches Kind ist. Das ist schon ein Phänomen.
Natürlich ist es nicht zu beurteilen, wie stark sich Sinans Aussehen im Laufe der Jahre noch verändern wird. Aber Baby ist nicht gleich Baby. Sie sehen nicht alle

aus wie das andere. Sinans jetziges Aussehen wird sich natürlich verändern, aber im Zusammenhang zu dem, wie er jetzt aussieht.
Sinan hat dunkelblonde Haare, am Hinterkopf einen hellblonden Fleck und blaue Augen. Bis auf den Fleck sehen wahrscheinlich mehrere hunderttausend nordeuropäische Babys ebenfalls so aus, aber von seiner Physiognomie, der Abstände und Anordnung der Augen zur Nase und zum Mund besteht eine Ähnlichkeit zu Sarah und mir.
(Übrigens ist Sinan in vier Wochen kein Baby mehr. Zumindest nach der tabellarischen Einteilung ist er dann ein Kleinkind, wenn er neun Monate alt ist.)
Es gibt nichts, was Leute, die unsere familiären Hintergründe nicht kennen, als speziell von Mutter oder Vater geerbt identifizieren könnten. Es ist einfach so, daß wir drei rein äußerlich miteinander harmonieren.
Vielleicht ist es der Fall, daß sich ein so junges Kind wie Sinan es bei seiner Aufnahme war, während der Angewöhnung an uns auch ein Stück weit äußerlich anpaßt hat und wir uns ihm.
Ganz abwegig finde ich den Gedanken nicht. Es gibt immerhin das Beispiel von den Hunden und ihren Haltern, die sich im Laufe der Zeit immer ähnlicher werden.
Ich möchte uns zwar nicht mit der Anpassungsfähigkeit von Hunden und ihren Haltern vergleichen, aber in jedem Fall ist es schön, als Familie optisch positiv zu wirken und zueinander zu passen.
Als Sinans Eltern finden wir unseren Sohn natürlich besonders hübsch. So geht es vermutlich allen Eltern. Unabhängig von unserem Aussehen sagen viele Leute, daß Sinan ein hübsches Kind ist. Als Mutter und Vater haben natürlich auch Sarah und ich dafür ein großes Ohr.
In wenigen Wochen beginnt die Vorweihnachtszeit. Im Fernsehen war die erste Weihnachtswerbung zu sehen und in den Supermärkten gibt es weihnachtliche Süßigkeiten. Und nicht erst seit gestern. Es ist nicht mehr lange hin.
Sinan Canim André hat es geschafft, daß wir Zeit noch mehr als rasendes Element empfinden, weil durch ihn Langeweile zu einem unbekannten Wort und zu einem fremden Zustand geworden ist. So geht es wahrscheinlich allen Menschen, die Kinder haben und sich auf das Leben mit ihnen einlassen.
Sarah und ich freuen uns unglaublich auf das erste gemeinsame Weihnachtsfest mit Sinan André. Es bekommt durch ihn eine ganz neue Qualität. Sehr schön muß es sein, wenn er mit großen Augen und geöffnetem Mund staunt und langsam in den besonderen Zauber dieses Festes eintaucht.
Es wird uns bestimmt sehr zu Herzen gehen. Und es hat eine Verbindung zu unserer Geschichte in Bezug auf Kinder und auf das allgemeine Erleben von Weihnachten mit Kindern.
Der Nikolaustag am 6. Dezember ist eine klare Angelegenheit. Der Nikolaus ist eine durchschaubare Sache und Sarah und ich haben bereits besprochen, daß wir Sinan die Originalgeschichte vom Nikolaus, dem Bischof aus Myra, das damals

noch zum christlichen Einzugsgebiet gehörte und heute zur türkischen Republik, erzählen werden. Dabei gibt es Klarheit.
Klarheit haben wir auch dabei, daß Sinan von klein auf die christliche Weihnachtsgeschichte kennenlernen soll.
Unterschiedlich geprägt sind Sarah und ich allerdings bei der Frage, wer zu Weihnachten die Geschenke bringt. Christkind oder Weihnachtsmann. Für Sarah ist es das Christkind, das Heilig Abend kommt. Ich habe gelernt, daß es sich bei dem Christkind nicht um das kleine Jesuskind handelt, sondern ein engelähnliches Wesen ist, das die Menschen beschert. Mir selbst ist die Tradition des Christkinds unbekannt. Vermutlich ist es eine rheinländische Tradition.
Im vorwiegend evangelischen Norddeutschland ist es der Weihnachtsmann, der als einzig zuständige Person auftaucht und die Geschenke ausbreitet. Ich glaube, in meiner Heimat käme niemand auf die Idee, vom Christkind zu sprechen. Es klingt katholisch und würde deshalb zum Rheinland passen.
In jedem Fall müssen Sarah und ich besprechen, wer denn Weihnachten kommt, damit es nicht zu einer Konfusion kommt und wir vor Sinan die gleiche Sprache sprechen. Allerdings glaube ich nicht, daß es ein schwieriges Gesprächsthema ist. Längst nicht so kompliziert wie die Frage, ob bei uns im Wohnzimmer prinzipiell die Straßenschuhe ausgezogen werden, solange Sinan Canim noch so klein ist.

Sonntag, 24. Oktober

Am Freitag haben wir von Oma Frieda und Opa Anton einen neuen Bezug für Sinans Kindersitz geschenkt bekommen. Er ist dem kleinen Maxi-Cosi entwachsen und kann nun in dem für ihn wesentlich bequemeren, größeren Kindersitz sitzen. Die positive Veränderung war sofort zu beobachten. Seine Blickrichtung ist jetzt nach vorne gerichtet, er bekommt wesentlich mehr von der Umgebung mit, ist dadurch zufriedener und schlief bedeutend leichter und ohne Unzufriedenheiten während einer Autofahrt ein. Dieses tolle Geschenk kam gerade zur richtigen Zeit.
Im Laufe des Nachmittags sind Sinan Canim André, Sarah und ich heute vom Pflegeelternseminar aus der Familienbildungsstätte in Guppichteroth zurückgekehrt. Gefreut haben wir uns nach einem intensiven Wochenende auf die Ruhe in unseren eigenen vier Wänden.
Innerlich bereichert sind wir vom Wochenende mit den anderen Eltern und Kindern zurückgekommen, ganz sicher auch Sinan André.
Insgesamt sieben Familien haben teilgenommen. Alles Eltern mit ihren Pflege- und / oder Adoptivkindern, teilweise auch mit zusätzlichen leiblichen Kindern. Wie wir hatten manche ein Pflegekind, es gab aber auch Eltern mit zwei oder drei Pflegekindern. Vorrangig vertreten waren Familien, die Pflegekinder mit dem Ziel der Adoption aufgenommen haben.

Eine Familie war dabei, die die schreckliche Erfahrung gemacht hatte, daß das liebgewonnene Pflegekind zu seiner Herkunftsfamilie bzw. zur stabil gewordenen Mutter zurückgekehrt ist und nach einiger Zeit erneut in einer Pflegefamilie untergebracht werden mußte.
Unser kleiner Schatz hatte ganz besonders großen Spaß. Noch nie war er über eine so lange Zeit mit so vielen anderen Kindern und Erwachsenen zusammen. Und seine Kontaktfreude und seine Lust, mit anderen Menschen umzugehen, gerade auch mit anderen Kindern, hat sich wieder einmal bestätigt. Sarah kannte ihn im Umgang mit anderen, eigentlich fremden, Kindern bereits aus der Kindergruppe, zu der beide regelmäßig jeden Donnerstag gehen. Ich noch nicht.
Es war eine wahre Freude zu sehen, wie sehr es Sinan Canim gefällt, mit anderen Kindern zusammen zu sein. Meistens strahlte er über das ganze Gesicht, gab freudige Laute von sich und seinen Wangen waren stets gerötet vor Aufregung. Wirklich klasse.
Sinan Canim war das jüngste Kind von allen bei diesem Wochenende, aber bei sämtlichen Aktivitäten der Kinderschar war er dabei. Während der Seminarrunden für die Erwachsenen war für die Kinderbetreuung gesorgt und es war überhaupt kein Problem, Sinan zu den Betreuerinnen in die Gruppe der Kleinen zu geben.
Für uns war es natürlich auch sehr aufregend, quasi Premiere, denn es war das erste Mal, daß wir unseren Sohn außerhalb der Familie in andere Hände gegeben haben.
Aber es war von guten Gefühlen begleitet, denn wir wußten, daß es Sinan mit Sicherheit gefallen wird und die Betreuerinnen machten einen sympathischen und zuverlässigen Eindruck.
Insgesamt drei Male konnten und haben wir Sinan über mehrere Stunden in die Betreuung gegeben und jedes Mal war es gut. Einmal ist Sinan sogar mit auf einem Waldspaziergang der ganzen Kindergruppe, die sonst in kleine und große Kinder aufgeteilt war, gewesen. Daß er dabei von einer der Betreuerinnen als eigentlich fremde Person in dem für ihn gewohnten Tragetuch getragen wurde, hat ihm nichts ausgemacht.
Die Betreuerinnen waren sehr von ihm angetan und begeistert von seiner Lust und seiner Energie, von der Hocke und vom Krabbeln zum Stehen zu kommen, von seinem Spaß an der eigenen Bewegung und seinem positiven, freundlichen Wesen. Uns hat es wieder einmal sehr stolz und glücklich gemacht und es war ein tolles Gefühl, Sinan Canim aus der Gruppe abholen zu können. Nur zu gerne hatten wir ihn dann wieder bei uns und an ihm war ebenfalls zu spüren, wie er sich freute, wenn wir ihn abgeholt haben. Er weiß ganz genau, zu wem er gehört. Ohne jeden Zweifel.
Sarah und ich finden es nicht selbstverständlich, daß er in seinem jungen Alter die Betreuungszeit derart problemlos durchgehalten hat.

Eines unserer Ziele ist es, daß er lernt, auch ohne uns zurecht zu kommen. Wir wollen alles dafür tun, daß er sich in solchen Situation gut fühlt und Gefallen daran entwickelt.
Oftmals haben selbst Kinder, die mit drei Jahren in den Kindergarten gehen und während der Eingewöhnungszeit nur eine oder zwei Stunden bleiben sollen, wesentlich größere Schwierigkeiten mit der Angewöhnung an fremde Erwachsene.
Bei den mehrmaligen gemeinsamen Treffen von Kindern und Eltern hatte Sinan ebenfalls seinen Spaß, wenn gesungen und getanzt wurde. Er war zwar oft total müde, rieb sich die kleine Nase und das ganze Gesicht, verdrehte sich die Ohren, war aber mittendrin im Geschehen und vergnügte sich juchzend und hüpfend, von Sarah oder mir gestützt. Er gab wirklich ein Bild für die Götter ab. Dabeisein war einfach alles für ihn.
Überhaupt hat Sinan wieder einen kleinen Schritt getan. Am liebsten ist er nur noch auf den Beinen und nur noch ausnahmsweise in der Hocke oder bewegt sich krabbelnd durch Räume. Jetzt nutzt er wirklich jeden Gegenstand, um sich daran hochzuziehen. Allerdings muß er dabei noch die Erfahrung machen, welche Dinge sich zum Hochziehen eignen und welche nicht. Eine der Betreuerinnen sagte, sie würde ihm noch vier bis acht Wochen geben, bis er laufen gelernt hätte.
Sogar die relative Unruhe während der Mahlzeiten im Speisesaal hat Sinan überhaupt nicht gestört. Noch ißt er das Essen der Großen natürlich nicht mit; entweder hatten wir ihn vorher verköstigt oder ihm seine Babynahrung am Tisch gegeben.
Es gab so viel Neues und Interessantes für ihn zu beobachten, daß er es einfach genossen hat. Die anderen Kinder und Erwachsenen reagierten positiv auf ihn und selbst von sich aus baute er häufig den Kontakt auf. Die anderen Eltern und die beiden Mitarbeiterinnen des Jugendamtes, die das Seminar begleitet haben, waren ganz erstaunt über Sinans fortgeschrittenen Entwicklungsstand bei seinen acht Monaten und über seine fröhliche Art. Meine sowieso schon sehr stolzgeschwellte väterliche Brust schwoll immer mehr an und drohte zu bersten.
Außer Sinan, ausgerüstet mit Überfliegerstatus, den eben auch die anderen Erwachsenen wahrgenommen haben, ist noch ein Mädchen in der Nähe seiner Altersklasse dabeigewesen, die zwar gerade ein Jahr alt geworden war, aber in der Entwicklung weit hinter unserem Sohn zurücklag. Durch Sinan wurden ihre Defizite besonders deutlich und dieses Mädchen wirkte davon unabhängig kümmerlich und bemitleidenswert.
Ich selbst bin mit sehr viel Neugierde zu diesem Seminar gefahren. Gespannt war ich auf die Erfahrungen anderer Pflegeeltern, denn durch den Umstand, daß Sinan Canim ganz jung zu uns kam und wir keine Schwierigkeiten mit seiner verbliebenen Herkunftsfamilie haben, bilden wir eine Ausnahme.
Wie wir es uns gedacht hatten, gibt es selbstverständlich eine Vielzahl von möglichen Problemen, die Pflegeeltern mit ihren Pflegekindern und/ oder deren Ursprungsfamilien haben. Durch die Vielschichtigkeit der Probleme kann man sie

gar nicht aufzählen. Aber in manchen Pflegefamilien geht es wirklich hart zur Sache. Es gibt nichts, was es nicht gibt.
Über allem stehen aber dennoch die positiven Seite solcher Beziehungen. Sarah und mir hat es, bedingt durch Sinans Spaß im Umgang mit den anderen Kindern, aber auch trotz der Schwierigkeiten, die z. B. durch die Aufnahme eines vorgeschädigten oder etwas älteren Kindes, deutlich Lust auf ein zweites Pflegekind gemacht. Die Lust war schon vorher vorhanden, aber dieses Seminar hat es verstärkt.
Wenn ein zweites Kind frühzeitig zu uns in die Familie kommt, wird es für Sinan zwar auf der einen Seite eine Umstellung werden, aber auf der anderen Seite und unterm Strich werden die Vorteile für ihn dadurch überwiegen.
Klar ist, daß er dem neuen Kind Platz einräumen und ein Stück zur Seite rücken muß. Aber je jünger Sinan bei der Aufnahme eines weiteren Kindes sein kann, um so leichter wird es ihm fallen. Bei Sinans Freude an anderen Kindern und seinem Spaß an Kontakten, auch körperlicher Art, können wir uns Schwierigkeiten nur schwer vorstellen. Es wird gut werden. Da sind wir uns ganz sicher.
Dabei wäre uns diesmal das Geschlecht des zweites Kindes eigentlich unwichtig wie vor Sinan Canims Aufnahme bei uns. Gerne hätten wir zwar nach einem Jungen ein Mädchen, würden aber auch einen zweiten kleinen Jungen mit Kußhand nehmen. Das Geschlecht ist nicht wirklich wichtig.
Die Seminarstunden in der Gesamtgruppe oder in den Kleingruppen, in denen es um die Konflikte mit den Kindern und deren Ursprungsfamilien, den Schwierigkeiten in der eigenen Familie mit den Verwandten, Großeltern und leiblichen Kindern, der Entwicklung eines Kindes zum vollwertigen Familienmitglied, den psychischen Belastungen der oft mißhandelten, mißbrauchten und verwahrlosten Kindern, den psychischen Belastungen und Grenzen der Pflegeeltern, den Möglichkeiten und Unmöglichkeiten in der Betreuung und Beratung durch die verschiedenen Jugendämter, der Energie, die ein Zusammenleben mit einem vorgeschädigtes Pflegekind den neuen Eltern abverlangt, ging, waren sehr intensiv. Ich habe bestätigt gefunden, was ich bereits vermutet oder durch das Jugendamt erfahren hatte.
Es hat allerdings eine andere, lebensnahere Qualität, ob Pflegeeltern von ihrem Leben mit den Kindern erzählen oder das Jugendamt durch die beruflichen Erfahrungen mit den vielfältigen Fällen und Geschichten, die sie erlebt haben.
Deutlich wurde genauso, daß die Verständnisebene unter Pflegeeltern natürlich durch die Sache an sich gegeben ist. Man muß nicht viele Worte verlieren und ein anderes Pflegeelternteil oder -paar weiß einfach, was gemeint ist.
Diese Empathie können Leute, die ein solches Leben durch eigene Betroffenheit nicht führen, nicht besitzen. Natürlich liegt es auf der Hand, macht aber klar, daß andere Menschen ohne den tagtäglichen Bezug nicht dieses hohe Maß an Verstehen aufbringen können, so sehr sie sich der Familie oder dem Kind hingezogen fühlen.

Nach wie vor ist spürbar, daß Sarah und ich durch die besondere Situation mit Sinan mit einer Vielzahl von Problemen nicht konfrontiert sind. Trotz der Schwernis und der persönlichen Frustrationen, die in vielen der erzählten Erfahrungen und Geschichten lag, wirkte es bei der entsprechenden menschlichen Reife bereichernd und möglich, die Konflikte zu bewältigen.
So gut wie kaum wurde die persönliche Motivation oder der Hintergrund angesprochen, weshalb die einzelnen Teilnehmer oder Teilnehmerpaare ein Pflegekind aufgenommen haben. Vielleicht war dieses Thema zu persönlich, um es vor fremden Menschen auszubreiten. Themen wie Kinderlosigkeit durch Zeugungsunfähigkeit, Fehl- oder Totgeburten wurden, wenn überhaupt, in Kleingruppen angesprochen.
Gut war, daß das Seminar heute ein Ende hatte. Die Intensität der Auseinandersetzung reichte mir jetzt. Natürlich wurde selbst in den Arbeitspausen kaum über andere Themen gesprochen. Natürlich waren viele Dinge und Erfahrungen von anderen Pflegeeltern unglaublich interessant, aber alles reicht irgendwann.
Petra Jürgens vom Jugendamt meinte bereits am ersten Abend, als sie Sinan Canim André im Profil sah, daß es eine Ähnlichkeit zu seinem wahrscheinlichen oder angeblichen Erzeuger gibt. Dadurch, daß dieser Mann bereits mehrere Kinder gezeugt hat, die sich in der Obhut von Pflegefamilien befinden, sichert er im Grunde die Arbeitsplätze im Jugendamt.
In einer Familie lebt eine weitere Tochter von Günther Strumpfe. Julia heißt sie. Frau Jürgens will für uns den Kontakt zu dieser Familie herstellen. Sarah und ich sind auf das Kind gespannt. Vielleicht erweitert sich die Besonderheit unserer Familiensituation durch einen Kontakt zu diesen Leuten. Natürlich wissen wir nicht, ob die Familie Lust auf Kontakt hat, aber ein prinzipielles Interesse unterstellen wir schon.
Außerdem haben sie ein Foto von Sinans und Julias biologischem Vater. Und das ist für uns selbstverständlich sehr interessant. Darauf sind wir schon ganz gespannt.

Montag, 25. Oktober

Am kommenden Donnerstag haben wir mit Sinan Canim André einen Termin in der Risikoambulanz der Kinderklinik. Der letzte Termin fand statt, als wir gerade mit unserem Sohn im Juli in der Klinik waren und er nach der schrecklichen Notoperation entlassen werden konnte.
Vor dem für Frühgeborene üblichen Risikoambulanztermin haben wir auf dem Hintergrund von Sinans sehr guter Entwicklung keinerlei Bedenken. Wir wüßten nichts, was mit der Entwicklung unseres kleinen Schatzes nicht in Ordnung sein sollte und der Termin macht uns keine Angst.
Dennoch ist es immer wieder gut, die eigenen Einschätzungen ärztlich bestätigt zu bekommen.

Dieser Termin ist für uns eine Gelegenheit, um auf die K 10 zu gehen und das Team, das Sinan damals gerettet hatte, kurz zu sehen.
Selbstverständlich wird sich Sinan heute nicht mehr an die schlimmen Erfahrungen durch die Darminvagination erinnern. Die Fähigkeit zu Vergessen ist bei so kleinen Kindern wie Sinan eine große Chance, keinerlei Erinnerungen mehr an derart negative Gefühle zu behalten. Wahrscheinlich könnte es eine so junge Seele sonst nicht aushalten, wenn das Bewußtsein dafür erhalten bliebe, was passiert ist.
Aber als motivierte Eltern haben wir ihm vorsichtshalber gesagt, daß wir nur kurz ins Krankenhaus gehen werden, er aber nicht dableiben muß wie beim letzten Mal.
Besonders durch Sinan Canims große Lebenslust wird uns deutlich, daß er alles vergessen hat. Und wir sind diesem Phänomen dankbar, daß es existent ist.
Das Seminar am Wochenende hat uns vor Augen geführt, daß die Chance des Vergessens nicht in jedem Fall gegeben ist, nicht gegeben sein kann.
Verglichen mit den frühen Erfahrungen anderer Kinder ist Sinans Erlebnis mit der Darmgeschichte eine Kleinigkeit.
Mißbrauch, Mißhandlung, Verwahrlosung in unterschiedlicher Form, Erfahrungen von Hunger und Gewalt, stecken Kinder trotzdem sie zum Zeitpunkt des Erlebens sehr jung waren, längst nicht so gut und absolut weg. Auf die eine oder andere Art bleibt die Erfahrung bei den Kindern erhalten und belastet durchaus. Und je älter ein Kind zum Zeitpunkt der belastenden Erfahrungen ist, um so klarer ist natürlich ihre bewußte Erinnerung. Selbst bei Babys gibt es eine unbewußte Erinnerung an besonders negative Erfahrungen.
Die einzelnen Gewalterfahrungen der Pflegekinder standen während des Seminars zwar nicht im Vordergrund, aber allein die Andeutungen ließen mir die Haare zu Berge stehen. Es ist nicht zu glauben, was manche Erwachsene Kindern antun.
Man macht sich oft gar keine Vorstellung davon, wie wenig Kinder insgesamt von den frühen Erfahrungen vergessen können und wie leicht alles häppchenweise wieder an die Oberfläche kommt. Nur die eigene Erfahrung bzw. die Erfahrung mit Kindern schärft den Blick für dieses Bewußtsein.
Die kindliche bzw. menschliche Seele ist eine unglaubliche Konstruktion. Bei seiner Erfindung war Gott ganz besonders fleißig. Zunächst werden die schlimmen Erfahrungen verschüttet, um in der Situation selbst zu überleben. Je stabiler ein Mensch anschließend wird, desto mehr kommt Stück für Stück zur Verarbeitung zurück an die Oberfläche, wenn es denn erträglich ist. Die Seele schützt zunächst, konfrontiert aber später unausweichlich mit dem eigenen Schicksal. Daran geht kein Weg vorbei.
Das kenne ich in abgeschwächter Form aus eigener Erfahrung. Gegen die Konfrontation gibt es keine Gegenwehr und es ist nur dann eine Chance, die Sache zu verarbeiten, wenn man weiß, wie man mit sich umgeht bzw. weiß, wo man Unter-

stützung oder Hilfe bekommen kann. Sehr leicht ist es, sich mit den Problemen im Kreis zu drehen oder daran zu scheitern.
Abgesehen von der Erfahrung der Darminvagination hat Sinan trotz der Schwere seines Schicksals durch die Erkrankung und den frühen Tod seiner Mutter sehr großes, relatives Glück gehabt.
Im Vergleich zu anderen Kindern hatte er *nur* die Erfahrung machen müssen, ganz wenige Wochen zu Beginn seines Lebens alleine verbringen zu müssen. Alleine heißt in seinem Fall, daß niemand bei ihm war, wenn man von der liebevollen Versorgung der Kinderkrankenschwestern und den gelegentlichen Besuchen der Oma, die natürlich in der Hauptsache das Überleben der eigenen Tochter im Kopf hatte, absieht. Bis wir zu ihm kamen, hatte er niemanden, der immer für ihn da war.
Und ganz am Anfang unserer gemeinsamen Lebensgeschichte, nachdem wir Sinan Canim aus der Klinik geholt hatten, war es zu spüren, wie sehr er seine anfängliche Einsamkeit kompensieren mußte. Spürbar war ebenfalls, wie schnell er nachholen konnte und den Zustand, daß er von uns Nähe, Zärtlichkeit und Versorgung seiner vitalen Grundbedürfnisse bekam, die er dringend brauchte, normal fand und genossen hat und mit seiner ganzen Lebensfreude noch heute genießt.
Sinan Canim konnte seine frühen Defizite nachholen und daß es ihm und uns gelungen ist, macht uns stolz und glücklich zugleich.

Dienstag, 26. Oktober

Seit dem Wochenende hat sich Sinan Canims Schlafverhalten erneut etwas verändert. Seither hat er sich an beiden Tagen nach dem Seminar bereits gegen Mitternacht gemeldet, weil er Hunger hatte. Mitternacht ist immerhin eine Zeit, zu der ich noch wach bin und ihn versorgen kann. Sarah muß nicht aus dem Schlaf gerissen werden, wird aber natürlich wach, wenn Sinan die nächtliche Flasche will. Gegen 6.00 Uhr wurde beide Male sein Hunger so groß, daß er sein erstes Frühstück haben wollte.
Trotz des frühen Vormittags war Sinan heute sehr aktiv und machte seine bekannten Verselbständigungsübungen. Am liebsten steht er jetzt auf beiden Beinen, während er sich irgendwo festhält. Bis 9.00 Uhr war er bereits drei Male gestürzt und war jedes Mal sehr unsanft mit seinem kleinen Kopf auf den Boden aufgeschlagen. Ein Knall, ein Aufschrei und unserem süßen Sohn liefen dicke Babytränen übers Gesicht. Bei Sinans Bewegungslust kann man ihn gar nicht die ganze Zeit über derart intensiv beobachten, um ihn vor solchen Stürzen zu schützen.
Schon öfter ist Sinan gestürzt, weil er das Gleichgewicht auf seinen kurzen und noch ungeübten Beinen verloren hatte. Aber seine heutigen Stürze klangen besonders hart.

Schnell hatten wir Angst, daß er sich möglicherweise eine Gehirnerschütterung zugezogen haben könnte. Aber beim zweiten kleinen Frühstück gab es keine Anzeichen, kein Übergeben und er konnte uns klar und gezielt in die Augen schauen. Sinan selbst hatte seine schmerzhaften Erfahrungen nach jedem Sturz bald wieder vergessen. Sonst hätte er sicherlich nicht so schnell zur nächsten Aktion angesetzt.

Uns hat es beinahe das Herz zerrissen, wenn er vor Schreck und Schmerz schrie und weinte. Sinans Schmerz ist für uns so deutlich spürbar, als wenn wir uns selbst weh getan hätten.

Sarah und ich haben gestern festgestellt, daß Sinan nicht besonders viel ißt. Er ißt zwar gerne und mit Lust, befindet sich aber mit der Menge an der untersten Grenze, wenn man zur Grundlage nimmt, wieviel Gramm Essen er täglich, gemessen an seinem Gewicht, zu sich nimmt. Sicher ist es nicht besorgniserregend, denn wir bieten ihm oft genug etwas an und er soll auch nicht darauf getrimmt werden, über seinen eigentlichen Hunger hinaus zu essen. Aber natürlich macht man sich schnell Gedanken. Solange Sinan Canim wächst und gedeiht ist es kein Problem.

Festgestellt haben wir außerdem, daß Sinan zu einer wirklich sehr kleinen Minderheit gehört, was den Entwicklungsweg zum freien Gehen betrifft. Die kindliche Entwicklung verläuft nicht immer gleich, auch wenn es früher angenommen wurde.

Bei immerhin 87 % der Kinder verläuft der Weg zum freien Gehen in den Schritten: Drehen, Kreisrutschen, Robben, Kriechen, Vierfüßlergang, Aufstehen, Gehen.

Sinans Weg, den er mit nur 1 % der Kinder teilt, sah anders aus: Drehen, Rollen, Krabbeln, Aufstehen, Gehen. Letzteres natürlich noch nicht.

Nach dem, was wir erfahren haben (und man erfährt eine Menge aus Büchern, die teilweise ganz anderslautende Angaben machen) zieht sich ein Kind in der Regel zwischen dem neunten und fünfzehnten Lebensmonat an Stühlen, Tischen und anderen Möbelstücken zum Stand auf. Dafür ist Sinan wirklich gut in der Zeit, begann er damit doch bereits vor seinem achten Lebensmonat.

Auf der einen Seite bin ich oft ganz begeistert und stolz, daß Sinan Canim in vielerlei Hinsicht so schnell ist und er vor der durchschnittlichen Zeit einen neuen Entwicklungsschritt erreicht hat.

Dennoch frage ich mich immer noch, was das zu bedeuten hat und ob es nicht besser wäre, wenn er sich mit den einzelnen Schritten mehr Zeit lassen würde, damit es sich nicht später einmal rächt, daß er sich so beeilt hat.

Es heißt, daß das freie Stehen für ein Kind schwieriger sein kann, als zu gehen. Wenn es frei stehen kann, begreift es rasch, wie es sich im freien Raum aufrichten kann.

Wenn wir Sinan sehen, wie er sich bewegt und aufrichtet, uns an seinem Spaß an Bewegung erfreuen und ihn dafür loben, glauben wir daran, daß wir zu Weihnachten mit Sicherheit einen kleinen Jungen haben, der sich gehend durch die Woh-

nung und die Welt bewegt. Immerhin sind es noch zwei Monate bis zum Fest und eine solche Zeit ist enorm viel im Leben eines kleinen Kindes.
Gar nicht lange ist es her, daß er sich aufgerichtet hat. Bevor wir in den Herbstferien weggefahren sind, machte Sinan die ersten vorsichtigen Versuche und begann sich aufzurichten. Er konnte kaum krabbeln, begann aber, sich an Gegenständen hochzuziehen. Während des Urlaub in Nordstrand intensivierte er seine Bewegungsabläufe und verfeinerte dort und später zu Hause seine Technik.
Ich glaube, daß Sinans positive motorische Entwicklung auch damit zusammenhängt, daß er durch unsere Wohnverhältnisse viele Möglichkeiten hat, sich auszuprobieren, auszutoben und zu bewegen. Bis auf das Arbeitszimmer, das blaue Zimmer genannt, weil darin geraucht wird, steht ihm die ganze Wohnung zur Verfügung. Er kann sich also ausreichend bewegen und hat manchmal richtig lange Wege zu bewältigen, die er in der Zwischenzeit mit großem Interesse und ohne Probleme zurücklegt.
Durch das Band der Lust, mit einem von uns in einem Raum zu sein, und dem Band der Trennungsangst, legt er Wert darauf, sich stets bei einem von uns aufzuhalten. Logisch für ein Kind seines Alters. Wir unterstützen seinen Spaß an der Bewegung. Wenn wir merken oder sehen, daß er uns folgen will, rufen wir ihn. Hat er sein Ziel, also einen von uns, erreicht, ist er sehr stolz und glücklich. In solchen Momenten zeigt Sinan sein schönstes Lächeln. Wir loben und kosen ihn sehr für die Anstrengung und für den Erfolg, den Sinan Canim erreicht hat. Es sind wirklich unwiederbringliche Situationen des gemeinsamen Glücks.
Natürlich legt er noch keine besonders große Geschwindigkeit an den Tag. Wenn er an Geschwindigkeit gewonnen hat, wird es vermutlich auch wieder richtig aufregend und spannend.
Hat Sinan sich aber alleine auf den Weg gemacht und uns noch nicht erreicht, sind wir manchmal durch die erwachsene Geschwindigkeit schneller als er und eigentlich schon auf dem Rückweg oder auf dem Weg in ein anderes Zimmer. Es wäre jedoch eine abschätzige Behandlung seines Könnens und seiner Erfolge, würde wir ihn dabei absichtlich übersehen und ins Leere laufen lassen. Wir warten auf Sinan Canim und belohnen ihn für seine Anstrengung, die Lust und Spaß für ihn bedeuten.
Intensiv an der Entwicklung von Sinan Anteil zu nehmen ist zeitaufwendiger, aber um so vieles kostbarer als die sture Verfolgung der eigenen, oft gar nicht so wichtigen Ziele. Und Sarah und ich haben beide eine unbändige Lust und ein ständiges Interesse, möglichst viel von seinen einzelnen Entwicklungsschritten bewußt zu erleben. Es ist so schön, daß wir es uns gar nicht entgehen lassen wollen.
Außerdem hat es mit Sicherheit positive Auswirkungen auf Sinan, seine psychische Zufriedenheit, Ausgewogenheit, Stabilität und auf seine motorische Entwicklung, die von der seelischen gar nicht zu trennen ist. Dafür hängen die psychische und motorische Zufriedenheiten zu eng zusammen.

Wirklich gespannt bin ich, wie lange es dauern wird, bis Sinan Canim André die Bedeutung des Wortes *Nein* versteht. Besonders wenn er die Pflanzen, die im Wohnzimmer auf dem Fußboden stehen, anfassen will, wurde er von uns schon oft mit dem Wort *Nein* konfrontiert.
Natürlich ist Sinan die Bedeutung dieses Wortes nicht allein und wie von Gott gegeben bekannt. Dem *Nein* folgt stets eine Handlung, weil er die Pflanzen nicht anfassen soll. Wir nehmen seinen ausgestreckten kleinen Arm und lenken ihn sanft, aber bestimmt, von den Pflanzen weg.
Meistens reicht es nicht aus und er will den Blättern erneut näher kommen und berühren. Ließen wir Sinan gewähren, würden die Pflanzen bald aussehen wie nach einem Angriff mit Entlaubungsmitteln.
So oft er sich den Pflanzen nähern will, greifen wir ein. Akzeptiert er es nicht und läßt weiterhin nicht davon ab, nehmen wir ihn und verändern seine Spiel- und Blickrichtung. Aber selbst das hat ebenso oft nicht die erwünschte Wirkung. Gerne dreht er sich zurück und startet den erneuten Angriff.
Natürlich muß Sinan Canim bei aller Liebe und Zuneigung akzeptieren lernen, daß es manche Dinge gibt, die er nicht darf. Der einfachste Weg wäre, die Pflanzen auf eine Höhe wegzustellen, die er nicht erreichen kann. Für uns wäre es jedoch eine Ausflucht und nicht die Erziehung, die wir uns vorstellen.
Bei unserer Methode braucht man zwar einen längeren Atem, kommt aber unserer erzieherischen Grundhaltung näher. Auf die Konsequenz kommt es uns an. Konsequenz ist schließlich die Grundlage der Erziehung. Und sie wird sich lohnen.
Richtig genervt von Sinans Pflanzenforschung waren wir bisher nicht. Irgendwann unterläßt er seine Versuche oder wird von einer anderen Sache abgelenkt.
Einen ähnlich unübersehbaren Drang zur näheren Untersuchung hat er in Bezug auf Steckdosen und Kabel in jeder Stärke.

Mittwoch, 27. Oktober

Sarah hatte insgesamt früh damit begonnen, Sinan Canim André *normale* Kleidung anzuziehen. Das habe ich es mit häufigen Entzückensausbrüchen begleitet. Als Mann fehlt mir bei der Kleiderfrage vermutlich der differenzierte Zugang.
Diesen differenzierten Zugang hat Sarah durchaus und nur selten habe ich in der Vergangenheit von meinem unausgesprochenen Vetorecht Gebrauch gemacht, das ich mir, wenn es mir wichtig erschien, selbst erteilt habe.
Mit *normaler Kleidung* meine ich, daß unser süßer Schatz im Vergleich zu anderen Babys früh ganz normale Hemden, Hosen, Sweat- und T-Shirts und Pullover angezogen bekommen hat. Eben Kleidung in der entsprechenden Größe und kindgerecht.

Diese schrecklichen Babystrampler für den Tag- und Nachtgebrauch, die oft aussehen, als würden sie aus der Leipziger Trikotagenfabrik zu DDR-Zeiten stammen, waren schnell verschwunden. Richtig gruselig finde ich diese Teile.
Als Oma Klara mit solchen Sachen ankam, haben wir uns natürlich nett und in aller Form dafür bedankt, um sie nicht vor den Kopf zu stoßen, wußten aber gleich, daß Sinan André die Sachen nie tragen würde. Manch anderes Kleidungsstück, daß sie für ihren Enkel ausgesucht hat, sieht gut aus und trifft eher unseren Geschmack.
Einen tiefliegenden Hintergrund hat es nicht, daß wir Sinan auf diese Art und Weise kleiden. Allerdings finden wir beide, daß es Sinan Canim wesentlich besser steht und er darin klasse aussieht, wie ein kleiner Mensch, der nicht durch die Kleidung noch kleiner gemacht werden muß.
Nach unserer Meinung gibt es völlig unmögliche und häßliche Kleidung für Babys, die die Schönheit und das Aussehen eines Kindes gar nicht zur Geltung kommen lassen. Ähnlich häßlich wie diese altertümlichen Kittelschürzen für Hausfrauen. Ärmellos natürlich. Tatsächlich werden diese Kittel, am Ende des Jahrtausends, noch immer in den Geschäften verkauft. Daß es dafür überhaupt noch eine Nachfrage gibt. Unfaßbar.
Häufig fragen wir uns, weshalb es diese typische Babybekleidung nicht nur in kleinen Größen gibt, sondern auch noch für ältere Kleinkinder. Am Kaufpreis kann es nicht liegen. Kinderbekleidung hat immer seinen Preis. Und unbedingt praktischer ist solche Babybekleidung auch nicht immer.
Besonders modebewußt sind Sarah und ich beide bestimmt nicht. Die Sachen, die wir selbst tragen und die Sinan angezogen werden, müssen einfach unserem Geschmack entsprechen, gut aussehen und in der Hauptsache tragbar sein. Bequem eben.
Opa Anton hatte jetzt vor ein paar Tagen ein wirklich modernes Kleidungsstück für sein jüngstes Enkelkind ausgesucht und gekauft: ein grauen Rolli aus Baumwolle, dem T-Shirt-Stoff ähnlich, aber mit langen Ärmeln. Es ist so ein Teil, wie es von vielen Jugendlichen getragen wird. Echt schnuckelig.
Daß Sinan normale Kleidung trägt, ist für uns ganz selbstverständlich. Dabei kommt es uns nicht auf irgendwelche Marken an. Wichtig ist uns, daß es gut aussieht, er sich darin wohlfühlt und es zu ihm paßt.
Viele Dinge, die unser Sohn trägt, haben wir im Laufe der Zeit geschenkt bekommen und so manches Teil auf dem Flohmarkt gekauft. Meine Schwester würde darüber die Hände über dem Kopf zusammenschlagen, wenn sie das wüßte. Oft ist ein Kleidungsstück für Sinan das einzige, was wir auf einem solchen Markt finden, aber das mag an unserer Wahrnehmung für solche Dinge liegen.
Bei der Vielzahl der Sachen, die Sinan in seinem Schrank liegen hat, bin ich immer wieder begeistert und ganz hingerissen, wenn etwas zum Vorschein kommt, das er noch nicht getragen hat, weil es bisher noch zu groß für ihn gewesen ist.

Weil Sarah für Sinans Bekleidung zuständig ist, kenne ich viele Dinge nicht und könnte nie sagen, woher das eine oder andere Teil stammt.
Und es kommen durch Sinans Wachstum immer wieder neue Kleidungsstücke aus der Tiefe der Dunkelheit des Kleiderschranks ans Tageslicht.
Apropos Kleidung: Was unser Schatz mit anderen Kindern gemeinsam hat, ist, daß er sich gar nicht gerne anziehen läßt. Es ist verrückt, wie sehr er sich dagegen sträubt, wie er dabei schreit und welche wirklich klagenden und anklagenden Geräusche er in solchen Situationen von sich gibt. Wenn er sonst nicht viel schreit, holt er dieses Bedürfnis scheinbar während des Anziehens nach. Sein Weinen und Schreien ist so extrem, als würde er denken, wir würden ihm ans Leben wollen.
Selbst wenn es sehr schnell geht und kaum die Chance besteht, daß sich Sinan Canim in der für die Wohnung natürlich unverhältnismäßig warmen Kleidung aufheizt, ändert es nichts an seinen Schreiattacken.
Ich weiß nicht, ob dieser Zustand jemals Ziel wissenschaftlicher Untersuchung gewesen ist. Immerhin erzählen viele Eltern von der großen Unlust ihrer Kinder, sich anziehen zu lassen.
Vielleicht liegt es an dem großen Maß der Unbequemlichkeit oder der Fremdbestimmung. Durch die Unzufriedenheit der Kinder dabei wäre es denkbar. Möglicherweise empfinden sie es deshalb so extrem.
Aber selbst wenn dieses Phänomen untersucht und aufgeklärt wäre, würde es nichts nützen. Die deutliche Unzufriedenheit unseres Sohnes gäbe es dennoch. Genauso wie unsere Unlust vor der Situation. Unlust wegen uns selbst und wegen ihm. Schließlich tun wir ihm nicht gerne etwas an, was er so gar nicht mag.

Donnerstag, 28. Oktober

In der vergangenen Nacht hat Sinan ein völlig ungewöhnliches Verhalten gezeigt. Er wachte mehrfach auf und weinte, ohne daß wir den Grund erkennen konnten.
Gestern Nachmittag waren wir zu Besuch bei Susanne und Volker und den Kindern in Millich. Imke, Sinans zukünftige Patin, hatten wir versprochen, nach unserem Urlaub bald einmal zu kommen. Dafür war jetzt wieder viel Zeit vergangen.
Es war klasse zu sehen, wie interessiert und liebevoll Imke mit unserem süßen Schatz umgeht und wie sehr es ihm gefällt, wenn sie sich um ihn kümmert.
Der Besuch hat allen, ganz besonders Sinan Canim, Spaß gemacht. Er zeigte sich von seiner bekannten freundlichen und fröhlichen Seite.
Zu Abend aßen wir in ungewöhnlich großer Familienrunde. Sinan, von uns mit einem Gläschen Milchreis in Apfel bedacht, einem Gläschen mit ganzen, wenn auch kleinen Stückchen, für große Jungs zum besseren Lernen, daß Essen nicht nur Brei bedeutet, hatte keinen großen Appetit. Nach der halben Portion war Schluß.

Erst gegen 20.00 Uhr sind wir zurückgefahren. Im Auto zog Sinan nur kurz an der Schnur seiner Spieluhr und während die ersten Töne zu hören waren, schlief er ein.
Bei uns zuhause wachte er zunächst nicht auf, selbst als Sarah ihn aus dem Kindersitz im Auto herausholte, in die Wohnung trug und mit wenig Aufwand ins Bett legte. So tief war er in den Schlaf gesunken.
Allerdings wachte Sinan gegen 22.15 Uhr unerwartet früh auf und verhielt sich unerwartet extrem.
Bei Kindern ist man natürlich nie davor sicher, daß es anders wird, als man es sich gedacht hatte bzw. es bisher üblich war. Aber so etwas hatten wir bis gestern Nacht noch nicht mit ihm erlebt. Und beeindruckt hat es uns sehr.
Normalerweise ist Sinan spätestens durch das Schnullerangebot zu beruhigen, wenn er vor seiner gewohnten Zeit erwacht und seine Unzufriedenheit deutlich macht.
Gestern half es allerdings gar nichts. Er steigerte sich immer weiter in seinen Zustand hinein, weinte und schrie ganz kläglich. Dabei hielt er die ganze Zeit über seine Augen geschlossen. Während dieser nächtlichen Krise schlief er und ihn durch Ansprache und Anfassen zu wecken gelang nicht. Trotz der extremen Situation, die er selbst unbewußt bestimmte, wachte er aus dieser Krise nicht auf.
Erst das vorgezogene Milchfläschchen beruhigte ihn ganz gut und er schaffte es, die Augen zu öffnen. Dann erst konnte er sehen, was los war und wo er sich überhaupt befand.
Später schreckte er im weiteren Verlauf der Nacht noch das eine oder andere Mal auf, aber es wurde nicht mehr so extrem.
Aus Angst, was unser toller Sohn haben könnte, ist mir zunächst das Herz wirklich in die Hose gerutscht. Ich habe mir Sorgen gemacht und war erst beruhigt, als Sinan in den ruhigen Schlaf zurückgefunden hatte.
Geängstigt hatte es Sinan mit Sicherheit, daß er nicht wußte, wo er sich befand, als er aufwachte, denn er war im Auto eingeschlafen und hatte nicht bemerkt, daß er zuhause in sein Bett gelegt wurde.
Aufgewacht ist er vielleicht von seinem eigenen Schnarchen. Gestern lief ihm die kleine Nase etwas und es war nicht zu überhören, daß sie nicht ganz frei war.
Möglicherweise hatte es Sinan Canim verwirrt und ihm Angst gemacht. Es war natürlich dunkel in seinem Zimmer. Ich halte es für sehr wahrscheinlich, daß er sich nicht orientieren konnte.
Außerdem kann hinzugekommen sein, daß die letzte Zeit, die sehr erlebnisreich für ihn war, etwas zu viel gewesen sein könnte.
Die vor uns liegenden Tage werden wir deutlich ruhiger und sehr auf Sinans Rhythmus konzentriert verbringen, um diese Möglichkeiten auszuschließen und um ihn unabhängig von dem Einfluß der eindrucksvollen Zeit zu Ruhe kommen zu lassen. Verkehrt sein kann es nicht.

Es heißt, daß Eltern ihre Kinder erst ganz wach machen müssen, wenn sie einen schlechten Traum hatten. Kinder können sich leichter beruhigen, wenn sie merken, daß das, was sie vor ihrem inneren Augen gesehen haben, nicht der Wirklichkeit entspricht. Aber in der vergangenen Nacht ließ sich Sinan überhaupt nicht wecken. Das war beeindruckend.
Sarah und ich gehen mit Sinans Schlaf sehr bewußt und behutsam um. Daß er an einem anderen Ort einschläft als er später aufwacht ist, eine Ausnahme. Auch haben wir seinen Schlaf nie von uns aus unterbrochen und immer darauf gewartet, bis er selbst aufgewacht ist. Selbst wenn es unsere Zeitplanung manchmal etwas durcheinandergebracht hatte, fiel der Umgang damit nicht schwer, weil wir den Schlaf unseres Sohnes schützenswert finden.
Aufgrund seines Alters kann es nicht auf Sinan André zutreffen, aber bei Sarahs und meinen Recherchen nach den Gründen dieser Krise sind wir auf etwas durchaus Interessantes gestoßen. Beschrieben wird nächtliches Angstschreien. Medizinisch ausgedrückt heißt es Pavor nocturnus. Anders als Alpträume tritt es nicht während der traumaktiven REM-Schlafphasen auf, sondern in den traumlosen Tiefschlafphasen während der ersten Hälfte des kindlichen Nachtschlafs. Betroffen sind davon vor allem Kinder im Alter zwischen dem zweiten und vierten Lebensjahr. Jungen betrifft es häufiger als Mädchen.
Vermutlich beruht das nächtliche Angstschreien auf dem vorübergehend gestörten Übergang zwischen einzelnen Schlafphasen. Auch wenn es aus medizinischer Sicht um eine harmlose Sache handelt, sollten Eltern mit ihrem Kind beim gehäuften Auftreten zum Kinderarzt gehen, damit dieser mit Hilfe einer EEG-Untersuchung ausschließen kann, daß es sich bei den nächtlichen Angstschreien um Krampfanfälle handelt.
Geraten wird bei Pavor nocturnus allgemein zur Geduld. Auch wenn dieser Zustand beängstigend und bedrohlich wirkt, ist es medizinisch gesehen harmlos und nicht etwa Zeichen einer körperlichen oder psychischen Erkrankung. Die Schreianfälle hören meistens nach dem vierten Lebensjahr von alleine auf.
Empfohlen wird, das Kind während dieser Attacken sanft zu beruhigen. Jedoch sollten die Kinder nicht aus dem Bett genommen werden, weil man versuchen will, sie auf dem Arm zu beruhigen. Es heißt, die Kinder würden in diesen Schlafphasen Berührungen als etwas Unangenehmes empfinden. Nach dem Schreien schläft es von selbst wieder ein und ruhig weiter.
Am nächsten Tag weiß ein Kind von dem nächtlichen Geschehen oft nichts mehr. Eine Erinnerung an den nächtlichen Schrecken haben am Morgen danach allein die Eltern.
Wie gesagt, für Pavor nocturnus ist Sinan wirklich noch viel zu jung. Und ich glaube, daß die Gründe in meinen Vermutungen zu finden sind. Natürlich werden wir automatisch beobachten, ob sich dieser Vorfall wiederholt oder ob es bei einer einmaligen Attacke dieser Art bleibt.

Bis auf eine gewisse Müdigkeit scheint die nächtliche Krise bei Sinan keinerlei Spuren hinterlassen zu haben.
Wie gewohnt zieht er seine kindlichen Kreise und immer öfter kommen die Worte in der Lautbildung deutlich heraus. Es mag eine elterliche Unterstellung sein, aber auf mich wirkt es, als würde Sinan Canim André es gezielter einsetzen, wenn er die Töne bildet, die klar als Mama und Papa zu identifizieren sind.
Sinan Canim André läßt unser elterliches Herz erneut höher schlagen.
Der Termin in der Risikoambulanz der Kinderklinik fand heute statt und Sinan hat alle Beteiligten mit den Fortschritten seiner Entwicklung begeistert.
Wie ich es bereits geschrieben hatte, hat es eine andere Qualität, ob man es selbst vermutet oder ob es ärztlich festgestellt wird, daß der Junge normal entwickelt ist.
Bei der anfänglichen Untersuchung war dem Arzt und den beiden Krankengymnastinnen zunächst nur klar, daß es sich bei dem ihnen vorgestellten Kind um eine Frühgeburt aus der 34. Schwangerschaftswoche handelt.
Trotz des besonders harten Schicksals von Frau Loeser, das damals durchaus Thema unter den MitarbeiterInnen der Klinik war, konnte das Untersuchungsteam bei der Vielzahl der Kinder, die dort behandelt und nachuntersucht werden, nicht gleich wissen, um welches Kind es sich bei Sinan handelt, trotzdem sein immer noch gültiger Familienname Loeser auf dem Untersuchungsheft steht.
Selbst ohne dieses Wissen waren sie von Sinan begeistert, fanden seinen Entwicklungsstand bemerkenswert. Durch seine frühe Geburt in der 34. Woche gilt er nicht als Kind, daß jetzt 8 Monate und eine Woche alt ist.
Ärztlich gesehen wird sein Alter anders berechnet. Die fehlende Zeit bis zum ursprünglich ausgerechneten Geburtstermin wird abgezogen. Geht man danach, ist Sinan Canim erst etwas mehr als 6,5 Monate alt.
Gemessen an seinem Alter, wie wir es rechnen, ist er weit entwickelt, gemessen an der ärztlichen Rechnung natürlich noch viel mehr. So kam es gut an, als sich unser Sohn verhalten hat, wie es eben seine Art ist. Alle waren bei der Durchführung der Untersuchungsübungen erstaunt. Dr. Blattbach war sehr zufrieden.
Als sich später im Verlauf des Gesprächs herausstellte, um welches Kind es sich bei unserem Sohn handelt, ging Dr. Blattbach ein Licht auf und er war doppelt zufrieden. Ein sagenhaftes Gefühl für Sarah und mich.
Damit ich von Sinan begeisterten Menschen nicht vor Freude und Rührung in die Arme falle, muß ich immer tüchtig an mich halten und versuche, mich gelassen zu geben. Ganz so, als wäre alles selbstverständlich. Sonst könnte ich die Freudentränen nicht unterdrücken.
Eine weitere Nachuntersuchung wurde uns auf diesem Hintergrund nicht mehr angeboten. Im Bericht über die neurologische Nachuntersuchung in der Risikoambulanz an den behandelnden Kinderarzt steht: *Das Kind bietet einen altersgerecht unauffälligen Befund und ist sehr weit entwickelt. Entwicklungsalter 8 - 9 Monate!!*

Sinan hatte sich bei den einzelnen Übungen gelassen verhalten, wie es für ihn selbstverständlich ist. Gezeigt hatte er nur ein sehr anfängliches Fremdeln und Interesse an den unbekannten Menschen, die ihn in der unbekannten Umgebung des Untersuchungsraums bestaunten.
Als er jedoch bei den „Fliegernummern" an den Beinen über Kopf gehalten wurde, war es vorbei mit seiner Gelassenheit. Er begann zu weinen, beruhigte sich aber innerhalb weniger Sekunden, als diese Übung beendet war.
In erster Linie freut es mich natürlich für Sinan selbst, daß bei ihm alles in Ordnung und er derart gut und weit entwickelt ist. Vor Stolz über einen so tollen Sohn, der deutlich über sein Alter, welche Berechnungsgrundlage auch immer dabei zugrunde gelegt wird, entwickelt ist, schwillt meine väterliche Brust nicht unbeträchtlich an. Es ist ein befriedigendes Gefühl.
Sarah und ich hatten uns vorgenommen, die Chance der Anwesenheit zu nutzen und im Anschluß an die Untersuchung auf die Kinderstation zu gehen, auf der Sinan im Sommer wegen seiner Darminvagination behandelt worden war.
Es waren genau die drei Personen anwesend, zu denen wir einen näheren Kontakt während des Aufenthaltes hatten: Dr. Kappe, Frau Dr. Schmalenberg und Sr. Hildegard.
Spürbar war es, daß die drei es gut fanden, daß wir Sinan und uns kurz gezeigt haben. Es war ein netter Besuch bei den Menschen, denen wir wirklich das Überleben unseres Sohnes zu verdanken haben. Und diese Dankbarkeit ist weiterhin als reales körperliches Gefühl deutlich spürbar.
Warten zu müssen war für mich früher ständig ein Problem. Dafür hatte ich nie ein ausgeprägtes Talent und ich konnte richtig leiden, wenn etwas nicht in der Geschwindigkeit verlief, die ich mir vorgestellt hatte. Auf Dinge warten zu müssen, die ich selbst nicht aktiv beeinflussen konnte, war besonders schlimm für mich.
Seit Sinan André bei uns ist, hat es sich grundlegend verändert. Ich bin ruhiger und gelassener geworden, als es vor seiner Ankunft im März der Fall war. Ich war zwar nie ein Hektiker, aber ein ausgeprägt ungeduldiger Mensch.
Querverbindungen zu Sinans scheinbarer Ungeduld sich selbst gegenüber sehe ich nicht, zumal wir ihn das Tempo in vielerlei Hinsicht selbst bestimmen lassen und er mich erst in dem veränderten Zustand erlebt hat. Anfangs hatte ich gar keine Gelegenheit ungeduldig zu werden, weil ich Sinan bestaunt und mich über seinen Aufenthalt bei uns unglaublich gefreut habe. Sinan ist wahrscheinlich nicht wirklich ungeduldig. Er sprüht einfach vor Lebensfreude und Entwicklungslust.
Außerdem beeinflussen wir ihn nicht negativ durch unnötiges Drängen oder Bedrängen. Unbewußt könnte er solche Dinge mit Sicherheit wahrnehmen und sich unter Druck gesetzt fühlen, diesen unausgesprochenen Ansprüchen zu entsprechen. Aber daran glaube ich nicht.
Ich finde es jedoch ziemlich bemerkenswert, wie sehr sich das Leben mit einem kleinen Kind auf den eigenen Charakter auswirkt.

Rational gesehen gibt es jetzt keine Gründe mehr für mich, ungeduldig zu sein. Vielleicht hatte mich neben meiner generellen Neigung die damalige Kinderlosigkeit über die Maßen angetrieben, um mich so zu verhalten, wie ich es getan habe.
Durch das Zusammenleben mit einem Kind hat sich meine innere Zufriedenheit allgemein und dadurch, daß es sich bei diesem Kind um Sinan André handelt, ganz besonders positiv verändert. Ebenso ist es bei Sarah.
Unabhängig von der Zeugungsunfähigkeit, die bei mir vorliegt, habe ich mich vor Sinans Einzug bei uns als Mensch ohne Kind unvollständig gefühlt. Dieses scheinbar naturgegebene Lebensziel schien unerreichbar.
Als Mann, der keine Kinder zeugen kann, hatte ich mich zwar unvollständig, nicht aber wertlos gefühlt.
Unser Leben mit Sinan Canim brachte es schnell mit sich, daß ich mich ausgelastet und vollständig fühlen konnte. Und daran hat sich bis zum heutigen Tag nichts geändert.
Mein Gefühlszustand ist in der absoluten Mehrheit der Zeit sehr ausgeglichen und zufrieden. Von früheren leicht schwermütigen Momenten oder Phasen ist nichts übrig geblieben.
Besonders gut an der ganzen Entwicklung finde ich, daß es ein automatischer, nicht aufzuhaltender Entwicklungsprozeß war, ohne daß ich unseren Sohn auf die eine oder andere Weise gezwungen hätte, welche Wünsche oder Ansprüche auch immer für mich zu erfüllen. Ich glaube, dieses ausgeprägte Bewußtsein zu besitzen.
Meine menschlichen Wünsche in Bezug auf ein Kind, also ihn zu haben, um ihn zu lieben, zu verehren, zu beschützen, zu erziehen und für ihn in großer Verantwortung zu sorgen, haben sich von alleine bzw. durch seine bloße Anwesenheit und durch seine Bedürfnisse, die er an uns stellt, erfüllt.
Meiner Rolle meine ich gerecht zu werden. Ohne daß ich mich unter Druck setzen oder verdrehen muß. Sicher könnte ich in Bezug auf die reine Pflege mehr tun und Sarah weiter entlasten, aber im Grunde läuft es bei uns, was die Elternrolle betrifft, sehr klar und reflektiert.
Und es ist ein unbeschreiblich schönes Gefühl, Sinan Canim André Vater zu sein. Ich genieße es auf eine sehr umfassende Art und möchte keine Sekunde missen, die ich mit ihm verbringen kann. Die Zeit, die ich neben meiner Arbeit am Schreibtisch verbringe, versuche ich so gut wie möglich zu nutzen.
Mit Sarah die Eltern von Sinan zu sein,, ist ein riesiges, beschwingendes Gefühl. Die Gedanken, Freude, Ideen, Visionen und auch die Sorgen mit Sarah zu erleben und zu teilen ist ein großer Gewinn.
Natürlich hat sich unsere Beziehung durch Sinan verändert. Wir haben nicht mehr so viel Zeit, die wir miteinander alleine verbringen können. Tagsüber eigentlich gar nicht mehr. Und die Zeit, die abends bleibt, wenn unser Schatz im Bett ist, zeichnet sich auch nicht durch Unermeßlichkeit aus.

Aber es ist gut so wie es ist. Sarah und ich verbringen schließlich gemeinsam Zeit mit Sinan. Ich glaube, daß es bei uns der Fall ist, daß wir durch den Genuß dieser Zeit gar nicht auf den Gedanken kommen, etwas zu vermissen.
Was als Gefühl des Vermissens vorkommt, ist, daß Sarah manchmal nicht genügend Zeit hat, um sich um sich selbst und ihre ganz eigenen Interessen zu kümmern. Dadurch, daß sie Sinan in der Hauptsache versorgt, fehlt ihr freie Zeit. Aber daran wird sich in Zukunft bestimmt noch einiges verändern.
Allerdings genießt sie ebenso die Zeit, die wir zusammen mit Sinan Canim verbringen.
Wenn ich sehe, wie sehr sie sich um unseren Jungen kümmert, wie sie mit ihm umgeht und spielt, wie sie mit einer unglaublichen Geduld und immer neuen Ideen auf ihn und seine unterschiedlichen Bedürfnisse und Phasen eingeht, und wenn ich sehe, was sie Sinan für eine tolle Mutter ist, liebe ich sie noch viel mehr. Diese Dinge haben sich durch Sinan in unserer Beziehung verändert. Weder Sarah noch ich haben in der ganzen Zeit nur einen Gedanken daran verschwendet, daß unser Leben ohne unseren hübschen Jungen irgendwie besser wäre. Er ist aus unserem Leben nicht mehr wegzudenken. Für uns überhaupt nicht und auch nicht für die Leute, die uns nahestehen.
Sinan gehört zu uns, als wäre er schon immer unser Sohn gewesen und als hätten wir ihn selbst gezeugt und empfangen.
Auf unbeschreibliche Weise ist Sarah und mir ein Wunder geschehen und ein zeugungsunfähiger Mann, wie ich es bin, hat mit einer fruchtbaren Frau, wie Sarah es ist, ein eigenes Kind.
Wenn es so etwas geben sollte, wie eine Verbindung zum Himmel, dann kann Beate Loeser im Tod beruhigt sein. Sinan ist in gute, liebende Hände gekommen. Er hat es geschafft.

Freitag, 29. Oktober

Das Leben und die Verantwortung für Sinan André hat mich zu einem leidenschaftlichen Vater gemacht.
In der heutigen Zeit ist nichts mehr unmöglich. Viele Väter kümmern sich mit Leidenschaft um ihre Kinder, manche arbeiten Teilzeit und sind wesentlich mehr als bloße Versorger.
Wenn es auch längst nicht die Quantität der Frauen erreicht hat, ist es heute fast schon selbstverständlich, daß sich Männer nicht mehr auf die alte Vater-Rolle festlegen lassen.
Jedenfalls denke ich, daß es so ist. Dennoch hängt es mit Sicherheit von der gesellschaftlichen Gruppe ab, zu der man gehört und in der wir uns selbst befinden. Bestimmt gibt es gesellschaftliche Gruppen, in denen es nicht üblich ist, Verantwortung für die Kinder im ganz normalen Alltag zu übernehmen.

Damit meine ich nicht, daß sich nur die Dummen und sozial Schwachen nicht um die Kinder kümmern, weil sie vielleicht zu sehr am alten und eigentlich überholten Rollenbild festhalten.
Das alte Bild spielt ohne Frage in vielen Familien selbst in der jetzigen Zeit noch eine Rolle. Unabhängig von Niveau und Einkommen.
Bei uns funktioniert es im Grunde nicht anders. In den Grundzügen leben Sarah und ich die alte Trennung der elterlichen Aufgaben. Dabei ist es unerheblich, daß wir uns diese Rollenverteilung selbst und aus freien Stücken ausgesucht haben.
Darüber hinaus möchte ich aber nicht eines Tages unter dem Gefühl leiden müssen, daß ich wesentliche Teile von Sinans (und weiterer Kinder) Entwicklung verpaßt habe. Ich nenne es leiden, weil die Erfahrungen und Erlebnisse mit unserem Sohn, die ich jetzt miterlebe, völlig unwiederbringlich sind. Für mich wäre es unvorstellbar, nicht aufmerksam Sinans Fortentwicklung zu erleben und zu genießen. Alles, nicht bloß das rationale, sondern auch das körperliche Erleben, sind mir sehr wichtig.
Ich glaube, daß ich meine Rolle als Vater ganz gut ausfülle. Abgesehen davon, daß ich im pflegerischen Bereich mehr machen könnte, bin ich der Ansicht, daß ich Sinan Canim ein guter Vater bin.
Dafür spricht, daß er auf mich ebenso positiv reagiert wie auf Sarah und er die Möglichkeit hat, mich intensiv zu erleben und seine Augen genauso strahlen, wenn ich mit ihm spaße, er mich wahrnimmt, wenn ich ihm Halt und Unterstützung gebe, wenn er Entwicklungsschritte vollzieht.
Sinan André erlebt Sarah und mich als liebevolle und konsequente Eltern, die Spaß und Lebensfreude mit klaren Strukturen in der Erziehung vereinbaren. Jedenfalls glaube ich daran, daß er uns so erlebt, denn so sehen wir uns selbst.
Für mich ist es wichtig, daß mich Sinan so erlebt, wie ich bin und sehen und spüren kann, daß ich ihn liebe und verehre und mich um ihn sorge. Eben die Hälfte der Verantwortung für ihn trage. Und das mit Leidenschaft.
Vielleicht würde die Frage, was einen Vater ausmacht, für mich nicht auftreten, wenn ich selbst meinen Vater bewußt erlebt hätte.
Durch seinen Tod kurz nach meinem ersten Geburtstag sind keine Erinnerungen mehr vorhanden und als Kind fand ich es selbstverständlich, daß ich mit meiner Mutter alleine gelebt habe. Es gab ihn zwar als Person, aber hauptsächlich in den Erinnerungen und den Geschichten, die ich von meiner Mutter kenne.
Fragen nach meinem Vater hatte ich als Kind kaum. Die Dinge, die mir meine Mutter von ihm erzählt hat, reichten damals aus. Fragen, die ich später hatte, konnte sie nicht mehr beantworten, weil sie selbst nicht mehr lebte.
Wirklich vermißt habe ich ihn nicht, weil ich es nicht anders kannte, als mit meiner Mutter alleine zu sein.
In diesen häufigen, sehr schönen und intensiven Momenten, die Sinan, Sarah und ich gemeinsam erleben, wenn Engel durch das Zimmer fliegen, weil wir zu dritt

glücklich sind, ist es für mich manchmal unglaublich, daß ich meinen Vater früher nicht vermißt habe.
Heute hatte ich zum ersten Mal das Gefühl, daß ich richtig neidisch auf Sinans Kindheit werden könnte, weil er Vater und Mutter hat und auf nichts verzichten muß. Er hat uns beide und das ist sehr gut so.
Von einem positiven Männerbild kann ich Sinan nach meiner Meinung viel mitgeben. Dadurch, daß ich selbst gar nicht weiß, wie ein klassischer Mann funktioniert, kann er erleben, daß ein Mann Hausarbeit machen kann, Teppiche verlegt, Einkäufe erledigt, die Krise bei technischen Dingen kriegt, kocht und sich um die Frage der richtigen Windel Gedanken macht. Und weil Sarah nicht dem üblichen Bild einer Hausputte entspricht, sondern selbst mit Werkzeug hantiert, den Videorecorder programmiert, Kinderwagen repariert und die Wäsche macht, hat Sinan die Chance zu erleben, wie das Leben mit einer modernen Mutter ist.
Sinan wird und soll es kennenlernen, daß Sarah und ich uns ernst nehmen, respektieren, vernünftig miteinander umgehen und ehrlich zu uns und unseren Gefühlen und zu unseren Mitmenschen sind.
Bei aller Schwernis, die ein Leben in dieser Welt mit sich bringt, bei allem Elend, allen Kriegen und aller Ungerechtigkeit, ist es eines meiner Ziele, daß er zu einer stabilen Persönlichkeit heranwächst, die das Leben als Chance sieht, etwas für sich und seine Umwelt zu bewegen. Ein großes Ziel, aber erreichbar.
Ein weiteres wichtiges Ziel ist es, daß er seine Neugierde und Aufgeschlossenheit beibehalten soll und durch uns die Möglichkeit bekommt, seine eigenen Talente und Stärken kennenzulernen und es lernt, mit eigenen Schwächen gut leben zu können.
Wichtige Werte sind für uns: Ehrlichkeit, soziale Verantwortung, Gerechtigkeit, ein positives Menschenbild und eine friedfertige Grundhaltung.
Sicher wachsen in unserer Zeit viele Kinder mit diesem Bild von ihren Eltern auf. Dieses Bild ist wirklich sehr wichtig, weil es grundlegende Dinge festlegt, die mit Sicherheit relevant sein werden in der gesamtgesellschaftlichen Entwicklung.
Als Jugendlicher und Erwachsener wird Sinan Canim von dem Frauen- und Männerbild, das er von uns vorgelebt und vermittelt bekommt, mehr Chancen und Nutzen haben als Kinder, die im tradierten Geschlechterbild ihrer Eltern aufwachsen. Das neue Frauen- und Männerbild wird meiner Ansicht nach immer wichtiger und natürlicher werden. Auf diese Weise können wir unseren kleinen Sohn für sein Leben stärken.
Und ich freue mich wirklich auf alles, was auf Sarah und mich durch das Leben und die Erziehung von Sinan Canim zukommt. Wenn es auch nicht nur positive, freudige Dinge sein können, die angenehm und leicht von der Hand gehen werden, ist die Liebe, die täglich bei uns drei greifbar ist, tragfähig genug, um die Höhen und Tiefen zu meistern.

Samstag, 30. Oktober

Sinan Canim André, Zielobjekt meiner väterlichen Freude, hatte seit der Nacht, in der er schlafend schrie, seinen üblichen Rhythmus verändert. Mittlerweile hatten wir es geschafft bzw. Sinan hatte es geschafft, in der Nacht nur noch mit zwei Milchfläschchen auszukommen. Seit der Schreiattacke war er zurückgefallen in den früheren Rhythmus, nachts zu jeder vierten Stunde verköstigt werden zu wollen. Was allerdings kein besonders großes Wunder war, denn er aß tagsüber nicht mehr ganz so viel und eine bestimmte, für mich noch völlig unbekannte, Kalorienmenge mußte erreicht werden. Und was tagsüber nicht aufgenommen wurde, wollte unser Schatz in der Nacht haben.
Bei der Betrachtung dieses neuerlichen Verhaltens kam es uns zugleich zu Bewußtsein, daß wir gelesen und in früheren Situationen erlebt hatten, daß der Rückfall in alte Gewohnheiten oft eintritt, wenn ein weiterer Entwicklungsschritt zu erwarten ist. So paradox es klingen mag, ist es aber so.
Natürlich war er in den letzten Tagen, wenn auch tatsächlich nur nachts, von seiner durch den geringen Schnupfen in seiner freien Atmung beeinträchtigt. Sicher hatte sich dadurch sein Schlafverhalten ebenfalls verändert. Tagsüber war, bis auf einen eher seltenen Schnodderfaden, nichts von einer Erkältung zu bemerken.
Seit der Nacht der Schreiattacke, die jetzt erst zwei Nächte zurückliegt, hatten wir nach der ganzen äußeren Aufregung durch den Urlaub, die langen Autofahrten, das Pflegeelternwochenende und dem Besuch in Millich wieder sehr genau auf die Einhaltung der Rituale und sonstigen Gewohnheiten geachtet, die Sinan kennt und in denen er sich wohlfühlt.
Gestern und heute Abend hat er zu unserer elterlichen Freude besonders gut gegessen. Seinen Apfel- bzw. Früchtebrei, beides neu eingeführt, hat ihm unglaublich gut geschmeckt. Besonders gestern hatte er kaum genug bekommen können. Trotz verschiedener Zwischenmahlzeiten über den Tag verteilt, ißt Sinan eigentlich immer ganz gut zu Abend. Allerdings ist er gegen 18.00 Uhr oft so müde, daß er sich kaum auf das Essen konzentrieren kann.
Im Verlauf seiner Mahlzeit muß er sich häufig die Ohren verdrehen und die kleine Nase am besten beidhändig reiben. Alles Zeichen seiner nicht geringen Müdigkeit. Daß er dabei sein Gesicht mit Brei einreibt, stört ihn nicht. An den anschließenden Waschlappen hat er sich inzwischen gewöhnt.
Ist während der Abendmahlzeit sein erster Hunger gestillt, wobei er die Befriedigung durch das Essen zunächst kaum abwarten kann und in Ungeduld ausbricht, wenn er seinen Teller sieht und zuschaut, wie Sarah den Brei zubereitet, kann ich ihn meistens nur dadurch zum Öffnen seines kleinen Mundes bewegen, wenn ich einige Faxen mache, die er so witzig findet, daß er lachen muß und sich die anschließende Fütterung gefallen läßt.

An der Schilderung dieser ganzen Komponenten, die Sinans Schlafverhalten beeinflussen, wird sehr deutlich, wie sehr wir darauf angewiesen sind, unseren Sohn aufmerksam zu beobachten und mit offenen Augen und Herzen wahrzunehmen, um uns die Gründe für dieses oder jenes Verhalten zu erklären.
Als Mutter und Vater muß man sich die Fähigkeiten eines Detektivs aneignen, solange das Kind noch nicht sprechen und sagen kann, was es wie möchte.
Durch die Konzentration auf Sinan und seine Bedürfnisse, passiert es uns leicht, daß wir unsere eigenen Bedürfnisse nicht spüren bzw. nicht verfolgen. Zunächst geht es immer darum, daß Sinan versorgt ist und sich wohlfühlt, wir dafür alles tun, was wir glauben, tun zu müssen.
Vermutlich ist es ein ganz natürliches elterliches Umgehen, wenn einem das Wohl des Kindes am Herzen liegt. Daß es ganz anders geartete Eltern gibt, will ich gar nicht erst nicht beschreiben.
Allerdings hat unser Verhalten Konsequenzen auf Sinans Erleben. Nur selten hatte er bisher die Gelegenheit, uns essen zu sehen bzw. mit uns gemeinsam zu essen. Selbstverständlich ist es schwierig, an das eigene Essen zu denken, wenn Sinan versorgt werden muß, weil er noch nicht alleine essen kann.
Aber gerade das Gemeinschaftliche, daß das Essen innerhalb der Familie bedeutet, konnte er bislang nicht kennenlernen. Es waren eher Ausnahmen, wenn wir alle zusammen gegessen hatten, wie z. B. als er anfing, im Hochstuhl am Tisch zu sitzen, im Urlaub, oder im Restaurant.
Unser Anliegen ist es, daß Sinan die Mahlzeiten als gemeinschaftliche Erfahrung erlebt. Dafür, das haben wir uns vorgenommen, wollen wir etwas tun und unser eigenes Verhalten ein wenig verändern, ohne uns verbiegen zu müssen.
Ansonsten würden wir Gefahr laufen, daß es sich dahingehend entwickelt, daß Sinan diese Erfahrungen vorenthalten bleiben und er es so kennenlernt, daß die Nahrungsaufnahme die bloße Verfolgung der eigenen Interessen bleibt.
Nach unserer Meinung ist es zu spät, mit dem gemeinsamen Essen zu warten, bis Sinan alt genug und nicht mehr im bisherigen Maße auf Hilfe angewiesen ist.

Sonntag, 31. Oktober

Die vergangene Nacht verlief ruhig und gut. Sinan André meldete sich gegen 1.00 Uhr und gegen 5.30 zum Fläschchen. Scheinbar hat er zu seinem alten Rhythmus zurückgefunden. Wenn ich bedenke, daß die Uhr von Sommer- auf Winterzeit umgestellt wurde, wir alle also eine Stunde länger schlafen konnten, ist nichts mehr an Sinans Rhythmus auszusetzen.
Heute am ganz frühen Morgen gab es im Fernsehen ein Formel 1 - Rennen, für das ich mit Sicherheit nicht aufgestanden wäre, wenn es sich nicht um das Saisonfinale mit der Entscheidung gehandelt hätte, wer Weltmeister wird.

Weil ich mich tatsächlich aus dem Bett gekämpft hatte, war die ganze Familie Petersen bereits sehr früh auf den Beinen und schon gegen 9.00 Uhr vom Trödelmarkt zurück, der in Nähe unserer Wohnung stattfand.
Das anschließende gemeinsame Frühstück verlief gut. Nachdem wir bei Sinan den Genuß an zart mit Butter bestrichenem Toast festgestellt hatten, bekam er es heute erneut. Mit Wonne knabberte er an seinem Stückchen, lehnte aber das Stück Truthahnwurst ab, die ich (beinahe) nur für ihn gekauft hatte.
Vom Geräusch der Trinklernflasche, die Sinan, wenn er sie nicht zum Trinken ansetzte, auf den Tisch schlug, einmal abgesehen, verlief das gemeinsame Frühstück so, wie Sarah und ich es uns vorgestellt hatten.
Für Sinan ist es längst selbstverständlich geworden, sich an Gegenständen hochzuziehen. Es ist nichts besonderes mehr für ihn. Wir staunen allerdings noch immer über ihn.
Mittlerweile hatte er damit begonnen, die Gegenstände, die sich zum Hochziehen eignen, auch zum seitlichen Entlanggehen zu nutzen. Dabei hat er schon eine ganz gute Souveränität erreicht.
Beim aufrechten Stehen hält er sich oft nur noch mit einer Hand fest, tastet mit der anderen nach einer anderen Stelle, an der er für den nächsten Schritt Halt finden könnte oder erforscht mit der freien Hand alles, was sich in seiner Nähe befindet und nach seiner Lust interessant genug erscheint, um angefaßt und kennengelernt zu werden.
Sinan ist wesentlich mutiger als wir es sind. Wie gesagt, seine Fortbewegungsfortschritte sind für unseren Sohn mittlerweile natürlich geworden. Wenn wir ihn in einer Situation sehen, wie er sich wackelig hochzieht oder wie er ganz cool aufrecht am Tisch oder am Stuhl steht, sind wir zumeist aufgeregter als er.
Allerdings kann er unsere wachsamen Augen und helfenden Hände manchmal gut gebrauchen. Verläßt ihn nämlich die Kraft oder verliert er das Gleichgewicht, fällt er nach hinten über und ist dabei bereits oft genug mit dem Kopf auf den Boden gefallen.
Befindet sich einer von uns hinter ihm, um ihn vor dem nächsten, häufig nicht unbeträchtlichen Sturz zu schützen, läßt er sich mit großem Vertrauen fallen, macht dies nach unserer Wahrnehmung aber nicht öfter als sonst, wenn wir uns nicht in seiner unmittelbaren Nähe befinden.
Dennoch ist es gut, daß er uns vertraut und auch zu wissen scheint, daß er sich vertrauensvoll in die Hände fallen lassen kann. Wo es geht, werden wir ihn auffangen.
Noch ist Sinan Canim nicht beweglich und stabil genug, um einen Sturz mit dem Hinsetzen auf den Po aufzufangen. Wenn er fällt, dann wie ein abgeholzter Baum, der der Länge nach fällt (unser kleines Bäumchen mißt aktuell übrigens 69 cm).
Noch immer und immer wieder ist es überraschend, mit welcher Energie sich Sinan entwickelt. Trotz vieler Stürze und den ersten blauen Flecken auf der Stirn gibt er nicht auf.

Wenn Sinan gefallen ist und weint, trösten wir ihn natürlich, wie es Elternpflicht ist. Bisher ließ er sich immer sehr schnell beruhigen. Sarah ist dabei konsequenter als ich. Sie läßt ihn gleich weiterspielen, wenn er die Erfahrung hinter sich gelassen und sein Schmerz nachgelassen hat.
Momentan neige ich noch dazu, unseren Sohn länger als eigentlich notwendig zu halten und zu trösten, weil es mir so leid tut, wenn er sich wehgetan hat. Er zeigt mir deutlich, wie lange er meinen väterlichen Trost braucht.
Dabei ist es wichtig, darüber bin ich mir im Klaren, die Tröstung nicht zu übertreiben. Meine Liebe zu Sinan soll ihn nicht zu einem überempfindlichen Kind machen.
Heute nachmittag war großes Familientreffen. Nur der innere Kreis der Familie, bestehend aus fünfzehn Personen, die Kinder von Frieda und Anton mit ihren Ehepartnern und Kindern, traf sich. Wir stellten den Veranstaltungsort.
Sinan hatte zuvor, auch wenn es ihm sehr gut getan hätte, nicht mehr geschlafen. Seine Laune war deshalb nicht die allerbeste. Ihn jedoch weiter im Bett liegen zu lassen und davon auszugehen, daß er in den Schlaf kommen würde, als der Besuch klingelte, war unmöglich.
Unser süßer kleiner Sohn, der größere Gemeinschaften sehr genießt, vergaß schnell seine Müdigkeit und sein erster Weg führte ihn zu Opa Anton, der ihn freudig begrüßte und in gewohnter Weise zunächst nicht mehr loslassen wollte. Doch an diesem Nachmittag hatte es Anton mit einer größeren, um Sinan Canim konkurrierenden Gruppe zu tun.
Die Nähe, die Sinan im besonderen Maße zu seinem Opa hat und den er wesentlich häufiger sieht als die anderen, ist schon zur gewohnten Normalität geworden. Anton ist ein toller Opa, der mit seinem Entzücken über sein siebtes Enkelkind nicht hinter dem Berg hält und der Sinan seine Liebe auf eine wunderschöne intensive Art und Weise spüren läßt.
Frieda ist im Grunde ebenso von Sinan angetan und begeistert, verhält sich zurückhaltender und hätte gegen ihren Mann wahrscheinlich keine Chance.
Anton kann nur schwer mit Sinan in einem Raum sein, ohne ihm nahe zu sein oder ihn zu berühren.
Sinans Cousinen und Cousins Thea, Paula, Anna, Tim, Moritz und Imke waren beim heutigen Familientreffen, dem einzigen noch verbleibenden Termin vor Weihnachten, an dem alle Zeit hatten, natürlich mit dabei. Und sie wollten Sinan alle nahe sein. Dabei spielte das unterschiedliche Alter der Kinder keine Rolle. Sie sind zwischen neun und vierzehn Jahre alt.
Es war für uns einfach umwerfend schön anzusehen, wie interessiert und liebevoll die sechs Kinder mit Sinan erneut umgegangen sind. Sie haben ihn sichtlich tief in ihr Herz geschlossen und auch unser Sohn findet sie einfach klasse. Er ist gerne in ihrer Gesellschaft. Über mangelnde Beschäftigung und Beachtung konnte er nicht klagen. Willkommen im Kinderclub der Familie.

Die ganze Zeit über war Sinan im Mittelpunkt und in Spitzenzeiten waren mindestens vier Kinder in seiner Nähe und jeder versuchte, die Aufmerksamkeit unseres Kleinen auf seine Weise auf sich zu lenken. Das fand er gut. Von Reizüberflutung keine Spur. Sinan Canim genoß es in vollen Zügen.
Ganz entzieht sich Sinan in einer solchen Situation nicht der Aufmerksamkeit von Sarah und mir, aber es ist von uns ein vertrauensvolles Gefühl den Kindern gegenüber, weil wir wissen, daß sie gut zu ihm sind.
Abends war er, durch das intensive Spielen und durch die Zeitumstellung, völlig ermattet.
Sinan schaffte es aber noch, sehr gut zu essen und kam ohne Schwierigkeiten in den Schlaf. Mal sehen, wann seine Nacht zu Ende geht. Sicher wird er einen Zeitpunkt wählen, der uns viel zu früh erscheint.

Montag, 1. November

Wie befürchtet begann Sinan Canim den Tag sehr früh. Um 5.00 Uhr war seine Nacht zu Ende. Unglaublich, aber wahr. Wir sind gespannt, wie lange es dauern wird, bis wir Sinan an den neuen Zeitrhythmus gewöhnt haben. Am Abend fingen wir deshalb zu seiner gewohnten Zeit mit dem längst ritualisierten Programm an, obwohl es nach Sinans innerer Uhr natürlich bereits eine Stunde später war.
Bei sehr schönem Wetter mit ungewöhnlichen Temperaturen und tollen Herbstfarben befanden wir uns nach dem Familienfrühstück auf einem Spaziergang durch die Stadt und konnten in der Wärme des Tages vor dem Eiscafé sitzen.
Es ist zwar schon einige Zeit nichts Ungewöhnliches mehr, aber immer wieder toll anzusehen, wie Sinan an dem Keks knabbert, den es zum Kaffee beim Italiener gibt. Anfangs gab die Kekssubstanz unter der intensiven Speichelarbeit unseres Sohnes nach. Mittlerweile nutzt er gezielt seine schönen kleinen Zähne und man kann seinen sichtlichen Genuß wirklich als Knabbern bezeichnen. Sinan schafft ohne weiteres, den ganzen Keks zu essen und verschluckt sich dabei immer seltener.
Den Tag über dirigierte Sinan den Ablauf in unserer kleinen Familie. Gerne, wenn auch sehr müde, ließen wir ihn gewähren. Allerdings ist es tatsächlich schwierig, Sinan nicht den Bestimmer sein zu lassen.
Seine unglaubliche Energie läßt sich nicht unterdrücken und will von ihm ausgelebt werden. Manches Mal ist es ganz schön anstrengend und es fehlt uns hin und wieder fast an einem Mittel, um mit diesem kleinen Energiebündel mithalten zu können.
Manchmal frage ich mich, zwar mit Zuversicht, aber nicht ohne Spannung, was in der Generation der Kinder und Jugendlichen üblich und modern sein wird, wenn Sinan Canim in die verschiedenen Altersstufen kommt.

Dabei drängt sich bei mir ebenso der Gedanke auf, welches Maß an Toleranz Sarah und ich aufbieten müssen, wenn wir feststellen, daß sich unser Sohn für Dinge begeistert, mit denen wir nichts oder nur sehr wenig anfangen können.
Wahrscheinlich ist die Weiterentwicklung aller Dinge, die Veränderung von Werten und Inhalten zu einem nicht unbeträchtlichen Maß schon immer für die Trennungen zwischen den Generationen verantwortlich gewesen.
Selbstverständlich sagt es sich zum heutigen Zeitpunkt leicht, daß wir an allen Dingen teilnehmen wollen, die Sinan in seinem Leben begegnen werden und für die er sich interessieren wird. Unsere Liebe wird sicher zum Teil die Eintrittskarte zu der modernen Welt bleiben. Wie es uns darüber hinaus betrifft, werden wir erst beurteilen können, wenn es soweit ist.
Nicht erst moderne Zeiten und Trennungen zwischen den Generationen müssen heraufbeschworen werden.
Die elterliche Toleranz und das Maß, seinem Kind die eigene Entscheidungswelt zu lassen, beginnt bereits bei Dingen, die Sinan gut finden könnte, uns aber möglicherweise völlig abgehen. Man muß sich nur einmal die Fragen und die zu erwartenden Diskussionen zu favorisierter Kleidung oder Musik vor Augen halten.
Da kommt mit Sicherheit einiges auf uns zu und ich freue mich darauf. Aber ein Stück Unsicherheit, ob ich mich so weit zurückhalten bzw. mit Sinan selbst weiterentwickeln kann, bleibt trotzdem.
Meine alte Traurigkeit über den viel zu frühen Tod meiner Mutter und die Schwernis mancher ehemaliger Dinge in meinem Leben ist durch das Zusammenleben mit Sinan Canim André und mit meiner Liebe zu ihm weitgehend in den Hintergrund getreten.
Ganz rational gesehen fehlt mir dafür die Zeit. Sarah und ich haben durch das Familienglück genug um die Ohren, praktisch und emotional.
Aber es ist nicht nur ein rationaler Zustand durch die Veränderung mit Sinan Canim. Es ist ebenso ein Gefühl. Und ich habe einfach nicht mehr so viel in der Vergangenheit zu wühlen wie früher, lebe jeden Tag mit Genuß und denke mehr an die Gegenwart und die Zukunft.
Ganz im Gegenteil kommt durch Sinan und durch die mit ihm verbundenen Auseinandersetzungen und Gedanken viel vom lebendigen Zusammensein mit meiner Mutter, viele Geschichten und Bilder aus der Zeit, als meine eigene Kindheit noch heil war, an die Oberfläche.
Sinan macht mir vor meinem inneren Auge meine Mutter wieder ein Stück weit lebendig. Diese Erfahrung ist mit dem Abstand der ganzen Jahre, die seit ihrem Tod vergangen sind, sehr positiv. Erst heute kann ich sagen, daß ich ihren Tod in meinem dreizehnten Lebensjahr und das Gefühl, von ihr verlassen worden zu sein, hinter mir gelassen habe. Endlich. Es hat mich Wut, Schweiß und Tränen in einem unbeschreiblichen Maße gekostet.
Wenn ich meinen Gefühlen nahe bin, bleibt nur eine Traurigkeit, die die Vergangenheit mit der Gegenwart verbindet. Das ist die Traurigkeit darüber, daß meine

Mutter Sarah und Sinan nicht mehr kennenlernen konnte. Dies ist im Grunde der einzige unerfüllbare Wunsch, den ich habe, wenn ich mir mein und unser heutiges Leben ansehe.
Sollte sich Sinan eines Tages für meine Geschichte interessieren, werde ich mit ihm nach Bremen fahren und mit ihm die Orte meiner Kindheit abgehen. Ich werde ihm zeigen, wo ich aufgewachsen, zur Schule gegangen, als Neunjähriger verunglückt bin, gespielt und Schwimmen gelernt, meinen ersten richtigen Kuß bekommen habe und wo meine Eltern begraben sind.
Ich selbst war vor fast zehn Jahren im polnischen Heimatort meiner Eltern. Es war zwar wichtig für mich, ihre früheren Wege zu gehen, aber unglaublich schwierig, die Spuren zu finden und die Vorfeldarbeit zu leisten, weil ich alles alleine ermitteln mußte.
Wenn Sinan später Interesse haben sollte, werde ich ihn durch mein Leben als Kind führen.
Denke ich an früher, fällt mir heute, wo ich selbst Vater bin, natürlich immer wieder mein eigener Vater ein.
Dadurch, daß mein Schmerz um ihn erst spät einsetzte und mich dann mit der gesamten Heftigkeit traf, gibt es in meinem Kopf hin und wieder die Angst davor, daß sich diese Geschichte mit Sinan und mir wiederholen könnte. Das sind die Berührungspunkte zwischen damals und heute.
Aber mein Vater war damals zum Zeitpunkt meiner Geburt bereits viel zu krank, um aktiv etwas ändern bzw. zum besseren führen zu können. Ich habe in der heutigen Situation und auf dem Hintergrund meiner Geschichte glücklicherweise ganz andere Chancen.
Eine solche Verbindung von Vergangenheit und Gegenwart ist es, wenn ich davon ausgehe, daß sich selbst die schlimmste und negativste Erfahrung eines Tages ins Gute verändert. Und wenn es erst mit dem Abstand von Jahrzehnten geschieht. Es beweist, daß es keine rein schlechten Erfahrungen gibt.
Vor dem Wochenende rief Oma Klara bei uns an. Sie bat um einen Besuch von uns, weil sie davon ausgeht, daß sie unseren Rat brauchen könnte. Sie klang sehr besorgt.
Noch wissen wir nicht genau, was los ist. Klar ist lediglich, daß sie meint, einen schlimmen Fehler gemacht zu haben, weil sie Fabians Vater angerufen hat. Vermutlich meint sie den leiblichen Vater. Allerdings ist es ihr auch schon passiert, daß sie in dem Durcheinander, das manchmal in ihrem Kopf zu herrschen scheint, den letzten Freund ihrer Tochter so bezeichnet hatte.
Am Mittwoch fahren wir zu ihr. Vielleicht liegt es in unseren Möglichkeiten, ihr einen Rat zur Lösung ihres vermeidlichen Problems zu geben.
Bei der Distanz, die am Anfang zwischen ihr und uns bestehen mußte, weil wir uns nicht kannten, ist die Beziehung, die wir mittlerweile aufbauen konnten, sehr gut und angenehm. Und längst nicht selbstverständlich.

Sarah und ich sprechen zwar nicht jeden Tag über Oma Klara und Fabian, aber gedanklich gehören sie mit Opa Robert am Rande schon zu unserer Welt.
Besonders Oma Klaras Gesundheitszustand und Fabians Erziehung und Verbleib bei ihr geben Anlaß zur Sorge, die wir rational und nicht emotional bei uns erleben.
Ich bin gespannt, um was es gehen wird.
Denke ich an Oma Klara, denke ich an Beate Loeser. Vielleicht wäre es gar nicht schlecht, wenn wir mit Sinan Canim noch vor Weihnachten nach Flöhbusch auf den Friedhof gehen würden, um ihr Grab zu besuchen.

Dienstag, 2. November

Die Nacht unseres Sohnes war heute morgen erneut um 5.00 Uhr beendet. Echt übel, aber unser kleiner Schatz ist schließlich nicht zum Schlaf zu zwingen. Was nicht geht, geht nicht.
Sarah, die Tapfere, war für ihn da und ging mit ihm im Laufe des Vormittags zum zur Regelmäßigkeit gewordenen Baby-Schwimmen.
Auf dem Rückweg waren beide in ein kräftiges Herbstschauer geraten, während dessen Sinan allerdings die Anstrengung des Schwimmens ausschlief und nichts mitbekam.
  Zuhause legte Sarah unseren Sohn zum Trocknen neben die aufgedrehte Heizung. Von der ganzen Aktion bekam Sinan Canim nichts mit.
Trotz der ausgeprägten Lust zur Beschäftigung mit seinem Spielzeug, nutzt Sinan wie nebenbei jede Möglichkeit, um auf die Beine zu kommen. Eine Stabilisierung wird sichtbar. Die stehende Drehung von einer Seite zur anderen gelingt ihm immer souveräner.
So klein wie er ist, machte er heute bei Sarah an der Hand ein paar Schritte.
„Hoffentlich wächst er noch ein bißchen, bevor er anfängt zu laufen", sagte sie in zur Seite gebeugter Haltung. Es war ein umwerfendes Bild.
Vor einigen Tagen haben wir für Sinan den ersten Radiorecorder gekauft. Später soll er bei ihm im Kinderzimmer stehen. Im Moment steht er im Wohnzimmer. Nur ab und zu schalten wir ihn für eine Weile ein.
Der Cassette mit ganz normalen deutschen Kinderliedern hört Sinan sehr aufmerksam zu und hat seinen Spaß, auch daran, wenn einer von uns leise mitsingt oder den Rhythmus eines Liedes klatscht. Er ist beim Zuhören ganz ruhig und konzentriert.
Unglaublich schön, Sinan in einer solchen Situation nahe zu sein. Sitzt er dabei bei mir auf dem Schoß, habe ich das Gefühl, mit ihm zu verschmelzen.
Am Donnerstag gehen wir mit Sinan Canim auf den ersten Martinszug seines Lebens. In meiner norddeutschen Heimat würde es Laternenumzug heißen. Hoffentlich ist das Wetter nicht zu schlecht.

Einen kleinen, elektrischen Laternenstab haben wir bereits gekauft und Sarah hat mit viel Liebe eine kleine, bunte Laterne gebastelt. Klein deshalb, damit das Größenverhältnis von Sinan und seiner Laterne stimmt.
Nachmittags, als es schon etwas dunkelte, präsentierten wir sie ihm zum ersten Mal. Ganz fasziniert schaute er sich die Laterne an.
Das begeisterte Staunen in seinen hübschen, großen Augen zu sehen, küßt die Seele. Mein Herz wird dabei stets ganz weich und weit. Weihnachten, wenn er zum ersten Mal vor dem geschmückten und erleuchteten Weihnachtsbaum steht und staunt, werde ich wahrscheinlich völlig dahinschmelzen. Wie ein Schmelzkäse in einem zu warmen Zimmer.
Sarah und ich freuen uns auf den Martinszug. Wir mögen diese Tradition und wissen als Erwachsene, wie es dort sein wird. Sinan selbstverständlich noch nicht, aber wir sind uns sicher, daß er das Geschehen mit Interesse verfolgen wird. Die üblichen Laternenlieder haben wir schon in den vergangenen Tagen immer wieder angestimmt. Wirkliche kulturelle Erziehung.
Als wir heute eine der wenigen regenfreien Phasen des Tages erwischen konnten und gemeinsam für kurze Zeit mit Sinan bei Sarah im Tragetuch spazierengegangen sind, staunte er nicht schlecht über die hereinbrechende Dunkelheit und die Lichter, die überall zu sehen waren.
Wie so oft war Sinan während des Spaziergangs ganz ruhig und in sich gekehrt. Er genießt dann immer sichtlich die körperliche Nähe zu Sarah und wirkt auf den ersten Blick wie weggetreten.
Beobachtet man ihn aber genauer, wird erkennbar, wie bewußt er mit großen Augen seine Umgebung wahrnimmt und bestaunt.
In solchen Momenten reagiert er anders als sonst. Sprechen wir ihn dabei leise an, kommt erst nach einigen Augenblicken ein sehr zartes Lächeln über seine Lippen. Aber nur zu gerne gönnen wir unserem Sohn seine Versenkung in die Eindrücke, die sich ihm bieten.
Als Kind, das in der hellen Jahreszeit des Sommers seinen Bewußtseinsradius erweitert hatte, ist der Herbst mit seinen ganzen Eindrücken eine völlig neue Erfahrung.
Schön, es alles gemeinsam mit ihm zu erleben. Es hat sich gelohnt, so lange auf ihn zu warten.

Mittwoch, 3. November

Unser Besuch bei Oma Klara war gut. Wir alle verlieren im Laufe der Zeit mehr und mehr die Berührungsängste. Der Umgang miteinander wird selbstverständlicher.
Das Problem, das sie am Telefon angesprochen hatte, bezog sich auf die Erziehungsschwierigkeiten, die sich nach und nach mit Fabian ans Tageslicht kommen.

In ihrer Verzweiflung hatte sie Fabians leiblichen Vater angerufen und ihm, obwohl sie den Mann gar nicht mag, ihr Leid geklagt.
Dazu war es anscheinend gekommen, weil ihr die Probleme über den Kopf zu wachsen drohten und sie sich zu dem Anruf bei Herrn Loeser durch den Rat einer Freundin hatte verleiten lassen. In einem wesentlich weniger unbelasteten Zustand wäre ihr diese Idee gar nicht gekommen.
Zeitweise sah Oma Klara die Lösung der Probleme lediglich darin, wenn Fabian zu seinem Vater oder zu einer Pflegefamilie gehen würde. Da war sie meiner Ansicht nach sehr ehrlich zu sich.
Als sie diesen Wunsch ausgesprochen hatte und es zu einer Beruhigung gekommen war, hatte sie es sofort wieder bereut. Zu sehr hängt sie an ihrem ältesten Enkelkind. Ihre Angst, daß ihr der Junge weggenommen werden könnte, hat nicht bewahrheitet.
Insgesamt war sie wesentlich weniger aufgeregt als neulich am Telefon. So wurde es zu einem ganz normalen Besuch.
Wie schon beim ersten Besuch war die Kaffeetafel reichlich gedeckt. Oma Klara und Sinan hatten ihren Spaß miteinander.
Kaum hatten wir die Schwelle zur Wohnung überschritten, nahm sie Sinan mit ausgebreiteten Armen entgegen. Wenn es auch ein wenig überfallartig auf ihn gewirkt haben muß, ließ er sich nichts anmerken und die Oma gewähren.
Wie Omas (oder Opas) oft sind, hat sie ein einnehmendes Wesen. Um selbst in den Genuß von Kuchen zu kommen, hatte sie sich bereits vor unserem Eintreffen ein Stück genehmigt, wie sie sagte, weil sie ansonsten nicht zum Essen kommen würde, wenn sie Sinan André halten würde.
Wie ebenfalls beim letzten Mal wiederholte sich heute ebenfalls die Ankündigung und die Suche von Sachen, die sie bzw. ihre Tochter im Laufe der Zeit für Sinan gekauft hatte. Dabei kamen im Verlauf des Besuchs einige etwas antiquierte, aber auch einige nette Sachen aus der Versenkung. Auch Spielsachen.
Später zogen wir mit der Leinentasche, die wir noch vom letzten Besuch hatten und eigentlich zurückgeben wollten, vollgepackt ab.
Sie sagte, daß es ihr inzwischen etwas leichter fällt, zum Grab ihrer Tochter zu gehen. Natürlich wäre es noch immer sehr schwer, aber sie stünde nicht mehr kurz vor dem eigenen Zusammenbruch.
Es ist alles so gut zu verstehen. Oma Klara hat wirklich ein dickes Paket zu tragen. Und daß es sie in ihrem Alter und auch bei ihrer Schwerhörigkeit überfordert, Fabian zu erziehen, ist nur zu klar und einleuchtend.
Bestimmt ist es auch für Fabian schwierig, in dieser veränderten Situation zu leben. Die ganzen Konflikte, die er durch den Tod seiner Mutter durchleben muß, kriegt Oma Klara in voller Härte zu spüren. Wenn sie es denn überhaupt hören kann.
Ich kann mir gut vorstellen, daß er manche Streitigkeiten mit der Oma auszufechten versucht, für die sie selbst gar nichts kann. Fabian bleibt wahrscheinlich gar

nichts anderes übrig, als seine Auseinandersetzungen mit der Oma zu führen, weil sonst niemand da ist, an dem er sich reiben kann.
Es ist eine wirklich schwierige Situation und ich kann mir gut vorstellen, daß die momentane Beruhigung nur von kurzer Dauer ist.
Außer den Fotos, die uns Oma Klara letztes Mal zum Kopieren mitgegeben hatte, brachten wir ihr neue Aufnahmen von Sinan Canim aus dem Urlaub mit. Davon war sie ganz angetan und als Fabian von der Schule kam, übernahm er es, ein Foto davon einzurahmen. Es steht jetzt auf dem Tisch neben dem Fernseher.
Beinahe zwei Stunden waren wir bei ihr. Vereinbart haben wir, daß wir es zur Regel machen wollen, uns etwa alle vier Wochen zu sehen.
Das ist ein guter Zeitraum. Der Vorschlag kam von Oma Klara. Alle vier Wochen ist nach Sarahs und meiner Ansicht nicht zu viel und nicht zu eng, aber noch oft genug, um miteinander am Ball zu bleiben.
Vor allem Sinan Canim wird diese Regelmäßigkeit guttun. Dadurch bekommt Oma Klara einen festen Platz in seinem Leben.
Wenn wir uns irgendwann noch etwas besser kennen, werde ich sie danach fragen, wie es dazu gekommen konnte, daß sich nicht ihr Sohn seines kleinen Neffen angenommen hat. Der Sohn ist verheiratet und lebt mit seiner Frau und seinen beiden Kindern Daniela und Lukas, die drei und fünf Jahre alt sind, in der Nähe von Witzholden. Von Lehringen sind es nur wenige Kilometer.
Sarah und ich haben schon öfter darüber gesprochen und spekuliert. Selbstverständlich leben wir nicht deren Leben und kennen es nicht, aber im Grundsatz ist es für uns völlig unvorstellbar, sich so zu verhalten.
Rational können wir uns Gründe, die dazu geführt haben mögen, vorstellen, wie z. B. eigene Sorgen, Belastungen, Konflikte zwischen Bruder und Schwester, mögliche Ablehnung des biologischen Vaters usw., aber als Familienmenschen ist es für uns überhaupt nicht zu verstehen.
Klar wäre für uns in einer vergleichbaren Situation innerhalb unserer Großfamilie, die jeweils betroffenen Kinder bei uns ganz selbstverständlich aufzunehmen bzw. es ihnen anzubieten, daß sie zu uns kommen könnten.
Man braucht sich nur vorzustellen, daß Sarahs Bruder oder Schwester mit ihren Ehepartnern durch ein Unglück ums Leben kämen. Es wäre gar keine Frage, die Kinder, auch wenn es sich in beiden Fällen um drei Kinder handeln würde, bei uns aufzunehmen.
Um jedoch eine derart persönliche Frage zu stellen, müssen wir Oma Klara noch besser kennenlernen. Noch ist der nähere Kontakt zu frisch. Und schließlich sind Sarah und ich sehr froh, daß Sinan Canim nicht zu seinem Onkel Klaus gekommen ist. Schlafende Hunde will man schließlich nicht wecken.
Sinan war heute im Wechsel unzufriedener und sehr guter Laune. Wenn er anhaltend herzlich und mit großen strahlenden Augen, dem wahlweise breitgezogenen oder aufgerissenen Mund lacht, muß man einfach mitlachen. Eine Augenweide.

Seine Entwicklung tritt momentan auffällig auf der Stelle und ist zeitweise etwas rückläufig. Außerdem braucht er wieder drei Milchfläschchen in der Nacht. Wie früher. Bald erwarten wir den Durchbruch eines deutlichen Entwicklungsfortschritts.
Was wird kommen? Ich kann meine Vorfreude deutlich spüren. Vielleicht beginnt er die ersten selbständigen Schritte zu gehen. Möglicherweise umrundet er den Wohnzimmertisch erst in erhöhtem Tempo, ohne so oft wie ein gefällter Baum umzufallen.
Bei der Wachsamkeit von Sarah und mir werden wir es sicher bald wissen. Ich bin gespannt wie ein Flitzebogen, was Sinan Canim André Neues erreichen und womit er uns wieder einmal überraschen wird.

Donnerstag, 4. November

Sinan Canim André hat den ersten Laternenumzug seines Lebens zu St. Martin erlebt.
Unglaublich viele Kinder hatten sich mit ihren Eltern am Treffpunkt versammelt, um an dem öffentlichen Umzug der Arbeiterwohlfahrt entlang der Wupper teilzunehmen.
Unser Schatz schaute sich das Treiben in der hereinbrechenden Dunkelheit aufmerksam an, hatte Spaß an seiner kleinen, bunten Laterne, die er zusammen mit Sarah festhielt, und versank ungefähr nach der Hälfte des Weges in festen Schlaf.
Beim Einsetzen der Musik und des zaghaften Gesangs bekam ich eine angenehme Gänsehaut, war ich doch bisher zu St. Martin als Kindergartenleiter lediglich Organisator einer solchen Veranstaltung. Heute war ich zum ersten Mal als Vater dabei. Und ich ging als stolzer, gerührter Vater im Zug mit und es war ein echtes Erlebnis.
Als zugereister Norddeutscher kann ich dem Martinsfest besonders viel abgewinnen. Ich finde es ist eine wirklich schöne Tradition, die ich erst im Rheinland kennengelernt habe. Sie gefällt mir deshalb, weil ich die ganze Atmosphäre und die Hintergrundgeschichte sehr mag.
Mit der rheinischen Karnevalstradition verhält es sich ganz anders, obwohl ich für Sinan auch dabei über meinen eigenen Schatten springen könnte. Und das will für mich schon was heißen.
Sinan schlief bis zum Martinsfeuer, die Weckmänner waren längst verteilt und vor allem Sarahs Enttäuschung, daß Sinan so viel verschlief, wurde immer größer.
Das Feuer war noch nicht völlig heruntergebrannt, als Sinan wieder aufwachte und, wenn auch etwas schlaftrunken, aber ganz gebannt, das Feuer wahrnahm und mit Wonne in sein Gebäck biß. So konnte er das gesamte Programm, wenn auch verkürzt, doch noch bewußt erleben.

Natürlich könnte man einwenden, daß ein kleines Kind wie Sinan gar nichts davon versteht, was um ihn herum geschieht. Für uns ist es allerdings unwichtig, ob unser Sohn das Geschehen intellektuell erfassen kann oder nicht. Das kann er sicher noch nicht, aber er spürt genau die Atmosphäre.
Genau das ist das Wichtige für uns. Das wollen wir Sinan Canim vermitteln. In späteren Jahren wird er, wie bei anderen Festen, nach der sinnlichen Wahrnehmung immer mehr davon verstehen, was abläuft.
Zunächst soll er den Zauber solcher Anlässe kennenlernen und auf diese Art ganz natürlich kulturell sozialisiert werden. Alles andere kommt von ganz alleine.
Nachmittags waren Sinan Canims Großeltern, Frieda und Anton, bei uns. Am Wochenende fahren die zwei rüstigen Pensionäre erneut in den Urlaub. Wir alle wollten vorher noch Zeit miteinander verbringen und waren zusammen essen.
Bei der Reiselust seiner Großeltern glaubt Sinan André wahrscheinlich eines Tages, daß sie eigentlich ganz woanders zuhause sind und nur ab und zu in Pattberg Urlaub machen. Zunächst sind sie jetzt für fast drei Wochen auf Borkum, dann nach einer Woche Pause auf Gran Canaria.
Sinan hat den Nachmittag mit seinen Großeltern sehr genossen und erneut sehr viel Nähe mit seinem Opa erlebt. Oma arbeitete an der Nähmaschine für uns.
Die Taufe rückt jetzt immer näher. Einen Plan haben wir uns noch nicht gemacht, werden es aber in den nächsten Tagen sicher tun.
Die Genehmigung vom Amtsgericht liegt noch nicht vor, obwohl sich die Behörde bereits die Meinung von Oma Klara zur Taufe eingeholt hat. Weil wir zuvor mit ihr gesprochen hatten und sie wußte, daß wir Sinan Canim taufen lassen wollen, hatte sie sich nicht gewundert und telefonisch ihre Zustimmung gegeben.
Für Oma Klara ist es nicht erheblich, daß wir unseren Sohn evangelisch taufen lassen, obwohl er katholisch geworden wäre, wenn seine Mutter damals überlebt hätte und er bei ihr geblieben wäre. Die Konfession spielt für sie keine Rolle, wohl aber die Taufe an sich. Und ob nun evangelisch oder katholisch, sagte sie bei einem unserer Besuche, wäre unwichtig, ist es doch der gleiche Gott.
Ab dem kommenden Wochenende werde ich mit Sinan Canim in den Kindergottesdienst bei uns in der Kirchengemeinde Quellingen gehen. In dieser Kirche wird er getauft werden. Nach dem regulären Gottesdienst um 10.00 Uhr schließt sich jeden Sonntag der Kindergottesdienst an.
Sinan soll dort die Chance bekommen, alles kennenzulernen, was es für ihn zu erfahren gibt. Er soll nicht erst am Taufsonntag in ein für ihn unbekanntes Haus gebracht werden.
Wie bei anderen Dingen, spielt ebenso in dieser Hinsicht die adäquate Heranführung und die eigene Erfahrung, in Sinans Alter das sinnliche Erleben, eine wichtige Rolle.
Ich kann mir gut vorstellen, daß er das, was er dort erleben kann, gut finden wird. Singen, spielen und Gott langsam auf eine kindliche Weise im Zusammensein mit anderen Kindern zu erfahren, wird ihm bestimmt gefallen.

Nach Absprache mit Sarah habe ich einen Brief an Frau Sülzmeyer vom Jugendamt Witzkirchen geschrieben, die sich im März nach unserer Ablehnung von Marcel und Tobias nie wieder gemeldet hatte.
Eigentlich geht es mehr darum, eine Erklärung für ihr damals begonnenes Schweigen und den Kontaktabbruch zu erfahren.
Geschrieben habe ich davon, daß wir ein Pflegekind aufgenommen haben, das aber nicht als einziges Kind bei uns in der Familie aufwachsen soll und sie sich gerne an uns wenden kann, wenn sie zukünftig einen Vermittlungsbedarf hat.
Geschrieben habe ich ebenfalls, daß die Grundvoraussetzung für ein weiteres Kind eine relative Klarheit in der Perspektive sein muß. Und das dieses Kind zu uns passen muß und nicht älter als Sinan Canim sein darf.
Für den Fall, daß sie kein Interesse mehr haben sollte, mit Sarah und mir zusammenzuarbeiten, habe ich sie gebeten, die ihr damals von uns überlassenen Bewerbungsunterlagen zurückzuschicken.
Auf die Reaktion bin ich gespannt, denn wir können nur Mutmaßungen darüber anstellen, aus welchen Gründen sie sich damals nicht mehr mit uns in Verbindung gesetzt hatte.
Vielleicht ging sie davon aus, daß es an uns wäre, sie nach der Absage erneut zu kontaktieren. Eventuell war sie von unserer ehrlichen Entscheidung, die beiden Jungs nicht aufzunehmen, menschlich und/ oder beruflich enttäuscht. Keine Ahnung. Wir wissen es nicht.
Davon abgesehen ist die Aufnahme eines weiteren Kindes für uns denkbar. Es ist nicht wichtig, ob es ein Lehringer oder Witzkirchener Kind ist. Es muß zu uns drei passen. Und eine mögliche Aufnahme wird mit Sicherheit nicht mehr in diesem Jahr oder vor Sinans ersten Geburtstag im Februar stattfinden.
Damit Sinan aber kein Einzelkind bleibt, ist es bestimmt nicht verkehrt, wenn wir uns wieder in Erinnerung bringen.
Alles, was von den Jugendämtern in Lehringen oder Witzkirchen kommen könnte, werden wir uns in aller Ruhe und in Abwägung aller Möglichkeiten und Gefahren genau ansehen.
Ganz viel werden wir bei der Überlegung, wenn ein Kind zur Vermittlung in eine Pflege- bzw. Adoptivfamilie anstehen sollte, an Sinan messen. Natürlich wird er ein Stück rücken und Platz für ein zweites Kind machen müssen, aber er darf nicht leiden oder zu sehr kämpfen müssen.
Damit es dazu nicht kommt, werden Sarah und ich uns das Kind und ganz besonders seine Lebens- und Herkunftsgeschichte ansehen. Natürlich ist dadurch keine völlige Sicherheit zu bekommen. Trotzdem kann uns ein Fehler unterlaufen, was selbstverständlich nicht zu wünschen ist.
Und wie wir es schon immer gesagt hatten, lange bevor wir Sinan Canim kennengelernt hatten, kommt es auch bei dem zweiten Kind auf das Ausmaß der negativen Vorerfahrungen an. Wir werden es sehen.

Durch Sinan Canim ist uns längst der große Druck genommen. Wir können die Aufnahme eines weiteren Kindes gelassen angehen. Genau das werden wir tun.

Samstag, 6. November

Etwas zeitlicher Abstand wirkt manchmal Wunder. Heute morgen hatte ich mich über Sarah geärgert. Früher hätte ich sofort und heftig reagiert. Und ich hätte damit den Ärger hochgepuscht und schlimmer gemacht, als er eigentlich ist.
Sarah hatte im Wohnzimmer die Grünpflanzen hochgestellt, damit Sinan nicht mehr an sie herankommt. Bislang standen die drei großen Pflanzen, um die es geht, auf dem Teppichboden, jetzt befinden sich zwei davon auf einem kleinen Regal, eine auf der Fensterbank.
In meiner ersten Reaktion war ich entsetzt, wie sie so etwas tun konnte. Für mich bedeutete ihre Aktion ein völlig inkonsequentes Erziehungsverhalten, der Weg der geringsten Auseinandersetzung mit Sinan Canim André zu gehen. Eben weil er lernen soll, die kleinen, aber griffstarken Hände von dem Grünzeug zu lassen. Darüber waren wir uns immer einig.
Es ist richtig, daß er die Grünpflanzen gerne anfassen, entlauben und Teile davon zum Zwecke des Kennenlernens in den Mund stecken würde. Einfach wegstellen galt nicht.
Bisher haben wir ihn sehr deutlich davon abgehalten und unser Sohn hat unser Verhalten sehr klar und unumstößlich erlebt. Das war zwar nicht gerade schön, aber so ist es eben. Es gehört einfach dazu, wenn man ein Kind erzieht. Es gibt nicht nur Lachen und Sonnenschein, sondern auch Verbote und Unzufriedenheiten.
Und ich bin nicht der Typ, will es auch gar nicht sein, der Konflikten, gerade auch den mit Kindern, aus dem Wege geht. Wie sollen sie sonst etwas lernen, wenn nicht durch ein konsequentes, gerechtes Erziehungsverhalten der Eltern. Nicht umsonst laufen so viele durchgeknallte Jugendliche herum.
Ich habe wirklich gedacht, ich könnte meinen Augen nicht trauen, als ich die Pflanzen hochgestellt sah.
Sarah meinte, und dem kann ich mit dem jetzigen Abstand der Zeit zustimmen, ohne mich zu verbiegen, daß sie Sinan damit schützen wollte. Schützen davor, daß er Blätter oder Erde in den Mund nimmt, ißt und herunterschluckt. Dies erschien ihr sinnvoll, weil nicht immer einer von uns bei Sinan sein kann, wenn er sich im Wohnzimmer aufhält.
Jetzt habe ich selbst erkannt, daß es Sinn macht und werde nicht mehr auf eine Rückgängigmachung bestehen. Schließlich würde es in diesem Fall nichts nutzen, wäre kein Erziehungserfolg, wenn Sinan Canim durch seine Neugierde krank werden würde. Und außerdem gibt es genug Dinge, die unser Sohn nicht darf und an denen wir ihm ganz unausweichlich Grenzen aufzeigen müssen.

Ich habe es als bloße Unterwanderung unseres eigentlich festgelegten Erziehungsbewußtsein empfunden. Die von Sarah geschilderten Gefahren konnte ich zunächst nicht wahrnehmen. Aber sie hat Recht. Die Gefahr, daß sich Sinan unbotmäßig an den Grünpflanzen bedient, besteht selbstverständlich. Gerade jetzt, wo er seinen Bewegungsradius wieder einmal erweitert, können wir nicht immer hinter ihm her sein.
Dennoch hätte ich es sehr gerne gehabt, wenn Sarah die Durchführung vorher mit mir abgesprochen hätte. Darüber habe ich mich am meisten geärgert. Das finde ich nicht in Ordnung, auch nicht, weil ich nicht gefragt werden konnte, weil ich durch meine häufigen Nachtaktionen noch schlief.
Der Tag verlief zwischen uns etwas unterkühlter, als es sonst der Fall ist, aber es war wirklich notwendig, daß ich mich zurückgehalten habe. Sonst hätte es zu viel unnötigen Ärger gegeben. Und das wäre die Sache nicht wert gewesen. Schon gar nicht, weil mir die Vorteile der Umstellung (zum Glück) noch selbst eingefallen sind.
Wirklich erstaunlich und für mich gut zu merken, daß sich selbst ein ansonsten oft so sturer Mensch (eben ein Widder) wie ich weiterentwickeln kann.
Nachdem ich meinen Ärger am Morgen zunächst heruntergeschluckt hatte, waren wir mit Sinan (erstmals im mit Lammfell ausgelegten Buggy) am Bahnhof. Wir verabschiedeten Frieda und Anton in den Herbsturlaub nach Borkum.
Natürlich konnte Sinan Canim nicht verstehen, daß er für fast drei Wochen Abschied von seinen Großeltern nehmen mußte. Aber seinen Genuß an der Situation hatte er dennoch.
Wie immer hatte er Freude daran, Frieda und Anton zu sehen. Und obwohl Anton seine Mütze trug und Angst hatte, sein kleiner Schatz würde ihn deshalb nicht erkennen, war das Quatsch und Sinan belohnte ihn mit ausgesprochen guter Laune.
Auch das Erlebnis, zwar nicht zum ersten Mal, aber mit seinem jetzigen Bewußtsein die Eindrücke auf dem Bahnhof in sich aufnehmen zu können, haben Sinan Canim gefallen.
Nachmittags waren Sarah und Sinan zum Babybody-Shopping in der Stadt. Ich wollte mich dem Genuß des nachmittäglichen Fernsehens hingeben, aber die Weichheit des Sofas war stärker als meine Wachheit. Anke Huber spielte nicht besonders gut. Jedenfalls nicht spektakulär genug, um mich mehr zu fesseln als der Schlaf.
Sinans Stabilität im Zustand des Stehens hat sich deutlich erhöht. Es gelingt ihm, sich von Gegenstand zu Gegenstand zu hangeln, ohne dabei das Gleichgewicht zu verlieren. Allerdings bieten sich bei uns dafür nicht gerade oft die entsprechenden Möglichkeiten, wie er sie bräuchte bzw. gerne hätte. So vollgestellt ist unsere Wohnung nicht.
Auffallend ist dabei, daß Sinan es erreicht hat, sich nicht mehr alleine auf sich konzentrieren zu müssen. Er muß sich nun nicht mehr lediglich auf die Hände

sehen oder darauf, welches Ziel sein nächstes sein könnte. Durch die neue Stabilität hat er jetzt die Gelegenheit, die Umgebung, in der er sich gerade befindet, aufmerksam wahrzunehmen und sich jede Ecke und jeden Winkel genau anzusehen. Glücklicherweise fühlt sich das Kind nicht durch von uns unentdecktem Staub gestört.
Beim Abendessen brach seine Müdigkeit erneut vor der kompletten Leerung seines Tellers über ihn herein. Wir müssen zwar nicht unzufrieden sein mit der Menge seiner Nahrungsaufnahme, aber es ist wieder einmal der gleiche Ablauf gewesen: er ißt ein paar Löffelchen ohne Probleme, wird anschließend unglaublich müde und verteilt mit beiden Händen den Brei im gesamten Gesicht, dreht sich am Öhrchen, kann nur noch weiteressen, wenn ich seine Laune steigere und bricht irgendwann ganz zusammen. Er weint in solchen Situationen ganz bitterlich und an eine weitere Fütterung ist nicht mehr zu denken.
Nur noch Nähe und der Beginn des abendlichen Rituals helfen ihm in solchen Momenten, um seinen Frust zu überwinden.
Deshalb haben wir ihm zum ersten Mal, nachdem er bettfertig war, eine Milchflasche angeboten, die er gerne angenommen, wenn auch nicht völlig leergetrunken hat. Schließlich soll der Junge nicht hungrig ins Bett gehen müssen.
Abends haben wir spekuliert, wie lange er durch die komplette Sattheit schlafen würde, ist es doch immer wieder der nächtliche Hunger, der ihn vom durchgehenden Schlaf abhält.
Der weitere Verlauf der Nacht, den Sarah schlafend und ich schreibend und mit großen Ohren für unseren Sohn verbrachten, zeigte jedoch, daß die Sättigung nur bis Mitternacht anhielt. Aber immerhin.
Im Grunde haben wir uns wirklich nicht zu beschweren. Es gibt bestimmt Kinder, die wesentlich schlechter schlafen und sich häufiger melden als es bei Sinan Canim der Fall ist. Es geht eigentlich darum, daß sein Rhythmus ein anderer ist als unserer.
Eine Angleichung der Rhythmen wäre sicher nicht schlecht. Wir haben schon öfter überlegt, wie es wäre, den Beginn seiner Schlafenszeit zu verzögern. Es ist aber wirklich nicht einfach, es zu versuchen, wenn der kleine Junge müde ist und einfach ins Bett muß.

Sonntag, 7. November

Wie versprochen sind Sarah und ich heute mit Sinan Canim André im Kindergottesdienst gewesen. Nach und nach soll unser Sohn das Haus kennenlernen, in dem er am 28.11. getauft wird.
Und es war sehr gut. Bei Sinans Lust und Interesse an anderen, für ihn zunächst fremden, Kindern und Erwachsenen bestand daran für uns vorher kein Zweifel.

So war es dann auch: Sinan Canim war gut gelaunt, freute sich, schaute und staunte, war freundlich und in Stimmung, andere Menschen für sich einzunehmen.
Er hat sich wohlgefühlt. Wenn er zufrieden ist, hat er für sich das Ziel erreicht, neue Erfahrungen gemacht und Erlebnisse gehabt zu haben. Uns beglückt es in solchen Momenten auch.
Es war ein kleiner Kreis von Kinder und Erwachsenen, die an dem Gottesdienst teilnahmen. Pastor Kock, der den Hauptgottesdienst geleitet hatte, führte durch die Kinderandacht. Jona auf seiner Flucht vor dem Auftrag Gottes war das Thema. Durch den kleinen Kreis und den persönlichen Bezug des Pastors zu den Teilnehmern verlief es sehr locker und unverkrampft. Er stellte Sinan Canim dem kleinen Kreis persönlich vor.
Der Pastor konnte sich an uns erinnern. Auch an die Zwecklosigkeit des letzten Gesprächs, als er sich mehr auf die Pflichten seiner Rufbereitschaft konzentriert hatte als auf uns.
Wir haben uns für den 19.11. zu einem erneuten Termin zum Taufgespräch verabredet. Mal sehen, wie es dann um seine Fähigkeiten, sich auf uns und die notwendigen Absprachen für die Taufe einzulassen, bestellt sein wird.
Man mag der Kirche, auch der evangelischen, vergleichsweise liberaleren, gegenüberstehen, wie man möchte. Inhaltlich und emotional hat sie, nach meiner Meinung, eine Menge zu bieten.
Nach dem Kindergottesdienst gönnte sich Sinan Canim eine Pause und schlief auf dem von uns für ihn extra verlängerten Weg nach Hause und auch im Anschluß an den Spaziergang eine ganze Zeit.
Nachmittags war Sinan über einen längeren Zeitraum unzufrieden und weinerlich. Oberflächlich half lediglich ganz viel Nähe und der Beißring aus dem Kühlschrank. Bei seiner wiedergewonnenen gesteigerten Beißlust vermuten wir den Durchbruch weiterer Zähne. Dann wäre das Babygebiß noch kompletter.
Zu richtig guter Laune fand er wieder zurück, als ich am Abend mit ihm in die Badewanne stieg. Da wurde er wieder zu dem gutgelaunten Kind, das wir kennen. Ganz ausgelassen, selbstverständlich und ohne eine einzige Spur der Unsicherheit planschte er im warmen Wasser herum. Es war ein tolles Bild und ein schöner Spaß mit unserem kleinen Sohn.
Ich bin immer wieder ganz hingerissen, wenn ich ihn so klein und nackt sehe. Alles ist an ihm dran, nichts fehlt, Babyspeck hat angesetzt und er sieht einfach vollständig und kerngesund aus. Sinan ist ein wunderschöner Anblick und es macht richtig stolz, ihn anzusehen.
Dabei haben wir selbst nur wenig dafür getan, daß er so aussieht, außer für den Babyspeck und seine Gesundheit gesorgt. Die Vollständigkeit hat er durch seine leibliche Mutter und selbst erreicht.
Dieser Stolz auf ihn kann nur aus unserer unglaublich großen Liebe zu ihm entstanden sein.

Montag, 8. November

Wir sind in die Phase eingetreten, in der wir nicht nur zu Sinan Andrés Sicherheit die Grünpflanzen hochstellen mußten, wie ich eingesehen habe, sondern auch dafür sorgen müssen, daß er sich nicht an bislang bedeutungslosen Ecken und Kanten verletzt, wie es sie in jeder Wohnung gibt.
Aktuell betrifft es die unteren, metallenen Kanten des Herdes in der Küche. Die haben wir bereits gesichert.
Durch Sinans Wachstum reicht er jetzt bis an den Griff der Herdklappe heran, wie wir heute feststellen mußten. Er nutzt jede Gelegenheit, um auf die Beine zu kommen.
Doch so eine Herdklappe hat nun einmal die Angewohnheit, sich nach vorne öffnen zu lassen, wenn man daran zieht. Sehr unpraktisch für Sinans Bestrebungen. Am Herd werden wir zwangsläufig so schnell wie möglich eine Sicherheitsvorrichtung anbringen.
Wir befinden uns ohne Zweifel in der Sicherheitsstufe 3, es ist durchaus noch steigerungsfähig.
Es ist wirklich verschärft: wenn ich an der Spüle stehe und den allabendlichen Abwasch erledige, die Fläschchen vorbereiten will und ein wenig für Ordnung in der Küche sorge, vergnügt sich Sinan in der Zwischenzeit an meinen Hosenbeinen. Unaufhörlich zieht er sich an ihnen hoch und schwangt zwischen Hose und dem Unterschrank der Spüle mutig hin und her.
Ich finde es total klasse, einen Sohn zu haben, der aktiv ist und das selbständige Stehen und Gehen nicht abwarten kann, mich in Beschlag nimmt und mich für seine Versuche nutzt.
Aber während ich den Abwasch erledige, kann ich es aus Angst kaum ertragen, daß er an mir herumturnt. Auf das, was ich eigentlich vorhabe zu tun, kann ich mich nicht konzentrieren. Ständig befürchte ich, daß er den Halt verliert und auf dem vergleichsweise harten Küchenfußboden aufschlägt.
Trotzdem er Anti-Rutsch-Socken trägt und trotz der Stabilität, die sich beinahe jeden Tag erweitert, habe ich Angst um ihn.
Ich möchte nicht, daß mein Sohn stürzt und sich verletzt, auch wenn ich ihm diese Erfahrungen, die notwendig sind, nicht nehmen kann.
Für mich gibt es bei der Art von Erfahrungen immer noch Unterschiede. Ich will Sinan nicht in Watte packen, aber er soll sich auch keine Hämatome am Kopf zuziehen. Echt schwierig, zu erkennen oder festzulegen, wo Behütung und Schutz notwendig ist und wo die gefürchtete Überbehütung anfängt. Denn ein Weichei wegen übertriebener Fürsorge und Reaktionen seines Vaters soll er nicht werden.
Sarah ist natürlich auch um Sinan Canims Schutz bemüht. Ich glaube jedoch, daß sie verantwortlich, aber in mancher Hinsicht oder in manchen Situationen etwas gelassener reagiert als ich.

In der neuesten Ausgabe, des Babymagazins, das wir abonniert haben, weil wir es wirklich gut finden und die heute im Briefkasten war, steht wie durch Zufall ein kleiner, aber passender Artikel. Darin heißt es:
Stürze und Karambolagen mit den Möbeln sind an der Tagesordnung, wenn Ihr Baby Laufen lernt. Zerfließen Sie nicht vor Mitleid, sondern reagieren Sie möglichst sachlich: „Bums! Das hat weh getan!" Noch besser Sie versuchen ein Lob anzuschließen (Toll, wie weit du schon kommst") Das ermutigt Kinder weiter zu üben; dagegen schreien sie oft erst recht los, wenn Mama oder Papa sich über die Mißgeschicke der Kleinen aufregen.
Mit Sicherheit ist an diesem Ratschlag eine ganze Menge dran, wie sollte ich aber cool und sachlich reagieren, wenn mein Sohn auf den Kopf gefallen ist. Mir ist klar, daß ich mich ein ganzes Stück weit sachlicher verhalten sollte, aber ich weiß nicht, was ich dagegen tun kann, daß ich Sinans Schmerz in solchen Situationen körperlich real miterlebe und es mich mit ihm zerreißt. Gelassenheit will erlernt werden.
Zum Glück ist es heute jedoch nicht zu gefürchteten schweren Stürzen gekommen. Es kommt meinem bisherigem Verhalten entgegen, daß Sinan Canim die Technik, nach dem Hinstellen wieder unbeschadet zu Boden zu gelangen, immer besser beherrscht. In solchen Momenten könnte ich vor Begeisterung und Lob zerfließen. Auffällig ist, daß Sinan im Stehen längst nicht mehr so verkrampft ist. Wenn er sich nur mit einer Hand festhält, ist die andere Hand immer häufiger geöffnet. Früher machte er in der Tradition der Sozialisten eine Faust, auf die Erich Honekker stolz gewesen wäre. Allerdings bedeutete sie nicht *Allzeit bereit*, sondern Anspannung.
Trotz des fast durchgängigen Regens waren wir nachmittags noch in der Stadt. Sinan trug zum ersten Mal seine komplette Regenbekleidung, die Hose und die orange Jacke, mit der er aussieht, wie Ali, der Türke von der Müllabfuhr.
Unter anderem waren wir bei *Mutter + Kind*, dem in ganz Lehringen konkurrenzlosen Baby- und Kinderausstattungsfachgeschäft. Wir hatten vor, einen Regenüberwurf für den Buggy zu kaufen.
In diesem Geschäft wurden wir zufällig Zeugen eines wirklich unglaublichen Geschäftsgebarens. Eine Frau rief im Laden an, die dort scheinbar vor der Geburt ihrer Zwillinge mehrere Dinge der Babyausstattung gekauft hatte. Ein Baby war jedoch eine Totgeburt. Deshalb wollte sie einige Dinge zurückgeben.
Eine Verkäuferin fragte eine andere, wahrscheinlich schon länger Beschäftigte, vor unseren Ohren, was jetzt zu tun sei. Und diese Frau sagte tatsächlich, die Mutter müßte eine ärztliche Bescheinigung über das totgeborene Kind vorlegen. Dann würden die Sachen zurückgenommen werden.
Sarah und ich haben uns nur fassungslos angesehen. Ich bin selbst jetzt noch entsetzt darüber, wie man sich so verhalten kann. Völlig unglaublich.
Als wenn es eine Ausrede sein könnte, um zuviel gekaufte Babysachen wieder loszuwerden.

Sinan Canim André ist dabei, in dieser Nacht wieder einen Rekord zu brechen. Es ist erst zweieinhalb Stunden seit der letzten Flasche her und gerade gelüstete es ihm schon wieder nach der nächsten.
Seit einigen Tagen wissen wir bereits, daß unser Sohn über Nacht wieder drei Flaschen braucht, aber derart kurze Abstände sind wirklich der Hammer.
Ich weiß gar nicht, wo er dieses ganze sämige Zeug läßt. Jedes Mal bekommt er schon 250 ml. Sicher soll er alles von uns bekommen, was er möchte, aber daß er so viel Hunger hat, finde ich sehr erstaunlich.
Wenn diese Situation der Zustand vor einem weiteren Fortschritt ist, wie wir im Laufe der Zeit gelernt haben, bin ich wirklich gespannt, was kommen wird. Allerdings frage ich mich, wie weit der Rückschritt gehen wird, bis der Fortschritt eintritt. In seinem Verhalten am Tage lassen sich keine Rückschritte erkennen.

Dienstag, 9. November

Endlich habe ich es geschafft, Sarah und Sinan zum Babyschwimmen ins Hallenbad zu begleiten, trotzdem die zurückliegende Nacht wieder einmal sehr kurz für mich war.
Und es hat sich wirklich gelohnt. Es war eine wahre Wonne, unseren kleinen Schatz im wohlig warmen Wasser planschen zu sehen und mit ihm selbst im nassen Element, das Sinan wirklich gerne zu haben scheint, zu spielen. Die ganze Aktion war eine Freude.
Interessant war es zu sehen, daß sich Sinan Canim neben der Planscherei auch gerne wie selbstverständlich (oder) im Reflex auf den Rücken legte und dabei die Augen geschlossen hielt. Vielleicht handelt es sich dabei um ein Überbleibsel aus seiner Erinnerung aus dem Fruchtwasser im Mutterleib.
Nach dieser tollen Erfahrung von heute werde ich sicher öfter mit ins Schwimmbad gehen.
Die Genehmigung zur Taufe von Sinan Canim André ist heute bei uns eingetroffen. Richter Menzen hat uns die Erlaubnis erteilt. Wäre uns die Genehmigung, aus welchen Gründen auch immer, nicht erteilt worden, hätte ich unseren Sohn selbst getauft. Nach kanonischem Recht ist eine solche Taufe möglich und wird anerkannt. Doch so kann es seinen geplanten, feierlichen Gang gehen. Und das ist gut so.
Den Tag über aß Sinan Canim ganz gut. Abends war er allerdings wieder einmal so müde, daß er seine Mahlzeit nur bis zur Hälfte schaffen konnte. Anschließend hat er dann den Vogel abgeschossen. Statt erst gegen 23.00 Uhr oder Mitternacht, wie es sonst der Fall ist, wollte er schon kurz vor 21.00 Uhr die erste Flaschenmahlzeit der Nacht haben. Daran schloß sich eine längere Schlafphase an.
Wenn Sinan Canim das selbständige Gehen und Stehen gelernt hat, soll er seine ersten Schuhe bekommen. Darauf freuen wir uns schon jetzt wie die Schneeköni-

ge. Besonders Sarah ist auf den Kauf des ersten Paars Schuhe ganz versessen. Es muß ein tolles Bild sein, wenn unser süßer kleiner Schatz zum ersten Mal in Schuhen zu sehen ist und darin die Gegend unsicher macht.
Die Preise für Kinderschuhe in herkömmlichen Schuhgeschäften sind wirklich unglaublich. Sie kosten mehr, als ich selbst für ein Paar Schuhe für mich ausgeben würde. Dabei ist gerade die Auswahl des ersten Paar Schuhe für Kinder besonders wichtig. Sie müssen von guter Qualität sein, weil ein kleiner Fuß, ohne daß es Beschwerden bereitet, leicht verformbar ist.
Längere Zeit wußten wir nicht, was einen guten Kinderschuh ausmacht und worauf wir bei der Auswahl zu achten haben.
Woher soll man wissen, daß ein Kinderschuh eine breite Schuhspitze haben muß, 12 Millimeter Luft vor den Zehen, flexibles, atmungsaktives Material, eine rutschfeste Sohle, die sich zwischen Daumen und Zeigefinger biegen läßt, kein Fußbett, keine fühlbaren Nähte im Inneren des Schuhs und eine leichte Fersenkappe ohne Verstärkung braucht.
Solche, fast schon wissenschaftlichen Dinge, erfährt man nur durch genaue Recherche oder, wie wir, durch Zufall. Ansonsten steht man auf dem Schlauch oder ist bei der Auswahl des ersten Schuhwerks seines Kindes vielleicht zu unbedarft.
Ob durch das Wissen jedoch die Auswahl erleichtert wird, werden wir sehen, wenn es an der Zeit ist. Möglich, daß es schwieriger wird.
In der Küche hat Sarah heute für Sinan den Schutz gegen das Öffnen der Backofenklappe angebracht. Es ist ein simples, aber effektives Prinzip, das sich der Hersteller aus der Reihe *Danach ist es zu spät* gut bezahlen läßt.
Sinan nahm die Veränderung des Backofens in Augenschein. Mir blieb fast das Herz stehen, als Sinan Canim für einige Sekunden tatsächlich ganz stabil und als wäre es völlig selbstverständlich frei auf seinen kleinen Füßen stand und sich die neue Sache anschaute. Ganz ohne sich irgendwo festzuhalten.
Ich glaube, er hat es selbst gar nicht registriert. Sonst wäre er bestimmt nicht so sehr über meine Lobesküsse erstaunt gewesen. Jedenfalls bilde ich mir ein, daß er erstaunt war.
Immer wieder finde ich es phantastisch und erstaunlich, wie schnell alles vorangeht.
Bei Sinan Canims Lust am Leben und am eigenen Fortschritt wundert mich inzwischen gar nichts mehr, versetzt mich aber immer wieder in Entzücken.
Dadurch, daß Sarah und ich unseren kleinen Sohn, der noch nicht einmal neun Monate alt ist, nie zu irgend etwas gezwungen und ihm seine eigene Zeit und sein eigenes Tempo lassen, macht es nur noch stolzer, daß er sich so fix entwickelt.
Sinan nutzt die Fähigkeit des Krabbelns, um kleinere und größere Strecken zurückzulegen. Dabei ist er mittlerweile ganz schön schnell geworden. Den größten Spaß und das strahlendste Lächeln hat er aber im Stehen.
Gut ist auch, daß wir nie begonnen haben, Sinan hinzustellen und an den Händen zu führen. Unseren Rücken hätte es zwar nicht gefallen, aber unser Sohn hätte

auch, wie wir gelernt haben, etwas falsches gelernt. Denn Kinder bewegen sich dabei wie Marionetten ohne ihr Gewicht selbst zu tragen und auszubalancieren. Mit gefährlichen Folgen: Wenn sie später einmal stolpern, greifen sie mit den Händen in die Luft, statt den Sturz damit auf dem Boden abzufangen, weil sie gelernt haben, oben den Halt zu suchen und zu finden.
Gut, daß wir Sinan seine Zeit lassen können und ihn in seiner Bewegungs- und Fortschrittslust unterstützen.
Gerne würden wir Sinan ein kippsicheres Fahrzeug kaufen, an dem er sich hochziehen, stehend beschäftigen und freilaufend fortbewegen kann. Allerdings war unsere anfängliche Suche danach nicht erfolgreich.
Richtiggehend versessen ist Sinan Canim auf Papier. Alles, was aus Papier ist, findet seine Aufmerksamkeit: Servietten, die Tageszeitung, Werbebeilagen, Bedienungsanleitungen, Magazine, einfach alles.
Daran hat er wirklich großen Spaß und wenn wir ihn lassen, kann er sich damit sehr ausdauernd befassen. Das geht natürlich nicht immer, weil der Weg an und vor allem in den Mund vorprogrammiert ist. Und ich möchte es nicht erleben, wie die neuesten Baumarktangebote in der Windel auftauchen. Besonderen Spaß hat Sinan daran, einzelne Blätter in kleine Teile zu zerlegen. Mit ehrgeiziger Kraftanstrengung zerreißt er sie.

Mittwoch, 10. November

Von Sinan Canim André und Sarah habe ich heute nicht viel gesehen. Sie waren zusammen mit Tina auf Shoppingtour in Miesdorf.
Anschließend war Tina, Sinans zukünftige Taufpatin neben Imke, mit bei uns und die zwei hatten Zeit, sich etwas kennenzulernen.
Nach anfänglicher Unsicherheit und Schüchternheit ließ sich unser Sohn ganz und gar auf Tina ein und wich nur selten von ihrer Seite. Das Spiel und den Spaß mit ihr hat er sehr genossen.
Vor zehn Tagen hat ein Jugendlicher in Bad Reichenhall aus dem Fenster seines Elternhauses mehrere Personen, anschließend seine Schwester und sich selbst, erschossen. Gestern brachte ein 15jähriger vor den Augen der Klasse seine Lehrerin um.
Ich frage mich, wohin sich die Gewaltbereitschaft entwickeln wird. Gerne würde ich wissen, wie es damit in unserer Gesellschaft aussehen wird, wenn Sinan älter, zur Schule geht und irgendwann zum Jugendlichen herangewachsen sein wird. Ich würde es gerne wissen, wie es in zehn oder fünfzehn Jahren sein ist, um mich und uns zu wappnen.
Zunächst glaube ich nicht an die eigene Verantwortlichkeit der Jugendlichen für diese furchtbaren Taten.

Nach meiner Ansicht tragen generell Eltern durch Erziehung und Vorbildverhalten und die Politik durch die Schaffung und Einflußmöglichkeiten für gesellschaftliche Werte und soziale Gerechtigkeit eine sehr große Verantwortung. Vielleicht ist es etwas vereinfacht von mir gedacht, aber in beiden Fällen haben scheinbar die Eltern versagt. Und die Spur nach gesellschaftlichen Werten und sozialer Gerechtigkeit muß man nach sechzehn Jahren CDU-Regierung und einem Jahr SPD mit der Lupe suchen. Diese Spur wird kaum zu finden sein. Von der Regierung viel zu erwarten, hat sich schon immer als zwecklos herausgestellt. Bleiben die Eltern.
Wie sollen jedoch Eltern in dieser heutigen Gesellschaft ihren Kindern ein gutes Vorbild sein, wenn sie selbst kaum in der Lage sind, in der Kühle und in dem Leistungsstreben dieser Gesellschaft zu existieren?
In Deutschland benötigt jeder Mensch für alle möglichen Dinge einen Nachweis, egal ob es um den Schulabschluß geht, um den Führerschein, um die Ausübung eines bestimmten Berufes, für den Bau von Häusern etc. Die Liste wäre bis ins Unendliche zu erweitern und selbst dann noch unvollständig.
Für die Erziehung von Kindern braucht kein Mensch ein Reifezeugnis. Nichts. Jeder offensichtliche und versteckte Idiot kann Kinder in die Welt setzen und sie nach seinem Bild erziehen. Die staatlich verankerte Heiligkeit und Unberührbarkeit der Familie würde sich hüten, hier einzugreifen und Hürden zu installieren. Obwohl es manchmal, und es müssen nicht derart drastische Fälle geschehen, wirklich notwendig wäre. Und nicht erst, wenn es zu spät ist. Natürlich müßten die Eltern dieser beiden kindlichen Täter zur Verantwortung gezogen werden.
Früher hätte ich nie geglaubt, daß ich eines Tages so denken würde. Ich komme mir richtig reaktionär und alttestamentarisch vor.
Hoffen will ich von ganzem Herzen, daß sich Sinan Canim anders entwickelt. Es mag arrogant sein zu sagen, daß Sarah und ich alles daran setzen werden, damit unser Sohn richtige Werte vermittelt bekommt und deshalb vor solchen Ausbrüchen geschützt sein wird.
Aber in der Zeit, die er unter dem entscheidenden und großen Einfluß bei uns in seinem Elternhaus verbringen wird, werden wir versuchen, ihn entsprechend positiv zu beeinflussen, damit er sich nicht ungeliebt und unbeachtet fühlen muß.
Aus welchen Gründen eine Kontrolle der Kinder und Jugendlichen und die Suche nach mitgebrachten Waffen an deutschen Schulen abwegig und undenkbar sein soll, wie es im Moment immer wieder öffentlich gesagt wird, kann ich überhaupt nicht verstehen.
Ich wäre sehr dafür. Was wäre dadurch wirklich verloren? Die Freiheit, alles in den Taschen zu transportieren, was subjektiv notwendig erscheint? Wäre die persönliche Freiheit wirklich ausgehöhlt?
Ich finde, Sicherheit wäre gewonnen, wenigstens teilweise, denn eine solche Maßnahme schützt natürlich nicht vor dem Einsatz von Waffen und ähnlichem außerhalb eines Schulgeländes. Wenn ich ins Amtsgericht Lehringen gehe, wird

meine Tasche ebenfalls kontrolliert und ich einer Körperkontrolle unterzogen. Eine solche Maßnahme stellt niemand in Frage.
Ich bin sehr für eine Wertevermittlung in der Familie und in der Öffentlichkeit, wenn sie gerecht ist und einen tatsächlichen Sinn, keinen diktatorischen, verfolgt und gegen einen falschen Liberalismus, der nicht eingreift und wegsieht, weil die Sache zu unangenehm ist.
Es kann nicht sein, daß jeder ohne Konsequenzen und Halt nur nach eigenem Ermessen vor sich hin lebt, aber dadurch, daß die Wertevermittlung nicht öffentlich durch den Staat vorgelebt wird, alles nur Gequatsche ist und keine Handlungen durch eine soziale Gerechtigkeit erfolgt, wird es vermutlich nicht besser werden. Und das macht mir angst.

Donnerstag, 11. November

Während eines Telefonats mit Thomas Wolf hat sich heute herausgestellt, daß wir die Feststellungsklage gegen Herrn Strumpfe, dem wahrscheinlichen biologischen Vater Sinan Andrés, nicht automatisch weiterführen müssen, wenn wir unseren Schatz adoptiert haben. Dies hat eine Nachfrage des Jugendamtes beim Landschaftsverband Rheinland ergeben.
Die Wichtigkeit, daß Sinan Canim eines Tages trotzdem erfahren soll, wer sein Erzeuger ist, bleibt davon unberührt. Durch das Fallenlassen der Klage haben wir es nicht amtlich, aber durch die Angaben von Oma Klara ist es eigentlich klar, wer der Vater ist.
Ohnehin wird sich die Frage nach der leiblichen Mutter eines Tages wesentlich lebendiger in den Vordergrund stellen. Auf Fragen nach seinem leiblichen Vater werden Sarah und ich unserem Sohn aber eine Antwort geben können. Dabei wird die amtliche Feststellung keine Rolle spielen.
Dadurch, daß Günther Strumpfe nicht offiziell als Vater bekannt bzw. anerkannt ist, hat er keinerlei Rechte gegenüber Sinan Canim. Selbst wenn er welche hätte, wäre nicht damit zu rechnen, daß er welche einfordert bzw. davon Gebrauch macht.
Auf diesem Hintergrund können wir Sinan ohne weitere Probleme adoptieren. Es ist von der Zustimmung des Herrn Strumpfe nicht abhängig. Lediglich das Jugendamt muß zustimmen und so wird es geschehen.
Auch wenn uns nichts drängt, wird es ein gutes Gefühl sein, wenn Sinan amtlich durch die Adoption zu unserem Sohn geworden ist und wir den gleichen Namen tragen. Dann haben wir alles in trockenen Tüchern.
Sinan hat in der vergangenen Nacht zwischen 22.00 Uhr und 6.30 Uhr fast einen Liter Babymilch getrunken. Im ungefähren Abstand von dreieinhalb Stunden bat er zur Flasche. Man konnte fast die Uhr danach stellen. Sein nächtlicher Hunger ist ungebrochen.

Selbst nachdem ich ihn gefüttert habe, muß ich immer, wenn ich später im weiteren Verlauf der Nacht selbst ins Bett gehe, sehr leise sein, um ihn in seiner Ruhe nicht zu stören. Auf die geringste Unruhe reagiert er. Seit einigen Nächten ist es immer dasselbe.
Tagsüber zeigte er wieder seine bekannt gute Laune und seinen Spaß am Leben und am Zusammensein mit Sarah und mir. Er wirkt oft so zufrieden und glücklich. Und das ist für uns ein tolles Gefühl.
Ebenso ist seine Lust für das Aufstehen, Hinstellen und anfänglichen Gehen ungebrochen. Seine Geschwindigkeit und motorischen Fähigkeiten, die dafür notwendig sind, haben zugenommen.
Besonders gut kann er sich zwischen dem Sofa und dem Wohnzimmertisch, die zusammen einen idealen kleinen Gang bilden, bewegen.
Manchmal hält unser süßer Junge im Laufe des Tages ein oder zwei kürzere Schläfchen. Wacht er auf, will er so schnell wie möglich und unüberhörbar aus dem Bett heraus.
Bevor er dann zu seiner gewohnten Spiellust und seinem bekannten Tempo zurückkehrt, braucht er zumeist eine kurze Zeit der Nähe mit einem von uns. Es sind Momente der Zärtlichkeit, wenn er bei Sarah oder mir zunächst seine schläfrige Benommenheit bewältigen und sich in die Wirklichkeit zurückbegeben muß. Lange dauert es nie, aber ein kurzes Schmusen muß sein.
Sinan Canim ist ein sehr liebenswertes Kind. Selbst neben unserer ohnehin bestehenden großen Liebe zu ihm, macht er es uns und jedem anderen Menschen in seiner Nähe sehr einfach, ihn zu lieben. In vielen Dingen, die er tut oder wie er sich verhält, liegt ein nonverbaler Dialog. Und dabei spricht er oft von Nähe, Zärtlichkeit, Freude, Neugierde und Interesse an der Eroberung seiner Welt.
Frau Sülzmeyer vom Jugendamt Witzkirchen hat bisher nicht auf unseren Brief reagiert. Wir rechnen täglich damit, daß sie uns unsere damals überlassenen Unterlagen zurückschickt.
Sollte es nicht geschehen, wäre es eine merkwürdige Entwicklung der Dinge. Aber merkwürdig waren manche Dinge, die wir im Kontakt mit ihr erlebt haben.
Es ist kein alltägliches Thema für Sarah und mich, aber die Aufnahme eines weiteren Kindes ist für uns vorstellbar geblieben.
Sinan Canim wird mit Sicherheit früher oder später Geschwister bekommen. Wie Sinan die Aufnahme eines weiteren Kindes erleben, wie er sich verhalten wird, finde ich schon heute einen spannenden Gedanken.
Dem Glauben, daß er keinerlei Eifersucht zeigen wird, unterliegen wir nicht. Er wird, wie auch immer, darauf reagieren, daß er eines Tages nicht mehr das einzige Kind, der Mittelpunkt, sein wird. Das ist ganz natürlich und gäbe Anlaß zur Sorge, wenn Eifersucht nicht eintreten würde.
Aber Sinan hat grundsätzlich ein Interesse an anderen Kindern und soll sich schließlich durch den intensiveren Kontakt mit ihnen weiterentwickeln. Auch wenn diese Weiterentwicklung Reibung beinhaltet.

Sehr ausgeprägt ist die kindliche Eifersucht, wenn das Kind bei Ankunft des Geschwisters zweieinhalb bis fünf Jahre alt ist. Aber so lange werden wir mit Sicherheit nicht warten. Wir wollen für weitere Kinder auch nicht zu alt werden.
Ist ein Kind jünger als zwei Jahre, ist es kaum eifersüchtig, kann es aber nach ein oder zwei Jahren noch werden. Von daher wäre auf diesem altersbedingten Hintergrund die mittelfristige Aufnahme eines weiteren Kindes ideal.
Sicher spielt es in Sinans Fall keine große Rolle, daß er als Pflegekind zu uns gekommen ist, dafür haben Sarah und ich zu früh die Elternrolle übernommen. Und er hat niemanden außer uns in dieser Rolle kennengelernt und schon gar keinen schmerzhaften Beziehungsabbruch durchmachen müssen.
Allerdings kann ich mir andere Pflegekinder vorstellen, bei denen die Auseinandersetzung über die Aufnahme eines weiteren Kindes viel schwieriger ist, weil es natürlich wesentlich schlimmere Erfahrungen geben kann, die einen solchen Prozeß erschweren können.
Kinder, die älter als fünf Jahre alt sind, können sehr eifersüchtig sein. Selbst zehnjährige Kinder können noch eifersüchtig auf ein Baby oder ein Kleinkind reagieren.
Je intensiver die Beziehungen sind, die ein Kind zu anderen Kindern außerhalb der Familie hat, desto weniger neigt es zu Eifersucht gegenüber einem jüngeren Geschwisterkind. Und dafür tun wir, insbesondere Sarah, eine Menge.
Bei allem, was die Aufnahme eines weiteren Kindes bei Sinan Canim auslösen wird, werden wir nach besten Kräften versuchen, ihn aufzufangen und alles daransetzen, daß er sich nicht zurückgesetzt fühlen muß.
Ich gehe davon aus, daß die Beziehung zwischen unserem Sohn und uns bis zur Ankunft eines anderen Kindes stabil genug ist und wir in der zukünftig veränderten Situation versuchen werden, Sinans emotionale Verunsicherung wahrzunehmen und uns entsprechend zu verhalten wissen. Auf eine ausgeglichene Beziehung zu beiden Kindern wird es uns ankommen.
Eine gute Möglichkeit, Sinan die innere Annahme einer Schwester oder eines Bruders zu erleichtern, wird sein, ihn teilweise in die Kontaktaufnahme mit dem neuen Kind, wenn es noch nicht bei uns lebt, einzubeziehen.
Ich stelle mir z. B. vor, ihn bei Besuchen mitzunehmen, wenn der erste Kontakt aufgebaut wird und die Entscheidung über den möglichen Aufnahmetag von ihm und seiner Bereitschaft und Befindlichkeit abhängig zu machen.
Natürlich hat es einen anderen Charakter, ob sich Sinan Canim in der Gesellschaft anderer Kinder in der Kindergruppe oder im Verwandtenkreis wohlfühlt oder ob er sein Leben mit uns mit einem anderen Kind teilen muß.
Aber durch Sinans generelle Lust am Kontakt und im Umgang mit anderen Kindern sehe ich nicht wirklich, daß besondere Schwierigkeiten auf uns zukommen werden.
Den Weg zu uns finden Kinder zwar nicht durch eine Schwangerschaft, wobei es dabei für ein Kind die nicht unerhebliche Chance gäbe, die Entwicklung zu beob-

achten und mitzuerleben, aber dadurch, daß unsere Familienkonstellation einer anderen Natürlichkeit entspricht, glaube ich, daß wir uns nicht im erhöhten Maße auf massivere Probleme einstellen müssen.
Uns wird es gehen wie anderen Eltern auch, wenn ein zweites Kind kommt, allerdings doch mit der Einschränkung, daß es dabei auf unsere Auswahl des neuen Kindes ankommt und darauf, in welchem Ausmaß das Kind negative Vorerfahrungen mitbringen wird.
Durch Sinan hat sich unsere Familie bzw. die Menschen, die auf eine besondere Art irgendwie zu uns gehören, erweitert. Oma Klara, Fabian und Opa Robert gehören dazu.
Über das Jugendamt haben wir in Bezug auf Sinan Canims Halbschwester Julia, die ebenfalls von Herrn Strumpfe gezeugt wurde und die auch in einer Pflegefamilie lebt, noch nichts gehört. Möglicherweise hat Frau Jürgens vergessen, sich um eine Kontaktanbahnung zu kümmern. Vielleicht sollten wir unser Interesse an dieser Familie beim Jugendamt erneuern.
Ein weiteres Kind bei uns wird den Familienkreis vergrößern. Aber warum nicht.
Ich würde mir für meine Familie und mich wünschen, daß das neue Kind eine einigermaßen klare Perspektive mitbringen könnte. Das wäre natürlich ein Glücksfall für uns. Ob es jedoch möglich sein wird, ein zweites Mal derart hoch im Lotto zu gewinnen, wirkt auf mich wie eine Heraufbeschwörung des Schicksals. Dennoch stelle ich mir gerne das Optimum vor.
Favorisieren würde ich in jedem Fall die Perspektive, das Kind für immer bei uns aufwachsen zu sehen. Ich favorisiere es für die Geschwisterbeziehung, deren Erfahrung ich jedem Kind und zunächst einmal Sinan gönne. Diese Erfahrung wünsche ich mir für ihn. Und für uns.
Natürlich gibt es keine Garantien dafür, daß wir eine solche Perspektive mit einem weiteren Kind bekommen werden, aber die Möglichkeit der Chance dazu, ähnlich wie es bei Sinan Canim der Fall war, fände ich schon gut.
Hatte es nach der Aufnahme von Sinan bei uns mehr mit egoistischen Gründen zu tun, treten jetzt eher familien- und beziehungsbezogene Gründe in den Vordergrund, weshalb ich schlecht damit leben könnte, wenn unser zweites Kind nur für eine begrenzte Zeit bei uns bleiben würde.
Sarah, Sinan André und ich sind beziehungsfreudige Menschen, die einen engen roten Faden im Zusammenleben brauchen. Für Stückwerk sind wir nicht gut zu haben.
Wenn unsere Familie schon unter besonderen Umständen wächst und Sarah und ich mit den Kindern etwas dafür tun müssen, daß wir eine richtige Familie werden können, möchte ich die Eckpfeiler der Normalität erhalten wissen.
Ich möchte es, weil uns Sinan nicht einfach in den Schoß gefallen ist und es uns mit keinem anderen Kind passieren wird. Und in aller Regel bleiben die Kinder in funktionierenden, gesunden Familien bei ihren Eltern.

Davon unbenommen würde ich es gerne einmal erleben, daß Sarah schwanger ist und ein Kind zur Welt bringt. Dies bliebe ansonsten die einzige Erfahrung, die wir nicht hätten. Darauf wage ich gar nicht mehr zu hoffen. Aber wer weiß schon, was noch kommen wird.
Jeder Mensch wacht in der Nacht mehr oder weniger häufig für Bruchteile von Sekunden kurz auf und setzt den Schlaf zumeist fort, ohne die Unterbrechung zu registrieren. Bisher haben Sarah und ich Sinans Fähigkeit, gleich wieder einzuschlafen bzw. von Fläschchen zu Fläschchen durchzuschlafen, zwar nicht gleichgültig, aber dennoch wie selbstverständlich hingenommen.
Jetzt wird Sinan in solchen Situationen manchmal wacher und unruhiger als sonst und er kann die kurzen Unterbrechungen nicht mehr so gut alleine bewältigen. Dadurch ist es um so auffälliger, wenn er anfängt zu weinen, obwohl er sich nur kurz von der einen Seite zur anderen dreht.
Es war jetzt häufiger der Fall, daß ich mit dem gemachten Milchfläschchen neben seinem Bett gestanden habe, weil er angefangen hatte zu weinen und ich dem Irrtum erlegen war, daß er seine nächste Mahlzeit haben wollte. Aber es macht nichts. In dieser Phase unseres Lebens ist es nicht schlimm, wenn es öfter mal zu einem Fehlalarm kommt.
Je länger es Sinan Canim gelingt, an einem Stück zu schlafen, desto mehr Ruhe und Erholung kann er in seinen Schlafstrecken finden. Und die gönne ich ihm von Herzen, kann er sie doch gerade deshalb so gut gebrauchen, weil er sich tagsüber durch seine beinahe unbändige Lust zur Bewegung sehr verausgabt und diese Energiereserven wirklich benötigt.
Inzwischen haben Sarah und ich es uns abgewöhnt, bereits bei dem kleinsten Geräusch aus dem Kinderzimmer aufzustehen. Früher war es ein Garantiezeichen für den Bedarf zur Aufnahme der nächsten Mahlzeit unseres Sohnes.
Vor einigen Tagen hatte sich Sinan bei einem der leider unvermeidlichen Stürze in der jetzigen Phase des Aufstehens einen blauen Fleck an der Stirn zugezogen. Wahrscheinlich war er gegen ein Tischbein gefallen. Inzwischen hat sich die Häufigkeit der Stürze glücklicherweise verringert, aber bis heute war der Fleck unverändert geblieben, so daß ich mir, wie es eben meine Art ist, bereits Gedanken darüber zu machen begann. Zu meiner Erleichterung konnte ich heute abend aber feststellen, daß von dem Fleck kaum noch etwas zu sehen ist.
Ich weiß gar nicht, ob ein junges Kind ein größeres Recht auf seine Nachtruhe hat, als es normalerweise der Fall ist. Mit der generellen Nachtruhe von 22.00 Uhr bis 6.00 Uhr könnte Sinan nicht viel anfangen und es würde seinem Bedarf nach wirklicher Ruhe in seiner näheren Umgebung nicht genügen.
Selbstverständlich würde ich darauf drängen, wenn es mir möglich ist auf diplomatische Art und Weise, laute Arbeiten von unmittelbaren Nachbarn im Haus einzustellen, wenn Sinan ab 19.00 Uhr im Bett ist und schläft.

Unsere direkten Nachbarn, mit denen uns nur ein distanziertes Verhältnis verbindet, würden mir wahrscheinlich einen Vogel zeigen, wenn ich kurz nach sieben Uhr auf deren Fußmatte stehen und um Ruhe für meinen Sohn bitten würde. Vermutlich würde die Frau, die dort die Hosen anzuhaben scheint, anführen, daß sie doch die eigentlich Gestörten wären, weil sich Sinan nächtens oft lautstark meldet und besonders ihr erwachsener Sohn, der mit unserem Wand an Wand das Zimmer hat, seit März nicht mehr durchgängig schlafen kann. Ich könnte mir sogar denken, daß sie versuchen würde, uns in diesem Haus, das in der Hauptsache von Eigentümern bewohnt wird, auf unser Dasein als Mieter zu verweisen.
Bei solchen Gedanken wünsche ich mir ein eigenes Haus mit Garten für meine Familie und mich. Das wäre, unabhängig von unsympathischen Nachbarn, ein Traum von uns.

Freitag, 12. November

Immerhin ist es Sinan Canim in der vergangenen Nacht gelungen, mit drei Fläschchen Milch auszukommen statt mit den in den vergangenen Nächten üblichen gewordenen vier. Dafür war seine Nacht allerdings um 5.20 Uhr beendet. Wie im Schichtdienst übernahm Sarah nach meinem Nachtdienst den Tagesdienst.
Im weiteren Verlauf der letzten Nacht habe ich bemerken können, daß Sinan wesentlich ruhiger schläft, wenn ich seine Zimmertür aufstehen lasse und nicht wie sonst heranziehe.
Dadurch, daß bei uns in der Küche ein sanftes Licht brennt, bis ich ins Bett gehe, konnte es unser Sohn wahrnehmen. Vielleicht hat es ihm das Gefühl von Sicherheit gegeben.
Möglicherweise bereitet es ihm Schwierigkeiten, beruhigt weiter zu schlafen, wenn er sich in völliger Dunkelheit befindet. Durch die offene Tür und das Küchenlicht verlief die letzte Nacht für Sinan Canim insgesamt ruhiger.
Vielleicht könnte er jetzt ein kleines Nachtlicht gut gebrauchen.
Ich selbst kann mich gut daran erinnern, daß ich als Kind beruhigter schlafen konnte, wenn ich ein bißchen Licht sehen konnte. Bei uns kam das Licht vom Flur. Eine ganze Zeit hatte ich Angst, im völlig dunklen Schlafzimmer zu liegen und konnte nur einschlafen, wenn in meiner Nähe die Nachttischlampe brannte. Aber diese Erinnerungen stammen natürlich aus einer Zeit, als ich einige Jahre älter war als es Sinan jetzt ist. Der Beginn meiner noch heute sehr lebendigen Erinnerungen setzen bei mir etwa ab meinem dritten Lebensjahr ein.

Sonntag, 14. November

Es ist uns gelungen, Sinan Canim Andrés Nachtruhe wieder herzustellen. Als Vermutung haben wir den Versuch gestartet, den abendlichen Brei nicht mehr, wie seit einigen Tagen üblich, mit Vollmilch anzurühren.
Zurückgekehrt sind wir nach einer Idee von Sarah zu Wasser. Das Ergebnis beweist es. Seit zwei Tagen kann Sinan wieder wesentlich beruhigter schlafen. Die ungewöhnliche Unruhe ist weg. Die Milch hat ihm sicherlich als Grundlage des Breies geschmeckt, lag ihm aber wahrscheinlich etwas zu schwer im Magen. Gut, daß wir den richtigen Riecher hatten.
Am Ende der Woche hatten wir die Einladungskarten für Sinans Taufe fertig. Wir haben orange Faltkarten genommen, einen einfachen Text in besonderer Schriftart auf dem PC angefertigt und ein Foto von Sinan Canim hineingeklebt. Es sieht wirklich stilvoll, aber nicht übertrieben festlich aus.
Heute nachmittag sind die Einladungen in den Briefkasten gewandert. Es klingt vielleicht wenig, aber es waren sechs Einladungen, die wir verschickt haben. Allerdings laden wir damit 20 Personen ein: Jablonkas, Biekes, Oma Frieda und Opa Anton, Oma Klara mit Fabian und Opa Robert, Tina und meine Schwester mit ihrer Familie.
In der Wohnung wird es eng werden. Noch wissen wir nicht, wie der Ablauf zu bewältigen sein wird, ebenso wie die Vorbereitungen im Vorfeld, aber ich bin davon überzeugt, daß es uns gelingen wird. Ich freue mich darauf.
Eigentlich hatte ich geplant, auch an diesem Sonntag mit Sinan in den Kindergottesdienst zu gehen, aber leider hielt unser Sohn genau in dieser Zeit seinen Vormittagsschlaf. Und Aufwecken ist nicht unsere Art. Bleibt noch der vor uns liegende Sonntag, bis es am 28.11. an die Taufe geht.
Wie wichtig der Schlaf am Vormittag sein würde, zeigte sich uns erst richtig am Nachmittag. Um die Einladungen einzuwerfen waren wir in der Stadt, allerdings auch, damit unser Sohn noch etwas mehr Schlaf bekommt.
Unser Bestreben, uns wenigstens einmal am Tage für etwas längere Zeit draußen aufzuhalten, damit Sinan an die frische Luft kommt, hatten wir noch nicht erfüllt und trotz des unbeständigen Wetters war es notwendig.
Weil sich Sinan oft sehr ungern ein Schläfchen zwischendurch gönnt, war es unsere Hoffnung, daß er, wenn wir ihn spazierenfahren, einschlafen kann.
Selten wird es ein langer Schlaf, doch selbst eine kleine Pause rettet häufig seine Laune für die verbleibende Zeit des Tages.
Aber heute schlief Sinan im Buggy nicht ein. Er saß einfach da und genoß die Ausfahrt. Selbst die Unruhe, die er manchmal zeigt, wenn wir mit dem Kinderwagen unterwegs sind, unterblieb.
Sinan neigt dazu, wenn ihm ein kleiner Ausflug zu öde erscheint oder wenn er mit dem Schlaf ringt, sich aber aus welchen Gründen auch immer, nicht fallenlassen kann, lautstark zu protestieren und die Rolle im Kinderwagen zu proben.

Im Prinzip wäre nichts dagegen einzuwenden, wenn er sich im Kinderwagen auf den Bauch dreht, aber dabei bleibt es in solchen Fällen nie. Zu gerne setzt er sich in die Hocke, hält sich am Gestell fest oder will sich hinstellen. Und das ist selbstverständlich viel zu gefährlich.
Heute blieb er ganz ruhig im Buggy sitzen, schlief aber nicht ein. Seine persönliche Krise setzte dann später zuhause ein. Sinan war übermüdet.
Unsere Versuche, ihn ins Bett zu legen, ihn zu streicheln, bis er einschlafen kann oder der beruhigende Klang der Spieluhr, brachte alles nichts. Er wollte nicht einschlafen.
Immer öfter brach seine sonst so gute Laune ab, einmal weinte er sogar ganz bitterlich vor Erschöpfung. Dennoch ließ er sich ebenso häufig wieder aufrichten, wenn wir uns auf abwechslungsreiche Art mit ihm beschäftigten. Dann ging es immer wieder.
Wir alberten, spielten und lachten uns mit ihm durch den verbleibenden Nachmittag. Immer lagen wir auf der Lauer nach einer Situation, ihn doch in den Schlaf zu locken. Trotz seiner starken Müdigkeit fand er seinen Spaß. Ließen wir nach und schenkten ihm weniger Aufmerksamkeit, verschlechterte sich auch seine Laune. Was man nicht alles für das Wohlbefinden eines Kindes tut.
Selbst auf das kleinste Schläfchen ließ er sich nicht ein und schleppte sich auf diese Weise bis zum Abendessen. Erstaunlicherweise aß er den ganzen Teller leer und konnte anschließend nach dem üblichen Ritual endlich einschlafen. Vermutlich schlief er bereits während der Abwärtsbewegung ins Bett.
Sinan ißt stets so viel, wie er essen kann und trinkt inzwischen etwas mehr, als es noch vor kurzer Zeit der Fall war. Es war nie für uns besorgniserregend, ist aber dennoch schön zu erleben, wenn sich seine Trinkfreudigkeit erhöht.
Lernt Sinan eine neue Speise kennen, ist seine erste Reaktion zunächst einmal ein leichtes Schütteln. Sein ganzer kleiner Körper schüttelt sich dann. Er schaut in solchen Momenten, als hätte er auf etwas sehr saures gebissen.
Es ist ein Bild für die Götter, wenn sich unser kleiner Schatz so schüttelt. Zunächst könnte man glauben, es würde ihm nicht schmecken, aber wenn das erste Schütteln, wahrscheinlich die Gewöhnung an das bislang Unbekannte, nachgelassen hat, ißt er mit Lust weiter.
Ein wenig erinnert dieses Verhalten an ältere Kinder, die ein bestimmtes Essen nicht mögen und sich vor Ablehnung oder weil sie eine kleine Show daraus machen, schütteln und damit auf die Erlaubnis hoffen, das Essen stehenlassen zu dürfen.
Aber das kann bei Sinan wirklich nicht der Fall sein. Solches Verhalten hat er noch nie bei einem anderen Kind (oder bei einem von uns) erlebt und deshalb ist es unmöglich, daß er etwas kopiert. Tatsächlich muß es sich um die Gewöhnung an etwas Unbekanntes, um eine neue Herausforderung für seinen Gaumen und für seinen Geschmackssinn, handeln.

Neben der ganzen Action, die Sinan Canim den ganzen Tag über durch seinen ungebrochenen Bewegungsdrang und seine Lust an der eigenen Entwicklung zeigt, ist er ein sehr zärtliches Kind.
Überhaupt spielt Körperkontakt für ihn eine große Rolle. Natürlich ist es kein Wunder, weil wir von Anfang an selbst großen Wert darauf gelegt haben, Sinan unsere Zuneigung spüren zu lassen.
Sinan sucht sich die Nähe und zeigt seine Liebe zu uns auf eine ganz unnachahmliche kindliche Art und Weise.
Gerne hält er seinen Kopf an unseren, am liebsten mit der Stirn- oder Wangenseite. Zu gerne begreift er uns im wahrsten Sinne des Wortes mit seinen noch etwas unbeholfenen Händen im Gesicht und erforscht unser Aussehen. Dabei greift er ganz gerne kräftig in die Nase, in die Haare oder in die Ohren. Manchmal auch in den Mund. Das ist für Gebißträger, die wir zum Glück noch nicht sind, etwas gefährlich.
Es wirkt häufig, als würde er ganz viel Liebe zu uns verspüren, wenn er uns mit weit geöffneten Mund regelrecht *anfällt*. Bei uns beiden, allerdings häufiger bei Sarah, ist Sinans Ziel dann die Wange oder die Nase, über die er sich voller Lust hermacht und triefend küßt.
Trotz des leichten Gefühls, wir könnten in seiner Spucke ertrinken, lassen wir ihn gerne gewähren. Es ist seine Art, Liebe und Zärtlichkeit zu zeigen. Und das ist sehr schön.
Sarah erzählte mir davon, daß er die anderen Kinder in der Kindergruppe küßt.
Die Art, wie er uns liebkost, zeigt er, wenn auch in etwas abgeschwächter Form, bei Opa Anton. Aber das wundert mich nicht, ist Anton doch der Erwachsene außerhalb unserer Kleinfamilie, der ihm am nächsten steht bzw. der es ihn deutlicher als die anderen Erwachsenen spüren läßt, wie sehr er ihn liebt.
Gerade heute war wieder so ein Tag, an dem Sinan, bedingt auch durch seine große Müdigkeit, sehr nähebedürftig und selbst sehr zärtlich zu uns war.
Gerne lacht Sinan Canim zusammen mit Sarah und mir. Lobende Worte, lustig und spaßig gemeinte Hinwendung an ihn versteht er genau, ebenso wie ernstgemeinte Worte.
Mittlerweile hat Sinan auch verstanden, was es bedeutet, wenn wir *Nein* sagen, wenn er an Dinge herangeht, die er nicht anfassen darf, wie z. B. noch immer gerne Pflanzen oder Elektrokabel.
Kitzelig ist unser süßer Junge fast überall an seinem kleinen Körper. Gerne läßt er sich darauf ein und spielt richtig mit, wenn es darum geht, angebliche Abwehr zu zeigen.
Auffällig ist in den letzten Tagen gewesen, daß er wieder mehr quatscht und brabbelt. Eine Zeitlang hatte ihm das Hochziehen und Aufstellen sehr viel Energie genommen. Seit es immer selbstverständlicher wird, daß er kein Baby mehr ist, daß sich nur krabbelnd fortbewegt, hat er wieder mehr Kraft, um sich seiner Sprache zu widmen.

Apropos krabbeln: Sinan hat sich inzwischen eine fast unglaubliche Geschwindigkeit angeeignet. Im Nu hat er die Strecke zwischen Wohnzimmer und Küche zurückgelegt. Echt stark.
Auf Zuwinken reagiert Sinan Canim noch nicht mit Zurückwinken. Viel lieber krabbelt er uns entgegen, wenn wir ihm winken und stürzt sich mit Freude auf uns. Sinan Canim ist wirklich eine Wonne. Trotzdem wir manchmal ganz geschafft sind durch unser kleines Energiebündel, ist das Leben mit ihm nicht nur lebendiger sondern nach wie vor wunderschön. Es ist eine wahre Freude, mit Sinan zusammenzusein und ihm bei seiner Entwicklung beizustehen, zu helfen oder manchmal einfach nur zuzuschauen.
Wie am Anfang von allem mit ihm, habe ich deutlich das Gefühl, daß er meine Seele küßt. Jeden Tag.

Montag, 15. November

Es vergeht kaum ein Tag, an dem es nichts Erwähnenswertes gibt. Nicht ohne Grund wächst dieses Tagebuch so rasch. Es ist für mich der Spaß an der Auseinandersetzung und der Reflexion über das Zusammenleben mit Sinan Canim und deshalb längst mehr als ein bloßes Tagebuch. Ob jemals das Leben und die Entwicklung eines anderen Kindes auf eine derart intensive Weise dokumentiert wurde?
Langeweile ist für Sarah und mich, seit Sinan Canim André bei uns ist, zu einem völlig unbekannten Wort geworden. Er hält uns auf Trab.
Der Tag verlief normal und in seinen üblichen Bahnen. Es gelang Sinan sogar, am Vor- und Nachmittag ein wenig zu schlafen.
Der nachmittägliche Schlaf bewies sich wieder als besonders wertvoll, denn selbst mit eine Mütze voll Schlaf war Sinan die lange Zeit bis zum Abendessen mehr schlecht als recht bei Laune zu halten. So extrem wie gestern war es allerdings nicht, dennoch brauchte er jede Menge Zuwendung und verbrauchte dabei unsere Energien nicht unbeträchtlich.
Das Abendessen genoß er trotz Müdigkeit bis zum letzten Löffel.
Was sich allerdings an das abendliche Ritual anschloß, war bislang ohne Beispiel und wir hoffen auch, daß es dabei bleibt.
Bisher verlief das Zubettbringen immer sehr gut. Nachdem Sinan nach dem Krankenhausaufenthalt im Juli die kritische Phase mit Einschlafschwierigkeiten überstanden hatte, schlief er immer ohne besondere Probleme ein. Ein Umstand, den wir immer sehr geschätzt haben und auf den wir sehr stolz geworden sind.
An diesem Abend jedoch verlief es ganz anders als sonst. Ohne erkennbaren äußeren Grund kam Sinan Canim nicht zur Ruhe, fing erst an, ein paar unzufriedene Töne von sich zu geben, steigerte sich langsam, setzte sich im Bett in den Vierfüßlerstand und wippte scheinbar mißgelaunt vor sich hin.

Oft reichte es in solchen Situationen sonst aus, kurz zu ihm ins Zimmer zu gehen, ihn kurz anzusprechen, vielleicht noch einmal in die Rückenlage zu legen oder den Schnuller anzubieten. Heute zog nichts davon.
Verließ Sarah sein Zimmer, wurden seine Töne der Unzufriedenheit nur noch lauter. Auch meine Versuche, ihn zu beruhigen, scheiterten im Ansatz.
Schließlich heulte er Rotz und Wasser. So richtig was fürs Elternherz. In solchen Momenten schießen mir tausend Sachen durch den Kopf: hat er noch Hunger? Plagt ihn Bauchweh? Kriegt er Fieber? Muß die Windel noch einmal gewechselt werden? Hat er Schmerzen? Kommt der nächste Zahn? Ist er durch die ganze Zuwendung von uns schon verweichlicht? Ist es zu kalt im Zimmer? Zu warm? Stören ihn Geräusche aus dem Treppenhaus? Hat er Angst im Dunklen? Und und und und .....?
Noch kann er nicht reden und nicht sagen, was los ist. Einfach schrecklich.
Und jetzt kommt der Hammer des Tages: Scheinbar hatte es keinen anderen Grund, als Sarah auf die Probe zu stellen und zu versuchen, seine eigenen Interessen durchzusetzen. Natürlich kann man nie ganz sicher sein, aber alle anderen Gründe, die ihn weinerlich gemacht haben konnten, schienen sich wie in Luft aufzulösen.
Solange, wie Sarah bei Sinan im Zimmer war, ließ er sich von ihr beruhigen und fand ganz gut zurück zu der Ruhe, die notwendig ist, um schnell einzuschlafen.
Näherte sie sich jedoch seiner Zimmertür, folgte er ihr konzentriert mit seinem Blick und fing erneut an zu weinen, wenn er sehen konnte, daß sie das Zimmer verlassen wollte.
Sarah blieb nichts anderes übrig, als im Zimmer zu bleiben, bis unser süßer Schatz endlich in den Schlaf gefallen war.
Tatsächliche Angst, alleine zu sein, konnte es nicht bedeuten, denn später, nach dem ersten Nachtfläschchen, lag er noch eine kurze Zeit wach und schien damit keine Probleme zu haben.
Allerdings meldete er sich zum zweiten Nachtfläschchen zu früh. Eineinhalb Stunden vor seiner eigentlichen Zeit. Sinan war dabei ungewöhnlich wach, versuchte am Reißverschluß meines Pullover zu spielen und trank auch nur etwas mehr als die Hälfte der angebotenen Flasche.
Als ich ihn zurück in sein Bett legte, sah er mich mit seinen schönen Augen aufmerksam an. Ganz groß waren sie. Normalerweise nimmt er die Flasche beinahe schlafend zu sich und merkt nicht einmal mehr, wenn ich ihn ins Bett lege.
Anschließend wollte er seine Nummer vom Abend scheinbar wiederholen. Ich kann mir gut vorstellen, wie gerne er ein paar Stunden mit mir gespielt hätte. Da hatte er aber keine Chance.
Erneut waren unzufriedene Geräusche aus dem Kinderzimmer zu hören, aber der Schlaf schien, Gott sei Dank, stärker gewesen zu sein als seine Kraft, dagegen anzukämpfen. Nach kurzer Zeit war er ruhig und nach einem Blick auf meinen

schlafenden, leicht schnarchenden Sohn, war ich zufrieden und erleichtert. Unbekümmert wie ein kleines Unschuldslamm lag er da.
Bei aller pädagogischen Ausbildung weiß ich wirklich nicht, in welchem Alter Kinder mit dem Austesten ihrer Eltern beginnen, wann die Machtkämpfe beginnen. Wahrscheinlich würden sich meine Lehrer von damals für mich schämen, wenn sie von meiner Unkenntnis erfahren würden.
Ob Sinan für solche Testversuche, wie weit er bei uns gehen kann, nicht noch zu jung ist, kann ich nicht sagen. Zutrauen würde ich es ihm. Dafür zeigt er in anderen Bereichen entsprechende Verhaltensweisen, wie z. B. seinen, wenn auch noch verhaltenen, Unmut, weil er die Grünpflanzen nicht anfassen darf oder in dem sehr deutlich geäußerten Unbehagen, wenn er sich anziehen lassen muß, weil wir nach draußen gehen wollen und er nicht ohne Jacke, Schal und Mütze ausgehen kann.
Wie gut, wenn man Elternratgeber zur Hand hat. Empfehlenswert ist es allerdings, nicht zu viele unterschiedliche zu lesen, denn die Verwirrung ist dann ungeheuer groß.
In dem von uns favorisierten Ratgeber steht, daß ein Kind im Alter von etwa zwölf Monaten (!) beginnt, seinen eigenen Willen auszuprobieren und einzusetzten. Gelingt ihm nicht, seinen Willen zu bekommen, äußert sich das Kind je nach Temperament in unterschiedlich starken Trotzreaktionen wie z. B. schreien, weinen, manche sogar mit sogenannten Affekt- oder Weinkrämpfen.
Du meine Güte. Heißt das jetzt: Herzlich willkommen am Beginn der Trotzphase? Na dann, viel Spaß. Da kommt was auf uns zu.
Sinan Canim wird erst in fünf Tagen neun Monate alt. Er ist also eigentlich noch zu jung für den Beginn eines solchen Verhaltens. Unglaublich.
Sarah und ich hoffen, daß die Erfahrung von heute abend eine Eintagsfliege bleibt. Mit Spannung erwarten wir den morgigen Abend. Ich werde Sinan Canim ganz besonders wachsam unter die Lupe nehmen. Möglicherweise ergeben sich daraus weitere Erkenntnisse, die meine Recherche erhärten oder aufweichen.
Es ist zwar ganz nüchtern (wenn das überhaupt möglich ist) betrachtet eine mögliche neue Phase in Sinan Andrés Entwicklung, die mich mit Freude erfüllen könnte, weil er immer noch der kleine Überflieger ist, wie er es schon oft unter Beweis gestellt hat. Es ist deshalb ein gutes Gefühl, weil Sinan zeigt, daß er nicht auf der Stelle tritt, aber dieser Schritt ist ziemlich drastisch.
Es erfüllt mich, sollte es wirklich so sein, wie ich vermute, mit einem nicht geringen Maß an Anspannung, weil ich nicht weiß, was auf uns zukommt. Wir dürfen gespannt sein, was uns unser kleiner süßer Schatz zukünftig bieten wird.
Wir sind zu allem bereit. Manchmal denke ich erneut, daß sich Sinan mit seine Entwicklung Zeit lassen könnte. Aber es gilt noch immer und immer wieder: er bestimmt sein Tempo. Warum also nicht auch in dieser Angelegenheit.
Das Leben mit Sinan Canim ist wirklich in allen Bereichen eine große Herausforderung für uns und bei aller Anstrengung und Müdigkeit, mit der wir manchmal zu

kämpfen haben und bei allen Dingen, die er uns abverlangt, ist es eine Erfahrung der intensiven Art, die ich nie und nimmer missen möchte.
Aber noch was anderes: Gleich nach der Taufe beginnt die Adventszeit. Sarah und ich haben uns seit wir uns kennen, jedes Jahr mit einem Adventskalender bedacht. Wir konnten an allen Morgenden im Dezember ein Päckchen öffnen. In diesem Jahr erleben wir zum ersten Mal zu dritt die Adventszeit. Und Sinan Canim soll und wird seinen ersten Adventskalender bekommen. Im unregelmäßigen Wechsel werden wir ihm Butterkekse, bunte Schaumstoffbauklötze und andere Kleinigkeiten in die Päckchen packen. Daran hat er, wie wir glauben, bestimmt seinen Spaß. Immerhin ißt er gerne Kekse und spielt ausdauernd und mit Vorliebe.
Normalerweise wären wir in diesem Jahr an der Reihe, das weihnachtliche Festessen- und treffen der Familie auszurichten. Sarahs Geschwister haben es sonst immer durch die räumlichen Möglichkeiten im eigenen Haus veranstaltet. Durch unsere große Wohnung, in der wir jetzt eineinhalb Jahre wohnen, können und wollen wir uns nicht davor drücken.
Sarahs Bruder Ansgar und seine Frau Elisabeth haben uns allerdings angeboten, das Treffen in diesem Jahr zu übernehmen. Sie verstehen die Besonderheit unserer Situation, zum ersten Mal mit unserem Kind Weihnachten zu erleben und daß wir uns gerne auf etwas anderes konzentrieren würden, als auf die Frage, was wir zu essen anbieten und wie die Tischordnung sein soll.
Gefragt hätten wir sehr wahrscheinlich von uns aus nicht danach, aber angenommen haben wir das Angebot doch sehr gerne, weil es wirklich etwas unglaublich besonderes ist, mit Sinan Canim zum ersten Sinan Heilig Abend und Weihnachten zu erleben.
Viele bekannte Dinge werden wir durch unseren Sohn neu erleben: den Weihnachtsbaum, das Einkaufen und das Auspacken der Geschenke, den Zauber des Abends und dieser Tage. Ich glaube, Weihnachten wird erst durch das Zusammenleben mit einem Kind richtig schön.
Für Sarah und mich hatte das Fest alle Jahre ein besondere Bedeutung, aber wie es bei so vielen anderen Dingen ist, wird das Erleben durch Sinan André intensiver. Ich liebe Weihnachten und weiß genau, daß es mich sehr rühren wird, mit Sinan und Sarah gemeinsam zu feiern.
Weihnachten bin ich meinen eigenen Gefühlen oft sehr nahe. Das hat stark mit den Erinnerungen an meine Mutter zu tun, die gerade Heilig Abend immer wieder und auch im Abstand mit den ganzen Jahren, die mittlerweile zwischen ihrem Tod und der Gegenwart liegen, lebendig werden. Das war auch schon vor Beginn der Zeitrechnung der Fall, als Sinan noch nicht bei uns eingezogen war.
Übrigens (der Vollständigkeit wegen): Sinan Canim wiegt laut unserer Personenwaage aktuell 9 Kilo. Das bedeutet eine Gewichtszunahme von einem halben Kilo seit dem 7. November. Da freut sich das Elternherz.

Dienstag, 16. November

Ich muß es zugeben, daß ich in manchen Bereichen wirklich etwas pingelig bin. Das wird sich nicht so schnell ändern, außer wenn ich von dem Gegenteil überzeugt bin bzw. werde.
Aber es hat Vorteile, gibt es doch, seit Sinan André bei uns ist, keine Geschirrberge mehr in der Küche, die sich früher manchmal ergaben, weil wir keine Lust zum abwaschen hatten oder wir uns dafür nicht die Zeit nehmen wollten. Irgendwann war die Abstellfläche allerdings derart überfüllt, daß ein weiteres Drücken nicht mehr möglich war.
Seit Sinan bei uns ist und seine Fläschchen jeden Tag vor der Abfüllung des Milchpulvers gespült werden müssen, gibt es keine Geschirrberge mehr. Das gefällt mir gut, und wenn ich auch nicht für meine innere Zufriedenheit jeden Tag abwaschen muß, hat es doch Vorteile, wenn das Geschirr täglich gespült wird.
Automatisch stelle ich die Fläschchen, die Schnulleraufsätze und die anderen Kleinteile, die dazu gehören, in den Sterilisator. Anfangs war es wichtig, das die Fläschchen für einen derart jungen Säugling sterilisiert werden.
Ob es allerdings bei einem Kind in Sinan Canims Alter noch notwendig ist, weiß ich nicht. Seine Empfindlichkeit kann nicht mehr besonders groß sein.
Doch solange ich nicht weiß, daß ich es sein lassen könnte, mache ich damit weiter. Vielleicht mache ich mir etwas zu viel Arbeit, aber schaden kann es nicht.
Auch die Ordnung allgemein ist mir seit Sinans Einzug bei uns wichtiger geworden, als sie es früher war. Ich finde es gut, wenn ein Kind in einem ordentlichen Haushalt auswächst. Für mich hat es viel mit der Verbindung von innerer und äußerer Ordnung zu tun.
Natürlich darf es nicht zwanghaft werden, aber da sehe ich keine Gefahren. Nur zu gerne würde ich die Zeit, die für das Aufräumen oder Putzen notwendig ist, anders nutzen.
Dennoch ich tue es, wenn schon nicht gerne, aber ohne weiter darüber nachzudenken, weil es einfach notwendig ist und die Dinge getan werden müssen.
Sinan Canim Andrés Nacht verlief ganz gut. Nach dem Genuß des dritten Milchfläschchens gegen 3.30 Uhr schlief er bis zum Morgen.
Vormittags war er mit Sarah beim Babyschwimmen und tobt jetzt gerade mit Spaß durch die Wohnung. Ich kann seine freudigen Geräusche deutlich hören.
Die Situation von gestern hat sich wiederholt. Der Nachmittag und der Abend verliefen sehr angenehm und waren von Spiel, Bewegung, Nähe, Ruhe und Ritual geprägt. Einen kleinen Spaziergang durch das kalte Pattberg hatten wir auch unternommen. Und Sinan hatte zwischendurch eine halbe Stunde geschlafen
Es gab nichts, was durch die äußeren Umstände dafür gesprochen hätte, daß sich Sinan Canims zelebrierte Krise vom Vorabend wiederholen mußte. Der Junge war zufrieden und ausgelassen glücklich.

Wir taten so, als würden wir nichts erwarten oder befürchten. Allerdings hatten Sarah und ich schon im Hinterkopf, daß wir mit Spannung den weiteren Verlauf des Abends beobachten würden. Vielleicht konnte Sinan unsere Spannung merken.
Sinan hatte trotz Müdigkeit sehr gut zu Abend gegessen, sich ohne große Schwierigkeiten für die Nachtruhe fertig machen lassen und auf Sarahs Schoß liegend seinen Tee getrunken und die Zähne putzen lassen. Es verlief alles total normal. Bis er schließlich im Bett lag und die Zeit zum Einschlafen gekommen war. Der Umstand, daß es zu einer Wiederholung kam, läßt uns glauben, daß unsere Vermutung richtig ist und es daran liegt, daß unser Schatz ausprobieren möchte, was er bei uns mit seinem Verhalten erreichen kann, uns dem kindlichen Test aussetzt und dabei wie ein kleiner Meister versucht, die Register zieht.
Er spielt sein Spiel mit uns und wir können, wir dürfen uns nicht darauf einlassen. Und das ist nicht leicht zu ertragen. Überhaupt nicht. Es reißt regelrecht an unseren Herzen, wenn wir sehen, wie Sinan Canim in seinem Bett steht, verzweifelt weint und schreit und ihm dabei dicke Tränen übers Gesicht laufen.
Würden wir auf ihn nach seinen Wünschen eingehen und bei ihm bleiben, bis er eingeschlafen ist, hätte er uns um den Finger gewickelt, wir dieses unbeliebte Spiel verloren und es würde uns nie wieder gelingen, daß er ohne unsere Nähe in den Schlaf kommt.
Zu gerne würden wir ihn in seiner Krise aus dem Bett heben, ihn trösten und an uns drücken, die Tränen trocknen und ihn leise beruhigen. Aber gerade das geht nicht. Wir können es nicht machen. Wir dürfen es nicht.
Damit würden wir unseren ansonsten liebevoll konsequenten Erziehungsstil unterlaufen und weder Sinan noch uns einen Gefallen tun.
Wie gestern war er äußerst beruhigt, solange einer von uns bei ihm im Zimmer war. Verließen wir es, setzte sein Schreien und Weinen ein. Es war ganz klar ein gezielter Einsatz seiner Möglichkeiten.
Nur zu gerne würden wir wissen, wie wir uns zu Gunsten von uns allen verhalten können, denn es kann nicht sein, daß wir uns auf Sinans Spiel einlassen und es geht ebenso wenig, daß sich unser Sohn derart in Rage schreit, daß er fast brechen muß vor Überanstrengung.
Sarah hatte unserem kleinen Schatz sogar ihren Seidenschal ins Bett gelegt, mit dem er so gerne kuschelt. Beruhigen konnte sich Sinan damit allerdings nicht.
Die Frage nach einem sinnvollen Umgang stellte sich natürlich an diesem Abend sehr deutlich.
Etwa eine halbe Stunde dauerte die Krise und wir haben ihn nicht die ganze Zeit über alleine lassen können. Ab und zu sind wir zu ihm ins Zimmer, haben ihn kurz angesprochen oder berührt und haben anschließend das Zimmer erneut verlassen.
Aus dem Bett herausgehoben haben wir Sinan André nicht. Es wäre bloß zu einer kurzfristigen Beruhigung gekommen und hätte Sinan (und uns) die Sache wesent-

lich erschwert, denn er hätte die Differenziertheit unseres Verhaltens mit Sicherheit nicht verstehen können.
Die Frage nach dem Umgang mit diesem Problem stellte sich nach der halben Stunde nicht mehr, weil Sinan vor Erschöpfung eingeschlafen war. Nun eine konsequente Haltung bringt Erfolg.
Die Dauer von einer halben Stunde, die Sinan geschrien hat, mag kurz klingen. Sie wird aber zur Unendlichkeit durch die elterlichen Gefühle in einer solchen Situation, wenn das Kind, daß man von ganzem Herzen liebt, in seinem Schlafsack verzweifelt im Bett steht, bitterlich weint, sein kleiner Kiefer bebt und keine Beruhigung in Sicht zu sein scheint.
Trotz aller elterlichen und pädagogischen Vernunft bekamen wir ein schlechtes Gewissen. Und das zu ertragen ist sehr schwer. Auch bei dem Wissen um die Notwendigkeit unseres Verhaltens.
Wir hatten für heute gehofft, daß sich die Krise von gestern nicht wiederholt. Jetzt hoffen wir darauf, daß Sinan verstanden hat, daß wir uns nicht auf dieses Spiel einlassen werden. Hoffentlich kommt es morgen nicht zu einer dritten Auflage der Krise.
Im Laufe des Nachmittags hat Sinan heute einen seiner ersten freien Schritte gemacht. Frei bedeutet, daß er sich für die Dauer eines Schritts nirgendwo festgehalten hat. Allerdings war Sarah die einzige, die bemerkt hat, was Sinan tat. Sinan selbst nahm es nicht wahr, weil er in der Situation abgelenkt war und ich befand mich leider gerade in der Küche. Ich hätte zu gerne gesehen, wie sich unser kleiner Junge fortbewegt.
Immer wieder staune ich über die enorme Geschwindigkeit, mit der sich Sinan Canim beim Krabbeln durch die Wohnung bewegt. Allerdings schleicht er sich im großen Tempo nicht leise an. Immer, und das finde ich total niedlich, hört man das Tapsen seiner Hände. Echt klasse.
Aufgefallen ist mir heute, daß Sinan eine Wahrnehmung hat, wie sie bei gesunden Kindern sein muß.
Auf einem seiner Wege zu mir mußte er verschiedenen Einrichtungsgegenständen ausweichen. Zufällig war es ein richtiger Slalomkurs. Aber Sinan wich den Dingen völlig selbstverständlich aus und behielt dabei sein Ziel fest im Blick. Das hat mir sehr gut gefallen und ich ihn auch deutlich spüren lassen, wie begeistert ich von ihm bin.
Von der Bundesversicherungsanstalt für Angestellte in Berlin haben wir heute einen Brief wegen Sinans Halbwaisenrente bekommen. Eine Kontoangabe wurde benötigt.
Wir selbst hatten fast vergessen, daß das Jugendamt vor einiger Zeit bereits davon gesprochen hatte, einen entsprechenden Rentenantrag für Sinan André zu stellen. Nach Bewilligung der Rente aus der Versicherung seiner leiblichen Mutter wird die Höhe auf die Zahlung des Pflegegeldes angerechnet. Bis wir Sinan adoptiert haben, bleibt die Höhe der monatlichen Zahlung gleich. Ob Sinan nach dem

Abschluß des Adoptionsverfahrens allerdings noch einen weiteren Anspruch auf die Halbwaisenrente haben wird, bezweifeln wir.
Inzwischen schläft unser süßer Sohn schon vergleichsweise lange. Der neue Tag ist bereits zwei Stunden alt und üblicherweise bittet er um diese Zeit um die dritte Milchflasche. Er hat aber erst eine getrunken.
Sinan hat heute nach dem Babyschwimmen Suley liebevoll geküßt. Suley ist die Tochter von John und Mariam, einem sehr netten schwarzen Ehepaar, das seit einiger Zeit mit Sarahs Eltern im selben Haus wohnt. Dadurch und durch die Kindergruppe am Donnerstag ist ein wenig Kontakt entstanden. Suley ist nur unwesentlich jünger als Sinan Canim.
Wie Sarah erzählte, war Mariam von Sinans Kuß ganz begeistert. Allerdings dachte sie, wir hätten unserem Sohn beigebracht zu küssen. Haben wir aber nicht. Es wäre auch Unsinn, aber wenn, dann hätten wir ihm gezeigt, daß man wesentlich trockenere Küsse geben kann, die ebenso schön und intensiv sein können wie seine Küsse, die einem das Gesicht fluten.

Donnerstag, 18. November

Unser Sohn läßt nicht locker. Noch konnten wir ihn nicht davon überzeugen, wie wenig Sinn und Zweck seine abendlichen Krisen haben. Wir müssen noch daran arbeiten und etwas dafür tun, damit er uns versteht. Liebe alleine reicht in diesem Fall nicht aus.
Gestern abend drohte die Krise zum dritten Mal auszubrechen. Alleine das Abendessen verlief nicht optimal, er begann zu weinen und aß nicht besonders viel.
Sinan Canim war so sehr von der Müdigkeit beherrscht, daß er nach kurzer Zeit einschlief. Zeit um unzufrieden zu werden, blieb ihm nicht.
Tatsächlich war es aber erst kurz nach 18.00 Uhr, eigentlich viel zu früh für Sinan. Aber ein Kind ist schließlich nicht dazu zu zwingen, wach zu bleiben.
Wir waren nicht so vermessen zu glauben, daß Sinan Canim bereits verstanden hätte, daß ihm seine abendlichen Wein- und Schreiaktionen nicht den gewünschten Erfolg bringen würden. Dennoch waren wir ziemlich erleichtert, daß sich diese Krise nicht ausgeweitet hatte.
Hatte Sinan André abends noch unsere Nerven geschont, ging es am frühen Morgen los.
In der Nacht hatte ich ihn gegen 2.15 Uhr eine Flasche Milch gegeben und war um 3.00 Uhr nach meiner Arbeit am Tagebuch ins Bett gegangen.
Sinan meldete sich um 4.20 Uhr das nächste Mal, war völlig wach und wollte beschäftigt werden. Da bekamen wir die Rechnung dafür präsentiert, daß wir ihn am Abend vorher so früh zu Bett bringen mußten.

Nachts klingt Babygeschrei viel extremer und lauter als tagsüber. Und ich glaube, der erwachsene Nachbarsjunge schlug auch einmal gegen die Wand.
Sinan verhielt sich zu dieser frühen Morgenstunde wie sonst abends.
Ich erwachte von seinem Schreien nach nur zwei Stunden Schlaf und davon, daß Sarah wegen der frühen Schreiattacke ganz verzweifelt war und nicht mehr wußte, was sie machen sollte, damit unser Sohn zur Ruhe kommen würde.
Trotzdem wir beide völlig fertig waren, ist geteiltes Leid halbes Leid. Ich stand mit auf.
Sinan Canim war nicht zu beruhigen. Ihn weiterhin im Bett zu halten war unmöglich und es blieb uns nichts anderes übrig, als die Heizung anzustellen, die Kaffeemaschine laufen zu lassen und den Jungen aus dem Bett zu holen.
Sinan selbst war sehr müde, aber diese Müdigkeit hatte nicht ausgereicht, um den Schlaf fortzusetzen. So *vergnügten* wir uns ab 4.45 Uhr zu dritt im Wohnzimmer. Unglaublich.
Um 5.00 Uhr war die Tageszeitung endlich im Kasten. Aber ein Blick darauf zeigte mir schnell, wie anstrengend das Lesen so früh am Morgen sein kann. Ich ließ sie erst einmal liegen.
Ich konnte mich ab 6.00 Uhr für ein paar Stunden ins Bett legen, fühlte mich aber noch nach dem Aufstehen, als wäre ich aufs Rad gebunden worden.
So konnte es nicht weitergehen. Ich hoffe, Sarah und ich haben in der Verzweiflung des frühen Morgens den richtigen Weg gefunden, um das Problem in den Griff zu bekommen.
Zukünftig werden wir schrittweise damit anfangen, den Beginn der Schlafenszeit unseres süßen Schatzes langsam aber sicher nach hinten zu verlegen.
Hatte er bisher gegen 19.00 Uhr im Bett gelegen, werden wir es jetzt bis auf 20.00 Uhr ausdehnen.
Eine andere Möglichkeit sehen wir momentan nicht. Mehr als nur einen Versuch ist es wert und schaden kann es auf keinen Fall. Wir hoffen darauf, daß dadurch die ersehnte Veränderung in Sinans Verhalten eintritt.
Am heutigen Abend wurde es schon deshalb später, weil Sarah und Sinan bei der Kindergruppe waren. Jeden Donnerstag sind beide erst gegen 18.20 Uhr zuhause.
Kurz vor 20.00 Uhr lag Sinan im Bett, gab einige Minuten lang unzufriedene Geräusche von sich, als er merkte, daß er sich alleine im Zimmer befand, schlief dann aber zügig ein.
Wir hoffen sehr, das richtige Rezept gefunden zu haben. Dieses erbarmungslose Weinen und Schreien unseres kleinen Jungen ist unerträglich, es kostet ihm und uns unnötig viel Kraft und zerrt unglaublich an den Nerven.
Da nützt die pädagogische Bildung überhaupt nichts. Vielleicht gibt sie uns ein Stück weit rationale Gelassenheit, daß sich Sinan Verhalten beeinflussen läßt und nicht jede anstrengende Zeit von unendlicher Dauer sein kann.

Wirklich schön ist es immer wieder zu sehen, wie leicht Sinan Canim für neues Spielzeug zu begeistern ist. Ganz glücklich sind wir darüber, daß wir seit heute einen Lauflernwagen haben. Das ist ein buntes Ding, an dem sich ein Kind in Sinans Größe prima festhalten und durch die eigene Mobilität stehend durch die Wohnung bewegen kann. Es ist ein kleiner Wagen mit einer aufrechten Platte. Vorne im Wagen können Spielsachen oder was auch immer transportiert werden.
Zum Kennenlernen und Ausprobieren habe ich unseren Sohn heute kurz vor dem Abendessen eine Runde lang darin durch die Wohnung gefahren, was ihn durchaus erheitert hat.
Bei Sinans Lust auf stehende Bewegung war und ist es genau richtig für ihn. Er hat den Sinn des neuen Spielzeugs schnell begriffen und seinen Spaß damit gehabt. Er kann mit diesem Gefährt seine Motorik verfeinern, lernt die Balance zu halten und eine größere Anzahl von Schritten zu machen, was ihm an Möbelstücken nicht in dem Maße möglich ist, wie er es oft gerne hätte. Natürlich wird das selbständige Gehen mit dem Wagen auch anstrengender.
Wir haben den Lauflernwagen aus zweiter Hand gekauft. Neu kostet dieses Ding hundert Mark. Wie bei allen Sachen, die ein Baby bzw. ein Kind, egal welchen Alters, braucht oder gebrauchen kann, ist es ein enormer Preis. Manchmal finde ich es direkt unverschämt, wie Eltern das Geld aus der Tasche gezogen wird, weil sie ihrem Kind etwas Gutes tun wollen. Und hundert Mark für ein solches Plastikgerät ist wirklich ein Hammer.
Bekommen haben wir unseren Lauflernwagen für vierzig Mark und daß er gebraucht ist, sieht man ihm nicht an.
Während Sarah und Sinan nachmittags bei der Kindergruppe waren, habe ich die Zeit genutzt, um unser freistehendes Regal im Wohnzimmer an der Wand zu befestigen. Es ist ein Regal aus dem skandinavischen Einrichtungshaus für mutige Bastler.
Durch seine Bewegungslust hatte Sinan bereits vor einiger Zeit das Regal als hervorragende Gelegenheit entdeckt, um sich daran hochzuziehen. Anfangs hatte sich das Regal nicht bewegt, aber mittlerweile sehr gewackelt, wenn sich unser süßer 9-Kilo-Boy daran hochzog.
Es bestand nicht nur die große Gefahr, daß das ganze Regal unter der Beanspruchung umkippt. Alleine schon die Möglichkeit, daß Dinge, die wir darauf stehen haben, auf Sinan Canim fallen konnten, war gefährlich und unheimlich genug.
Sarah und ich sind leider beide sehr unmusikalisch. Sie kann sicher um Längen besser singen als ich, aber in die Wiege gelegt wurde Sarah der Zugang zur Musik auch nicht. Wenn ich auch nicht singen kann, tue es trotzdem.
Von Beginn an, als Sinan zu uns gekommen war, haben wir für ihn gesungen. Ich glaube, ich habe noch nie in meinem ganzen Leben so viel gesungen wie seit März. Für die Schönheit der Darbietungen gäbe es sicherlich von einem anderen Publikum keinen Applaus, aber Sinan Canim hat es stets sehr genossen, anfangs auch

beruhigt, wenn er von den gemeinen Bauchwehwellen geplagt war. Und er genießt es noch immer.
Oft singen Sarah und ich unserem Sohn unser nicht unbegrenztes Repertoire vor und er hat seinen Spaß daran. Manchmal erfinden wir auch einfach irgendwelche Texte nach mehr oder weniger bekannten Melodien. Deutsche Schlager eignen sich dafür ebenfalls ganz gut.
Sinan Canim wird von uns im Laufe der Zeit kindgerechte Musikinstrumente angeboten bekommen, damit er wenigstens seine Talente entdecken und seine Freude an selbstgemachter Musik bzw. an eigenen Tönen und Geräuschen entwickeln kann. Unter der Unfähigkeit der Eltern muß das Kind nicht leiden. Und das Gefühl, Sinan nichts von den gegebenen Möglichkeiten zur Selbstentfaltung vorzuenthalten, ist für uns nicht unbeträchtlich.
Welchen Spaß Sinan an musikalischen Dingen hat, sehen wir oft daran, wie intensiv er sich freut, wenn wir singen, wie er dabei lustvoll mit seinen Händen auf den Tisch trommelt.
Manchmal braucht er nur ein paar Töne eines für ihn bekannten Liedes zu hören und schon strahlt er über das ganze Gesicht. Das ist toll.

Freitag, 19. November

Unser Erziehungsversuch hat Wirkung gezeigt. Zumindest in der vergangenen Nacht gelang es, daß Sinan Canim und wir zu der Menge Schlaf kamen, die uns allen gutgetan hat.
Nachdem er erst gegen 20.00 Uhr ins Bett gekommen war, hielt er bis zur nächsten Mahlzeit bis Mitternacht durch, meldete sich ein zweites Mal gegen 4.00 Uhr, konnte aber weiterschlafen und wollte gegen 6.00 Uhr aufstehen. Das ist zwar immer noch ziemlich früh, aber im Vergleich zur Nacht davor ein großer Erfolg.
Ein Filigrantechniker ist Sinan Canim André, wenn es um die gezielte Koordination seines Bewegungsablaufs geht, sicher noch nicht. Dennoch hat er sich gut und über sein eigentliches Alter hinaus entwickelt.
Die Zeit der schweren Stürze, wenn Sinan im Stehen das Gleichgewicht verlor, ist vorbei. Nur noch selten kommt es vor, daß er wie ein gefälltes Bäumchen nach hinten kippt und mit seinem kleinen Kopf auf den Teppichboden stürzt. Er hat die Technik, die motorischen Abläufe, verfeinert und es gelingt ihm mittlerweile sehr gut, sich aus dem Stand zurück auf die Knie zu begeben.
Sonst hatte er sich einfach nach hinten fallen lassen bzw. ohne Selbstkontrolle das Gleichgewicht verloren. Jetzt setzt er seine erhöhte Beweglichkeit und die Koordinationsmöglichkeiten seines Körpers ein, um sich aus dem Stand herunterzulassen.

Situationen wie sonst, daß er einfach fiel, aufschlug und weinte, gibt es nicht mehr. Lediglich, wenn er müde und unkonzentriert ist, passiert es noch ab und zu, daß er fällt.
Dafür trägt er momentan zwei kleine blaue Flecken auf der Stirn, die er sich zugezogen hatte, als er sich aus dem Stand auf den Boden ablassen wollte. Ein Tischbein kann ganz schön hart sein.
Der Laufwagen, den wir seit gestern haben, wurde von Sinan voll in Beschlag genommen. Er hält sich daran beidhändig fest und durch seinen Gegendruck läuft der Wagen wie von alleine. Damit unser Sohn nicht nach vorne umfällt, läuft er mit dem Wagen los und kommt auf eine Geschwindigkeit, bei der mir alleine schon beim Zusehen schwindelig wird. Aber es ist ein tolles Bild.
Sinan Canim macht es sichtlich Spaß, sich auf diese Art zu bewegen und wenn es ihn auch viel Energie kostet, läuft er wirklich lange Strecken durch die Wohnung. Gestoppt wird er nur durch irgendein Hindernis, das ihm den weiteren geraden Weg versperrt. Wenden gelingt ihm noch nicht.
Früher hätte er sich nach der Benutzung sicher einfach fallengelassen. Jetzt geht er gezielt in die Hocke und erreicht zumeist mit den Händen den Boden, um sich herunterzulassen. Oder er benutzt kleinere Gegenstände oder die Nähe zu Sarah und mir, um uns als eine Art Treppe zu benutzen. Auf diese Weise kommt er unbeschadet auf den Fußboden.
Der Wetterbericht hatte bisher für jeden Tag Schnee angesagt, aber es galt wohl eher für höher gelegene Gegenden hier im Bergischen. Nur einmal kurz gab es etwas Schneefall, der aber mit Regen vermischt war und von dem sich Sinan nicht beeindruckt gezeigt hatte, als Sarah mit ihm auf dem Arm aus dem Fenster schaute.
Bestimmt wird aber der Schnee in diesem Jahr bei uns nicht mehr lange auf sich warten lassen. Wir freuen uns schon sehr auf den ersten Schnee, den unser süßer Junge erleben wird.
Noch haben wir keinen Schlitten gekauft, werden es aber in den nächsten Tagen machen, damit wir mit Sinan gleich durch den Schnee fahren können, wenn er denn kommt. Es wird bestimmt ein großer Spaß für Sinan werden. Vielleicht genügt in diesem Jahr noch unser alter Schlitten, der im Keller steht. Nur die Metallkufen müßten mal abgeschliffen werden.
Von Beginn an haben wir Sinan bei geöffnetem Fenster schlafen lassen. Ich glaube daran, daß die frische Luft ein Mitgrund dafür ist, daß Sinan Canim gesundheitlich stabil ist, wenn ich mal von einer im geringen Maße laufenden Nase absehe. Dabei war es geblieben und ist noch nie zu einer Erkältung gewachsen.
Jetzt im November gab es allerdings die ersten Nachtfröste. Bereits vor einiger Zeit hatten wir es eingeführt, daß Sinan in einem der Jahreszeit angemessen Schlafsack für Kleinkinder schläft und nicht mehr, wie am Anfang, unter einer normalen Decke. Zu häufig hatte er sich freigestrampelt und lag ohne Bedeckung im Bett. Jetzt trägt er selbstverständlich einen Winterschlafsack.

Kalt fühlt sich Sinan selbst mitten in der Nacht, wenn die Außentemperaturen besonders niedrig sind, nie an. Sein Gesicht, die kleine Nase und seine Hände sind immer ganz warm.
Die frische Kühle im Zimmer tut ihm und der Freiheit seiner Nase gut. Wenn ich ihn nachts füttere, ist es selbst mir oft zu kalt in seinem Zimmer, obwohl auch ich nicht gerade dazu neige, leicht zu frieren. Sinan hat immer warme Hände.
Wahrscheinlich könnte ich ohne weiteres die gesamte Nacht über das Fenster geöffnet lassen, aber durch die frostige Kälte bringe ich es so gut wie nie übers Herz und schließe es oft, wenn ich selbst ins Bett gehe.
Vielleicht tue ich Sinan Canim damit keinen Gefallen, aber ich denke, daß es doch noch zu kalt für unseren Schatz werden könnte. Und als manchmal etwas übertrieben besorgter Vater möchte ich nicht, daß Sinan friert.
Am Abend verlief die Einschlafsituation erstaunlich ruhig. Nachmittags hatten wir Besuch vom Pastor, um die Taufe zu besprechen. Der Pastor war länger geblieben, als wir vermutet hätten und trotzdem machten wir uns noch relativ spät auf die Socken, damit Sinan Canim in den Genuß der frischen Luft während eines Spazierganges kommen konnte.
Wie gestern lag er erst kurz vor 20.00 Uhr im Bett, gab ein paar unerfreute Geräusche von sich und schlief anschließend ein.
Sarah und ich waren ganz beeindruckt. Wir mußten zwar im Laufe der Zeit lernen, daß eine Schwalbe noch keinen Sommer macht, aber Sinans Reaktionen auf die Veränderungen lassen uns hoffen, daß es den von uns gewünschten Erfolg gebracht hat.
Aber dennoch heißt es, vorsichtig zu sein mit der Hoffnung. Morgen könnte es schon wieder ganz anders aussehen. Vertrauen können wir der Veränderung erst, wenn sie sich wirklich eingespielt hat und Sinans Akzeptanz und sein Verhalten konstant bleiben.
Beim Taufspruch haben wir uns für einen Psalm entschieden. *Befiehl dem Herrn deine Wege und hoffe auf ihn. Er wird's wohl machen* lautet er.
Sarah hatte keinen großen Wert auf einen bestimmten Spruch gelegt. Mir lag gerade dieser Spruch am Herzen, denn er hat eine lange Tradition in meiner Familie. Er geht bis zu meinen Eltern zurück und wurde bei Hochzeiten, Taufen und Konfirmationen benutzt. Was bin ich doch für ein Traditonalist geworden.
Ich finde ihn deshalb besonders schön, weil er nach meiner Ansicht und meinem Gefühl zwei wichtige Dinge miteinander verbindet: Die Eigenständigkeit des Menschen im Verhalten und in der Wahl bei der Gestaltung seines Lebens und das Vertrauen auf Gott.
Darin liegt für mich ein nicht unwesentlicher Symbolwert. Mit alleine auf Gott vertrauenden Menschen kann ich persönlich nicht sehr viel anfangen. Für mich ist der Eigenanteil des Menschen ebenso wichtig. Gottvertrauen ist sicherlich wichtig, aber es genügt nicht, um in dieser Welt zu leben bzw. zu überleben.

Übrigens verriet uns Pastor Kock, daß Sinan Canim André der Milleniums-Täufling der Kirchengemeinde Quellingen sein wird. Er wird das erste Kind sein, das im Jahr 2000 getauft wird.
Ich selbst hatte gar nicht darüber nachgedacht, daß das Kirchenjahr nicht dem Kalenderjahr entspricht, obwohl ich es irgendwann einmal gelernt hatte. Das Kirchenjahr beginnt nach altem Brauch mit dem 1. Advent, dem Tauftag unseres kleinen Jungen. Wenn das nichts ist.

Samstag, 20. November

Unserem Sohn geht es gut. Ruhig und friedlich liegt er in seinem Bett und schläft. Ohne Aufregung verlief unser gemeinsamer Tag. Nachdem er sich früh um 5.00 Uhr gemeldet hatte, schlief er bei uns im Bett nach einer wachen dreiviertel Stunde, in der er mir einige Male kräftig am Ohr gezogen und hineingeschrien hatte, bis 7.00 Uhr.
Danach hielt ihn nichts mehr im Bett. Sinan Canim André, der heute neun Monate alt geworden und damit offiziell kein Baby, sondern von nun an ein Kleinkind zu nennen ist, wollte aufstehen. Es wurde Zeit für Sarahs Frühschicht. Nachmittags ging Sarah zu einem Volkshochschulkurs, der an diesem Wochenende stattfindet.
Sinan und ich begleiteten sie ein Stück in ihre Richtung und starteten zu unserem einstündigen Spaziergang durch eine lausige Novemberkälte, die mir mehr auszumachen schien, als unserem Schatz. Er ließ sich vergnügt durch die Weltgeschichte schieben, wippte fröhlich mit den Beinen und ich fror mir fast die Finger ab, weil ich keine Handschuhe angezogen hatte. Papa, das Weichei.
Erst gegen Ende des Spaziergangs hatte Sinan die Sitzerei satt. Es muß für andere Leute ein lustiges Bild gewesen sein, wie ich frierend und für die Beruhigung unseres Schatzes singend und schnellen Schrittes durch die Gegend zog.
Zuhause wollte sich Sinan selten alleine beschäftigen. Nur zu gerne hatte er mich an seiner Seite. Selbst beim Abwasch und der unabwendbaren Hausarbeit klebte er mir förmlich am Hosenbein.
Ich konnte zwar nach längerer Zeit und einigen Unterbrechungen meine Arbeiten erledigen, aber ich genoß die Nähe und Wärme, die Sinan von mir haben wollte, sehr.
Durch die Menge der Dinge, die im Leben mit einem Kind wichtig und notwendig sind, wenn man nicht völlig im Chaos versinken will, fand ich es einen unglaublich erleichternden Gedanken, nicht alleinerziehend zu sein.
Alleine mit einem Kind in Sinans Alter kommt man wirklich nie dazu, die Sachen nach einem ganz eigenen Plan zu erledigen. Ständig sind alle Dinge von ihm, seiner Befindlichkeit und seinen Bedürfnissen abhängig.

Ich weiß gar nicht, wie eine einzige Person eine solche Situation durchhalten kann und meine Bewunderung gilt ab heute den Menschen, die ihr Kind alleine erziehen müssen, noch mehr.
Ein wenig komisch fand Sinan nach meinem Eindruck schon, daß Sarah, die sonst immer da ist, nicht anwesend war. Sie fehlte ihm.
Den gemeinsame Kaffeeklatsch haben wir zusammen genossen und er saß anschließend eine lange Zeit ganz ruhig auf meinem Schoß und spielte mit meinen Fingern und mit seinem Schnuller.
Ab und zu schaute er zu mir hoch und lächelte mich an. Einfach nur so. Eine ganz schlichte, sehr zärtliche Situation und mir quoll das Herz wieder einmal über.
Später, er hatte im Laufe des gesamten Nachmittags noch kein Auge zugemacht, stand ihm der Sinn mehr nach Action.
Und um sich richtig auszutoben gibt es im Moment nichts, was attraktiver für ihn sein könnte, als den Laufwagen.
Ich weiß nicht mehr, wie viele Runden wir durch das Wohnzimmer gedreht haben. Nach der zehnten Runde hörte ich mit dem Zählen auf.
Trotz der Anstrengung, die damit für mich verbunden war, denn der Junge will ständig mit seinem Wagen gedreht und gewendet werden, weil er die Kurven alleine noch nicht schafft, war es der pure Spaß.
Seit Sinan Canim sich jetzt mit dem Laufwagen vorwärts, und nicht mehr am Wohnzimmertisch seitwärts, bewegen kann, legt er eine ungeheures Tempo und eine jauchzende Freude an den Tag. Er strahlt wie ein kleiner König, wenn er breitbeinig durchs Zimmer rennen kann.
Als Sinan hörte, wie sich der Schlüssel im Schloß bewegte, wurde er ganz hellhörig und ging vom Wagen gestützt zur Zimmertür. Sarah wiederzusehen erfreute ihn sehr.
Bis zum Abendessen gegen 19.00 Uhr war Sinan ziemlich geschafft, aß aber sehr gut und überließ sich anschließend gerne dem bekannten Ritual. Er war so müde, daß ihm keine Zeit mehr blieb, unzufrieden zu werden und Sarah und ich konnten selbst in Ruhe zu Abend essen.
Dachten wir jedenfalls. Nach gar nicht langer Zeit meldete sich unser Schatz. Wie als wenn ihn seine Übermüdung nicht richtig in den Tiefschlaf kommen lassen wollte, gab er ungewöhnlich hohe, unzufriedene Töne von sich. Es wiederholte sich einige Male, wobei er gar nicht richtig wach wurde und nach kurzer Ansprache und Berührung weiterschlief. Erst dann kam Sinan in den Schlaf und es dauerte sechs Stunden nach der letzten Mahlzeit, bis ihn der Hunger wieder plagte und er nach seinem ersten nächtlichen Milchfläschchen verlangte.

Montag, 22. November

Vermutlich waren Sarah und ich entzückter über den Fall des ersten Schnees in diesem Winter als Sinan Canim André. Über Nacht hatte sich alles in eine wunderbare weiße Landschaft verwandelt und der Schneefall schien bis Mittag gar nicht mehr aufhören zu wollen. Dann setzte das Tauwetter ein.
Es war der erste Schnee, den Sinan Canim in seinem Leben zu Gesicht bekam. Und er, der jeden Tag aufregende Abenteuer bei der Erkundung seiner Umwelt erlebt, nahm es gelassen zur Kenntnis, daß plötzlich alles ganz anders aussah als sonst, fehlt ihm doch noch das Bewußtsein dafür, was Schnee ist, wie selten er fällt und was man damit alles machen kann.
Dennoch ließen wir es uns nicht nehmen, Sinan durch die weiße Pracht zu kutschieren. Es war zwar mühsam, den Buggy über die verschneiten Wege zu schieben, aber trotzdem ein kleines Erlebnis von Bedeutung. Es ist ein tolles Gefühl, unseren Sohn in die Überraschungen und die schönen Seiten des Lebens einzuführen, daß selbst der erste Schneefall zu einer Besonderheit wird.
Es wirkt zwar wie eine Kleinigkeit, aber für mich verändert sich durch das Leben mit Sinan mein eigenes Verhältnis zum Schnee, war ich doch beinahe zwanzig Jahre lang fast depressiv, wenn Schnee fiel und lag, denn es erinnerte mich immer zu sehr an den Tod meiner Mutter, die in dem Jahr starb, als es über Wochen sehr viel Schnee in Norddeutschland gegeben hatte.
Sinan verändert, ohne irgendein Zutun, mein Verhältnis und meinen Umgang mit alten Narben.
Die Umstellung, Sinan erst gegen 20.00 Uhr ins Bett zu bringen, zeigt wahre Früchte. Durch die entstandene Veränderung seiner Zeiten gab es bisher für ihn nicht mehr die Möglichkeit, unzufrieden zu werden und seine abendlichen Szenen fortzuführen. Seine Müdigkeit war einfach zu groß.
Nun ist es nicht so, daß wir Sinan einfach eine Stunde länger spielen lassen können. Wir müssen für und mit ihm etwas tun, damit er diese Veränderung verinnerlicht und akzeptiert.
Er ist davon abhängig, was wir mit ihm machen, wann wir damit beginnen, ihm das Abendessen zu geben oder für die Nacht vorbereiten.
Sinan abends eine Stunde später zu Bett zu bringen, erfordert unseren Einsatz. Wenigstens im Moment und solange, bis es ihm in Fleisch und Blut übergegangen ist.
Selbstverständlich ist er bereits zu seiner ehemals üblichen Zeit am Abend so müde, daß er ins Bett gehen könnte. Allerdings würden sich in diesem Fall die unzufriedenen Szenen und sein frühmorgendliches Aufstehen wiederholen.
Am frühen Abend war Sinan heute sehr, sehr müde. Zu seiner altbekannten Schlafenszeit wäre er fast bei mir auf dem Schoß eingeschlafen. Er kuschelte sich eng an meine Brust und seine Augen wurden immer kleiner. Es tut mir manchmal

wirklich leid, daß wir Sinan abends nicht schlafen lassen können, wenn er es gerne möchte.
So, wie es in den vergangenen Tagen abends und morgens verlief, war es gut. Nachmittags hatten wir uns ausgiebig mit ihm beschäftigt. Gespielt, oder wie heute, mit ihm gebadet.
Anschließend schaffte er es trotz Müdigkeit, gut zu essen und ließ sich ohne Probleme ins Bett legen und schlief sofort ein. In der Nacht begehrte er zwei Fläschchen, gegen Mitternacht und gegen 3.30 Uhr. Morgens schlief er bis etwa 6.30 Uhr. Mit diesem Rhythmus sind wir sehr zufrieden.
Heute war Sinan Canim nicht weinerlich oder sauer, daß er seinen Schlaf nicht zu dem Zeitpunkt bekam, als er ihn gerne beginnen wollte. Als wir ihm Spiel und Bewegung anboten, war die Müdigkeit schnell vergessen und mit viel Spaß und Lachen schob er noch einige Male seinen Laufwagen durchs Wohnzimmer und posierte gekonnt für einige Fotos.
Bis Sinan die ganze Nacht durchschläft, wird es sicher etwas dauern, aber wir haben im Laufe der Zeit mit ihm gelernt, daß er uns immer wieder überrascht.
Eines Nachts werden wir uns wundern, daß er sich nicht zur Flasche meldet. Wahrscheinlich werde ich in dieser Nacht besorgt sein Bett umkreisen und mich fragen, was mit unserem Sohn los ist.
Vermutet haben Sarah und ich allerdings, daß es bei den nächtlichen Flaschenmahlzeiten nicht in erster Linie um das Stillen des Hungers geht. Wahrscheinlich hat sich Sinan einfach daran gewöhnt, in der Nacht mehrmals essen zu können. Es ist hypothetisch.
Außer dem ersten Schnee bestimmte ein weiteres Ereignis diesen Tag: Sinan winkte mir heute zum ersten Mal zu und tat dies mit vollen Bewußtsein dafür, was er tat.
Bereits seit einigen Tagen experimentierte er mit den Möglichkeiten und den Beweglichkeiten seiner Arme im Zusammenspiel mit den Händen. Und es gab bereits die ersten Ansätze dafür, daß er uns winken wollte. So deutlich und klar vom Bewußtsein wie heute hatte ich es allerdings bisher noch nicht von ihm erlebt.
In unserer elterlichen Begeisterung hätten wir Sinan Canim gerne noch häufiger winken lassen, aber er ließ es sich kein weiteres Mal entlocken, hatte aber seinen Spaß daran, wenn wir im winkten.
Das Bewußtsein, daß Sinan niemals den Zustand erleben muß, etwas Elementares zu vermissen, ist ein sehr gutes Gefühl für mich. Natürlich ist es selbstverständlich für uns, daß unser süßer Sohn ausreichend Nahrung, Sauberkeit, frische Windeln, Liebe, Nähe, Geborgenheit und Anregungen für seine Entwicklung bekommt.
Nie muß Sinan lange schreiend um etwas bitten oder flehen, wenn er ein Bedürfnis hat.
Es ist für uns in dem Maße selbstverständlich, wie es für alle Eltern selbstverständlich sein sollte. Dennoch ist es bekanntermaßen nicht für alle Eltern klar, wie

wichtig diese Dinge für die Ausgewogenheit und innere Sicherheit der kindlichen Entwicklung sind. Viel zu viele Kinder leiden in dieser Welt innere und äußere Verluste und es macht mich stolz und glücklich, daß Sinan Canim nicht darunter zu leiden hat.
Wenn unser Sohn unzufrieden ist oder sich mitten in der Nacht meldet, weil er sein Fläschchen haben möchte, muß er nie lange warten, bis einer von uns bei ihm ist. Diese Frustrationen, die in der steten Wiederholung bzw. Anhäufung zu seelischen Schäden führen können, muß Sinan nicht erleben.
Und ich denke ebenfalls, daß Sinan spürt, wieviel Spaß wir am Zusammenleben und -sein mit ihm haben und wie sehr wie ihn lieben, daß wir uns Zeit für ihn nehmen.
Er zeigt uns sein inneres Wohlbefinden sehr deutlich in seinem kindlich-verbalen und in seinem nonverbalen Umgang mit uns. Dies bedeutet nicht, daß wir ihn verhätscheln, *Nein* heißt immer noch *Nein* und wird von uns mit Konsequenz durchgezogen, auch wenn uns Sinan mit großen Augen ansieht und seine Interessen durchgesetzt sehen möchte, in dem er seinen gewünschten Kontakt mit den Grünpflanzen und Kabeln immer wieder aufzubauen versucht.
Übrigens: Bei aller Lust, in Kabel zu beißen oder Grünpflanzen zu entlauben, geschieht es mittlerweile häufiger, daß Sinan nach dem ersten deutlichen *Nein* von seinem Vorhaben abläßt. Jedenfalls bis zu der nächsten Chance, die sich ihm bietet....
Vergangene Nacht hatte ich einen Traum. Thomas Wolf vom Jugendamt rief an und bot uns später in einem persönlichen Gespräch, das bei uns in der Wohnung stattfand, die Aufnahme von zwei ganz jungen Säuglingen an. Ähnlich wie Sinan André am Anfang seines Lebens hatten die beiden Kinder niemanden mehr, der für sie sorgen konnte.
Für Sarah und mich war es keine Frage, diese weiteren Kinder bei uns aufzunehmen, dachten dabei aber auch sehr an die Konsequenzen, die es für Sinan haben würde.

Freitag, 26. November

Sinan André, Sarah und mir geht es gut. Alles ist in Ordnung.
Unser kleiner Schatz entwickelt sich wirklich klasse. Im Moment ist er dabei, mehr und mehr eigenständig zu stehen und steht kurz davor, sich von den Dingen, an denen er Halt findet, loszulassen.
Noch handelt es sich bei der Dauer des freien Stehens um wenige Sekunden und geschieht oft ganz automatisch. Es ist so, als würde Sinan sich gar nicht mit dieser Situation befassen.

Allerdings gibt es andere Situationen, wenn sich Sinan von einem Gegenstand zum anderen bewegt, in denen es wie von ihm beabsichtigt wirkt auf seinem Weg zu mehr Selbständigkeit.
Neulich zog er sich wieder einmal an meinem Hosenbein hoch, stand da und ich konnte die Berührung spüren. Plötzlich war die Berührung nicht mehr zu merken. Als ich zu ihm heruntersah, stand Sinan wie selbstverständlich auf seinen eigenen kleinen Füßen, ganz ohne sich irgendwo festzuhalten.
Mit besonderem Spaß probiert Sinan Canim im Moment wieder einmal seine Stimme aus. Allerdings geht es nicht um Silben, Worte oder dergleichen. Im Gegenteil. Sinan hat die Lautstärke entdeckt und will scheinbar seine stimmlichen Grenzen kennenlernen. Manches Mal spielt er auf unseren Nerven Klavier.
Jetzt, kurz vor Sinan Canims Taufe am Sonntag hat Sarah begonnen, unsere Wohnung etwas vorweihnachtlich zu dekorieren. Unser süßer Sohn beobachtete sehr genau, was Sarah tat und nahm es aufmerksam wahr, daß sich die Wohnung im Laufe des Tages veränderte.
Gestern hat Sarah gemeinsam mit ihrer Schwester Susanne das alljährliche Adventskranzbinden bei uns veranstaltet. Es weihnachtet sehr.
Ich bin mit Sinan nachmittags in der Stadt spazieren gewesen. Allerdings im Regen und es ging nur unter Zuhilfenahme der kinderwagengeeigneten Abdeckfolie. Dieser Einsatz war die Premiere und Sinan nahm die Abdeckung relativ gelassen zur Kenntnis. Er zog an der Folie, ließ sie sich aber aus der Hand nehmen und spielte mit den kleinen Wasserpfützen, die sich auf dem Dach der Abdeckung sammelten.
Natürlich war es ein ziemlicher Aufwand, wenn wir ein Geschäft betraten. Erst durch den Regen, dann rein ins Geschäft, Folie runter, Besorgungen erledigen, Kind bei Laune halten, was schwierig war bei den Temperaturunterschieden, die er in den Geschäften und draußen erleben mußte, anschließend wieder raus aus dem Laden, geschaut, ob es noch regnet und notgedrungen die Abdeckung wieder befestigt. Keine schlechte Action. Mit erhöhter Geschwindigkeit ging es durch den Regen zurück nach Hause.
Bislang verliefen die Vorbereitungen für Sinans Taufe langsam. Morgen treten wir in die heiße Phase ein. Putzen und die Zubereitung der frischen Sachen steht an.
Um nachmittags freie Bahn zu haben, wird Sinan ein paar Stunden zu Opa Anton und Oma Frieda gehen. Sie freuen sich sehr. Es ist immer der Fall, daß wir allen drei eine Freude machen, wenn wir sie sich selbst überlassen.
Wäre Sinan Canim bei uns, während wir vorbereiten wollen, käme mit an Sicherheit grenzender Wahrscheinlichkeit einer von uns nicht dazu, etwas zu tun. Denn unser Süßer will gerne von uns beschäftigt sein und wahrgenommen werden.
Meine Schwester rief bereits vor ein paar Tagen an und sagte, daß sie mit ihrer Familie nicht zur Taufe kommen wird. Wirklich schade, ich hätte mich sehr gefreut, aber Maria ist gesundheitlich nicht auf der Höhe. Sie hat bereits eine Karte

geschickt und gesagt, daß sie vielleicht zu Sinans ersten Geburtstag kommen würde.
Dennoch ist der Kreis der Eingeladenen auch ohne meine Schwester und ihre Familie groß genug. Ich habe ein gutes Gefühl, wir werden die Dinge, wie wir sie uns wünschen, bewältigen.
Mittwoch war ich abends noch kurz bei Oma Klara. Ich hatte angerufen und sie hatte mir gesagt, daß sie unsere verschickte Einladung zur Taufe nicht bekommen hätte. Entweder Postklau oder Schlamperei. Dennoch sollten sie vorher noch eine Einladungskarte bekommen.
Die Begegnung mit ihr, Fabian und Opa Robert war wieder sehr nett und es ging mehr oder weniger um Belanglosigkeiten.
Allerdings machen Sarah und ich uns immer wieder Gedanken über die Art des Zusammenlebens von Fabian mit seinen beiden Großeltern.
Gerne würden wir uns an die zuständige Frau beim Allgemeinen Sozialdienst wenden, um unsere Gedanken zu besprechen. Bevor wir jedoch einen solchen Schritt machen wollen, werden wir uns von Thomas Wolf beraten lassen, ob ein solches Gespräch Sinn macht.
Es ist augenscheinlich, daß Fabian nicht gut aufgehoben sein kann und andere Dinge bräuchte als eine Erziehung durch Oma Klara und Opa Robert. Wir haben den Eindruck, daß sie ihm die notwendige Klarheit und strukturierte Erziehung, die er dringend bräuchte, alleine schon aufgrund ihres Alters nicht bieten können. In einer solchen Angelegenheit nützt Liebe zueinander nicht viel.
Sicher wäre es besser, Fabian würde in einer anderen Familie leben. Oma Klara könnte auf eine normalere Art Großmutter sein und müßte nicht solche Verrenkungen anstellen wie es jetzt der Fall ist. Mit der jetzigen Situation ist mit Sicherheit keinem aus der Familie geholfen und es wird auf Dauer keine Perspektive bieten.
Sarah und ich haben uns darüber unterhalten, ob es für uns möglich wäre, Fabian möglicherweise bei uns aufzunehmen, wenn es überhaupt mal zu einem Thema werden sollte.
Allerdings haben wir, weil wir stets von Sinans Lebenssituation bei uns und der Sorge um sein Wohlbefinden ausgehen, festgestellt, daß Fabian nicht gut zu uns passen würde. Dabei spielt es keine Rolle, daß die beiden Jungs Brüder sind. Sinan würde mit einiger Wahrscheinlichkeit viel zu viel genommen werden durch das Zusammenleben mit einem so großen Jungen.

Montag, 29. November

Denke ich an Sinans Taufe vom gestrigen Tag, bin ich sehr glücklich. Es war ein unglaublich schöner Tag, es gab zwar an viele Dinge zu denken und noch mehr zu

tun, aber es hat mich innerlich sehr berührt und bereichert, mit Sarah und Sinan Canim und der ganzen Familie diesen großen Tag zu feiern.
Noch vor wenigen Monaten hätte ich es nie für möglich gehalten, daß es mir so viel bedeuten würde, wenn Sinan Canim getauft und daß es mich emotional auf eine so tiefe Art berühren würde. Durch das Leben mit unserem Sohn habe ich einen neuen Zugang zu meinem lange verschütteten Glauben gefunden.
Das Zusammensein und -leben mit einem Kind kann einem wirklich gläubig machen. Das eigene Leben hat einen ganz neuen Sinn bekommen, es ist wie ein Wunder, diesen kleinen, zähen Jungen, der wirklich von Gott geliebt zu sein scheint, wachsen und gedeihen zu sehen und ich spüre an mir selbst, daß ich eine unendlich große Dankbarkeit fühle.
Alle eingeladenen Gäste fanden sich gegen 9.45 Uhr vor der Kirche ein. Gemeinsam füllten wir die ersten beiden langen Bankreihen vorne in der Kirche vor dem mobilen Taufbecken aus. Oma Klara, Fabian und Opa Robert saßen ganz in unserer Nähe. Es schien sehr wichtig für sie zu sein, daß sie Sinan André nahe sein konnten.
Besonders Oma Klara war sehr berührt von dem Gottesdienst und der Taufe. Kam doch in diesem Rahmen noch einmal die traurige Geschichte über den Verlust ihrer Tochter in ihr hoch.
Sinan Canim war einfach süß. Er hielt sich wacker den gesamten Gottesdienst über. Wurde es ihm zu langweilig durch zu langes Reden, protestierte er mit der ihm inzwischen gegebenen nicht gerade leisen Stimme, war aber auf der anderen Seite wieder ganz still und beruhigt, wenn die Gemeinde oder der Chor sang. Das hat ihm, ganz der musikalische Typ, gut gefallen.
Kurz vor der eigentlichen Taufe zogen Sarah und ich unserem kleinen Sohn das Taufkleid über. Es war toll, daß Sinan nach guter Familientradition in diesem Taufkleid getauft wurde, wenn er auch das erste Kind darin war, daß evangelisch getauft wurde. Schon seine Oma Frieda wurde vor siebzig Jahren darin getauft, ihre Geschwister, Sarah und ihre Geschwister und auch die Kinder von Susanne und Volker. Sinans Name war von Oma Frieda in das Taufkleid eingestickt worden.
Mich berührte die Tatsache der bevorstehenden Taufe, mein tiefes Gefühl, wie sehr ich zu meinem Glauben zurückgefunden habe und das Gefühl, wie sehr ich mich in dieser evangelischen Liturgie beheimatet fühle so sehr, daß ich tatsächlich an mich halten mußte, um nicht zu weinen.
Tina, Sinans eine Patin, entzündete die Taufkerze an der Altarkerze und Imke, die zweite Patin, hielt ihn ganz selbstverständlich über das Taufbecken. Sinan ließ es sich gerne gefallen, dreimal mit einer Handvoll Wasser benetzt zu werden. Es machte sogar den Eindruck, als würde er es gut finden. Jedenfalls machte es ihn vergnügt. Er war ganz beruhigt.

Auf dem Rückweg von der Kirche nach Hause ging ich am Ende der Gruppe mit Oma Klara und wir hatten Zeit, um miteinander zu sprechen. Fabian ging mit Sinan, Sarah und Tina und hielt sich dabei immer auf Höhe des Kinderwagens.
Nachdem sich zuhause der erste Trubel des Ankommens gelegt hatte, wurde es eine schöne Familienfeier. Wie es sein sollte, aber in machen anderen Familien sicher nicht selbstverständlich ist, stand Sinan den ganzen Tag über im Mittelpunkt.
Und im Mittelpunkt zu stehen, von allen Leuten liebevoll und mit Hingabe beschäftigt zu werden, ist seine Welt. Alleine war er an diesem Tag nie, zumindest die Kinder wichen so gut wie gar nicht von seiner Seite und hielten ihn auf Trab.
Im Mittelpunkt zu stehen, freundlich und intensiv beschäftigt zu werden und gemeinsam mit Sarah eine große Anzahl Geschenke auszupacken, kann für einen kleinen Kerl sehr anstrengend sein. Zweimal mußte er ein kurzes Schläfchen halten.
Anschließend ging es für ihn in seinem üblichen Tempo weiter, auch wenn die geröteten Wangen seines schönen Gesichts so gut wie nie aufhörten zu glühen vor Hitze, Aufregung und Spielfreude. Wieder war es für uns eine große Wonne, unseren kleinen Sohn mit soviel Lebensfreude zu erleben.
Abends war Sinan nach einem so spannenden Tag völlig geschafft. Sarah und ich ebenfalls, nachdem wir den größten Teil der Aufräumarbeiten erledigt hatten.
Wir können mit dem gesamten Tag sehr zufrieden sein. Alles klappte gut und unsere Gäste haben sich wohlfühlen können.
Daß der Tag von Sinans Taufe ein besonderer Tag werden würde, hatte ich gewußt. Daß dieser Tag gut gelingen würde, hatte ich gehofft. Aber nicht in diesem Maße.
Unsere Sorge um Fabian ist an diesem Tag nicht geringer geworden. Während meines Gesprächs mit Oma Klara stellte sich wieder heraus, wie sehr sie sich überfordert fühlt durch das Leben mit ihrem ältesten Enkel und wie schwer ihr die Erziehung des Jungen fällt.
Allerdings ist eine andere Möglichkeit, Fabian besser unterzubringen nicht gegeben bzw. innerhalb der Familie nicht in Sicht.
Sarah und ich hatten uns bereits damals in Bezug auf Sinan André gefragt, wie es sein kann, daß ein Kind nicht innerhalb der Familie verbleibt. Denn immerhin gibt es den Sohn von Oma Klara mit seiner Familie.
Subjektiv sind wir natürlich sehr froh, daß Sinan zu uns gekommen ist, aber bei Fabian kann man sich in dieser Situation fragen, ob es nicht mehr Sinn machen würde, wenn der Junge bei seinem Onkel und seiner Tante leben könnte.
Oma Klara sagte zwar, daß ihr Sohn Klaus Fabian ganz positiv zugeneigt wäre, allerdings hätte er und seine Frau genug mit den eigenen beiden Kindern und mit sich selbst zu tun. Auf mich macht es den Eindruck, als wäre noch nie daran gedacht worden, daß beide Jungen eigentlich bei den jungen Leuten hätten bleiben

können. Anders als bei uns sind die familiären Bande bei Schmidt-Ostens nicht so dicht geknüpft und daß finde ich schade, wenn auch rein rational verständlich.
Fabian war gerne in Sinans Nähe. Er stand ganz dicht neben seinem kleinen Bruder, als Sarah die Geschenke mit Sinan Canim zusammen auspackte. Ob es dabei allerdings um Sinan oder um die Geschenke ging, kann ich nicht sagen. Ansonsten war es Fabian wichtig herauszustellen, daß er der Bruder unseres Sohnes ist.
Verständlich und bemerkenswert zugleich war die Rührung von Oma Klara. Diese Rührung hielt mehr oder weniger den ganzen Tag über an. Vermutlich spielten dabei zwei Dinge eine wesentliche Rolle.
Bestimmt kam es ihr immer wieder in den Sinn, wie tragisch der Tod ihrer Tochter ist und was es für sie und für die beiden Jungs bedeutet, daß ihre Mutter früh verstorben ist.
Auf der anderen Seite glaube ich an Oma Klaras Rührung, weil sie an diesem Sonntag sehen konnte, wie liebevoll Sinan in unsere gesamte Familie eingebettet ist und wie sehr alle um ihn bedacht sind. Bestimmt rief es Rührung, Sehnsüchte und Traurigkeit in der alten Frau hervor.
Vielleicht wurde selbst Neid ein Stück weit in Oma Klara wachgerufen, denn natürlich bekam sie mit, daß Sarahs Eltern ganz stolz sind über ihr siebtes Enkelkind und daß wir einen sehr engen Kontakt zueinander haben.
Dies waren bestimmt alles Dinge, durch die Oma Klara ihren tiefen Gefühlen sehr nahe kam.
Am Kaffeetisch ergab sich ein Moment der Gelegenheit zu einem kurzen, etwas näheren Gespräch. Oma Klara sagte zu mir, daß sie uns sehr dankbar wäre, daß wir Sinan zu uns genommen hätten. Das müßten wir wissen, meinte sie, auch wenn sie es nicht oft zum Ausdruck bringen würde. Und sie erinnerte sich an den Tag, an dem sie wußte, daß wir den Kleinen aus der Klinik zu uns nach Hause holen würden. Dieser Tag wäre sehr hart für sie gewesen.
Außerdem gibt es bei den ganzen Zusammenhängen noch eine weitere Komponente. Oma Klara ist selbst als Kind bei ihrer Großmutter aufgewachsen.
Leider ergab sich darüber nicht die Gelegenheit, länger zu sprechen. Es läßt sich leicht vermuten, daß sie Parallelen zieht und möglicherweise kommt es von daher, daß sie sich selbst heute so sehr unter Druck setzt. Anfangs hatte sie sogar daran gedacht, außer Fabian auch Sinan zu sich zu nehmen, als er noch André hieß.
Später, als ich Fabian und sie auf den Weg zur richtigen Bushaltestelle brachte (Opa Robert hatte die Feier schon früher verlassen, weil er einen Sängerauftritt hatte), kamen ihr noch einmal die Tränen der Rührung, als sie sich herzlich für den schönen Tag bedankte.
Die Rückkehr zur Ruhe und Normalität am Tag nach der Taufe tat Sinan Canim, Sarah und mir gut.
Weil der erste Dezember kurz bevorsteht, verbrachte Sarah einen großen Teil des Abends damit, für Sinan kleine Päckchen für den Adventskalender zu packen. Morgen werden wir ihn aufhängen und ab Mittwoch kann sich Sinan jeden Tag

mit unserer Hilfe ein Teil abschneiden. Dem kleinen Jungen steht eine Vielzahl neuer Erfahrungen bevor.
Momentan ist es zu beobachten, daß Sinan sich noch nicht ganz zu trauen scheint, sich von der Sicherheit der haltgebenden Gegenstände loszulassen. Die notwendige Stabilität hat er erreicht. Häufig steht er für einige Sekunden ganz alleine und ohne sich festzuhalten, aber den richtigen Mut, loszugehen, hat er noch nicht gefunden. Es wirkt, als hätte er ein wenig Angst.
Das Bild, wie es aussehen wird, wenn Sinan sich gehend durch die Wohnung bewegt, fehlt mir im Moment noch. Ich kann es mir nicht vorstellen, wie es aussehen wird, wenn unser kleiner Schatz losgeht. Er wirkt noch so klein und bis zum Beginn seines selbständigen Gehens wird er mit Sicherheit auch nicht mehr so viel wachsen. Gespannt bin ich wie ein Flitzebogen auf dieses Bild. Wahrscheinlich werde ich wieder vor Stolz und Rührung zerfließen.
Der Grund für Sinans vermehrten Speichelfluß der vergangenen Tage zeigte sich heute. Neben seinen beiden kleinen Mausezähnen am Unterkiefer sind die nächsten zwei Zähne erkennbar geworden. Ein winzigkleines Stückchen kann man von ihnen bereits sehen. Haben sie sich ganz aus dem Zahnfleisch herausgearbeitet, wird zwischen Ober- und Unterkiefer Gleichstand herrschen. 4:4.
Nächstes Jahr im Mai, wenn unser süßer Sohn fünfzehn Monate alt sein wird, werden wir mit Oma Frieda und Opa Anton in den Urlaub nach Gran Canaria, die zweite Heimat der beiden, fahren. Die Buchungsplanung dafür beschäftigt Sarahs Eltern bereits ein paar Tage und bei ihnen zuhause sieht der Wohnzimmertisch aus, als wäre dort die Zweigstelle eines Reisebüros. Für morgen haben wir uns zur gemeinsamen Buchung verabredet.
Bestimmt werden uns Sinans Großeltern die Insel voller Stolz zeigen. Selbst vor der Geburt der Idee zur gemeinsamen Reise schwelgten die beiden oft von den Möglichkeiten, die man dort besonders bei einem Aufenthalt mit einem kleinen Kind hat.
Unseren Sohn am Strand und in gemeinsamer Urlaubslaune zu erleben, muß ein wunderbares Erlebnis sein.
Und wir freuen uns wirklich sehr auf diese Reise. Abgesehen davon, daß wir gerne in die Sonne fahren, schaffen wir dabei für uns alle und vor allem für Sinan Canim ein schönes Erlebnis gemeinsam mit uns und seinen Großeltern. Selbst wenn bei Sinan später die Erinnerung an diesen Urlaub verblaßt, wird es eine gute und wichtige Erfahrung auf die eine oder andere Art für ihn bleiben.

Dienstag, 30. November

Sinans Nacht ist nicht zur Hälfte vorbei, unsere hat noch nicht begonnen und unser Sohn kann einfach nicht zur Ruhe kommen. Immer wieder wacht er häufig und in unregelmäßigen Abständen auf.

Es war heute ein schöner Tag mit Sinan Canim André. Unser ausgewogenes Familienleben verlief in ruhigen und geordneten Bahnen. Nachmittags hatten wir uns wie verabredet mit Sarahs Eltern getroffen und die gemeinsame Reise nach Gran Canaria im nächsten Mai gebucht.
Sinan machte den Tag über einen zufriedenen Eindruck, aß normal und genoß seine Mobilität.
Auffällig war jedoch, daß ihm die kleine Nase oft lief und er unverhältnismäßig oft niesen mußte. Gehustet hatte er mehr als sonst. Es allerdings zu unterscheiden, was ein Erkältungshusten ist oder ein Husten, weil er sich an seiner eigenen Spukke verschluckt, gelingt uns bislang nicht, weil wir eine richtige Erkältung bei Sinan noch nicht erlebt haben.
Die erste Unruhe zeigte sich bereits kurz nach dem Zubettbringen. Es hatte in der letzten Zeit sehr gut geklappt und Sinan schien den begonnenen Test mit uns vergessen zu haben. Es dauerte nicht lange bis er schlief, verlief aber weniger glatt als sonst. Der Test schien sich wiederholen zu wollen, begann er doch zu weinen, wenn Sarah sein Zimmer verließ.
Auffallend früh meldete er sich zum ersten Nachtfläschchen und schreckte anschließend wie beunruhigt aus dem Schlaf, der sonst tief ist, überraschend oft auf. Einmal weinte und schlief er zugleich und es dauerte eine Weile, bis er wach wurde und sich beruhigen ließ.
Bei mir läuft emotional schnell das Angstprogramm aus der schlimmen Erfahrung im Sommer ab. Das häufige Aufschrecken unseres kleinen Sohnes aus dem Schlaf erinnert sehr an die Nacht vor der Notoperation.
Rational ist mir klar, daß alle Anzeichen dafür sprechen, daß Sinan Canim seine erste richtige Erkältung bekommen wird. Und auf diese rationalen Gedanken muß ich mich konzentrieren, sonst machen mich die Überbleibsel vom Juli verrückt.
Natürlich ist es dabei immer wieder das Problem, daß Sinan uns noch nicht sagen kann, was mit ihm los ist. Könnte er bereits sprechen, wäre er in der Lage zu sagen, ob ihm etwas weh tut, der Hals vielleicht kratzt oder der Kopf möglicherweise schmerzt.
Weil er noch nie in seinem Leben eine Erkältung hatte, ist er wahrscheinlich selbst ganz negativ erstaunt, was mit ihm los ist. Immerhin kennt er die mit einer Erkältung verbundenen Anzeichen nicht. Und daß es ihn dadurch im Schlaf ängstigt, finde ich einleuchtend.
Jetzt bin ich froh über jede halbe Stunde, die unser Sohn ruhig schlafen kann. Und ich habe Angst vor der nächsten Schreiattacke. Oftmals läßt er sich dabei schlecht beruhigen, vielleicht weil er zuviel mit sich selbst zu tun hat oder weil er uns in einer solchen Situation nicht so bewußt wahrnehmen kann, wie in wachen und entspannten Momenten am Tag, wenn er aus unterschiedlichen Gründen Nähe sucht und getröstet werden will.
Besonders viel halte ich von der Sprache, die der Psychotherapie oder der Gesprächstherapie eigen ist, nicht. Aber trotzdem kann ich es nicht anders bezeich-

nen, als die Notwendigkeit für mich, mir meine alte Angst, Sinan könnte schwer krank sein, bewußt anzusehen.
Woher dabei die Urangst stammt, ist mir bewußt und ich kann sie mir erklären. Mit Unterstützung der Erfahrung durch die Notoperation ist es die Angst davor, Sinan durch einen äußeren Einfluß zu verlieren, nachdem wir so glücklich mit ihm sind und vieles mit ihm erreicht haben. Diese Angst geht zurück auf unseren Zustand der Kinderlosigkeit, die sich durch Sinans Eintritt in unser Leben aufgehoben hat.
Und die vordergründige Angst ist die Angst, die durch die Darminvagination entstanden ist. Diesen Zustand bei Sinan und den Zustand der Sorge bei uns will ich nicht noch einmal erleben müssen. Davor graut es mir. Dafür war die Erfahrung zu schlimm und zu grausam.
Stelle ich jedoch diese alte emotionale Angst neben die rationalen Erkältungssymptome, die Sinan Canim heute gezeigt hatte, bleibt wie automatisch nur noch die Möglichkeit der beginnenden Erkältung übrig.
Wenn ich es mir auf diese Weise vor Augen führe, geht es mir besser. Dennoch muß ich etwas dafür tun, daß ich diesen Zustand erreiche. Er kommt nicht von alleine. Ich muß ganz bei mir sein, damit sich das rationale Bewußtsein durchsetzt.
Außerdem ist das Tagebuch eine gute Gelegenheit, mir meine Angst selbst von der Seele zu schreiben. Sie verschwindet durch das Schreiben nicht, aber sie verkleinert sich. Und das ist gut so.
Nie wieder soll mir Angst die Kehle zuschnüren. Davon habe ich die Nase voll. Das hat die Angst früher, als ich selbst noch Kind war, oft genug mit mir gemacht. Damals spielte Angst eine sehr große Rolle in meinem Leben. Und es ging dabei wirklich ans Eingemachte.
Die älteste Angst, die ich von mir kenne, war früher immer die Angst davor, von meiner Mutter verlassen zu werden. Sie war quasi Angst Nummer 1.
In weiterer loser Folge schlossen sich ohne großen Zwischenraum die Angst vor fremden Menschen, vor meiner Schwester, vor der Dunkelheit, vor Phantasiefiguren, vor der Schule und auch vor dem *schwarzen Mann*, bei uns im Norden *Mitschnacker* genannt, an.
Es brauchte unglaublich viel Zeit und Therapiesitzungen, bis ich diese Menge Ängste hinter mir lassen konnte.
Ich bin mir über die Macht der Ängste im Klaren. Ich weiß genau, was sie früher mit mir gemacht haben. Deshalb ist sie noch heute ein so wichtiges Thema für mich.
Gerade weil Sarah und ich eine Erkältung bei Sinan Canim noch nicht erlebt haben, ist es für uns etwas unbekanntes, wenngleich eine solche kleine Erkrankung bekannt und nicht weiter erheblich ist. Und unbekannte Dinge, wenn sie auch gering sind, lösen ohne besonderen Hintergrund leicht Ängste aus. Das haben unbekannte Dinge leider so an sich. Wir kennen eine richtige Erkältung bei unserem Schatz nicht und haben keine Übung.

Zum ersten Mal während des gemeinsamen Lebens mit Sarah (seit 1994) hängen jetzt drei Adventskalender im Wohnzimmer. Einen hat sie für mich aufgehängt, ich einen für sie.
Liebevoll hat Sarah Sinans Adventskalender dekoriert und aufgehängt. Seiner ist natürlich mit Abstand der schönste Kalender von den drei. Es ist ganz so, wie es sich gehört.
Es hat etwas sehr anheimelndes, daß jetzt auch für unser Kind ein Adventskalender mit kleinen Überraschungen für die Vorweihnachtszeit bereitet ist.
Wenn ich im Laufe der Nacht schlafen gehe, werde ich für Sinans Gesundheit und ein rasches Abklingen der Erkältung beten.
Zunächst war das allnächtliche Gebet ein Relikt aus der Zeit, als ich unter deutlichen Einschlafschwierigkeiten gelitten hatte. Eine Art Selbstsuggestion.
Seit Sinan Canim bei uns ist und der Glaube für mich eine neue, erfrischte Bedeutung gewonnen hat, ist das Gebet für mich zu einem festen Ritual geworden, bevor ich einschlafe. Heutzutage allerdings ohne irgendwelche Schwierigkeiten.
Es hilft mir, den abgelaufenen Tag zu reflektieren und meine Wünsche und Hoffnungen, die ich in Bezug auf unsere kleine Familie habe, zu formulieren.
Und es ist vor allem eine Art, meine Dankbarkeit vor Gott für den Bestand und das Leben mit meiner kleinen Familie zu zeigen. Einzuschlafen ohne Gebet kann ich mir nicht mehr vorstellen.
Vielleicht war es gut, daß Sarah mit Sinan Canim heute nicht zum Babyschwimmen gegangen ist. Es wäre möglich, daß es den Ausbruch seiner Erkältung ansonsten negativ beeinflußt hätte, was hypothetisch bleibt.
Vergnügt hatte er sich fast ein ganzes Waschprogramm in der Waschmaschine angesehen und sich mit seinen Spielsachen beschäftigt.
Gerne benutzt Sinan für seine kurzen, manchmal nur wenige Sekunden andauernden, Ruhepausen das große Kuschelkissen, das er von Jablonkas zur Taufe geschenkt bekommen hat und das neben seiner Spielkiste bei uns im Wohnzimmer liegt. Auch den hölzernen Kinderstuhl von Ansgar und Elisabeth, der in den Umrissen eines Krokodils bemalt ist, konnte er bereits in Herz schließen, dient er ihm doch vorzüglich als Gegenstand, um sich daran hochzuziehen bzw. um daran entlangzugehen. Detailversessen, wie Sinan ist, greift er zielgerichtet nach Kleinigkeiten, die auf dem Stuhl abgebildet sind.
Noch bin ich hellwach und mein Schreiben wird regelmäßig von Sinans Unruhe unterbrochen. Immer wieder weint und schreit er los.
Vielleicht ist es sinnvoll, daß ich länger als geplant aufbleibe, quasi als Nachtwache für unseren kleinen Sohn. Es wird ohnehin kaum daran zu denken sein, in den Schlaf zu kommen, wenn Sinan immer wieder Aufmerksamkeit braucht. Allerdings hat Sarah morgen Vormittag selbst einen Arzttermin und ich muß für Sinan zur Verfügung stehen.
Und sollte ich tatsächlich einschlafen, würde ich nichts davon hören, wenn er sich meldet und es ginge voll auf Sarahs Kosten, die sowieso schon wesentlich

mehr leistet als ich. Außerdem sollte *Mamas Schlaf* immer heilig sein, wenn es irgendwie möglich ist.
In einer solchen Situation, wie in dieser Nacht, kann ich Sinan nie böse sein, wenn er mich derart oft fordert. Er will schließlich nicht viel und hätte selbst am liebsten seine Ruhe im Schlaf.
Natürlich wünschte ich ihm, er würde tief und fest schlafen, aber wenn er mich braucht, bin ich gerne für ihn zur Stelle. Für mich gibt es dabei keinen Grund, zornig oder wütend zu sein. Dafür ist meine Liebe zu ihm viel zu groß.

Mittwoch, 1. Dezember

Die Erkältung unseres Sohnes hat sich durchgesetzt. Sinans Nase läuft permanent, er muß oft niesen und kriegt schlecht Luft.
Als ich mich gegen Morgen ins Bett gelegt hatte, war zunächst an Schlaf nicht zu denken. Sinan war zu unruhig.
Durch die verstopfte Nase und die eigene Schnarcherei wachte Sinan Canim häufig auf und ließ sich mal gut, mal weniger gut beruhigen.
Gegen 4.00 Uhr holte ich ihn schließlich zu uns ins Bett. Zunächst setzte sich seine Unruhe fort. Anschließend konnten wir drei aber ein paar Stunden schlafen.
Vormittags war Sinan trotz der Erkältung auffallend guter Laune. Er ist unser fröhliches Kind. Seine gesteigerte Lust auf Nähe und Zärtlichkeit war deutlich. Öfter als sonst hielt er seinen kleinen Kopf an meinen, drückte seine Nase oder seinen Mund an mein Gesicht und strahlte mich bei so viel Nähe und Geborgenheit herzlich an.
Tagsüber lief Sinan Canim die Nase andauernd. Wie ein kleiner Wasserfall. Es ist gut, wenn das Zeug herauskommt.
Bei mir selbst kratzte es schnell im Hals. Es wäre schließlich kein Wunder bei dem engen Kontakt, den ich zu unserem süßen Sohn mit seiner triefenden Nase habe, wenn ich ebenfalls eine Erkältung bekäme. Und ich bin leider der Typ, der sich nur ungern eine Erkältung entgehen läßt.
Durch die unruhige Nacht hätte ich gedacht, daß Sinan im Laufe des Vormittags seinen verpaßten Schlaf ein Stück weit nachholen würde. Aber außer seinem üblichen kurzen Schläfchen vor dem Mittagessen war mehr nicht drin.
Glücklicherweise hat Sinan kein Fieber. Allerdings scheint sich jetzt der Husten durchsetzen zu wollen. Ganz sicher werden wir morgen mit ihm zum Kinderarzt gehen. Sinan könnte etwas Linderung gut gebrauchen.
Abends hatte ich beim ärztlichen Notdienst angerufen, um zu fragen, auf welche Weise wir Sinan André bei der Bewältigung seiner ersten richtigen Erkältung helfen könnten. Mir wurde empfohlen, mich direkt an die Kinderklinik zu wenden. Das tat ich, bekam aber zur Antwort, daß es besser wäre, wenn wir mit unserem Sohn in die Klinik kommen würden.

Selbstverständlich ist mir klar gewesen, daß keine Ferndiagnose gestellt werden kann und ich hatte nicht erwartet, daß mir der Name eines Medikaments genannt werden würde, damit ich zur nächsten Apotheke laufen kann.
Die Maßnahme, Sinan spät am Abend in der Klinik vorzustellen und ihn aus seinem sowieso schon durcheinandergeratenen Rhythmus zu reißen, erschien uns allerdings zu extrem.
Morgen werde ich mich auf der Gemeindeversammlung für die Kandidatur zur Wahl des Kirchenvorstandes der Evangelischen Kirchengemeinde Quellingen aufstellen lassen. Dadurch, daß sich zu wenig Leute zur Wahl in dieses Ehrenamt gemeldet hatten, steht einem Engagement nichts im Wege.
Es ist schon etwas her, daß ich mich dafür interessiert hatte. Irgendwann war es in Vergessenheit geraten, daß im kommenden Jahr die Presbyteriumswahlen innerhalb der Rheinischen Landeskirche anstehen und ich mich aufstellen lassen könnte.
Als ich im Taufgottesdienst am Sonntag davon hörte, daß es Personalprobleme bei der Besetzung des Vorstandes gäbe, habe ich mein Interesse bekundet.
Ich freue mich auf diese Arbeit und es wäre für mich wirklich eine ehrenvolle Aufgabe, im Kirchenvorstand mitzuarbeiten. Einen besseren Einblick in die Abläufe und Inhalte kann man nicht bekommen.
Unsere nachmittägliche Spaziertour durch die Stadt tat Sinan sehr gut. Durch die erfrischende Kühle des Dezembertages wurde seine Nase endlich befreit. Es muß eine Wohltat für ihn gewesen sein, wieder richtig durchatmen zu können.
Später war Sinan zuhause bei ganz guter Laune. Abgesehen von ein bißchen Nörgelei und Schmuselust hatte er seinen üblichen Spaß, vergnügte sich am Anblick der laufenden Waschmaschine und an seiner Selbständigkeit beim Gehen.
Allerdings wurde er sehr früh müde. Bis zum eigentlichen Zeitpunkt seines Abendessens zu warten, war unmöglich. Sinan aß sehr gut und mit Freude. Insgesamt gesehen lag er eine Stunde früher als sonst im Bett. Bei dem versäumten Schlaf aus der letzten Nacht wunderte uns die Müdigkeit unseres Sohnes nicht.
Zunächst schlief er ein, wachte später aber, wie in der vergangenen Nacht, immer wieder auf.
Sarah und ich haben neben der Tatsache, daß unser Sohn verschnupft ist und schlecht Luft kriegt und anfänglich hustet, den Eindruck, als hätte er Halsschmerzen, denn nach jedem offensichtlichen Schlucken ist sein Weinen, seine Verzweiflung und sein Schreien offensichtlich.
Nahmen wir Sinan bisher zur Beruhigung aus dem Bett heraus, gelang es uns, ihn relativ schnell durch einfache Berührungen wieder zur Ruhe kommen zu lassen.
Richtig bewußt kriegt Sinan seine Verzweiflungsattacken nicht mit. Stets hält er dabei die Augen geschlossen und weint im Schlaf.
Gekauft haben wir heute ein Plastikding, mit dem man einem kleinen Kind, das noch nicht selbst schneuzen kann, den Rotz (norddeutsch: *Schnodder*) aus der Nase entfernen kann. Der Schnodder wird abgesaugt. Natürlich ein unangeneh-

mes Gefühl für unseren süßen kleinen Jungen, aber wenigstens für kurze Zeit brachte es ihm ein bißchen Linderung und eine freiere Nase.
Uns geht es wirklich nahe, daß Sinan es erwischt hat. Natürlich ist eine Erkältung eine Lappalie, aber dennoch zerreißt es mich, wenn ich unseren Schatz traurig und verzweifelt sehen muß.
Leider können wir ihm, dem süßen, kleinen Hasen, kaum helfen. Neben seiner Traurigkeit und seinem Weinen ist die Ohnmacht besonders unangenehm für uns.
Die Fotos, die Sarahs Bruder Ansgar am Sonntag in der Kirche gemacht hatte, sind völlig mißlungen. Bis auf ganz wenige taugen sie eigentlich nur für die Mülltonne. Ich bin darüber traurig. Nicht einmal ein einziges schönes Foto von der gesamten Taufgesellschaft haben wir jetzt. Alles ist Schrott und es tut mir fast um das Geld leid, das wir für die Entwicklung bezahlen mußten. Echt schade.
Unabhängig von Sinans momentaner Befindlichkeit konnte Sarah deutlich feststellen, daß unser Sohn seine Mimik gezielt einzusetzen vermag, wenn er etwas nicht darf. Wird ihm verboten, Kabel oder Pflanzen zu berühren, zieht er die Mundwinkel beleidigt nach unten und schaut traurig aus der Wäsche. Da kommt noch ganz schön was auf uns zu, wenn sich die Auseinandersetzungen häufen.
Manchmal ist es jetzt bereits schwer genug, ernst und hart zu bleiben, denn in seinem Alter ist es alles ein großes Spiel, auch der Umgang mit uns. Trotzdem wir uns sehr klar sind über die Notwendigkeit deutlicher Grenzen und Strukturen, wird es für uns bestimmt nicht leicht sein, diesen Weg konsequent zu gehen. Selbst im nicht beleidigten Zustand ist es fast unmöglich, Sinan einen Wunsch zu verwehren. Dabei geht es nicht um große Dinge. Wenn er seinem süßen Gesicht schließlich noch einen traurigen Ausdruck gibt, könnte es leicht passieren, daß es ihm gelingt, einen um den Finger zu wickeln. Sinan ist ein ausgesprochen hübscher kleiner Junge. Das finden nicht nur wir mit unserem elterlichen Stolz und unsere Familie. Auch wildfremde Menschen auf der Straße haben uns deshalb schon oft angesprochen.
Diese Nacht ist noch nicht zu Ende und kann, ähnlich wie die vergangene, sehr lang werden. Ich wünsche Sinan sehr, daß er Ruhe und Schlaf bekommt. Beides hat er nötig, um schnell wieder auf die kleinen Beine zu kommen.
Jetzt sind es nur noch 30 Tage bis zum Jahrtausendwechsel. Wir beginnen das Jahr 2000. Es ist etwas besonders, gerade diesen Jahreswechsel zu erleben, obwohl keiner aus unserer Familie sonderlich traurig gewesen wäre, einen so seltenen Jahreswechsel nicht zu erleben, wenn er nicht angestanden hätte.
Als ich ein Kind war, kam es mir wie eine sehr weit entfernte Zukunft vor, das Jahr 2000. Ganz futuristisch fand ich den Gedanken, mindestens so futuristisch wie Raumschiff Enterprise. Ich dachte oft daran, daß ich im Jahr 2000 vierunddreißig Jahre alt sein werde. Aus Kindersicht ein nahezu biblisches Alter. Und jetzt fehlt nicht mehr viel.
Und wo jetzt der Jahrtausendwechsel bevorsteht, finde ich es ganz gut, daß wir es erleben werden, erleben können. Durch Sinan Canim bekommt es noch eine

zusätzliche, wesentlich intensivere Qualität. Darin liegt für uns das Besondere an diesem Tag. Sarah, Sinan Canim André und ich sind zu einer richtigen Familie geworden und gehen gemeinsam in das neue Jahrtausend. Spektakulärer muß es für uns nicht sein.

Donnerstag, 2. Dezember

Sinan Canim André steht im Zenit seiner Erkältung und es ist gut, daß Sarah mit ihm beim Kinderarzt war.
Endlich können wir durch die verschriebenen Medikamente etwas für die Linderung seiner Beschwerden tun. Bis sich die Wirkung entfalten kann, braucht es seine Zeit und mir fällt es schwer, nur zuzusehen. Wie so oft merke ich meine Ungeduld.
Insgesamt ist Sinan trotz seiner Beschwerden das fröhliche Kind geblieben, das wir kennen. Manchmal jedoch, wenn es ihn zu hart angeht, bietet er das Bild eines gebeutelten, mitgenommenen Kindes. Besonders wenn er weint und durch die Erkältungssymptome, die er bislang gar nicht kannte, flehentlich verzweifelt ist.
Fast hätte ich mit Sinan zusammen geweint, als sein Frust besonders groß war und er wie ein kleines Häufchen Elend aussah. Ganz eng hatte er sich an Sarah und mich gekuschelt.
Weil wir Sinan Canim in seinem Zustand aber nicht wie ein rohes Ei behandeln wollen, war Sarah mit ihm heute bei der Kindergruppe. Und es war eine gute Entscheidung, denn auf diese Weise hatte er seinen gewohnten Spaß mit den anderen Kindern.
Jetzt in der Nacht ist es zu beobachten, daß unser Schatz einen wesentlichen ruhigeren Schlaf genießt, als vergleichsweise in den vergangenen beiden Nächten zuvor. Auch wenn diese Nacht noch nicht vorüber ist, bin ich über die Zeitmenge seines Schlafes bereits jetzt sehr froh.
Auffallend und beruhigend ist es, daß Sinan bisher kein Fieber bekommen hat. Eigentlich gehört Fieber zu einer richtigen Erkältung hinzu. Aber ich bin froh darüber, daß er keines gekriegt hat.
In unserer Wohnung ist sichtbar die Vorweihnachtszeit ausgebrochen. In drei Tagen haben wir immerhin den zweiten Advent.
Durch Sarahs liebevolle und dekorative Gestaltung der Räume steigt die Vorfreude auf das Fest. Sinan bestaunt immer wieder ausdauernd einzelne Teile, wie Fensterbilder, Weihnachtsmannfiguren usw.
Sarah kam aus der Kindergruppe mit den Gedanken an das Gespräch über den unterschiedlichen Umgang der Familien mit Geschenken zur Weihnachtszeit zurück.
Es gibt tatsächlich Leute, die ihren Kindern keinen Adventskalender aufhängen oder die ihnen nichts zu Nikolaus oder Weihnachten schenken, weil sie davon

ausgehen, daß die Kinder noch zu klein sind und ihnen das Bewußtsein für die Hintergründe fehlt.
Unglaublich, aber wahr. Ich hörte davon und schwankte zwischen Erstaunen und Erschrecken. Natürlich soll es nicht in einen Konsumrausch ausarten. Das ist nicht Sinn der Sache, aber wir finden, daß es dazugehört, selbst ganz junge Kinder zu beschenken.
Jeder muß letztlich selbst wissen, wie er damit umgeht, aber ich frage mich, wie ein Kind in unsere Traditionen hineinwachsen soll, wenn nicht von Beginn an. Selbstverständlich weiß Sinan nichts vom Christkind, vom Weihnachtsmann oder von der biblischen Geschichte der Geburt von Jesus in Betlehem. Das muß er auch gar nicht.
Wichtig ist uns, daß Sinan von uns in die Traditionen solcher Anlässe einbezogen wird und die Atmosphäre spürt, sie empfindet und im Laufe der Jahre, in denen er älter wird, Stück für Stück mehr und mehr begreift.
Es drängt sich die Frage auf, wann der *richtige* Zeitpunkt sein soll, die Kinder durch die Gabe von Geschenken einzubeziehen, wenn nicht von Beginn an. Erst mit zwei oder drei Jahren?
Ich finde es erstaunlich, daß es Leute gibt, die auf eine solche Weise mit den Festen und mit ihren Kindern umgehen.
Für uns war es nie eine Frage. Ganz im Gegenteil: manchmal muß ich mich richtiggehend zurückhalten bzw. Sarah muß mich zurückhalten, damit ich mir für Sinan André nicht zu viel Geschenke einfallen lasse, die ich am liebsten gleich nach der Entstehung der Idee kaufen würde.
In den Gesprächen, die Sarah und ich über solche Dinge führen, konnten wir bisher immer einen sinnvollen Umgang mit kleinen oder größeren Geschenken für Sinan abstimmen. Und es macht uns eine unglaubliche Freude, unseren süßen Jungen zu beschenken.

Montag, 6. Dezember

Seine Erkältung hat Sinan Canim fast überstanden. Lediglich die tropfende Nase ist geblieben.
Glücklicherweise gelingt es Sinan wieder, in den Nächten beruhigt zu schlafen, was ihm drei Nächte lang nicht möglich war. Häufig war er unabhängig von der Nahrungsaufnahme wachgeworden, weil er schlecht Luft bekam. Doch das ist zum Glück vorbei.
Auch tagsüber konnte Sinan zu seiner alten Form zurückfinden. Während der Erkältung behielt er zwar seine grundsätzlich gute Laune bei, war jedoch schneller müde als sonst und mußte sich oft bis zum Abendessen hinschleppen. Deshalb bekam er von uns einige wenige Male ein Milchfläschchen am Abend, wenn er

nur wenig oder gar nichts vom Abendbrei essen mochte, weil seine Müdigkeit zu vorrangig war.
Wieder einmal läßt Sinan Canim neue Talente entdecken. Begonnen hat er damit, mein Verhalten zu imitieren. Als ich ihm Küßchen zuwarf, kopierte er mein Verhalten. Völlig süß, wenn er seine kleine Lippen zum Kußmund formt und die entsprechenden Geräusche dazu hören läßt.
Wenn ich meine Augen zu kleinen Schlitzen verschließe und den Kopf schüttle, macht Sinan es mit erkennbarem Spaß nach.
Seit einigen Tagen schnalzt er mit der Zunge. Und an der Entdeckung der Produktion eigener Geräusche hat er seine Freude.
Ungebrochen ist nach wie vor Sinans Lust auf Nähe und Zärtlichkeit zu Sarah und mir. Er schmust für sein Leben gerne und wir sind beinahe immer bereit, uns auf ihn einzulassen.
Auf der anderen Seite traut er es sich mehr und mehr, den Raum zu verlassen, in dem wir uns aufhalten, um die Welt außerhalb unserer Anwesenheit zu entdecken. Und immer wieder können wir beobachten, daß er über längere Zeit in der Lage ist, sich alleine mit seinem Spielzeug zu beschäftigen. Es sind Augenblicke, in denen mir das Herz regelmäßig überläuft vor Liebe und Stolz für unseren kleinen Sohn.
An seinem Laufwagen entdeckte unser Sohn heute wie von Zauberhand einen Nikolaussack. Einen Stiefel konnte er am Vorabend schlecht rausstellen, weil er noch keinen hat. In dem Sack entdeckte er eine weiche Nikolausfigur und eine Kassette mit Weihnachtsliedern für Kinder.

Dienstag, 7. Dezember

Sinan Canim André geht es wieder richtig gut. Mit gewohnter Energie und Lust begegnet er seinem täglichen Leben. Und es ist eine Freude, ihm dabei zuzusehen und zu begleiten.
Verstärkt hat sich sein nachahmendes Verhalten. Wird von uns eines der von ihm favorisierten Geräusche oder Bewegungen gemacht, wiederholt er es sofort. Es ist wie richtige Kommunikation. Und er hat seinen Spaß dabei, lacht und freut sich.
Sinan ist ein kleiner Spaßvogel. Wenn ich mit ihm während des Abendessens Blödsinn mache, läßt er sich unglaublich gerne darauf ein und macht mit.
Wir alle genießen den Spaß miteinander und es ist toll, miteinander zu lachen. Sinan hat es besonders gerne, wenn wir zusammen fröhlich sind.
Manchmal denke ich, daß ich dem Jungen nicht so viel Unsinn beibringen sollte, aber ernsthafter möchte ich ihn nicht erziehen. Zum Leben gehört der Spaß dazu. Nur auf das Maß kommt es an.

Während andere Kinder in seinem Alter damit begonnen haben zu winken, wenn man ihnen zuwinkt, hat es Sinan mit den nachahmenden Geräuschen. Zum Winken konnten wir Sinan bisher nur in geringem Maße motivieren.
Eigentlich wird es langsam Zeit, daß unser Sohn anfängt zu gehen. Seine Vorbereitungsphase dauert schon eine Weile an. Aber scheinbar konnte er bislang nicht die Menge Mut finden, die notwendig ist, um sich von den haltgebenden Gegenständen loszulassen. Dennoch verstärkt sich dabei seine Selbständigkeit, immer häufiger steht er wie zufällig frei und scheinbar ohne es zu bemerken. Auch saß er neulich eine Weile in der Hocke auf dem Teppich. Eigentlich hätte er nur aufstehen müssen....
Sarah konnte beobachten, daß in Sinan Canim die Kletterlust wächst. Sie hat ihn dabei gesehen, wie er begann, auf meinen Nachttisch zu klettern.
Noch immer bedenkt Sinan Canim Sarah und mich mit seinen liebevollen und nassen Liebesbekundungen. Allerdings konnte er es sich bisher nicht abgewöhnen, dabei das eine oder andere Mal kräftig zuzubeißen.
Unser Schatz meint es nicht böse, ganz sicher nicht, aber manchmal beißt er so kräftig zu, daß es mehr als nur ein bißchen schmerzt. Es tut verdammt weh, wenn Sinan uns mit seinen kleinen, aber wirkungsvollen Mausezähnen in die Wange, in den Hals oder, wie heute bei mir, in die Augenbraue beißt.
Seit Mitte August bin ich zuhause gewesen. Sinan, Sarah und ich sind es nicht mehr gewohnt, über eine längere Zeit voneinander getrennt zu sein.
Als ich nachmittags für einige Stunden unterwegs war und zurück nach Hause kam, begrüßte mich unser süßer Sohn freudig erregt. Wirklich ein bißchen gezittert hat er beim Wiedersehen, selbst nach dieser kurzen Zeit.
Sollte ich die Stelle im Behindertenheim bekommen, erste Anzeichen sprechen dafür, wird es für uns drei zu einer ziemlich großen Umstellung kommen. Vorbei wird die Zeit sein, in der wir sehr viel Zeit miteinander verbringen konnten. Dann muß die Zeit, die bleibt, um so intensiver genutzt werden.

Samstag, 11. Dezember

Die vergangenen Tage sind ohne besondere Vorkommnisse verlaufen. Sinan Canim André konnte seine erste richtige Erkältung überwinden und zu seiner altbekannten, energiegeladenen Form zurückfinden. Er hält uns wie üblich auf Trab.
Weil Sarah und ich bei Sinans nächtlichem Milchgenuß mehr an Gewöhnung als an wirklichen Hunger glauben, haben wir einen Versuch gestartet.
Nach und nach werden wir die Menge des Milchpulvers reduzieren. Wir wollen feststellen, ob Sinan nicht in der Lage ist, sich die Einverleibung vom mindestens drei Fläschchen pro Nacht abzugewöhnen.

Wir gehen davon aus, daß es an der Zeit wäre, daß unser süßer Schatz die ganze Nacht oder zumindest den größten Teil der Nacht durchschläft. Alt genug wäre er inzwischen dafür mit Sicherheit.
Vielleicht gelingt uns der Versuch. Geht er in die Hose, geben wir ihm gerne weiterhin die Fläschchen, die er von uns haben will.
Am 9. Dezember hatte Sinans Bruder Fabian Geburtstag. 11 Jahre ist der Junge alt geworden und heute waren wir eingeladen. Kurz zuvor hatten wir Fabian wunschgemäß einen Fußball gekauft. Scheinbar ganz neugierig hatte er unseren Besuch erwartet.
Es war ein angenehmer Besuch. Von Mal zu Mal lockert sich die Atmosphäre. Heute genoß es Fabian, über eine längere Zeit mit Sarah Karten zu spielen.
Auffällig bleibt, wie unmöglich der Verbleib von Fabian bei Oma und Opa in unseren Augen und nach unserem Gefühl für diese Familie ist. Oft genug habe ich in der Vergangenheit darüber geschrieben.
In der vergangenen Woche hatte ich Gelegenheit, mit Petra Jürgens vom Jugendamt über unseren Sorgen in Bezug auf Fabian und seine Großmutter zu sprechen. Sie hat es im Grunde bestätigt, was Sarah und ich uns vorgenommen hatten.
Ein Gespräch wird notwendig sein, in dem wir bzw. ich Oma Klara unsere Sorge um sie und Fabian mitteilen werde. Es wäre gut, wenn ein innerer Prozeß begonnen werden könnte, in dessen Verlauf Oma Klara spürt, daß sie in ihrem Alter nicht mehr in der Lage sein muß, sich um ein Kind zu kümmern. Sie hat wirklich ihr Lebenswerk erfüllt und sollte sich nach unserer Einschätzung nur noch auf ihre Rolle als Großmutter konzentrieren.
Und Fabian hat ein Anrecht auf gesunde Eltern bzw. Pflegeeltern, die in der Lage sind, ihm das Wasser zu reichen. Bei aller Liebe und Nähe benötigt der Junge ganz klare Strukturen und eine kindgerechte Erziehung.
Ich werde Oma Klara in den nächsten Tagen anrufen und mich zu einem Zeitpunkt mit ihr allein verabreden, damit ich in aller Ruhe mit ihr über unsere Gedanken und Sorgen reden kann.
Wie so oft, hat Sinan Canim auch beim heutigen Besuch die Familie durch seine besondere Art um den Finger gewickelt. Man kann ihm nur schlecht widerstehen. Oma Klara hat sich in der Beziehung weiterentwickelt, daß sie inzwischen in Bezug auf Sinan von Sarah und mir von Mama und Papa spricht. Bis vor kurzer Zeit kamen ihre diese Worte nicht über die Lippen. Verständlicherweise. Aber sie hat einen Schritt getan.
Vermutlich wird es nicht mehr gelingen, aber eigentlich haben wir uns vorgenommen, uns noch einmal vor dem Weihnachtsfest zu sehen. Allerdings sind es nur noch zwei Wochen bis Heilig Abend und die Zeit vergeht wie im Fluge. Aber schön wäre es schon.
Von Petra Jürgens haben wir vor einigen Tagen den Namen und die Telefonnummer der Familie bekommen, in der Sinans Halbschwester Julia seit ihrem vierten Lebensmonat lebt. Am 14. November ist Julia 6 Jahre alt geworden. In

den nächsten Tagen werden wir die Familie Dübel anrufen und uns möglicherweise zu einem Treffen verabreden. Sie wohnen auch in Lehringen, aber in einem anderen Stadtteil.
Petra Jürgens konnte nicht sagen, wie Julia reagieren würde, wenn sie erführe, daß sie noch einen kleinen Bruder hat. Sollte es zu einem Treffen mit der Familie kommen, muß das Kind nicht zwangsläufig mit dieser Realität konfrontiert werden. Sicher können wir eine Legende finden und benutzen, um das Kind vor einer möglichen Überforderung zu bewahren.
Immerhin ist Familie Dübel im Besitz eines Fotos von Sinans biologischem Vater Günther Strumpfe. Wir selbst sind gespannt darauf, wie dieser Mann aussieht und für Sinan wird es später wichtig werden, zumindest eine Aufnahme seines Erzeugers zu haben.
Natürlich können wir zum jetzigen Zeitpunkt nicht einschätzen, welches Maß an Kontakt zu Familie Dübel entsteht, aber es besteht die Chance und die Wahrscheinlichkeit, daß sich unsere Familie im weiteren Kreis durch unseren süßen Sohn vergrößert. Warum nicht. Theoretisch kann für Sinan eine große Schwester ebenso wichtig werden wie sein Bruder Fabian.
Im Personenregister des Einwohnermeldeamtes will Frau Jürgens nach den Namen und Geburtsdaten der weiteren Halbgeschwister von Sinan Canim André forschen. Außer Julia soll es angeblich noch drei weitere, teilweise längst erwachsene, Halbgeschwister geben.
Günther Strumpfe war einmal verheiratet. Mit der Frau seines ersten Kindes. Geheiratet hat er die Mütter der weiteren Kinder nicht.
Frau Jürgens sagte noch einmal, daß er sich stets psychisch labile Frauen ausgesucht hat und die Wunschvorstellung einer eigenen Familie durch sein Suchtproblem und durch die persönlichen Schwierigkeiten der Frauen, mit denen er die weiteren Kinder gezeugt hat, nie realisieren konnte.
Julia beispielsweise ist, nach Petra Jürgens' Angaben, das Kind einer ganz jungen, sehr hübschen Rumänin, die durch ihre psychischen Probleme nicht in der Lage war, sich um das Kind adäquat zu kümmern.
Trotz des jungen Alters von Julia sollen sich nach der Aufnahme bei Familie Dübel, die zwei weitere, etwas ältere Kinder haben, Verhaltensauffälligkeiten gezeigt haben. Erzählt wurde mir von einen distanzierten Verhalten des Kindes gegenüber der Pflegemutter in der Anfangszeit und dem Unwillen in Bezug auf körperlichen Kontakt und von Angst gegenüber Wasser ganz allgemein.
Alleine schon diese beiden Angaben zu den Auffälligkeiten sprechen Bände und sagen einiges darüber aus, was Julia in ihrem jungen Leben erlebt haben muß. Vieles bleibt dabei im Bereich der Phantasie bzw. Spekulation, aber gruselig können die Vorstellungen, die vor meinem inneren Auge auftauchen, schon sein, wenn ich mir vorstelle, was dieses Mädchen erlebt haben könnte.
Wir sind gespannt darauf, wie sich der Erstkontakt und ein möglicher weiterer Kontakt zu der Familie entwickeln wird. Eine angenehme Chance für uns und für

die Kinder kann es schon werden. Zunächst muß natürlich das erste Telefonat abgewartet werden.

Dienstag, 14. Dezember

Von weißer Weihnacht scheinen wir momentan weit entfernt zu sein. Es ist zwar kalt, aber die Sonne scheint.
Am Sonntag waren wir drei in Millich. Die alljährliche Aufnahme des Familienfotos als Geschenk für Frieda und Anton stand an.
Für Sinan Canim war dieser Tag bereits wie Weihnachten, auf eine derart intensive Art in die Familie eingebettet zu sein und von allen, insbesondere von den Kindern, betüttelt zu werden.
Gerade der Kontakt und die Nähe zu Imke stand für ihn im Vordergrund. Nur zu gerne ließ er sich von Imke durch die Gegend tragen und verbrachte lange Zeit bei ihr auf dem Schoß bzw. in ihrer Nähe. Auf ihre liebevolle Art ist es Imke gelungen, zu Sinan Canim eine besondere Beziehung aufzubauen.
Für unseren süßen Sohn war es ein erlebnisreicher Tag.
Das abendlichen Zubettbringen gestaltet sich zur Zeit wieder schwierig. Trotz großer Müdigkeit kann Sinan nicht loslassen und selbst wenn alles im gewohnten Ritual verlaufen ist, er sich kurz vor Eintritt ins Reich der Träume befindet, legt er oft noch mal los.
Er schreit und weint, daß sich die Balken biegen, wir uns zwischen Verzweiflung, Ratlosigkeit und anfänglicher Wut bewegen. Bei seinen Aktionen können wir uns nach wie vor des Eindrucks nicht erwehren, daß er uns noch immer austestet. Am liebsten hätte es Sinan Canim, wenn wir ihn langsam und zärtlich in den Schlaf wiegen würden. Da wir es nicht wollen, löst es eine nicht unerhebliche Trotzreaktion aus.
Gesteigert hat es Sinan inzwischen auf die Nacht. Nach dem Genuß des zweiten Fläschchens in der zweiten Nachthälfte kam es in den letzten Tagen zu dem gleichen Verhalten.
Es zerrt an unseren Nerven, können wir es doch kaum ertragen, Sinan für eine etwas längere Zeit schreien und weinen zu lassen. Gestern hatte er die Spitze erreicht. Erst gegen 20.30 Uhr kam er zur Ruhe und in der Nacht gegen 4.00 Uhr wiederholte sich seine Trotzattacke.
Gestern hatten Sinan und ich nach längerer Zeit wieder einen Tag für uns alleine. Und es war ein sehr schöner Tag. Zuerst dachte ich, die Zeit würde nie vergehen und ich könnte Sinan nicht viel bieten über den ganzen Tag. Aber die Zeit verlief mit großem Tempo. Nach dem Mittagessen waren wir für längere Zeit spazieren. Zum ersten Mal seit drei Tagen, weil es zu Abwechslung nicht regnete.
Gerade der Nachmittag war von einer unglaublichen Zärtlichkeit und Nähe geprägt. Sehr lange saß Sinan bei mir auf dem Schoß, hielt seinen kleinen Kopf an

meinen und schmuste genußvoll mit mir. Großen Spaß machte es ihm (und mir), wenn er mir lange mit weit geöffneten Augen ganz nahe vor meinem Gesicht in die Augen schaute.
Nebenher hatten wir Weihnachtsmusik laufen und genossen die Nähe zueinander, von der Sinan scheinbar gar nicht lassen wollte. Solche intensiven und lange andauernden Momente sind nicht häufig bei unserem neugierigen kleinen Sohn.
Zwischendurch fragte Sinan Canim scheinbar deutlich immer wieder nach Sarah und war abends ganz aus dem Häuschen, als sie zurückkam.
Diesen Tag werde ich bestimmt nie vergessen.
Als mich die zärtliche Nähe zu unserem Sohn so richtig rührte, sah er mich sehr aufmerksam an und kuschelte sich an meinen Hals.
Tatsächlich kennen wir jetzt den Grund für das monatelange Schweigen von Frau Sülzmeyer vom Jugendamt in Witzkirchen.
Am Montag rief ihr vertretender Kollege an, um zu sagen, daß sie bereits seit längerer Zeit erkrankt sei und auch in nächster Zukunft die Arbeit nicht wieder aufnehmen wird. Also hat vielleicht ihr Schweigen gar nicht viel mit unserer damaligen Ablehnung von Marcel und Tobias zu tun.
Der Mitarbeiter des Jugendamtes Witzkirchen fragte allen Ernstes, ob wir ein weiteres Kind aufnehmen würden. Mir schlug das Herz bis zum Hals. Allerdings handelte es sich um ein fünfzehn Monate altes Kind. Die Mutter hatte darum gebeten, daß das Kind außerhalb von Witzkirchen in einer Pflegefamilie untergebracht wird. Aus welchem Grund, weiß ich nicht.
Alleine aufgrund des Alters habe ich ohne weitere, in diesem Fall nicht notwendige Rücksprache mit Sarah, dieses Kind bzw. ein weiteres Gespräch über dieses Kind abgelehnt, weil es älter ist als Sinan. Für uns ist und bleibt es die oberste Voraussetzung, daß ein weiteres Kind in jedem Fall jünger sein muß als unser Schatz. Sonst würde unser Plan für unsere Familie, nach dem wir viele Dinge an Sinan messen werden, nicht aufgehen.
Deutlich zeigt dieses Gespräch aber, wie leicht wir an ein weiteres Kind kommen können, nach dem wir bereits ein Kind als Pflegekind aufgenommen haben. Wären wir in unserer Vorstellung, unserem Lebensplan, nicht so klar, würden wir uns jetzt vielleicht schon im Gespräch über die Aufnahme eines weiteren Kindes befinden.
Eigenartig bleibt es. Wenn dieser Kollege von Frau Sülzmeyer die entsprechende Korrespondenz gelesen hat, die wir an das dortige Jugendamt geschickt hatten, muß er darüber informiert gewesen sein, daß ein älteres Kind für uns nicht in Betracht kommt. Aber scheinbar gilt noch immer der Satz: *Wir können es ja mal versuchen, vielleicht werden die Leute weich, wenn wir sie fragen.*
Schon damals kam es uns so vor, als würden unsere Angaben und geäußerten Wünsche und Bedürfnisse nicht gehört bzw. wahrgenommen werden.

Vereinbart haben wir, daß wir weiterhin für die Aufnahme eines Kindes zur Verfügung stehen, unsere Unterlagen dort verbleiben und im Bedarfsfalle zur Verfügung stehen.
Ganz klar ist es Sarah und mir, daß wir in einem wirklichen Vermittlungsfall durch dieses Jugendamt aufpassen müssen, wie dort mit uns umgegangen wird, wenn es um ein konkretes Kind gehen sollte, daß vom Alter in unseren Plan passen könnte.
Sarah und ich haben in der Zwischenzeit öfter darüber gesprochen, wie es theoretisch, ohne weitere Kenntnisse der Problematik des fünfzehn Monate alten Kindes, sein bzw. hätte werden können, wenn wir eine Aufnahme in Betracht gezogen hätten. Klar ist uns, daß die Wahrscheinlichkeit in einem solchen Fall bestanden hätte, Sinan Canim einen unverhältnismäßig hohen Preis für ein älteres Geschwisterkind abzuverlangen. Und daß das völlig undenkbar wäre für uns, ihm anzutun, ist sonnenklar.
So, wie wir das Jugendamt Witzkirchen kennengelernt haben, hätten wir wahrscheinlich nach deren Ansinnen, Weihnachten schon mit zwei Kindern unterm Tannenbaum sitzen können, was wir trotz der Kürze der Zeit nicht ausgeschlossen hätten, wäre das Alter ein anderes gewesen.
Sinan kann gut und gerne seinen ersten Geburtstag hinter sich bringen und noch als *Einzelkind* feiern. Die Konfrontation mit einer Schwester oder einem Bruder wird für ihn noch früh genug kommen, so sehr wie wir daran interessiert sind, weitere Kinder aufzunehmen.
Sinan haben wir seit kurzem eine abendliche nackte Spielphase in seinem Zimmer bei aufgedrehter Heizung eingeräumt. Entstanden ist es, weil unser Schatz sich im Grunde nie völlig unbekleidet bewegen kann.
Oft hat es bisher nicht stattgefunden, aber erkennbar ist, wie sehr er es genießt, sich im warmen und gut beheizten Kinderzimmer unbekleidet zu bewegen.
Davon unabhängig hoffen wir, daß die Luft an seinem im Moment sehr wunden Popo dazu beitragen kann, daß die Rötung verschwindet. Aus diesem Grund wurde er heute abend, nachdem er kurz vor dem Abendessen die Windel erfolgreich gefüllt hatte, nicht mehr gewickelt, bevor es später ins Bett ging.
Es müssen neue Gefühlsmomente für Sinan Canim sein, einen freien Popo zu spüren. Er hat mir zwar später, als ich ihn auf dem Arm hielt und wir im Badezimmer nach dem Essen das Gesicht und die Hände gewaschen haben, in die Hand gepinkelt und war anschließend sehr unglücklich, weil der Urin am Hintern brannte, aber dennoch wird er die Befreiung sehr genießen, wenn er nicht mehr wund ist.
Auffällig ist, daß Sinan im nackten Zustand besonders gut ein paar Schritte völlig frei zwischen Sarah und mir zurücklegen kann.
Verwunderlich ist es nicht, denn auf diese Weise kann er sich frei von der Kleidung besonders gut auf den Bewegungsablauf konzentrieren und spüren, wie der Bewegungsapparat seines Körper funktioniert.

Normalerweise traut es sich unser Sohn nicht zu, frei zu gehen. Obwohl er in der kurzen Zeit seines jungen Lebens so viel erreichen konnte und sonst so gut entwickelt und überaus mutig ist, fehlt ihm für das freie Gehen noch immer die richtige Traute. Aber schließlich hat er viel Zeit zur Verfügung und lange dauern kann es nicht mehr. Auf uns wirkt es immer wieder so, als würde Sinan Canim im allernächsten Moment von den Gegenständen loslassen und frei gehen und dabei einen Eindruck auf uns machen, als hätte er nie etwas anderes getan.
Am heutigen Abend habe ich zum ersten Mal mit Petra Dübel telefoniert, der Pflegemutter von Sinans Halbschwester Julia. Es war ein nettes Gespräch und ich glaube, daß der Kontakt zu dieser Familie spannend werden kann.
Frau Dübel war aufgeschlossen und neugierig, erzählte von Julia und ihren Erfahrungen und fragte einige Dinge über Sinan.
Zunächst haben wir verabredet, daß sie uns das Foto vom biologischen Vater unserer Kinder zum Kopieren zuschickt und wir uns im Januar zu einem Besuch treffen werden. Aufregend, eine Schwester unseres Sohnes zu entdecken.
Verabredet haben wir, daß wir, wenn wir uns sehen, es vor den Kindern nicht öffentlich machen werden, daß es sich bei ihnen um Geschwister handelt, denn es wäre eine Überforderung für Julia. Zumindest im Moment.
Aus diesem Grund werden wir uns der Legende bedienen, daß wir eine weitere Pflegefamilie sind.
Gemeinsam haben Sarah und ich die Weihnachtskrippe zusammengebaut, die wir gekauft hatten. Mit Kind gehört für uns zum Weihnachtsfest ab diesem Jahr eine Krippe, die erste, die ich je besessen habe, dazu.
Sinan wird bestimmt genau hinschauen, wenn er den neuen, unbekannten Stall mit den Mensch- und Tierfiguren entdeckt. Es ist schön und gibt ein gutes Gefühl, Sinan Canim mit den Bestandteilen unserer Traditionen Stück für Stück bekannt und vertraut zu machen.
Dieses Weihnachtsfest und dieses Silvester werden zu etwas ganz besonderem werden. Durch den Eintritt ins Jahr 2000 und vor allem, weil wir die Festtage zum ersten Mal gemeinsam mit unserem Sohn feiern werden.
Nach dem Jahreswechsel dauert es nicht mehr lange und unser Schatz wird seinen 1. Geburtstag feiern. Unglaublich, wie schnell die Zeit vergangen ist, seit wir Sinan zum ersten Mal gesehen haben. Es kommt mir vor, als wäre es erst in der vergangenen Woche gewesen, trotzdem wir auf der anderen Seite schon viel miteinander erlebt haben in der Zeit, seit er bei uns ist. Und es war immer alles andere als langweilig mit ihm.

Mittwoch, 15. Dezember

Auch in der vergangenen Nacht hat unser kleiner Hase ein ziemliches Theater veranstaltet, nachdem ich ihm die zweite Flasche gegen 3.00 Uhr gegeben hatte.

Allerdings war der Grund für seine Unruhe nicht seine Schuld, sondern meine. Während des Trinkens drückte Sinan Canim André derart heftig in die Windel, daß ich dachte, einen plätschernden Durchfall gehört und gespürt zu haben. Sinan hatte zwar Stuhlgang, aber glücklicherweise keinen Durchfall. Vor dem Wickeln hatte ich Sarah geweckt, um mit der möglicherweise folgenden Situation nicht alleine zu sein.
Unser Sohn wunderte sich, mitten in der Nacht von uns beiden versorgt zu werden und wie er so vergnügt und durch unsere Anwesenheit beglückt vor mir auf der Wickelkommode lag, hätte ich ihn herzen und küssen können.
Anschließend war nicht daran zu denken, das Sinan Canim ohne weiteres wieder in den Schlaf kommt.
Geweint und geschrien hat er auf die schon bekannte Art und Weise. Nachts klingen seine Klagelaute natürlich extremer, wenn alles um uns herum ruhig ist. Wieder einmal war es Sarah, der es gelang, Sinan in den Schlaf zu bringen. Das bloße Auflegen der Hand auf seinen kleinen Popo brachte ihn zur Ruhe. Sarah sagt, er muß nur den sanften Druck auf dem Körper spüren.
Es fällt uns ansonsten sehr schwer, Sinan schreien zu lassen, wenn er seinen trotzenden Zauber mit uns veranstaltet.
Weil es uns schwer fällt, Sinan einige Zeit schreien zu lassen, damit es ihm gelingt, seine Trotzattacken zu überwinden, stehen wir meistens nach einer Minute oder weniger an seinem Bett. Selbst diese kurze Zeit kommt uns unendlich lange vor.
Jetzt liegt es an uns, diese kurze Phase etwas zu verlängern. Fünf Minuten erscheint uns das Maximum zu sein. Sinan ist oft so müde, daß er nach einer solchen Attakke im Stehen umzufallen droht.
Das Durchsetzen unseres konsequenten Verhaltens liegt an uns. Gäbe es einen Schalter, den man umlegen könnte, damit das belastende Gefühl verschwindet in solchen Momenten, wenn Sinan abends schreit und den Aufstand probt, würden wir ihn benutzen. In diesen Situationen werden wir eindeutig vom schlechten Gewissen gelenkt.

Donnerstag, 16. Dezember

Sanft schläft Sinan Canim seinen erholsamen Schlaf. Es ist jetzt gegen 1.00 Uhr und gerade habe ich unserem Sohn das erste Nachtfläschchen gegeben. Dafür, daß es ihm immer noch nicht gelingt, die Nacht ohne Mahlzeit, sei es nun Hunger oder Gewöhnung, zu überstehen und durchzuschlafen, ist es ein Achtungserfolg. Auch an diesem Abend konnte Sinan nicht ohne unsere Nähe einschlafen. Er war zwar hundemüde, aber als wir sein Zimmer verließen, setzte sein inzwischen von uns schon gefürchtetes Schreien ein. Selbst nach drei Minuten in diesem Zustand

kam Sinan Canim nicht alleine zur Ruhe. Erst meine Anwesenheit und die sanfte Berührung ließen ihn ruhig werden und einschlafen. Ein fauler Kompromiß. Sinans nächtliches Weinen im Anschluß an die Flaschenmahlzeit hat sich dadurch erheblich verringern lassen, daß ich ihn nach der Verköstigung einen kurzen Moment auf meinem Schoß liegen lasse und er wieder ins Land der Babyträume hinübergleitet. Schlafend lege ich ihn in sein Bett zurück.
Noch ohne Sorge, aber mit Wachsamkeit, beobachten Sarah und ich im Moment den häufigen Stuhlgang unseres Schatzes. Von Durchfall kann man nicht sprechen, aber die Festigkeit und der Geruch sind anders als sonst. Gerade in Bezug auf Darm- und Verdauungssachen sind wir zwangsläufig vorsichtig geworden. Sinan Canims Popo ist leider noch sehr gerötet. Trotz einer zwischenzeitlichen Besserung war er abends wieder sehr wund.
Allerdings geht es Sinan überhaupt nicht schlecht. Wie gewohnt ist er das bekannt vergnügte, wache und aufmerksame Kind, das sich seiner Umgebung neugierig und aufgeschlossen nähert und erobert.
Apropos: Schon seit längerer Zeit schätze ich Sinans Aufmerksamkeit und Wachheit für die Dinge, die um ihn herum sind bzw. vor sich gehen, sehr. Aufgefallen ist es mir in den letzten Tagen besonders, wie sehr ein weiteres Mal diese Klarheit und Wachheit zugenommen hat. Wirklich phantastisch, solche Dinge zu beobachten und wahrzunehmen.
Während des gestrigen Besuchs von Anja ist mir klargeworden, daß Oma Klara in Bezug auf die Zukunftsperspektiven von Fabian möglicherweise Wunschgedanken hegt, die mit uns in Zusammenhang stehen könnten. Vielleicht erhofft sie sich, daß wir Sinans Bruder eines Tages zu uns nehmen werden.
Völlig undenkbar wären solche Gedanken für sie bestimmt nicht, spüren wir doch, wie gern sie uns mittlerweile hat, wir sehr sie es akzeptiert, daß Sinan bei uns ist und wie deutlich sie es schätzt, daß wir ihn wie ein eigenes Kindes angenommen haben und behandeln.
Die Lebenssituation von Fabian und seinen Großeltern finde ich immer problematischer und die Tatsache, daß sich nichts tut, keine Stelle irgend etwas in die Wege leitet oder zumindest öffentlich anspricht, erlebe ich als tragisch. Dadurch wird die ganze Situation nur dramatischer, denn es ist wirklich abzusehen, daß Fabians Verbleib bei Oma Klara und Opa Robert keine großartige Perspektive hat.
Am kommenden Montag werde ich vormittags zu Oma Klara fahren und mit ihr ein Gespräch über diese Dinge zu führen versuchen. Mein Anliegen ist es zwar auch, weitere Daten der Familie zu erfragen, um nach und nach die weißen Flecke auf Sinans Stammbaum auf Seiten seiner Herkunftsfamilie füllen zu können, aber das vorrangige Thema wird sein, über sie selbst und Fabian zu sprechen.
Ob Oma Klara irgendwelche Wünsche oder Phantasien hat, was Fabian und uns betrifft, wissen wir im Moment nicht. Auch wenn es denkbar geworden ist, muß es nicht so sein. Vielleicht gelingt es mir, es in dem Gespräch mit ihr herauszufinden.

Wichtig ist für Sarah und für mich, daß wir überhaupt etwas tun und Oma Klara als ersten Schritt unsere Sorgen mitteilen. Gerne sind wir ihr bei der Suche nach Möglichkeiten und Alternativen behilflich, aber zunächst geht es darum, Oma Klara von außen ein Stück weit die Augen dafür zu öffnen, was sie selbst, wie ich glaube, schon längst erkannt hat.
Signale in reichlicher Menge, daß sie gar nicht mehr in der Lage ist, sich um Fabian zu kümmern, gibt sie uns gegenüber immer wieder und in erheblichen Maße an. Schwer wird es für mich sein, ihr zu sagen, daß Sarah und ich keine Chance sehen, Fabian bei uns aufzunehmen. Schwer wird es dann, falls es tatsächlich ein Anliegen von Oma Klara sein sollte. Wir werden es sehen.
Die abendlichen Aktionen, während denen wir Sinan Canim nackt in seinem Zimmer spielen lassen, haben sich inzwischen ritualisiert. Und Sinan hat schnell großen Spaß daran gefunden. Nackt nimmt er seine Mobilität deutlicher wahr und nutzt sie zu gerne. Es fällt ihm unglaublich leicht, einige Schritte selbständig zwischen Sarah und mir zurückzulegen.
Zum letzten Mal traf sich die Kindergruppe in Sangerath. Der Kurs ist beendet. Vielleicht bleiben ein paar Kontakte erhalten. Weiterhin wird Sinan mit Sarah zu der Gruppe montags nach Bergisch Altkirchen gehen.
Sinan bekam die erste Einladung seines Lebens zu einem Kindergeburtstag. Im Januar ist er mit Sarah zu Vincent eingeladen.
Allerdings gehört Vincents Mutter zu der Fraktion, die meinen, daß Kinder ohne Anlaß alles bekommen, was sie brauchen und deshalb ihrem Sohn zum ersten und wahrscheinlich zum zweiten Geburtstag nichts schenken will. Diese Mutter hat zu Sarah gesagt, daß sie im Januar kein Geschenk für ihren Sohn mitbringen soll.
Man kann darüber denken, wie man will und jeder muß wissen, wie er seine Kinder erzieht. Für uns wäre ein solches Verhalten völlig undenkbar. Dennoch hat es für uns bzw. für Sinan Canim die Konsequenz, daß er dem anderen Kind nichts schenken darf, weil die Mutter es nicht will.
Es wird Sinan nicht schaden, aber unser Interesse ist es selbstverständlich auch, daß Sinan lernt, daß man nach unserer Vorstellung ein Geschenk oder eine kleine Aufmerksamkeit mitbringt, wenn man eingeladen ist. So sind unsere Wertvorstellungen.

Freitag, 17. Dezember

Es wird an dem leicht stürmischen Wetter liegen, daß Sinan Canim André nach dem ersten Fläschchen vor zwei Stunden unruhiger ist als sonst.
Entgegen der Planung hatte Sarah heute morgen den Besuch in dem Kindergarten, in dem sie zuletzt gearbeitet hatte, abgesagt und statt dessen einen Termin beim Kinderarzt vereinbart. Eine gute Entscheidung.

Noch immer hat Sinan Canim Durchfall. Nicht mehr und nicht weniger. Außer diesem ungewöhnlichen Stuhlgang ist unser süßer Sohn fit wie ein Turnschuh, zeigt seine gewohnte Energie und schlägt jeden Tag neue Kapriolen.
Glücklicherweise konnte Sarah mit Sinan gleich mittags zum Kinderarzt kommen. Ansonsten hätte es uns womöglich am Wochenende kalt erwischt und dann wäre der Weg in die Kinderambulanz unumgänglich gewesen.
Aus welchem Grund Sinan Durchfall hat, konnte der Kinderarzt nicht sagen, verschrieb ein Glucosezeug, das wir in Wasser einzumengen und Sinan zu geben haben, damit er trotz des Flüssigkeitsverlusts die notwendigen Inhaltsstoffe erhält, die sein kleiner Körper momentan zu schnell von sich gibt.
Und es schmeckt ihm ausgezeichnet, ist es doch ein süßes, eben glukosehaltiges, Getränk.
Aber wie gesagt, ansonsten ist Sinan gesund und scheint durch den Durchfall in seiner Bewegungs- und Lebensfreude nicht beeinträchtigt zu sein.
Natürlich wollen wir zusehen, daß Sinan bald wieder zu einem normalen Stuhlgang kommt. Deshalb haben wir ihm Salzstangen angeboten, an denen er ein geknabbert hat. Außerdem hat er bananenhaltige Speisen bekommen und gegessen.
Allerdings ißt unser Schatz nach wie vor keine reinen Bananen. Als wenn es ihn in der Intensität des Geschmacks zu sehr an die Nahrung erinnert, die er im Sommer nach der Darmoperation in der Kinderklinik bekommen hatte.
Die einzige Reaktion auf den Durchfall ist der nach wie vor gerötete Popo, aber selbst der ist nicht mehr ganz so wund.
Hoffentlich hat Sinan den Durchfall bald überstanden. In seinem kleinen Bauch gluckert es, wie der Arzt bei der Untersuchung hören konnte, aber ansonsten fühlt er sich ganz weich an und ist ohne Verhärtungen. Gerade das ist besonders wichtig für uns zu wissen.
Besonders ich neige bei Darmgeschichten von Sinan etwas zu Überreaktionen, die nicht sein müßten, aber es erinnert mich viel zu sehr an das Schockerlebnis der Darminvagination.
Die abendliche Spielphase im Kinderzimmer hat Sinan wieder einmal sehr gut gefallen. Er war total guter Laune und hat regelrecht Purzelbäume vor Freude und Übermut geschlagen. Es war schön zu sehen, welchen Spaß unser kleiner Junge daran hatte.
Gerne sind Sarah und ich abends gemeinsam bei Sinan in seinem aufgeheizten Zimmer, wenn er sich nackt im Schutz der Decken durch die Gegend trollt. Und er hat, so scheint es zumindest, daran seinen Spaß.
Zeitweise stand die Entdeckung seines Penis im Vordergrund. Etwas mehr als sonst spielte er daran herum.
Wir halten es für sehr wichtig, daß Sinan Canim sein Geschlechtsteil kennenlernt, erfährt, wie es sich anfühlt, spürt, daß er seinen Penis kneten und langziehen

kann, wenn er es möchte. Die Grenzen und Möglichkeiten der Belastbarkeit merkt er selbst.
Gerade im nackten Spiel kann er solche Selbsterfahrungen gut machen. Die Momente während des Wickelns sind dafür eindeutig zu kurz und im Vorgang zu technisch. Wenn er ordentlich in die Windel gemacht hat, muß man ihn manchmal davon abhalten, an seinem Penis zu spielen, weil er sonst mit den Händen in den Stuhlgang faßt. Und der Weg mit den Händen in den Mund ist nicht weit.
Manchmal erfährt man im Nachhinein, daß man richtig und gut gehandelt hat.
Wir haben jetzt davon gelesen, daß es ein Kind zu einem geduldigen Menschen macht, wenn man es als Baby nie lange warten läßt, wenn es aus irgendeinem Grund nach Nähe und Versorgung schreit bzw. sich aus diesem Grund bemerkbar macht.
Stets haben wir uns bemüht und tun es immer noch, Sinan nicht lange auf uns warten zu lassen.
Durch unsere Grundhaltung kam es nicht in Frage, Sinan einer längeren Wartezeit auszusetzen. Dabei stand für uns allerdings eher die damit verbundene vertrauensbildende Maßnahme im Vordergrund. Daß es einen weiteren Effekt hat und dazu beiträgt, daß Sinan dadurch die Chance hat, ein geduldiger Mensch zu werden, ist angenehm.
Noch ist es Theorie, zwar gut vorstellbar, aber nicht durch die eigene Erfahrung mit unserem Jungen bewiesen. Vielleicht erinnere ich mich später daran, wenn ich feststelle, ob Sinan Geduld hat oder nicht.
Bei meiner Ungeduld, die sich im Laufe der Jahre etwas verringern konnte, läßt es den Schluß zu, daß ich vermutlich lange auf meine Mutter warten mußte, wenn ich sie rief.
Nach wie vor zeigt uns Sinan Canim seine Liebe, Zuneigung und seine Lust auf starke Nähe dadurch, daß er seinen Mund weit öffnet und uns regelrecht abküßt. Dabei ist es ihm scheinbar egal, ob er den Mund von uns trifft, oder die Wange, die Nase, oder was auch immer.
Und auffällig ist die Ausgewogenheit, mit der er Sarah und mich im gleichen Maße mit seinen feuchten Liebkosungen bedenkt.
Bisher biß er dabei fast immer zu, gerne auch kräftig, für ihn ein Hochgenuß, für uns oft sehr schmerzvoll.
Jetzt haben wir festgestellt, daß Sinan bei seinen Liebesbekundungen deutlich vorsichtiger und sanfter geworden ist. Er beißt nicht mehr oft zu, sondern zieht die Lippen über seine kleine Zähne, bevor es zu einem seiner *Angriffe* kommt.
Thomas Wolf hat, während wir uns durch das naßkalte Dezemberwetter schlugen, bei uns auf den Anrufbeantworter gesprochen, um sich nach unserem Befinden zu erkundigen, haben wir doch bereits einige Zeit nichts mehr voneinander gehört.
Ich hatte den Plan, ihn auf jeden Fall vor Weihnachten anzurufen. Zunächst möchte ich das Gespräch mit Oma Klara am Montag abwarten und anschließend mit ihm telefonieren. Sehr wahrscheinlich ergeben sich beim Gespräch mit Oma

Klara Aspekte, die ich auch mit Thomas Wolf besprochen bzw. reflektiert haben möchte.
Als Anja uns vor einigen Tagen besucht hatte, sprachen wir auch über den Tod ihres Vaters. Er ist erst vor kurzer Zeit verstorben.
Anja ist ebenfalls ein Adoptivkind und weil es mich aus reiner Neugierde beschäftigt hatte, habe ich sie im Verlauf des Gesprächs gefragt, ob es für sie einen Unterschied macht und ob sie mehr trauert, weil sie diesem Mann natürlich wie ihrer Mutter (also Adoptivmutter) viel zu verdanken hat.
Hat sie nicht bzw. tut sie nicht und natürlich nur so weit, wie sie es beurteilen kann, ist ihre Traurigkeit über den Verlust ebenso, als wenn der Mann ihr leiblicher Vater gewesen wäre.
Selbstverständlich ist es so, könnte man denken. Weshalb sollte es einen Unterschied geben? Dennoch hätte es aber sein können. Doch Anja hat ihre neuen Eltern genauso früh kennengelernt wie Sinan Canim uns. Für ihn wird es zu einer Selbstverständlichkeit werden, daß nur wir seine Eltern sind, auch wenn er von einem anderen Paar gezeugt und von einer anderen Frau zur Welt gebracht wurde.
Sinan Canim Andrés Geschenke zum ersten Weihnachtsfest stehen fest. *Offiziell* bekommt er Heilig Abend bei der Bescherung von uns eine Menge weicher Bausteine geschenkt, von denen er bereits ein paar im Adventskalender hatte. Außerdem bekommt er eine Holzente auf Rädern, ein Buch mit Kunststoffspiegel und eine Bibofigur mit Rettungsring für die Badewanne.
Wir könnten ihm noch weitere Geschenke machen. Weitere Geschenke, weil wir mehr hätten für ihn und weil uns mehr einfallen würde. Aber mit diesen Geschenken hat er mit Sicherheit genug zu tun, auszupacken und kennenzulernen. Alleine sein Spaß am Befühlen des Papiers wird für ihn eine Wonne sein.
Bei der Taufe konnten wir es gut beobachten, daß die Menge der liebevoll ausgedachten und eingepackten Geschenke für unseren Sohn im Grunde zu viel gewesen ist. Irgendwann ließ sein Interesse am Auspacken nach bzw. er war einfach überfordert von der Menge der Sachen. Kam er doch nebenbei nicht mehr zur Bewegung und zum Kennenlernen der Dinge.
Wir gehen davon aus, daß wir eine gute Wahl getroffen haben und Sinan auf seine Art seinen Spaß haben wird.
Außerdem haben wir die Situation Heilig Abend im Griff und sie kann von uns gesteuert werden. Immerhin begehen wir diesen besonderen Abend unter uns und in diesem Jahr zum ersten Mal mit unserem tollen, kleinen Sohn.
Erst am 1. Weihnachtsfeiertag trifft sich der innere Kreis der Familie. Dabei geht es bestimmt heiß her bei sieben Kindern und acht Erwachsenen.
Und wie für Sarah und mich ist es für sie alle das erste gemeinsame Weihnachten mit Sinan Canim. Für Sarahs Eltern, ihre Geschwister und unsere Nichten und Neffen wird es eine große gefühlsmäßige Bedeutung haben, weil Sinan zu uns allen gehört. Denn sie alle haben den kleinen Jungen in ihr Herz geschlossen.

Das traditionelle Geschenk für Sarahs Eltern, das Familienfoto, ist in Auftrag gegeben, nachdem wir am vergangenen Sonntag eine Menge Aufnahmen in Millich gemacht hatten.
Aus den angefertigten Portraits wird ein kleines Fotobuch. So können es die Großeltern bei sich haben, wenn sie unterwegs sind.
Sinan hatte seinen besonderen Spaß, als ich ihm das Fotobuch gezeigt und zu jedem Bild den Namen der abgebildeten Person gesagt habe. Daraus ist bei uns der Gedanke entstanden, für Sinan auch so ein Fotobuch zu seiner freien Spielverfügung anzufertigen.
Das kommt bestimmt gut bei ihm an und wird im Laufe der Zeit immer mehr an Bedeutung für ihn gewinnen. In das Fotobuch gehören auch Aufnahmen seiner Oma Klara, Fabian und Opa Robert hinein.
Ich freue mich darauf, dieses Büchlein für unseren süßen Schatz anzufertigen.
Gleich wird mich Sinan Canim André sicher zur zweiten Nachtflasche rufen. Ich bin gespannt, wie es ihm bekommt und ob ich Geräusche aus seiner Windel vernehmen werde. Natürlich hoffe ich, daß ich plätschernden Töne nicht hören muß.
Viele spannende Dinge geschehen in unserem Leben durch Sinan. Und es ist klasse, daß durch ihn so viel Lebendigkeit bei uns herrscht.
Auch wenn uns dieser kleine Kerl manchmal ganz schön schaffen kann, ist es ein wunderbares Leben mit ihm.
Spannend sind die Dinge, die seine Entwicklung betreffen, aber auch die Sachen, die die Familie betreffen, die Reaktionen und Gefühle, die Angelegenheiten um Oma Klara, die Vorfreude auf die Festtage, seine Halbschwester Julia und nicht zuletzt ebenso die Konfrontation mit den eigenen Gefühlen, die durch das Zusammenleben mit Sinan Canim ganz automatisch hervorgerufen werden.
Langweilig wird das Leben mit unserem kleinen Sohn bestimmt nicht. Da können wir uns sicher sein.

Dienstag, 21. Dezember

Wenige Tage nach der letzten Eintragung habe ich das Gefühl, mich ranhalten zu müssen, um den aktuellen Ablauf der Geschehnisse nicht aus dem Blick zu verlieren.
In der Nacht zum Montag habe ich kurz nach Mitternacht Sarahs Eltern vom Flughafen Schwölln abgeholt. Während ihres Aufenthaltes auf Gran Canaria haben sie dort bereits unseren Urlaub im Mai 2000 vorbereitet, die Zimmer reservieren lassen und mit dem Hotelmanager gesprochen.
Bevor Frieda und Anton nachmittags zu uns kamen und sich darauf gefreut hatten, Sinan Canim André zu sehen und seine neuesten Entwicklungserfolge zu bestaunen, hatte ich vormittags eine Verabredung mit Oma Klara.

Es war ein nicht sehr einfaches Gespräch für mich und für sie. Für mich, weil ich sie mit den Sorgen, die Sarah und ich uns um Fabian und um sie machen konfrontiert habe. Für Oma Klara war das Gespräch nicht einfach, weil sie zwar mein Anliegen verstanden hat, sich aber den Realitäten nicht stellen wollte.
Versucht habe ich ihr klarzumachen, daß wir uns Sorgen um ihre Gesundheit machen, weil sie in ihrem Alter den Alltagsstreß durch Fabians Erziehung und Versorgung auf sich nimmt und wir den Eindruck haben, daß sie sich damit überfordert.
Gesagt habe ich ihr ebenfalls, daß wir uns Sorgen um Fabian machen, weil wir davon ausgehen, daß sie dem Jungen nicht die Erziehung, die Strukturen, Grenzen und Klarheiten bieten kann, die er nötig hat und daß es von ihr in ihrem Alter nicht mehr zu erwarten ist bzw. sie es sich nicht mehr antun muß, diese schwierige Aufgabe auf sich zu nehmen.
Allerdings gelang es ihr nicht, vor mir und vor sich so ehrlich zu sein, wie sie es in anderen Situationen manches Mal war, wenn sie ihren wahren Gefühlen und dem Zustand der eigenen Überforderung nahe gewesen ist.
Sie geht oberflächlich davon aus, daß sie in ihrem Alter und bei ihrem nicht zum besten stehenden Gesundheitszustand einfach funktionieren muß, um Fabian ein Zuhause zu bieten. Vom Herzen her ist es zu verstehen, daß sie als nächste, übriggebliebene Familienangehörige diesen Anspruch an sich stellt. Es fällt ihr schwer, die unübersehbaren Realitäten zu erkennen.
Es ist die Frage, ob ihre Einschätzung der Wirklichkeit entspricht, wenn sie sagt, daß sich Fabian nach ihrer Einschätzung nicht ein weiteres Mal auf neue, gesunde Eltern einlassen könnte, nachdem, was der Junge erlebt hat. Dennoch kann dieser Gedanke auch dem egoistischen, wenngleich nachvollziehbaren, Grund entspringen, daß sie sich nicht auch dieses Kindes beraubt sehen will.
Nach dem Eindruck, den Sarah und ich inzwischen von Oma Klara gewonnen haben, ist nicht alles, bei aller Herzlichkeit, die sie besitzt, als Selbstlosigkeit zu sehen. So altruistisch ist sie nicht und wäre wahrscheinlich ein zu großer menschlicher Anspruch.
Schnell konnte ich merken, daß ich an dieser Stelle nicht viel bewegen konnte. Dennoch hat sie mir versprochen, darüber weiter nachzudenken und sich für den Fall, daß sich bei ihr neue Gedanken dazu ergeben, melden will.
Allerdings scheint die Oma, zumindest oberflächlich, nicht davon auszugehen, daß Fabian eines Tages bei uns ein neues Zuhause finden wird. Natürlich läßt es sich nicht beurteilen oder wahrnehmen, welche unterbewußten Wünsche in Oma Klara schlummern.
Die übrige Zeit meines gut zweistündigen Besuchs habe ich dafür genutzt, um einige weiße Flecken in den Daten der Familie Schmidt-Osten mit Angaben zu füllen. Darüber spricht die Oma gerne und zeigt trotz der Zerstreutheit, die sie an den Tag legt, ein sehr gutes Erinnerungsvermögen. Es ist bei ihr wie bei vielen älteren

209

Leuten. Sie lebt mehr in den Erlebnissen und Erfahrungen früher Jahre, selbst wenn diese Jahre nicht zu den besten Zeiten gezählt haben.
Durch die weiteren Angaben kann ich Sinans Stammbaum zumindest in den Eckdaten weitgehend abschließen und habe einige neue Geschichten aus dem früheren Leben der Familie gehört.
Beispielsweise wußte ich bisher nicht, daß Oma Klara 1929 selbst als uneheliches Kind geboren wurde und daß die beiden Ehen ihrer Mutter, die erst 1990 im Alter von 82 Jahren verstarb, nicht besonders glücklich verlaufen sind.
Erzählt hat Oma Klara, daß Fabian sehr stolz auf seinen kleinen Bruder ist. Ein Foto, daß wir ihr von Sinan mitgebracht und das die Oma eingerahmt auf dem Wohnzimmerschrank stehen hatte, hat Fabian an sich genommen und voller Stolz in der Schule präsentiert. Gegenüber seinem Lehrer soll er von Sinan André geschwärmt haben. Diese Entwicklung finden wir gut. Schließlich hätten Fabians Empfindungen für unserem Schatz nach dem Tod der Mutter auch in die ganz andere Richtungen gehen können.
Zum Abschied gab sie mir einige Weihnachtsgeschenke für Sinan André und für Sarah und mich mit auf den Weg. Weitere Fotos von Beate Loeser hatte sie in der Zwischenzeit ebenfalls gefunden und mir zum duplizieren mitgegeben.
Mit Thomas Wolf vom Jugendamt habe ich über eine Stunde telefoniert.
Er erzählte davon, daß er gestern abend völlig überraschend Günther Strumpfe, Sinans leiblichen Vater, im *Flöhbuscher Hof* getroffen hatte. Thomas Wolf wollte ein Bierchen schlabbern, als er hinter sich jemanden sagen hörte: „*Da ist der Typ vom Jugendamt, der mir damals meine Tochter weggenommen hat.*"
Günther Strumpfe, völlig betrunken und verzweifelt, unterhielt mit seinem lautstarken Gespräch mit Thomas Wolf für einige Zeit die ganze Gaststätte.
Dem Sozialarbeiter war es zunächst peinlich, wie sich Günther Strumpfe benahm, verspürte aber nach seinen Schilderungen auch Bedauern mit diesem Mann, der sich durch die Sucht und durch Zerstörungstendenzen das eigene Leben auf eine so massive Weise kaputtgemacht hat. Herr Strumpfe soll seinen wahren Gefühlen sehr nahe gewesen sein und Thomas Wolf hat ihn zu einem Gespräch ins Jugendamt eingeladen.
Aber ob der Mann am Morgen nach der Begegnung noch etwas von dem Zusammentreffen weiß, kann man nicht sagen. Zu wünschen wäre es ihm, daß es zu dem Gespräch im Jugendamt kommt. Vielleicht gelingt es den Leuten dort, etwas im Inneren des Mannes aufzuräumen.
Übrigens soll Günther Strumpfe inzwischen wieder bei seiner Mutter in Flöhbusch wohnen und nicht mehr in seiner eigenen Wohnung in Miesdorf.
Während des gesamten Gesprächs, das ich mit Thomas Wolf führte, kam er immer wieder auf Sinans biologischen Vater zurück. So sehr hatte die Begegnung auf ihn gewirkt.
Ende Januar 2000 will Thomas Wolf nach längerer Zeit zu uns zu einem Hausbesuch kommen. Zuvor sehen wir uns beim Pflegeelterntreffen.

Auch habe ich ihm von dem Telefonat mit Herrn Schröder vom Jugendamt in Witzkirchen erzählt. Nach Thomas Wolf Einschätzung war dessen Hauptmotivation nicht, uns die Hintergründe über das Schweigen von Frau Sülzmeyer zu erklären, sondern der Versuch, das fünfzehn Monate alte Kind bei uns unterzubringen. Im Übrigen war Thomas Wolf erstaunt bis schockiert über die Verhaltensweisen des Jugendamtes Witzkirchen und vermutet wesentlichen Erfolgsdruck bei der Unterbringung von Pflege- und Adoptivkindern aus Kostengründen, ist doch das Pflegegeld verglichen mit den Kosten für eine stationäre Unterbringung sehr viel niedriger. Geschockt war er über die Rücksichtslosigkeit, mit der das Jugendamt dort über unsere sehr deutlich gemachten Wünsche in Bezug auf das Alter eines weiteren Kindes hinweggeht.
Sarah und ich teilen die Bedenken im Hinblick auf eine Kooperation mit den Witzkirchenern. Wir wissen, wie vorsichtig wir mit denen umgehen müssen. Allerdings spielt es bei Thomas Wolf sicher eine Rolle, daß er uns für seine Vermittlungsarbeit behalten will, die wir bestimmt vorziehen würden.
Während des Gesprächs über ein zweites Kind sagte er mir, daß sich bestimmt im nächsten Jahr eine weitere Vermittlung eines jüngeren Kindes ergeben wird, auch wenn sich so junge Kinder *nicht sehr oft im Angebot befinden.*
Nach wie vor ist es die Wunschvorstellung von Sarah und mir: Sinan kann gerne noch etwas älter werden (gestern ist er zehn Monate alt geworden) bis ein weiteres Kind zu uns kommt und alles, was sich im Laufe des vor uns liegenden Jahres ergibt, ist eine genauere Betrachtung und Überlegung wert.
Was allerdings nicht bedeutet, daß wir ein junges Kind ablehnen würden, ob aus Lehringen oder Witzkirchen, wenn es uns ohne große Fragen an die Zukunftsperspektive zur Adoptionsaufnahme angeboten werden würde.
Sarah und ich gehen davon aus, daß es sehr positiv für unseren süßen Sohn wäre, wenn ein Geschwisterkind hinzukommen würde. Je jünger Sinan bei der Aufnahme des weiteren Kindes sein kann, um so leichter wird es ihm fallen, das Kind zu akzeptieren. Wie selbstverständlich könnte er in die Situation und in seine neue Rolle als großer Bruder hineinwachsen.
Frieda und Anton haben wir von dem Angebot des fünfzehn Monate alten Kindes aus Witzkirchen erzählt. Sie finden unsere Ablehnung richtig. Auch sie messen die Sache an Sinan, ihrem großen kleinen Schatz, sehen aber ebenso, zu welcher Belastung es für Sarah und mich geführt hätte. Wie wir gehen sie davon aus, daß die möglichen Schwierigkeiten mit einem solchen Kind in der Konstellation mit uns drei gar nicht zu überschauen gewesen wären.
Sinan Canim André macht wieder riesige Fortschritte. Allerdings schreit er beinahe jede Nacht, weil er nach dem Genuß des zweiten Fläschchens viel zu wach wird. Sein Durchfall hat sich deutlich verbessert und seine Lust und sein Können in Bezug auf das freie Gehen und das gezielte Sprechen sind klasse.
Schon länger ist *Mamamamamama* oder die kürzere Form *Mamamama* oder die ganz kurze Form *Mama* zu seinen sprachlichen Favoriten geworden. Zwar spricht

er die Worte auch vor sich hin, aber auch sehr gezielt, wenn er sich an Sarah wendet. Wir gehen davon aus, daß er sie konkret damit meint.
Die Möglichkeiten und die Betrachtung seines freien Gehens sind uns insbesondere durch die abendlichen Spielsituationen in Sinans Zimmer aufgefallen. Es bleibt nicht dabei, daß er sich zwischen uns, wenn wir den Anstoß dazu gegen, bewegt. Auch aus eigenem Antrieb geht er los und macht einige völlig freie und selbständige Schritte.
Weil es häufig wie bei so vielen Dingen eine Entwicklung ist, ein schleichender Prozeß, haben wir uns entschieden, es im Datum auf Mitte Dezember zu fixieren, daß Sinan Canim mit den ersten freien Schritten und dem gezielten Aussprechen von Mama begonnen hat.
Zu beobachten ist, daß unser kleiner Junge seit einiger Zeit wesentlich öfter in der sitzenden Körperhaltung zu sehen ist als früher. Meistens krabbelt er einige Meter durch die Wohnung, setzt sich für einen Moment auf den Popo und krabbelt anschließend weiter.
Wahrzunehmen, wie Sinan zu laufen und zu sprechen beginnt, erfüllt uns mit großem Stolz. Wie so oft sind wir sehr glücklich, daß sich unser Sohn gesund entwickelt hat, wie es anfangs alle gehofft haben, wofür aber niemand eine Garantie hätte übernehmen können. Alles, was geschieht, ist wie eine zusätzliche Bestätigung.
Wenn ich sehe, wie selbstverständlich Sinan seine Füße voreinander setzt und die freien Schritte ohne Schwierigkeiten bewältigt, habe ich ein mulmiges Gefühl im Magen. Ich bin selbst ganz aufgeregt und mein Herz schlägt Purzelbäume, wenn ich ihn so sehe.
Auch braucht Sinan kaum noch Hilfe oder Unterstützung bei den Gehversuchen. Oft genug ist unsere schutzgebende Hand in seiner Nähe, wissen wir doch nicht genau, wie gut er bremsen kann und wohin ihn seine Schritte führen. Vor zu heftigen, ungewollten Stürzen, beispielsweise gegen die Heizung, wollen wir ihn schützen.
Doch dazu wäre es nicht gekommen. Sinan ist, wenn er eine Pause einlegen und sich nicht weiter fortbewegen will, bereits gut in der Lage, seinen Fall nach vorne selbst mit den Armen abzufangen. Sinan Canim ist unser kleiner Held.
Sarah hat heute unsere Weihnachtsgeschenke für Sinan eingepackt. Morgen, zwei Tage vor Heilig Abend, werden wir unseren Weihnachtsbaum kaufen gehen, der am Tag der Bescherung geschmückt werden wird.
Auch die letzten Einkäufe werden wir morgen erledigen, damit wir uns nicht am letzten Tag vor dem langen Wochenende ins Getümmel stürzen müssen.
Das Essen Heilig Abend werden wir ohne großen Aufwand in der Vorbereitung betreiben, weil dieses Weihnachtsfest die Prämiere mit unserem kleinen Sohn ist und wir möglichst viel Zeit gemeinsam mit ihm verbringen wollen. Schließlich werden wir mit Sinan vor der Bescherung am Nachmittag auf Frischlufttour gehen, damit er ausgeruht seine neuen Erfahrungen machen kann.

Mit Sarah und zum ersten Mal mit Sinan Canim das Weihnachtsfest zu erleben, ist ein unglaubliches Geschenk. Die Größe dieser Dimension ist kaum zu fassen und ich bin vor Aufregung ganz kribbelig.
Besonders mit meiner kleinen Familie habe ich das Leben lieben gelernt und ich freue mich sehr auf alles, was es für uns bereithalten wird. Mit Optimismus gehe ich mit Sarah und unserem tollen Sohn in das neue Jahrtausend.

Donnerstag, 23. Dezember

Heilig Abend kann kommen. Wir sind bereit. Und aufgeregt, das erste Weihnachtsfest gemeinsam mit unserem kleinen Sohn zu erleben.
Wie es zu erwarten war, bin ich bereits jetzt meinen Gefühlen sehr nahe. In der Vorfreude bin ich leicht zu rühren.
Gestern haben wir unseren Weihnachtsbaum ausgesucht und nach Hause geholt, eine Nacht in der Garage stehen lassen und anschließend in die Wohnung geholt. Sinan wird staunen, wenn er dieses große grüne, duftende Ungetüm im Wohnzimmer entdeckt.
Die Einkäufe für die Festtage sind erledigt. Sarah wird morgen den Baum schmükken und ich werde mich um das Weihnachtsessen kümmern. Wir haben einen Auflauf geplant, der frühzeitig fertiggestellt werden kann und später nur noch in den Ofen geschoben werden muß.
Sicher wird es durch unsere Unerfahrenheit, wie es ist, mit einem Kind Weihnachten zu feiern, nicht so ruhig, wie wir es gerne hätten, aber wir tun alles dafür.
Geplant hatte ich, meine Schwester anzurufen, wenn alles zur Ruhe gekommen ist. Sie kam mir zuvor und wie so oft haben wir am Telefon geweint.
Sie hat erzählt, daß sie morgen Vormittag zum Grab unserer Eltern gehen wird und ich hätte sie fast gebeten, von mir schöne Grüße auszurichten.
Die neue Nähe, die ich zu Maria verspüre, tut mir gut, auch die Intensität der Telefongespräche. Dinge, die gewesen sind, lassen sich zwar nicht rückgängig machen, aber es herrscht ein gegenseitiges Verzeihen und, was ich lange vermißt habe, ein gegenseitiges und ehrliches Interesse aneinander.
Erst jetzt, im *fortgeschrittenen Alter*, wissen wir zu schätzen, was wir an uns haben bzw. daß wir uns haben. Und das ist gut.
Die Gespräche, zwar nicht häufig, aber regelmäßig, bedeuten mir viel, auch wenn ich anschließend immer ganz aufgelöst bin.
Während ich mit Maria sprach, veranstaltete Sinan Canim wieder sein Schreien und Weinen zur Nacht. Und mit der gewohnten Energie und Intensität, wie bei vielen anderen Dingen auch. Es war unglaublich.
Sarah und ich sind bemüht, Sinan zu vermitteln, daß er mit uns nicht seine Spielchen veranstalten kann, aber weiterhin fällt es uns schwer.

Nur vier Minuten haben wir ihn heute abend schreien lassen, ohne daß wir in dieser kurzen Zeitspanne zu ihm gegangen sind. Währenddessen bin ich tausend grausame Tode gestorben.
Aber es hat gewirkt. Rein äußerlich haben wir uns nicht von seinem Theater um den Finger wickeln lassen und schließlich schlief unser kleiner Sohn vor Erschöpfung ein. Die gesamte Aktion hatte allerdings eine dreiviertel Stunde in Anspruch genommen.
Bei unserer Liebe zu ihm können wir ihm wegen seines Verhaltens nicht böse sein, wir sind nicht enttäuscht. Immerhin spult Sinan das ganz normale Testprogramm eines Kindes ab. Aber nicht nur ihn erschöpft der abendliche Kampf. Uns selbst ebenfalls. Es nervt unglaublich.
Gerade bei der tollen Aussicht, ab morgen das erste gemeinsame Weihnachtsfest als richtige kleine Familie mit Sinan Canim und Sarah zu erleben, macht mich ein weiteres Mal dem Leben gegenüber unwahrscheinlich dankbar.

Freitag, 24. Dezember

Es war ein rundherum schöner Tag, der zwar wieder früh begann, sich aber durch die Schönheit des Lebens mit Sinan Canim André für jede Anstrengung entschuldigte.
Planmäßig schmückte Sarah im Laufe des Vormittags unseren Weihnachtsbaum. Gut war es, daß Sinan beinahe die ganze Zeit über einen ausgedehnten Vormittagsschlaf hielt.
Morgens hatte er den Baum gleich nach dem Betreten des Wohnzimmers wahrgenommen. Der Anblick hatte unserem süßen Schatz ein vernehmbares Lachen entlockt. Der geschmückte Baum gefiel ihm allerdings noch besser, was natürlich kein Wunder ist bei den vielen Glitzersachen, die daran hängen. Er staunte kleine Bauklötze und schon dabei lief mein Herz fast über.
Die Vorbereitung des Auflaufs nahm mehr Zeit in Anspruch, als ich gedacht hatte. Gegen 14.00 Uhr konnte das Essen in den Ofen geschoben werden und auf die spätere Erhitzung warten.
Längst war es an der Zeit, mit Sinan Canim auf Frischlufttour zu gehen.
Die Geschäfte waren endlich geschlossen, die Buden auf dem Weihnachtsmarkt leergeräumt und verlassen. Ruhe war überall eingekehrt und auf mich machte diese Atmosphäre einen beruhigenden Eindruck. Nach der Hektik der Vorweihnachtszeit konnte Entspannung und Stille einkehren.
Sinan tat die Mütze voll Schlaf im Buggy gut. Allerdings konnte er sich erst spät dazu durchringen. Dadurch wurde der Spaziergang länger als geplant. Insgesamt waren wir zwei Stunden unterwegs.
Ausgeruht hatte er zuhause ausgesprochen gute Laune. Nach dem gemeinsamen Kaffeeklatsch spielten Sarah und ich mit ihm zusammen im Kinderzimmer.

Es ist zauberhaft zu erleben, wie sich Sinan immer öfter von sich aus hinstellt und wie selbstverständlich losgeht. Steht er in der Gegend herum, beschäftigt er sich dabei ab und zu mit Spielsachen, hält manchmal sogar in jeder Hand ein Teil und verhält sich dabei, als hätte er nie etwas anderes getan.
Wenn er seine Schritte macht, müssen wir nur wenig auf seine Sicherheit achten. Auf hervorragende Weise ist er selbst in der Lage, sich abzustützen, wenn er das Gleichgewicht verliert. Droht er nach hinten zu fallen, hält er dagegen oder plumpst bequem auf seinen windelgepolsterten kleinen Hintern.
Schön ist, daß er an seiner eigenen Entwicklung großen Spaß hat. Sein Vergnügen daran ist unbeschreiblich.
Zu gerne geht er mit einem von uns an der Hand auf Entdeckungsreise durch die Wohnung. Wollen wir ihn beide an der Hand halten, läßt er eine Hand los. Seine Lieblingshaltung ist es, an einer Hand zu gehen und den Daumen der freien Hand in den Mund zu stecken. Dann kann es losgehen.
Die Bescherung hatten wir anfangs gegen 16.00 Uhr machen wollen. Durch die Verspätung war es kurz vor sechs, was aber den Ablauf und vor allem die Laune unseres kleinen Sohnes in keinster Weise störte.
Nachdem ein Glöckchen geklingelt hatte, gingen wir gemeinsam ins Wohnzimmer. Ich fand es sehr rührend, Sinan Canim zu seiner ersten Bescherung und zu seiner ersten Weihnacht zu bringen.
Es bedeutet uns unglaublich viel und neben dem Stolz über das, was Sinan in den zehn Monaten seines Lebens erreicht hat, ist daran noch etwas altes, kompensatorisches. Endlich lagen nicht nur Geschenke für uns unter dem Tannenbaum, sondern auch welche für unser Kind. Endlich können wir als Familie feiern.
Zielsicher steuerte Sinan Canim seine Geschenke an und erwischte das Spiegelbilderbuch, was alleine gereicht hätte, um ihn zu erfreuen. Daran hatte er Spaß und mehr Geschenke hätten es nicht sein müssen. Es hat gereicht, was wir für ihn ausgesucht hatten.
Abwechselnd packten wir unsere Geschenke aus und trotz Sinans gewohnter Lust, sich über alles aus Papier herzumachen, zu zerlegen und dem Geschmackstest zu unterziehen, war es eine unglaublich schöne und intensive Atmosphäre. Weihnachten mit unserem Kind.
Später saß er mit uns am Tisch, probierte etwas vom Auflauf, zog es dabei vor, von Sarahs Teller zu essen und nicht aus seinem eigenen Schälchen und begehrte bald nach seinem Lieblingsabendbrei.
Auch wenn Sinan die genaue Bewandtnis von Weihnachten nicht verstehen kann, war es deutlich sichtbar, wie genau er die besondere Atmosphäre der gemeinsamen Situation wahrnahm und genoß. Seine süßen Wangen glühten vor Aufregung.

Nächstes Jahr wird es anders aussehen, wenn Sinan kurz vor seinem zweiten Geburtstag steht. Er wird nach und nach immer mehr vom Zauber von Weihnachten verstehen und von den Geschenken und vom Beschenken.
Wie gewohnt wurde Sinan für die Nacht vorbereitet, alles lief im bekannten Rahmen und in der üblichen Ruhe ab.
Er war müde nach einem weiteren, langen Tag und nach seinen aktuellen Erfahrungen, daß er schnell und ohne das bekannte Theater einschlief.
Durch das Leben mit Sinan Canim André fühle ich mich wie noch nie zu Weihnachten beschenkt. Einfach alles ist gut mit ihm.

Samstag, 25. Dezember

Sinan Canim André hat Sarah und mich am Vormittag auf seine unnachahmliche Art reich beschenkt.
Trotzdem er eigentlich reif gewesen wäre für ein Schläfchen, war er ausgesprochen guter Laune. In einer Spielsituation ergab es sich, daß Sinan aus völlig freien Stücken zwischen Sarah und mir hin und her ging. Dabei war er gar nicht zu bremsen. Immer wieder wurde einer der Wege gegangen.
Dabei ließ er sich völlig selbstverständlich vom Wohnzimmertisch los und ging auf mich zu, oft den Daumen dabei im Mund und immer mit einem Lachen, das sein ganzes schönes Gesicht ausfüllte.
Trotz steigender Müdigkeit bekam Sinan von seiner Vorstellung nicht genug. Wie mit scharrenden Füßen nahm er jeden neuen Weg in Angriff.
Plumpste er zwischendurch auf den Po oder verlor er das Gleichgewicht, nahm er es mit Gelassenheit und guter Laune.
Wenig später fiel er doch in seinen wohltuenden Vormittagsschlaf, nachdem er sich im Gehen und nicht nur in den Pausen dazwischen intensiv das kleine Gesicht gerieben hatte.
Nachmittags waren wir in Millich zur Weihnachtsfeier der Familie. Sinan als jüngstes Kind und als neues Mitglied der Familie fand wie erwartet unglaublich viel Aufmerksamkeit.
Wie ein kleiner König stand er im Mittelpunkt und oftmals konnte er sich kaum retten vor den vielen Händen, die ihn berühren wollten. Die Kinder und Erwachsenen staunten ihn an und Sinan Canim staunte zurück. Er gab sich gelassen in dieser Situation.
Bereits kurze Zeit nach unserem Eintreffen ließ er sich nicht lumpen und zeigte ganz selbstverständlich seine neu erworbenen Fähigkeiten.
Als hätte er nie etwas anderes getan, stolzierte er immer wieder Schritt für Schritt durch die Wohnung, ließ sich mal von einem oder mehreren der Kinder oder von einem der Erwachsenen unterhalten.

Insgesamt kennt er ein Fremdeln noch nicht, aber mittlerweile ist ihm die Großfamilie durch sein zunehmendes Bewußtsein sehr gut bekannt. Außerdem hat er es gerne, wenn sich alles um ihn dreht. Langeweile ist ihm in solchen Situationen, wie sonst auch, absolut unbekannt.
Nur Opa Anton kann es schwer ertragen, seinen kleinen Enkel zwar stolz, aber alleine, am niedrigen Tisch stehen zu sehen. Immer wieder nahm er heute Sinan zu sich hoch auf den Schoß. Anton mußte ab und zu darauf hingewiesen werden, daß der kleine Kerl etwas Bewegung braucht und sie sich am liebsten aus eigener Motivation holt.
Des Opas Liebe zu Sinan Canim ist gut zu verstehen, aber ein bewegungsunlustiges Kind, das sich längere Zeit ruhig auf dem Schoß sitzend aufhält, ist unser Sohn wirklich nicht. Lange Phasen des Schmusens legt er nur selten ein und wenn er nicht gerade müde ist, schon gar nicht.
Sinan ist eher der Typ für die Momente der kleinen Zärtlichkeiten zwischendurch und nebenbei.
Als siebtes Enkelkind wurde Sinan von Frieda und Anton auf die gleiche Weise beschenkt wie die sechs anderen Enkelkinder. Jedes Kind bekam DM 250,- geschenkt. Nicht schlecht. Sinans Barvermögen ist damit schon auf DM 450,- gestiegen und es wird Zeit, daß wir für ihn ein Sparbuch anlegen.
Auch von der übrigen Familie wurde unser süßer Schatz reich beschenkt und es gab mehr als genug für ihn.
In seinem jungen Alter müssen es wirklich Momente der Reizüberflutung sein.
Er spürt die besondere Atmosphäre, die vielen Leute, die er in der Mehrzahl nur relativ selten sieht, sind um ihn herum, es gibt Geschenke, die in attraktives Papier eingewickelt sind und dazwischen hat er immer noch Lust, Fuß vor Fuß zu setzen.
Kein Wunder, daß er abends, als wir gegen 18.00 Uhr den Heimweg antraten, völlig müde war und bereits vor der Abfahrt eingeschlafen war.
Sarah und ich vermuteten, daß er nach dem Abendessen beim Zubettgehen wieder Schwierigkeiten machen und durch den vorgezogenen Schlaf im Auto nicht die richtige Bettschwere erreicht würde.
Wieder versetzte er uns in Erstaunen. Ohne Probleme blieb Sinan ruhig und schlief schnell ein, ganz so, als hätte er seine Testversuche mit uns nie veranstaltet.
Immer wieder stellen Sarah und ich fest, wie schade es ist, daß wir nicht näher bei ihren Geschwistern und deren Familien wohnen. Gerade der soziale Kontakt zu ihnen würde uns dreien gut tun. Dabei denken wir vorrangig an Sinan und haben dabei die Vorstellung, wie schön es wäre, wenn er von seinen Cousinen und Cousins intensiver durch seine Kindheit begleitet würde.
Bei der Entfernung zwischen Pattberg und Millich ist ein spontanes Treffen nicht möglich. Wir hoffen, daß sich auf die eine oder andere Weise die Gelegenheit ergibt, näher zur Familie zu kommen. Das wäre schon klasse.

Montag, 27. Dezember

Weil die Phasen in Sinan Canims Leben in den allermeisten Fällen von Erfolgen und sehr guter Laune geprägt sind, ist es zwischenzeitlich schwierig geworden, die richtigen, den Glückzustand beschreibenden, Worte zu finden, die noch nicht gebraucht worden sind, wenn sich etwas Neues ereignet hat.
Bei der Vielzahl der Erfolgsmeldungen in Sinans Entwicklung droht es ansonsten abgedroschen zu klingen.
Seit Weihnachten ist Sinan in der Stimmung, Sarah und mich reich zu beschenken.
Nicht nur seine Fähigkeiten, sich ohne Hilfe und Abstützen selbständig gehend durch die Wohnung zu bewegen, nehmen täglich in deutlichen Schritten zu, auch hat er die gesamte vergangene Nacht von 19.30 Uhr bis 6.30 Uhr durchgeschlafen und in dieser Nacht sieht es danach aus, als würde es ihm erneut gelingen. Aber die Nacht ist nicht vor dem Morgen zu loben.
Beinahe umgehauen hat es uns, daß Sinan Canim letzte Nacht so gut schlafen konnte. Äußere Umstände, die es auf welche Art und Weise auch immer angedeutet hätten, daß dieser Schritt bzw. diese Erfahrung bevorsteht, gab es nicht.
Ohne Schwierigkeiten legt Sinan seit dem 1. Weihnachtsfeiertag größere Strecken mit einer fast unheimlichen Selbstverständlichkeit zurück. Gegenstände oder uns in wechselnden Situationen braucht er nur, um sich in den aufrechten Stand hochzuziehen.
In diesen drei Tagen nach dem großen Durchbruch hat sich so vieles getan, daß wir zusehen können, mit welcher Geschwindigkeit Sinan diesen Schritt angeht und seine motorischen Fertigkeiten Stück für Stück verfeinert.
Hatte er am 1. Weihnachtsfeiertag bloß eine größere Strecke zwischen Sarah und mir zurückgelegt, durchquerte er heute ganze Räume und mit kleinen Unterbrechungen die gesamte Wohnung.
Zu gerne legt er seine Wege mit dem Daumen im Mund zurück. Auch richtige Bewegungen, um sein Gleichgewicht auszubalancieren, sind deutlich zu beobachten. Und es gelingt ihm eindeutig gut, gegen den Gleichgewichtsverlust anzukämpfen.
Wir sind ungeheuer stolz auf unseren süßen Sohn. Wie so häufig in seiner gesamten bisherigen Entwicklung macht es den Eindruck, als würde sich Sinan nach wie vor auf so deutliche Weise ins Zeug legen, um alle unsere alten Sorgen zu zerstreuen, die wir uns anfangs um seine Gesundheit gemacht hatten. So wirkt es zumindest. Möglicherweise arbeitet er eine unbewußte Wahrnehmung ab.
Nach diesen Erfolgen haben Sarah und ich uns dazu entschlossen, die ersten Schuhe für unseren Schatz zu kaufen und diesen Entschluß in die Tat umgesetzt. Sinan besitzt jetzt also Schuhe.

Natürlich ist es für ihn noch ein ungewohntes, belastendes Gefühl, die für ihn schweren Teile an seinen Füßen zu haben, aber immerhin sind wir gerüstet und können ihn nach und nach daran gewöhnen.
Wenn er weitere Stabilität erreicht hat, können wir mit ihm die ersten Schritte draußen machen. Wir sind uns sicher, daß es Sinan gut gefallen wird.
Außerdem nehmen wir wahr, daß Sinan Canim nach der Bewältigung der Entwicklung zum freien Gehen mit sich allein wieder zufriedener ist, wenn er mit seinen Sachen spielt. Bis vor kurzer Zeit hatte er kein besonders großes Interesse an seinem Spielzeug und konnte es nicht ertragen, wenn einer von uns von seiner Seite gewichen war.
Richtig schlecht gelaunt war Sinan nie über eine auffallend längere Phase, aber quengelig. Das unsichtbare Band zwischen ihm und uns mußte sehr eng sein. Dabei hat sich eine Entspannung entwickelt und legt die Vermutung eines Zusammenhangs nahe.
Sinan ist für uns wie ein offenes Buch und seine Entwicklung, alle Schritte und Erfolge aufmerksam zu verfolgen, macht uns sehr froh und glücklich. Schließlich hätte alles ganz anders kommen können, ohne daß wir uns darüber auf dem Hintergrund seiner Geburtsgeschichte gewundert hätten.
Innerhalb der Familie, insbesondere mit Sarahs Eltern, haben wir in der jüngsten Vergangenheit häufiger über das Aufnahmeangebot eines fünfzehn Monate alten Kindes durch das Witzkirchener Jugendamtes gesprochen. Ohne Ausnahme sind alle überzeugt, daß unsere klare Ablehnung dieses viel zu alten Kindes richtig gewesen ist.
Erst gestern hatte Sarahs Vater wieder gesagt, daß er gleich an Sinan und die für ihn daraus entstehenden negativen Konsequenzen gedacht habe, als er von dem Anruf aus Witzkirchen gehört hatte.
Natürlich bleibt bei aller Wahrscheinlichkeit der anzunehmenden Konsequenzen vieles hypothetisch. Egal, wie alt Sinan bei der Aufnahme eines wunschgemäß jüngeren Kindes sein wird, muß er ein bißchen Platz machen und Zeit, die wir jetzt ohne Einschränkung für ihn haben, muß er mit dem neuen Kind teilen.
Alleine dieser Umstand wird ein Stück Entwicklung zu seiner persönlichen Reife bedeuten, wenn es dazu an der Zeit ist. Weil wir nur ein jüngeres Kind aufnehmen werden, bleibt sein Vorteil des Älteren erhalten. Diesen Platz wird er nicht freimachen müssen und nach wie vor sind Sarah und ich sehr überzeugt von unserer Grundhaltung und von der Richtigkeit unserer Entscheidung.
Man mag davon halten, was man will, aber tief in mir habe ich das deutliche Gefühl, daß es nicht mehr lange dauern wird, bis uns ein jüngeres Kind für die Aufnahme in unsere Familie angeboten wird.
Heute war es der dritte Abend, an dem Sinan kein Theater beim Zubettbringen gemacht hat. Allerdings ist es immer noch die Frage, ob es nicht mehr an seiner großen Müdigkeit liegt, die ihm die Kraft nimmt, seine Tests mit uns fortzuführen

oder ob es ein tatsächlicher Erziehungserfolg durch unsere Haltung ist. Mit Spannung erwarten wir den Verlauf der vor uns liegenden Abende.
Nicht nur Schuhe hat unser süßer Schatz bekommen. Auch ein eigenes Sparkonto. Sarah hat es auf ihren Namen eingerichtet, allerdings mit dem Vermerk: „Sinan André". Wenn wir ihn formal adoptiert haben und in den Besitz einer Geburtsurkunde gekommen sind, werden wir es auf seinen Namen umschreiben lassen.
Hätten wir es von Anfang an auf seinen Namen laufen lassen wollen, hätten wir das Jugendamt nicht nur um eine Geburtsurkunde bitten müssen. Das Jugendamt hätte als regulärer Vormund unseres Sohnes einer Sparkontoeröffnung zustimmen müssen. Vielleicht sogar das Vormundschaftsgericht.
Außerdem ist es allgemein und im Zusammenhang mit der noch laufenden Vaterschaftsklage gegen Herrn Strumpfe nicht verkehrt, wenn Sinan in seinem nichtadoptierten Zustand weiterhin offiziell als *arm* gilt. Ist Sinan von Sarah und mir adoptiert, gilt er vor den Gesetz nicht mehr als arm.
Mit großen Schritten gehen wir jetzt auf den Jahreswechsel zu. Und es wird dieselbe Bedeutung für uns haben, wie Weihnachten gemeinsam zu erleben.
Gleich werde ich ins Bett gehen und habe im Grunde meines Herzens nicht die Befürchtung, daß sich Sinan in dieser Nacht noch zur Flasche melden wird (toi, toi, toi....) Ich gehe davon aus, daß er auch diese Nacht durchschlafen wird.

31. Dezember

Leider blieb es bei dieser einzigen, von Sinan Canim durchgeschlafenen Nacht. In der weiteren Folge hatten wir zwar erhofft, daß von jetzt an der Knoten geplatzt ist, aber unser süßer Sohn meldete sich wieder zum Nachtmahl.
Allerdings blieb es meistens bei einem Fläschchen pro Nacht und selbst das ist ein Fortschritt, ist es doch nicht sehr lange her, daß er drei Fläschchen brauchte.
Bei allen schönen und positiven Dingen, die das Leben mit Sinan ausmachen und die er erreicht hat, kann ich gut damit umgehen, wenn er nachts diese Form der Aufmerksamkeit möchte. Bei allem, was hätte sein können und nicht eingetreten ist, wirkt es auf mich wie eine Kleinigkeit.
Insgesamt verliefen die vergangenen Tagen relativ gleichförmig, nach dem geringen Maß der Unruhe durch Weihnachten in den für Sinan Canim gewohnten Abläufen und Ritualen.
Mittwoch war Tina, Sinans Patin, zum traditionellen Weihnachtsessengehen bei uns. Sie hatte sich nachmittags auf eine so liebevolle Art und Weise mit unserem Sohn beschäftigt, daß es mich nicht gewundert hätte, wenn Sinans Ohren rot geglüht hätten. Sehr lange Zeit, ungewöhnlich lange, blieb er bei ihr sitzen und gemeinsam sahen sie sich ein Buch an.

Gestern hatten Sarah und ich das vereinbarte Gespräch mit Frau Ostrowski vom ASD in Augetal. Sinan hatten wir zu Frieda und Anton gebracht.
Es war ein gutes Gespräch und hat bei uns das Gefühl der Verantwortung für Fabians Schicksal aus dem Weg geräumt. Wie wir gemerkt haben, ist Frau Ostrowski über die inneren und äußeren Verhältnisse von Fabian gut informiert und hält Kontakt zu ihm und zu Oma Klara.
Bisher wußten wir nicht, in welchem Maße die behördliche Stelle überhaupt informiert ist über die Verhältnisse. Fabians Lebenstragik wird sich nicht verringern, er wird seine Wunden und Narben mit sich weitertragen, aber es ist jemand da, der eingreifen wird, wenn es notwendig ist. Uns hat es Erleichterung verschafft. Wir sind nicht für diesen Jungen verantwortlich.
Nachmittags waren wir bei Anja und Christoph eingeladen. Wie es so oft der Fall ist, wickelte unser Sohn auch die beiden schnell um den Finger.
Gespannt bin ich, ob und in wie weit Sinan auf die lauteste Nacht des Jahres reagieren wird.
Möglich ist es, daß er von der Knallerei aufwacht. Ebenso möglich ist es, daß er völlig unbeeindruckt weiterschläft. Wundern würde es uns nicht.
Es ist ein schönes Gefühl, mit Sarah und Sinan in das Jahr 2000 zu gehen. Im letzten Jahr des ausgehenden Jahrhunderts sind wir sehr beschenkt worden.
Es ist wirklich klasse, alles, was passiert und geschehen wird, als Familie zu erleben. Ein gutes Gefühl.

Samstag, 1. Januar

Wir sind drin. Seit 2 Stunden befinden wir uns im Jahr 2000. Unglaublich, dieser Jahreswechsel.
Das befürchtete Jahr-2000-Problem ist ausgeblieben, es gab bei uns keine Stromausfälle und wie man sehen kann, funktioniert auch der Computer noch.
Sinan hatte sich zwanzig Minuten vor Mitternacht geräuschvoll gemeldet, schlief aber ohne Probleme weiter. Erst im neuen Jahr war es schließlich an der Zeit für sein erstes Milchfläschchen des Jahrhunderts.
Bei geschlossenem Fenster verschlief unser süßer Sohn die lauteste Nacht des Jahres. Von der Knallerei zeigte er sich überhaupt nicht beeindruckt. Das war gut so. Und es knallte in unserer Umgebung schon gewaltig.
Ebenso wie Weihnachten berührt mich Silvester sehr. Es ist etwas unbeschreiblich tolles, diese besonderen Feiertage mit Sarah und Sinan Canim zu erleben. Alles hat eine viel größere und intensivere emotionale Bedeutung bekommen, weil wir jetzt eine richtige Familie sind.
Und nach wie vor freue ich mich auf alle Dinge, die vor uns liegen. 2000 wird sicher wieder, ebenso wie 1999, ein besonderes und spannendes Jahr werden, weil Sarah und ich jetzt Eltern sind und Sinan Canim unser Sohn geworden ist. Wirk-

lich beinahe mit jeder Faser seines kleinen Körpers ist er unser eigener Sohn geworden.
Sehr gespannt bin ich darauf, wie dieses Jahr verlaufen wird. Mit Sicherheit wird es in Bezug auf Sinans Entwicklung ein weiteres, spannendes Jahr werden, weil sich noch so viele Dinge bei ihm ausprägen. Gespannt bin ich ebenso darauf, ob und wann in diesem Jahr Sinan Canim eine Schwester oder einen Bruder bekommen wird.
Ich gehe sehr klar davon aus, daß wir den nächsten vor uns liegenden Jahreswechsel als vierköpfige Familie erleben werden. Seit Sinan Canim liebe ich das Leben auf eine unwahrscheinlich intensive Art und Weise. Vorbei sind die Ängste, niemals ein Kind von Beginn an ins Herz schließen und in seiner gesamten Entwicklung begleiten zu können.
Auf seine kindliche und sehr gesunde Art läßt uns Sinan an allen Dingen seines Lebens teilnehmen und wir können ihn ganz nach unseren Vorstellungen und Bildern prägen. Diese Erfahrung ist ein unglaublich großer Schatz für uns und keine der bisherigen Erfahrungen ist zu missen.
In wenigen Stunden wird unser Schatz den neuen Tag begrüßen wollen und bereits jetzt freue ich mich auf den klassischen Neujahrsspaziergang mit Sarah und Sinan Canim. Momentan habe ich es zwar mit Magenbeschwerden zu tun, aber ich hoffe sehr, daß es mir nachher ganz gut gehen wird.

Sonntag, 2. Januar

Sinan André ist wirklich ein klasse Junge. Nach ein paar kurzen Tagen Pause hat er nun mit zunehmender Geschwindigkeit sein selbständiges Gehen wieder intensiv aufgenommen und er kann davon scheinbar gar nicht genug bekommen.
Nicht zum ersten Mal hat er sich heute auf den langen Weg vom Wohnzimmer quer durch den Flur ins Kinderzimmer gemacht. Ich dachte dabei, daß er sicher eine kleine Pause auf seinem langen Weg einlegen würde. Hat er aber nicht. Ohne Unterbrechung gelangte er ins Kinderzimmer.
Sarah und ich konnten sogar gemeinsam beobachten, wie er sich heute aus der Hocke zurück in den Stand begeben konnte. Alles ohne Schwierigkeiten.
Neben unserem Stolz auf seine Selbständigkeit ist für uns besonders schön, zu erleben, wie sehr er sich selbst daran begeistert, laufen zu können.
Ein wirklich verschärftes Bild gibt er ab, wenn er beim Gehen mit seinen kleinen Armen fuchtelt, als würde er einem jungen, unbeholfenen Vogel ähnlich die ersten Flugversuche machen wollen.
Es ist wirklich kein Wunder, daß Sinan Canim abends immer völlig erschöpft ist und beim Essen stets kurz vor dem Zusammenbruch steht. Tagsüber arbeitet er sich total ab. Da bleibt ihm inzwischen keine Zeit mehr, beim Zubettgehen zu protestieren und seine Testversuche fortzuführen.

Besonders nach einem erfüllten Tag (jeder unserer Tage ist erfüllt), viel Bewegung und Action, intensivem Erleben von Gefühlen und unseren erzieherischen Eingriffen und vielleicht noch einem ausgedehnten Bad mit mir ist Sinan Canim scheinbar richtiggehend froh, ins Bett zu kommen.
Ich habe es mir angewöhnt, unserem Sohn sicherheitshalber schon beim Teetrinken nach dem Essen eine gute Nacht zu wünschen. Manchmal schläft er nämlich bereits beim Trinken auf Sarahs Schoß ein und sie braucht unseren kleinen Schatz nur noch hinzulegen.
Diesen Eindruck macht es zumindest, weil er sich den Tag über nur selten eine Pause gönnt und nur ausnahmsweise länger als eine halbe Stunde pro Vor- und Nachmittag schläft.
Für das Durchschlafen hat seine Ermattung aber nach dem einmaligen Erlebnis gleich nach Weihnachten nicht mehr gereicht. Aber es ist in Ordnung, wenn er die Milchportion noch eine Weile braucht. Bestimmt verbrennt Sinan eine Menge Kalorien während seiner bewegungs- und erlebnisreichen Tage.
Auch seine Sprechlust ist wieder einmal gestiegen. Es kommen Laute, die sehr deutlich an das Wort *Papa* erinnern aus seinem kleinen Mund und sind gezielter als sonst, wenn ich ihm diese Aussprache schon einmal unterstellt hatte.
Wenn Sinan ein Ziel erreicht hat, pausiert er eine Weile, wie beim Laufen. Dann wird das nächste Ziel in Angriff genommen, wie jetzt seine Sprechübungen. Wenn er sein Maß erreicht hat, zeigt er sein erreichtes Können und mischt es miteinander.
Heute fand es Sinan ganz besonders gut, Luft durch die kleinen, gespitzten Lippen zu pusten. Eine sehr feuchte Angelegenheit, aber sehr süß anzusehen. Alles, was er macht, tut er mit einer unglaublichen Intensität.
Intensiv sind nach wie vor auch noch immer unsere Machtkämpfe um den näheren Kontakt zu Kabeln und Grünpflanzen. Heute weinte er zum ersten Mal, als ich ein Verbot deutlich aussprach. Es tat mir zwar in der Seele weh, aber ich habe versucht, mir nichts anmerken zu lassen.
Sinan Canim André versucht aber auch immer wieder, die Dinge zu tun, die er von Beginn an nicht machen durfte, als seine Mobilität zunahm und nichts mehr vor ihm in der Wohnung sicher war. Scheinbar noch immer hofft der kleine Kerl auf eine Ausnahmegenehmigung. Die wird es allerdings nie geben. Ich bin gespannt, wie lange es noch weiter um die gleichen Dinge gehen wird, denn er weiß mittlerweile sehr genau, was er darf und was nicht.

Donnerstag, 6. Januar

Sinan Canim ist wirklich ein Schatz. Beinahe ständig hat er gute Laune und kaum ein Wässerchen kann ihn betrüben. Seine Lust am freien Gehen ist ungebrochen

und steigert sich so gut wie täglich. Wir können ihm dabei zusehen, wie er seine jetzt schon nicht mehr ganz neue Entwicklung erweitert.
Das Leben mit Sinan macht einfach Spaß.
Auch seine Wachsamkeit und Aufmerksamkeit ist nach wie vor ungebrochen. Stets ist unser Sohn dabei, seine Umgebung wahrzunehmen und zu erkunden. Langweilig wird ihm dabei nie.
In Anlehnung an die Werbung kann man wirklich sagen: *Nichts entgeht Sinan.*
Frieda und Anton, wieder einmal ganz die stolzen Großeltern, haben Sinan heute in Abstimmung mit uns einen neuen Buggy als vorgezogenes Geburtstagsgeschenk gekauft. Sarah und ich haben ihn allerdings besorgt. Wieviele fahrbare Untersätze wir in der ganzen Zeit schon zum Einsatz gebracht haben, weiß ich wirklich nicht mehr genau. Aber es waren schon einige.
Dieser Buggy ist ein sogenannter *Gelände-Buggy,* besonders robust und mit breiten Radstand im Vergleich zu unserem alten Buggy. Und der neue Buggy sieht wirklich klasse aus.
Unglaublich, aber wahr: in nur 6 Wochen wird unser Schatz schon ein Jahr alt. Die Zeit ist wie im Fluge vergangen.
Trotzdem wir jeden Tag und jede Phase immer ganz genau und bewußt mit Sinan Canim erlebt haben, kann man sich tatsächlich fragen, wo die Zeit geblieben ist.
Das wird ein Fest, wenn Sinan seinen ersten Geburtstag hat. Sarah und ich haben uns darauf verständigt, daß wir die große Zahl des inneren Kreises der Verwandtschaft zu Sinans Geburtstag einladen werden. Zwar gibt es wieder einmal ein volles Haus, aber aus unserer Sicht gehört es einfach dazu, daß ein Kind gefeiert wird, auch oder gerade in so jungem Alter.
Und besonders anstrengend wird die ganze Aktion für uns nicht. Wenn wir zum Nachmittag einladen, ist es nicht so aufwendig, wie beispielsweise zur Taufe im November. Anstrengend und aufregend wir es mit Sicherheit für Sinan Canim.
Sarah und ich haben uns vorgenommen, daß wir an dem Vormittag von Sinans Geburtstag etwas Schönes mit ihm unternehmen werden.
Durch seine starken Laufambitionen und seine ganze Neugierde ist Sinan Canim abends immer völlig erledigt und hundemüde. Manchmal schafft er es wirklich nur noch mit Mühe, seinen Abendbrei zu essen.
Heute klappte es gut mit seinem Eßverhalten. Manchmal, wenn er ganz besonders müde ist, bewältigt er noch nicht einmal mehr die Mahlzeit, weil es einfach viel zu anstrengend für ihn ist.
Allerdings ist Sinan heute ganz kurz im Hochstuhl während der Speisung eingenickt, mit dem Kopf kurz nach vorne gekippt und mit seiner kleinen Nase auf den Löffel mit Brei gefallen. *Sekundenschlaf* nennt man so etwas wohl.
Ein Bild für die Götter.
Bei Sinans Spaß, Luft durch die geschlossenen Lippen zu pressen und ganz besondere Töne zu produzieren, hatte er sich neulich abend selbst um die Mahlzeit ge-

bracht, weil er mit seinen Faxen einfach nicht aufhören wollte und ich es nicht einsehen mochte, mich darauf einzulassen.
Ein richtiger kleiner Machtkampf entbrannte. Er hatte seinen Spaß und ich durfte es mir nicht anmerken lassen, daß ich sein Verhalten auch ganz süß fand.
Immer wieder habe ich den Löffel abgelegt, um ihm zu zeigen, daß ich mich nicht auf seine Spielchen einlassen will. Hat aber leider nichts gebracht.
Sinans preßte die Luft weiter fröhlich durch die geschlossenen Lippen, brach aber irgendwann vor Müdigkeit zusammen. Weil er natürlich nicht hungrig ins Bett sollte, bekam er statt seines abendlichen Tees ausnahmsweise ein Flasche Milch.
Weil Sinan häufig in der letzten Zeit während des Trinkens auf Sarahs Schoß einschläft, bevor er ins Bett geht, konnte sie mit ihm überhaupt nicht mehr die Zähne putzen. Die alte Bürste ist mittlerweile entsorgt und Zähne geputzt wird jetzt immer gleich nach dem Abendessen im Badezimmer.
Zwar ist es nicht ganz im Sinne des Erfinders, daß er anschließend noch Tee bekommt, aber immerhin lernt Sinan auf diese Weise wenigstens den Umgang mit der Zahnbürste.
Was haben wir nicht alles ausprobiert mit verschiedenen Trinkgefäßen. Nach einer wirklichen Vielzahl von Versuchen hat sich jetzt aber herausgestellt, daß unser kleiner Schatz am liebsten aus einem ganz normalen Becher trinkt. Zwar braucht er dabei noch etwas Unterstützung, aber diese Art zu trinken gefällt ihm noch am besten. Er ist ganz wild darauf, aus dem normalen Becher zu trinken.

Samstag, 8. Januar

Gestern hatte Sinan Canim seine öffentliche Premiere in der Stadt. Zum ersten Mal ging er, seine neuen Straßenschuhe an den kleinen Füßen, eine nicht gerade kurze Strecke durch die Fußgängerzone.
Und er war sichtlich stolz dabei und neugierig auf die neuen Ausblicke in dieser Perspektive.
Die meiste Zeit ging er bei Sarah oder mir an der Hand, traute sich jedoch ebenso, alleine einige Meter zu gehen. Einfach fabelhaft.
Heute sind wir mit unserem kleinen Sohn eigentlich nur deshalb in die Stadt gegangen, damit er dort seine gestern begonnene neue Aktivität weiter verfeinern kann. Und er hat es mit Wonne getan.
Zu Sinans großer Freude haben wir sogar noch Frieda und Anton getroffen, die gerade mit Anna und Thea unterwegs waren. Besonders Oma und Opa waren wieder einmal unglaublich stolz, ihren Enkelsohn bei seinen ersten Schritten durch die Stadt zu sehen und zu begleiten.
Sinans Anblick hat einige völlig fremde Menschen sehr erheitert, die sahen, wie sich die siebzig Zentimeter Kind auf den ersten Schritten durch die Fußgängerzone bewegten. Nur der Applaus hat noch gefehlt.

Es ist wirklich eine köstliches Bild, Sinan bei seinen vorsichtigen Laufbestrebungen zu sehen.
Was zuhause zu einer normalen gewordenen Tatsache geworden ist im Laufe der Zeit, hat in der Stadt, in der Öffentlichkeit, eine ganz neue, weitere Qualität.
Sinan erlebt neue Perspektiven, bekommt neue Eindrücke und lernt nach und nach in den ungewohnten Schuhen zu gehen. Wie bei vielen anderen Dingen hat er auch an diesem Schritt der eigenen Entwicklung seine helle Freude. Oft strahlte er über das ganze Gesicht.
Heute war er sogar bereits etwas stabiler auf den kurzen Beinen unterwegs als gestern. Bestimmt dauert es nicht mehr lange und unser Sohn bewegt sich mit der gleichen Selbstverständlichkeit und Souveränität durch die Stadt wie zuhause durch die Wohnung.
Natürlich ist er leicht abgelenkt durch die neuen Eindrücke, die Asphaltmuster, die weggeworfenen Dingen, die vielen Menschen und dazugehörenden Beine um ihn herum. Aber das gehört dazu.
Auch ein kleiner Hund fand heute seine Aufmerksamkeit. Nur mit Mühe konnte Sinan seinen Blick von dem Tier abwenden.
Und die Wege, die Sinan jetzt anfangs zurücklegt, dauern länger. Er braucht eben seine Zeit und das ist gut so. Gerne lassen wir ihn seine neuen Eindrücke in sich aufnehmen, selbst bei der Tatsache, daß uns bei dem geringen Tempo irgendwann sehr kalt wird.
Mit seinen zehn Monaten gehört Sinan Canim wieder einmal in die Formel 1-Klasse. Wieder einmal zeigt er sich als kleiner Überflieger und mit sehr viel Stolz nehmen wir die Reaktionen der Leute wahr, die staunen, daß unser Junge bereits so früh zu laufen begonnen hat.
An diesem Nachmittag war Sabine zu Besuch bei uns. Sinan musterte sie eingehend, wie es seine Art ist bei zunächst noch fremden Personen, bis er sie das erste Mal anlächelte. Ganz aufmerksam studiert er das Verhalten und die Reaktionen. Aber es dauerte nicht lange und der Funke war zwischen Sinan und Sabine übergesprungen.
Es ist gut, daß sich Sinan die Leute erst sehr genau ansieht, bevor er auf seine positive Art auf sie eingeht. Tatsächlich scheint er sich die Leute auszusuchen, die er in seine sozialen Spiele einbezieht. Dieses Talent schätze ich an ihm.
Sicher könnte er längst noch nicht zwischen guten und schlechten Menschen unterscheiden, aber er besitzt eben die Fähigkeit, ganz genau hinzuschauen und sucht sich scheinbar aus, wer ihn innerlich anspricht und wer nicht.
Morgen bekommen wir nachmittags Besuch von Davis. Sinan wird sich ähnlich verhalten wie heute bei Sabine. Er war noch nie bei uns, seit Sinan bei uns lebt. Es wird keine Rolle spielen, daß Davis schwarzer Hautfarbe ist. Durch den Kontakt zu Suley und Mariam ist es für unseren Sohn nichts Unbekanntes und wird ihn nicht mehr oder weniger befremden als sonst bei Leuten, die er noch nie gesehen hat.

Samstag, 15. Januar

Das Leben mit Sinan Canim ist wunderbar. Wenn es zeitweise sehr ermüdend ist, fühlen Sarah und ich uns innerlich und äußerlich unglaublich bereichert und beschenkt.
Seit dem Tag, an dem Sinan zum ersten Mal ein paar unbeholfene Schritte in der Fußgängerzone gemacht hat, hatte unsere tägliche Frischlufttour den zusätzlichen Sinn, daß unser süßer Schatz seine begonnenen Fähigkeiten und die neu gewonnenen Erfahrungen erweitert. Jeden Tag ist er bisher in seinen kleinen Schuhen ein Stück gegangen.
Weite Strecken sind mit Sinan nicht zurückzulegen, aber darauf kommt es uns nicht an. Gerne bleibt er zwischendurch stehen, nimmt die Bepflasterung und die Umgebung genauestens unter die Lupe und hat seinen großen Spaß daran.
Während seiner Pausen federt er manches Mal mit seinen kurzen Beinen, als müßte er sie bereits nach wenigen Schritten ausschütteln. Und noch immer und immer wieder reagieren fremde Menschen ganz positiv und hingerissen auf Sinans freie Gehversuche.
Auch zuhause hat er seine Fähigkeiten erweitert. Ohne Probleme kann er mittlerweile aufstehen, ohne daß er sich irgendwo festhalten muß und kriegt selbst die schwierigsten Kurven.
Im Laufe der vergangenen Woche haben wir Ulrike, die potentielle Babysitterin für Sinan, kennengelernt. Sie hat einen sehr guten Eindruck auf uns gemacht und wir können es uns gut vorstellen, unseren Schatz ihrer Obhut zu überlassen.
Es gibt bei uns nichts, was uns aus der Wohnung treiben würde, feste Termine, so daß die Aufsicht von Sinan nicht gewährleistet wäre, gibt es bei uns nicht. Allerdings würden wir gerne einmal wieder abends ausgehen und können dafür einen Babysitter gut gebrauchen.
Vorstellbar ist es für uns, daß aus der Sache mehr wird und Sinan im Laufe der Zeit die zunächst noch unbekannte Person in sein Herz schließt und ein fester Bezugspartner für ihn wird.
Aber bei Sarahs Vater haben wir durch das bloße Erzählen, daß wir uns einen Babysitter angeschaut haben, die Krise ausgelöst. Er hat Angst bekommen, daß er seinen geliebten Enkelsohn jetzt seltener zu Gesicht bekommt und es nicht mehr so sein wird, daß wir ihn, wenn wir einen gemeinsamen Termin wahrnehmen müssen, nicht mehr zu ihm und Frieda geben. Das ist natürlich völliger Quatsch.
Oma Frieda und Opa Anton werden für uns immer die erste Adresse bleiben, wenn wir tagsüber jemanden brauchen, zu dem wir Sinan bringen können.
Wenn sich in den nächsten Tagen die Gelegenheit dazu ergibt, werden wir das Gespräch darauf bringen. In jedem Fall tut es mir sehr leid, daß wir Anton mit der Babysittergeschichte verletzt haben. Seine Ängste, so verständlich sie sein mögen, müssen nicht sein.

Seit einigen Tagen bereits ist Sinan Canim in der Lage, ganz deutlich und gut hörbar, *Mama* zu sagen. Wirklich klasse. Allerdings sagt er auch zu mir *Mama*. Wenn ich zu ihm sage „*Nein, ich bin dein Papa!*", kriege ich zur Antwort: „*Mama*". Total süß! Wahrnehmbar ist jedoch ebenfalls, daß er sich bemüht, *Papa* zu sagen, aber das Wort ist scheinbar schwieriger auszusprechen.
Ganz beliebt ist es im Moment bei Sinan, die *Kuckuck-Spiele* zu spielen, also das Gesicht zu verstecken, plötzlich wieder zu schauen und dann *Kuckuck* zu sagen. Darauf fährt er völlig ab. Er selbst fängt auch gerne mit diesem Spiel an, in dem er sein Gesicht versteckt und wieder auftaucht. Voller Freude und Hingabe lassen wir uns darauf ein.
Heute sind wir ein weiteres Mal in Schiefbahn bei Susanne und ihrer Familie gewesen. Und es war wie immer wunderschön und unser kleiner Sohn hat im Mittelpunkt des Geschehens gestanden. Wie kann es anders sein.

Sonntag, 16. Januar

Es ist 1.00 Uhr in der Nacht und Sinan Canim schläft ruhig in seinem Bett.
Dieser Tag bot keine Besonderheiten, außer vielleicht, daß Sinan wieder einmal um 6.00 Uhr in der Frühe seine Nachtruhe beendet hatte.
Es war ein typischer verregneter Januartag. Dennoch trauten wir uns bei Nieselregen nach draußen. Allerdings richtig Spaß gemacht hat es keinem von uns. Ziemlich schnell waren wir nach Hause zurückgekehrt.
Sinan schlug seine üblichen Purzelbäume der Lebensfreude durch die Wohnung und testete erneut, ob für die Dinge, die er nicht darf, immer noch das *Nein* seine Gültigkeit hat.
Seine Lautbildung verbessert sich täglich und ich kann endlich sagen, daß Sinan Canim deutlich vernehmbar *Papa* zu mir gesagt hat. Na bitte.
Es ist egal, was er sagt. Es ist immer eine Freude, den süßen Jungen sprechen zu hören und ihn dabei zu beobachten, wie er seine Laute und Worte bildet.
Im Laufe des Nachmittags hatte Sinan Canim eine Mütze voll Schlaf sehr nötig und konnte sich nur unter großen Schwierigkeiten dazu bewegen lassen, auf dem Arm, zunächst bei Sarah, dann bei mir, einzuschlafen.
Zuvor war seine Laune tief im Keller und unser ansonsten so fröhliches Kind wird in solchen Momenten sehr unzufrieden mit sich und seiner kleinen Welt.
Nach dem Schlaf und der Phase des Aufwachens waren seine Kräfte wieder hergestellt. Abends badeten Sinan und ich zusammen.

Freitag, 21. Januar

Seit einer Woche gehöre ich wieder zur Arbeitnehmerschaft. Vier Tage Dienst liegen hinter mir und am Wochenende muß ich ebenfalls arbeiten. Dafür hatte ich heute einen freien Tag.
Für Sarah, Sinan André und mich bedeutet es eine deutliche Umstellung. Unser bisheriges Konzept gibt es nicht mehr.
Allerdings ist es in jedem Fall ein guter Zustand, denn ich kann endlich wieder für meine kleine Familie richtiges Geld verdienen. Ich kann wieder adäquat für sie sorgen und wir müssen nicht mehr so sehr auf die Finanzen aufpassen. Auf die erste Gehaltszahlung freue ich mich.
Dennoch: leicht fällt es mir nicht, daß ich viele Stunden des Tages nicht wie gewohnt mit meinen Liebsten verbringen und Sinan Canim nicht jeden Abend füttern und eine gute Nacht wünschen kann.
Für Sarah und Sinan bedeuten meine Dienstzeiten, die in der Hauptsache in den Nachmittags- und Abendstunden liegen, eine stärkere Konzentration auf sich; für Sarah mehr Hausarbeit und besonders für Sinan eine Veränderung seiner Gewohnheiten.
Allerdings hat Sinan bisher nicht negativ auf die Veränderungen reagiert. Das ist gut so. Natürlich hatte Sarah an sich immer mehr Zeit mit Sinan Canim und mit der Bewerkstelligung der Pflege und Versorgung verbracht. Deshalb wiegt die Umstellung vielleicht nicht so schwer.
Wenn ich spät am Abend nach Hause komme und Sinan und ich uns erst mehr oder weniger während seines Halbschlafs sehen, wenn er das Bedürfnis nach seinem ersten Nachtfläschchen verspürt, ist es bemerkenswert, daß er stets meinen Mund betastet, möglicherweise um zu erfahren, wer ihm die Milch gibt. An meinem Bart erkennt er mich und wirkt zufrieden.
Ansonsten geht es uns drei wirklich gut miteinander. Sarah ist natürlich oft sehr müde, Sinan nach wie vor sehr beschäftigt mit seinem Bewegungsdrang und seiner Neugierde und ich habe viele neue Eindrücke durch die Arbeit zu verarbeiten.
Trotz der intensiven Einarbeitungszeit bin ich im Herzen oft Zuhause, denke an Sarah und Sinan Canim und bedaure es häufig, als Ernährer der Familie nicht alles mitzukriegen, was sich an Entwicklungen einstellt.
Ich sehne den Feierabend nicht herbei, weil die Arbeit geschafft ist. Dafür arbeite ich viel zu gerne, aber ich freue mich bei Feierabend, daß ich endlich zu meiner kleinen Familie zurückkehren kann.
Sinan ist gestern elf Monate alt geworden. Die Zeit bis zu seinem ersten Geburtstag wird mit Sicherheit schnell vergehen und ich frage mich, wo die Zeit geblieben ist.
Sinan Canim ist jetzt in einem Alter, in dem man ihn wirklich für alles interessieren und begeistern kann, auch für Unsinn und Quatsch hat er ein offenes Herz. Daran hat er (und ich) einen Riesenspaß.

Sein Bewußtsein ist völlig erwacht und gerne hat er neue Anreize. Langeweile ist unserem Sohn unbekannt und wir tun von uns aus alles, daß er die Welt kennenlernen kann.

Sonntag, 23. Januar

Durch den langen Wochenenddienst im Behindertenheim habe ich vom Familienleben, von Sinan Canim André und von Sarah in den vergangenen beiden Tagen so gut wie nichts mitbekommen.
Die gemeinsame Zeit, die uns blieb, war sehr begrenzt. Wenn alles nach Plan läuft, sieht es glücklicherweise in der vor uns liegenden Woche wesentlich besser und entspannter aus und durch die freien Tage kann ich endlich häufiger zuhause sein. Es fällt mir unglaublich schwer, von Sarah und Sinan über die Zeit getrennt zu sein. Die Zeit von Sarah und mir ist ohnehin begrenzt, aber an diesem Wochenende war es noch weniger. Und entlasten konnte ich sie in keinster Weise.
Mit Sinan hatte ich ebensowenig Zeit.
Jeder verlorene Tag ist unwiederbringlich. Ich habe vor, die freien Tage gut zu nutzen und viel für meine kleine Familie da zu sein.
Möglicherweise sind wir doch einem Irrtum aufgesessen, als wir dachten, der Schichtdienst brächte Vorteile, gerade in der Zeit, die ich mit unserem Sohn verbringen kann, mit sich.
Trotz der Tatsache, beruflich zunächst nicht vor der Wahl gestanden zu haben, weil eine Arbeitsaufnahme, egal in welchem Bereich, einfach unumgänglich war, sind bei Sarah und mir die ersten Unzufriedenheiten nach der ersten Dienstwoche aufgetreten.
Deshalb werde ich mich bei meiner Bewerbung als Kindergartenleiter ganz besonders ins Zeug legen. Vermutlich hat der geregelte Dienst doch Vorteile.
Außer Sehnsucht habe ich in der letzten Woche sehr oft ein schlechtes Gewissen gegenüber Sarah und Sinan gehabt. Und das ist nicht gut.

Montag, 24. Januar

Sinans Nacht verlief ausgesprochen unruhig. Ohne erkennbaren Grund wachte er immer wieder auf und weinte. Die Abstände zwischen den Nachtfläschchen waren kürzer als gewohnt.
Gegen 2.30 Uhr hatte Sinan Canim den Höhepunkt seiner Unruhe erreicht und Sarah holte den kleinen Jungen zu uns ins Bett. Die große Unruhe ließ zwar nach, aber eine richtige lange Schlafphase brachte Sinan nicht zustande.

Wahrscheinlich auf diesem Hintergrund wollte Sinan noch nicht zur gewohnten Zeit aufstehen. Gut, daß er nicht bereits um 6.00 Uhr den Tag beginnen wollte. Regulär war seine *Nachtruhe* erst gegen 8.00 Uhr beendet.
Trotz der Unruhe ist unser Sohn zufrieden und freut sich des Lebens. Irgend etwas auszubrüten scheint er nicht.
Am Morgen spielte Sinan im Schlafzimmer mit einer dieser unkaputtbaren Plastikflaschen, die er so gerne hat.
Mit der Flasche in der Hand fiel er auf den Hintern, stieß dabei vermutlich mit dem Verschlußdeckel an seinen Mund und weinte.
Nach der üblichen, sehr schnellen, Beruhigung spielte er weiter und erst einen Moment später bemerkte Sarah, daß Sinan aus dem Mund blutete. Er hatte sich die Unterlippe etwas angeritzt und das Zahnfleisch am Oberkiefer verletzt.
Es war nicht besonders schlimm; Sinan zeigte sich nicht beeindruckt davon, reagierte eigentlich gar nicht auf den kleinen Blutfluß, aber es war für uns ein sehr unangenehmes Gefühl sehen zu müssen, wie das eigene Kind Blut, wenn auch nur sehr wenig, aus dem Mund verliert.
Es dauerte eine Weile, bis das Blut gestoppt war. Zunächst trat immer wieder ein Tropfen aus. Erst nach einiger Zeit und dem Genuß von kaltem Wasser war es vorüber.
Wenn uns bereits eine kleine Verletzung besorgt, wie wird es uns erst ums Herz stehen, wenn sich Sinan später einmal richtig verletzt. Da kommt sicher einiges auf uns zu.

Mittwoch, 26. Januar

Nach dem durchgängigen Dienst der vergangenen Tage habe ich heute frei. Morgen muß ich noch einmal arbeiten und kann schließlich einem richtigen Wochenende mit drei freien Tagen entgegensehen.
Trotz der Stelle im Behindertenheim habe ich die Suche nach einem wirklich geeigneten Arbeitsplatz nicht aufgegeben. Dort bin ich in jedem Fall unterfordert.
Wie jeden Tag war Sinan Canim André heute früh auf den Beinen. Selbst, als gegen Mittag seine Müdigkeit erheblich wurde, gelang es ihm nicht, zur Ruhe zu kommen. Immer wieder kämpfte er gegen den Schlaf an. Sinan spürt genau, wann der Schlaf ihn übermannen könnte und paßt auf, daß ihm die Augen nicht zufallen. Schnell begibt er sich in solchen Momenten wieder in die Bewegung.
Erst nach dem reichhaltigen Mittagessen siegte die Müdigkeit über ihn.
Bevor ich gestern zur Arbeit fuhr, war Thomas Wolf vom Jugendamt bei uns. Es war einer dieser turnusgemäßen Hausbesuche, die einmal pro Halbjahr stattfinden müssen.

Etwas besonderes lag nicht an und ich kann mich des Eindrucks nicht erwehren, daß unser Sachbearbeiter bei dem netten Kontakt, den wir miteinander haben, gerne den Arbeitstag bei uns beschließt.
Wieder einmal hatte Thomas Wolf davon zu berichten, daß die Akte von Sinan André im Vormundschaftsgericht erneut unter die Räder geraten ist. Vor einiger Zeit war es schon einmal passiert und das Jugendamt hatte dem Gericht eine Kopie zur Verfügung gestellt.
Aufgefallen war der Verlust der Akte dadurch, daß Thomas Wolf sich nach dem Sachstand in Bezug auf die anhängige Vaterschaftsfeststellung erkundigen wollte. Ohne Akte gibt es auch keinen Sachstand.
Der Sachstand hat sich seit der Geburt von Sinan nicht verändert. Herr Strumpfe ist nicht offiziell als Vater des Kindes angegeben worden.
Jetzt wird Thomas Wolf Herrn Strumpfe in den nächsten Tagen zuhause aufsuchen und ihn befragen, ob er als biologischer Vater in Betracht kommt. Ob und in welchem Zustand der Mann angetroffen werden kann, steht in den Sternen.
Wir haben deutlich gemacht, daß es uns nicht auf eine amtliche Feststellung der Vaterschaft ankommt. Uns würde es für Sinan Canim reichen, wenn Herr Strumpfe angibt, der Erzeuger zu sein.
Ob sich nach einer solchen Einlassung von Herrn Strumpfe ein Vaterschaftstest anschließen wird, diskutiert Thomas Wolf momentan mit der Abteilung für wirtschaftliche Jugendhilfe. Im Maximalfall würden auf die Stadt Kosten in Höhe von ca. DM 6.000,- zukommen.
Ansonsten staunte Thomas Wolf, ebenso wie andere Menschen es immer wieder tun, über Sinans guten Entwicklungsstand, seine Ausgeglichenheit und unser Sohn zeigte sich dem Mitarbeiter des Jugendamtes von seiner gewohnt guten Seite.
Sinan Canim lächelte den fremden Mann schnell an und beobachtete ihn genau. Anfassen lassen mochte sich Sinan jedoch nicht.
Trotzdem ich keinen Dienst hatte, war ich am Abend, bei dem liebgewonnenen Ritual, nicht anwesend. Ich war in Lalind beim Vorstellungsgespräch für die Leitung der Kindertagesstätte.
Das Gespräch verlief gut und ich habe mich von meiner besten Seite zu zeigen versucht. Ein paar Tage bleiben abzuwarten, ob ich in die nähere Auswahl der Bewerber komme. Darauf hoffen tue ich.
Abends, wie gesagt, war ich wieder einmal leider nicht anwesend. Natürlich war dieser Termin unabänderlich. In der Hauptsache geht es um meine Spätdienstzeiten, die es mir unmöglich machen, den Abend, diese besondere Phase des nahen Kontaktes zu Sinan, mitzuerleben.
Und dieser Zustand mißfällt mir sehr. Auch füttern kann ich unseren süßen Sohn nicht mehr.
Die normal gewordene abendliche Zeit mit Sinan fehlt mir sehr und ich hoffe darauf, daß sich daran in absehbarer Zeit etwas ändert.

Bei der Vorstellung, der Schichtdienst im Behindertenheim würde mit unserem Familienleben gerade gut vereinbar sein, haben wir uns vertan. Auch wenn ich bei der klassischen Dienstzeit von 7.30 Uhr bis 16.00 Uhr der typische Feierabendvater sein würde, hätte dieser Rhythmus doch erhebliche Vorteile für die Nähe und den Kontakt zu Sinan Canim André.
Allein deshalb hoffe ich, in die engere Bewerberwahl in Laublar zu kommen.
Nach wie vor ist Sinan, ist meine kleine Familie, für mich das Maß aller Dinge. Es gibt nichts, was wichtiger für mich ist.
Gegen 1.00 Uhr in der Nacht bat Sinan zur Flasche, nicht sehr lautstark, aber deutlich. Als ich nach der Zubereitung des Fläschchens zu ihm ins Zimmer ging, stand er bereits am Fußende seines Bettes und erwartete mich mit großen Augen. Innerhalb von wenigen Minuten war das ganze Fläschchen geleert und unser Sohn schlief zufrieden weiter. Während der Fütterung betastete er erneut intensiv meinen Mund und hielt sich dabei für längere Zeit an meinem gestutzten Oberlippenbart fest.
Vorbei sind seit längerer Zeit die abendlichen Schreiattacken von Sinan, die Sarah und mich wirklich fertig gemacht hatten. Jetzt schläft er bereits bei der abendlichen Teeflasche ein, manchmal schon nach wenigen Zügen.
Etwas später allerdings, wenn er noch nicht sehr lange geschlafen hat, meldet sich unser Schatz ein weiteres Mal mit Regelmäßigkeit.
Früher reichte es aus, ihm einfach den Nucki anzubieten. Damit ist es jetzt nicht mehr getan. Oft genug muß Sinan aus dem Bett herausgenommen werden, auf dem Arm richtig wach werden und die Geborgenheit auch visuell wahrnehmen, um anschließend beruhigt weiterschlafen zu können.
Bei Sinans Aktionsfreude und Neugierde den Tag über, würde es uns nicht im Mindesten wundern, wenn er in der Nacht seine harmlosen kleinen kindlichen Erlebnisse verarbeiten müßte und dabei für kurze Zeit in innere Unruhe gerät.
Ständig nimmt Sinan neue Anreize besonders gerne an und bewußt wahr. Dabei genügen ihm Kleinigkeiten, die ihn erfreuen, wie heute, als er freudestrahlend mit seinem Halstuch in beiden Händen durch die Gegend lief.
Den Montag Nachmittag verbrachte Sinan alleine mit seinem Opa Anton und es hat alles hervorragend geklappt. Sarah war mit ihrer Mutter in der Stadt unterwegs und ich mußte arbeiten. Über mehrere Stunden haben sich die beiden miteinander vergnügt.
Es ist gut, daß wir immer auf Sarahs Eltern zurückgreifen können, wenn es nötig ist.
Natürlich werden wir von der Idee der Babysitterin nicht abgehen, wenn es um den einen oder anderen Abend geht. Wir werden daran festhalten.
Aber dieses ungeheuer positive und intensive Verhältnis, das Sinan Canim zu Frieda und Anton hat, soll gut gepflegt werden. Anton wurde es am Montag allerdings auch deutlich, welchen Aufwand es mit sich bringt, unseren kleinen Feger

über mehrere Stunden zu betreuen. Möglicherweise hatte er es sich bisher nicht in dem vorhandenen Maße anstrengend vorgestellt.
Mit Sinan kann man keinen bequemen Nachmittag nur schmusend auf dem Sofa verbringen. Bei der Bewegungsfreude unseres Kindes muß man ständig unterwegs sein, um ihn bei seinen Aktivitäten zu begleiten. Von Ausruhen keine Spur. Sinan fordert die Leute in seiner Nähe.
Vielleicht hat dadurch Antons Einsichtnahme etwas zugenommen und sich die Verletzung durch unsere Idee mit der Babysitterin verringert. Es wäre in jedem Fall wünschenswert.
Anfang März wird Sarah mit Sinan über Karneval für etwa eine Woche nach Mittenwald fahren.
Leicht fällt es mir mit Sicherheit nicht, die zwei ziehen zu lassen, aber weil ich weiß, welchen Spaß Sinan an der neuen Erfahrung haben wird, finde ich es einfach nur gut. Auch wenn ich selbst nicht mitfahren kann.
Trotzdem Sarah am Urlaubsort nicht mehr Schlaf kriegen wird als bei uns zuhause, ist es für sie bestimmt ebenfalls eine angenehme Abwechslung.

Freitag, 28. Januar

Endlich ein paar freie Tage. Endlich konnte ich mich einen ganzen Tag und einen ganzen Abend lang Sarah und Sinan Canim und der gewohnten familiären Routine hingeben. Endlich wieder Zeit für die Dinge, die mir in meinem Leben besonders wichtig sind.
Zu sehr hatte ich die Nähe zu meiner Familie durch die unkonventionellen Dienstzeiten im Behindertenheim vermißt. Heute konnte ich wieder auftanken.
Dabei kam es nicht darauf an, irgend etwas besonders spektakuläres zu unternehmen. Einfach an der gewohnten Normalität teilhaben zu können, tat gut.
Sinan gefiel es sichtlich, daß ich da war, wenn er bisher auch nicht auffallend negativ reagiert hatte. Aber die deutlich vermehrten Situationen und Momente der Nähe, der Freude, des Spaßes und auch der Auseinandersetzung miteinander, hat er genossen. Es tat uns beiden sehr gut, mehr Zeit miteinander zu verbringen, zu schmusen und zu spielen.
In seiner Lust auf Kontakt zu uns wunderte es nicht, mit welchem Genuß er sich von mir durch die halbe Stadt und wieder zurück nach Hause tragen ließ.
Trotz der Kälte ließen wir uns in der Stadt Zeit und Sinan Canim hatte außerdem die Möglichkeit, eigene Schritte zu machen. Mit dem Abstand der Tage, die mir fehlen und während denen ich Sinan draußen nicht frei gehen gesehen habe, ist ein klarer Fortschritt erkennbar. Längst ist er nicht mehr so wackelig auf seinen kurzen Beinen.

Trotzdem es immer einige Zeit braucht, bis unser Junge ein paar Meter hinter sich gebracht hat, kommt er inzwischen besser zurecht. Ungebrochen ist weiterhin seine Neugierde auf alles, was sich ihm bietet. Gerne beobachtet er andere Menschen, gerade auch Kinder und Jugendliche, hat viel Sinn für Kleinigkeiten, die es zu sehen und zu erfahren gibt und seinen Spaß daran, ein Teil des großen Ganzen zu sein.
Ich glaube, es ist nicht übertrieben zu sagen, daß sich unser Sohn in seiner Haut wohlfühlt. Auch in freien und großen Räumen ruht er in sich und zeigt immer wieder seine schöne Ausgeglichenheit. Mit Lust und Leidenschaft erobert er die Welt. Er ist der Beobachter, der die neuen Eindrücke auf sich wirken läßt und geht alle Dinge in einem guten Tempo an.
Es gefällt mir sehr, Sinan Canim in seiner Art und in seinem Tempo zu beobachten.
Reizvoll fand er heute unter anderem eines dieser Hüpfgeräte in der Fußgängerzone und ließ sich gerne darauf setzen. Von selbst hielt er sich gut fest und machte eigene Bewegungen. Gut findet er auch immer wieder das Figurenpaar am Beginn der Fußgängerzone. Mutter und Tochter stehen dort seit einiger Zeit mit Koffern in der Hand und es sieht aus, als wären sie auf dem Weg zum Bahnhof.
Besonders die Figur des Mädchens hat es Sinan angetan. Er sieht sie sich immer intensiv an, manchmal auch zu der Mutter hoch und hat insgesamt seinen Spaß daran.
Am Vormittag hatte Sinan seinen noch ausstehenden Termin bei der Krankengymnastin. Es war der Termin, der stattfinden sollte, nachdem Sinan jetzt laufen kann.
Und es gehört beinahe schon zu der Routine dieses Tagebuchs zu schreiben, daß auch die Krankengymnastin mit Sinan Canims Gesamtentwicklung nicht nur zufrieden, sondern angetan davon war, daß er sich in einem so schnellen Tempo positiv entwickelt hat.
Wochenlang hatte Sinan abends nackt im warmen Kinderzimmer gespielt und dabei öfters mit Lust und Forscherdrang gepinkelt. Heute geschah es zum ersten Mal, daß er auch etwas aus seiner hinteren Körperöffnung verlor. Das war überhaupt nicht schlimm und im Grunde eigentlich überfällig. Erstaunt war er sicherlich, als er mit dem Fuß in den kleinen Haufen hineintrat.

Sonntag, 30. Januar

Ich bin über alle Maßen glücklich darüber, daß wir ein so gesundes, ausgeglichenes, aufmerksames, neugieriges, lebendiges, fröhliches, glückliches und zärtliches Kind wie Sinan Canim André haben.
Gestern waren wir drei bei Caroline (Sarahs ehemaliger Arbeitskollegin) und Werner in Schwölln zu Besuch. Seit vier Monaten sind sie Eltern von Anna Lena.

Unglaublich, dachten wir, wie klein ein Kind in dem Alter sein kann, obwohl Sinan mit Sicherheit im Alter von vier Monaten ebenso klein, wenn nicht sogar noch kleiner, gewesen ist.
Insgesamt war der Besuch für Sinan nicht besonders prickelnd, weil er in eine den Umständen entsprechend kinderungeeignete Wohnung kam. Denn noch sind Silke und Walter nicht dazu gezwungen, die Wohnung für ein mobiles und neugieriges Kind umzuräumen.
Daß die Wohnung kinderungeeignet ist, ist nicht als Vorwurf gemeint. Sie entspricht der Realität dieser Familie, bedeutete aber für Sinan, daß er an viele Dinge, die er liebend gerne in Augenschein genommen und einer näheren Untersuchung unterzogen hätte, nicht heran durfte.
Gefallen hat uns hingegen sehr gut, wie aufgeschlossen und neugierig sich Sinan Anna Lena gegenüber verhalten hat. Natürlich auch gerade auf dem Hintergrund, daß wir in nicht allzu ferner Zukunft ein zweites, jüngeres Kind aufnehmen wollen, war es angenehm zu beobachten, wie Sinan auf das kleinere Kind reagiert hat und einging.
Und es war durchaus positiv. Wenn er Anna Lena berühren wollte, tat er es natürlich ungeübt, aber in jedem Fall behutsam, ganz so, als würde er die Zerbrechlichkeit des Babys wahrnehmen. Sinans Verhalten hat uns wirklich gut gefallen.
Bereits seit einiger Zeit ist Sinan in der Lage, seinen Trinkbecher selbständig mit beiden Händen zu halten und an den Mund zu führen. Er trinkt aus einem Becher mit Deckel. Die Handhabung fällt ihm überhaupt nicht mehr schwer und nur noch selten braucht er dabei eine helfende, sprich unterstützende, Hand.
Gestern abend beim Abendessen ließ er sich wie gewöhnlich die Verköstigung durch mich gut gefallen. Es ist zu einem festen Ritual geworden, daß ich Sinan füttere, wenn ich zuhause bin. Gegen Ende seines Appetits griff er nach dem mit Brei gefüllten Löffel und führte ihn, wenn auch etwas unbeholfen, aber zielsicher, zum Mund. Das war klasse zu sehen.
Wenn Sinan dabei bleibt, seine neuerworbenen Fähigkeiten innerhalb einer kurzen Frist in den Dauerzustand umzusetzen, kann er bald alleine essen. Unglaublich, wie schnell manche Dinge gehen und sich verändern.
Wo ich gerade beim Thema Selbständigkeit bin: Will Sinan von der Couch herunter, neigt er manches Mal dazu, den Weg mit dem Kopf voran nehmen zu wollen. Drehen wir ihn jedoch so hin, daß seine Füße den Fußboden berühren sollen, gelingt es ihm inzwischen, den größten Teil des Weges der Abwärtsbewegung alleine zu meistern. Außer den Hinweis darauf, daß die Füße vorangesetzt werden müssen, kann er es selbst. Mit Schwung erreicht er den Boden.
Heute Vormittag war ich mit Sinan Canim zunächst im Hauptgottesdienst und anschließend für eine knappe Stunde bei Frieda und Anton.
In der Kirche gefiel es ihm wieder einmal sehr gut. Anfangs saß er ruhig bei mir auf dem Schoß, kuschelte sich an mich, blickte mir einige Male mit dem Kopf nach hinten geneigt in die Augen und nahm die Umgebung, die Musik und die

anderen Reize deutlich war. Später traute er sich die gut besuchte Kirche alleine in Augenschein zu nehmen.
Die Gottesdienstbesucher wurden von der Predigt abgelenkt, als Sinan durch den Mittelgang nach vorne ging und sich den Pastor genau ansah. Als Sinan jedoch die Kabel des Mikrophons packen wollte, griff ich ein. Ansonsten wäre es sicher eine nicht unbeträchtliche Unterhaltung gewesen, wenn er den Pastor zum Schweigen gebracht hätte.
Auch ohne sich des Kabels annehmen zu dürfen, hatte er seinen Spaß bei der Erkundung der Kirche. Und die Gottesdienstbesucher bei der Betrachtung unseres kleinen Jungen, der mit Neugierde und Selbstbewußtsein durch die Gegend ging.
Sinan und ich waren nur zweieinhalb Stunden unterwegs, kamen zurück und fanden eine fröhlich gelaunte und entspannte Sarah vor, die neben einigen Dingen, die sie für sich selbst erledigen konnte, das Mittagessen in Ruhe hatte vorbereiten können.
Solche Zeiten tun Sarah gut und ich glaube, ich muß mit Sinan öfter auf Tour gehen, damit sie ab und zu einmal durchatmen kann. Trotzdem unsere Aktion nicht lange gedauert hatte, war es für Sarah sehr positiv.
Nach dem Mittagessen wollte Sinan nicht schlafen. Nur kurze Zeit hatte er sich nach unserer Verordnung etwas Ruhe in seinem Bett gegönnt, war aber nicht eingeschlafen. Und das trotz großer Müdigkeit. Den ganzen Vormittag über war er nicht zur Ruhe gekommen. Dafür war der Besuch in der Kirche und anschließend bei Frieda und Anton zu spannend. Die kurzen Fahrtstrecken im Auto waren zu kurz für ihn, um einschlafen zu können.
Ich hätte mich nach dem Essen zu gerne faul auf dem Sofa ausgeruht. Aber Sinan wollte Spaß und Unterhaltung, also bekam er es auch. Ich liebe diese intensiven Spielphasen mit unseren Sohn sehr und es macht wirklich große Freude. Zu gerne läßt er sich im Spiel von mir jagen und verfolgen und versucht lachend und quietschend zu entkommen. Es ist total schön, wenn Sinan dabei lauthals lacht und ihm der Spaß und die Lebensfreude an den großen, glänzenden Augen und dem weit aufgerissenen Mund anzumerken ist. Sinan ist echt ein Riesenschatz.
Am Anfang des Erziehungserlebnisses hatte ich noch daran geglaubt, daß der Junge einfach lernen muß, daß er die Dinge, die wir ihm verbieten, einzuhalten hat. Und trotzdem wir eine inzwischen sehr kindgerechte Wohnung haben und viele Dinge einfach schon aus Sicherheitsgründen weggeräumt haben, die sich jetzt im Arbeitszimmer stapeln, hat die Erfahrung gezeigt, daß es nicht im Sinne einer guten und ausgeglichenen Erziehung gewesen wäre, wenn ich weiterhin darauf bestanden hätte, daß Sinan im Laufe der Zeit hätte lernen müssen, die verbotenen Dinge zu akzeptieren.
Mehr als hundert Mal haben wir Sinan gesagt, daß er sich nicht über Grünpflanzen und Kabel hermachen darf. Natürlich haben wir es nicht nur gesagt, sondern auch dafür gesorgt, daß er davon abließ, ihn abgelenkt und zumindest versucht, ihn davon abzulenken. Das Wort *Nein* ist ihm inzwischen ein guter Begriff

Gelernt habe ich allerdings in der Zwischenzeit, daß viele Auseinandersetzungen überhaupt nicht notwendig sind. In jedem Fall blieb es nie bei einem einmaligen Versuch, wenn Sinan sich an eine Sache heranmachen wollte und wir es ihm zuvor eigentlich verboten hatten. Die Konflikte wiederholten sich ständig.
In der vergangenen Zeit sind wir dazu übergegangen, einige weitere Sachen einfach aus dem Wege zu räumen, die sich aus dem Wege räumen lassen.
Dieses Verhalten von uns hat nichts mit einer inkonsequenten Erziehung oder einem übersteigerten Harmoniebedürfnis zu tun. Es ist aus der Notwendigkeit entstanden, Sinan nicht andauernd mit irgendwelchen Verboten zu belegen. Es gibt trotzdem genügend Gelegenheiten, um sich aneinander zu reiben und Konflikte auszutragen.
Sehr viel ruhiger ist es dadurch nicht geworden, aber entspannter. Nach wie vor hält uns unser Junge gut auf Trab. Es wäre eine Fiktion zu glauben, daß sich alles vermeiden und wegräumen ließe.
Sinan weiß inzwischen wirklich sehr genau, was er darf und was er nicht darf. Durch die Lektüre unserer Erziehungsfachzeitschrift haben wir begonnen, auf Sinans Testversuche ruhig und gelassen zu reagieren. Empfohlen wurde in einem Artikel, möglichst unspektakulär auf die kindlichen Tests zu reagieren. Dem Kind solle es langweilig werden, wenn es an verbotene Dinge herangeht. Klingt logisch, denn wenn man wild gestikulierend und einem Showtanz ähnlich reagiert, hat das Kind nur noch mehr Spaß an der Sache.
Aber leichter gesagt als getan. Inzwischen gelingt es uns jedoch, bis auf Ausnahmen, bereits ganz gut mit der Gelassenheit. Und weil Sinan Canim für uns wie ein offenes Buch ist, können wir klar erkennen, daß es ihm bei manchen Dingen längst nicht mehr auf die Erforschung ankommt, sondern auf seine Lust und seinen Spaß am Erleben unserer Reaktionen. Er ist schon wirklich ein kleines Früchtchen.
Zu einem spontanen Gegenbesuch kamen Frieda und Anton nachmittags, als Sinan sich doch gerade einmal in den Schlaf hatte fallenlassen können.
Als sie eine Weile bei uns waren, wachte unser Schatz auf. Oft, eigentlich meistens, ist Sinan nach einem seiner Schläfchen nicht besonders guter Laune. Er braucht seine Zeit, bis er die Schläfrigkeit völlig überwunden hat. Das kann manchmal dauern. Dabei hilft ihm Ruhe, aber auch nicht immer.
Frieda und Anton allerdings hatten diese Laune bei Sinan noch nie erlebt. Viel zu schnell und unnötig bezogen sie sein Verhalten auf sich selbst, auch weil Sinan außerdem, ganz das Sensibelchen, anfing zu weinen, als Frieda ihn nur kurz berührte.
Rational haben sie es später sicher verstanden, woher Sinans Laune kam, aber so ganz konnten sie ihre subjektiven Gefühle wahrscheinlich nicht überwinden. Ich glaube, dafür haben sie viel zu viel Angst vor Ablehnung durch ihr heiß und innig geliebtes Enkelkind. Die Zeit wird sie verstehen und akzeptieren lehren.

Trotzdem ich abends leider noch für kurze Zeit zum Elternabend ins Behindertenheim mußte, war es insgesamt ein schöner und erlebnisreicher Tag für die Kleinfamilie Petersen.